Günter Müchler

„Wie ein treuer Spiegel“

Günter Müchler

„Wie ein treuer Spiegel“

Die Geschichte der Cotta'schen Allgemeinen Zeitung

Wissenschaftliche Buchgesellschaft
Darmstadt

Einbandgestaltung: Neil McBeath, Kornwestheim.

Einbandbild: Die Zeitungsliebhaberey. Kolorierte Radierung von Andreas Geiger nach einer Vorlage von Johann Christian Schoeller, 1837. Karikatur auf das Zeitungslesen im Kaffeehaus.
Quelle: Deutsches Zeitungsmuseum, Meersburg.

Gedruckt mit Hilfe der Augsburger Allgemeinen Zeitung.

Die Deutsche Bibliothek – CIP-Einheitsaufnahme

Müchler, Günter:
„Wie ein treuer Spiegel“: die Geschichte der Cotta'schen Allgemeinen Zeitung / Günter Müchler. – Darmstadt: Wiss. Buchges., 1998
ISBN 3-534-13911-9

Bestellnummer 13911-9

Gedruckt auf säurefreiem und alterungsbeständigem Werkdruckpapier
Satz: Setzerei Gutowski, Weiterstadt
Druck und Einband: Frotscher Druck GmbH, Darmstadt
Printed in Germany
Schrift: Linotype Times, 9.5/11

ISBN 3-534-13911-9

Für Uschy

Inhaltsverzeichnis

Einleitung

Es ist keineswegs leicht zu erklären, wozu es nützlich sein soll, eine Zeitung zu porträtieren, die es nicht mehr gibt. In gewisser Hinsicht erscheint es sogar als frevelhaft, etwas festhalten zu wollen, das für den Tag gemacht war. Nichts ist so alt wie die Zeitung von gestern, sagt der Volksmund und meint es gar nicht abschätzig. Denn jedermann weiß, daß die Uhr nicht stehenbleibt und daß eine Sache, die abends hoffnungslos und verfahren schien, sich bereits im Lichte des nächsten Morgens als aussichtsreich und lohnenswert darbieten kann. Journalisten wissen das ebenfalls, und obgleich sie gern für die Ewigkeit schreiben würden, fänden sie es ungalant, hielte ihnen man all das entgegen, was sie in der Vergangenheit gemeint oder vorhergesagt haben.

Trotzdem ist die Zeitung eine Fundgrube für den, der sich mit moderner Geschichte befaßt. Der britische Historiker Thomas Macaulay war der Ansicht, daß „die einzig richtige Geschichte eines Landes nur in seinen Zeitungen" zu finden sei.[1] Auch wer das für übertrieben hält, wird zustimmen, daß die Zeitung ein wertvolles Hilfsmittel geschichtlicher Erkenntnis ist. Schließlich soll das gute Journal ein Spiegel der Zeit sein. In dieser Metapher steckt gewiß eine Portion Überforderung, aber auch, was letztlich Amt und Würde der Zeitung ausmacht. Heute werden gelegentlich andere Zwecke hervorgehoben: Journalisten müßten betroffen machen, heißt es, enthüllen, appellieren, dem Humanismus, der Ökologie oder anderen säkularen Zielen dienen. All das mag nobel sein, und doch sind es Ablenkungen von der eigentlichen Aufgabe des Zeitungsschreibers, nämlich zu schildern, was ist.

Eine Zeitung ist aber auch mehr als eine Chronik. Die Menschen, die für sie schreiben, der Wille, der sie leitet, das Selbstverständnis, das sie haben, verleihen ihr eine eigene Persönlichkeit. Dadurch wird sie zu einem Teil des Geschehens, das sie überliefert. Die Biographie einer wirklich großen Zeitung kann daher genauso aufschlußreich sein wie die eines Protagonisten auf der Bühne der Politik. Drittens stellt die Zeitung ein Stück Kulturgeschichte dar. Sie ist, seit es Massenmedien gibt, das gebräuchlichste Mittel der Selbstverständigung; das wichtigste ist sie auch heute noch, trotz des Fernsehens. Ihre geistige und technische Herstellungsweise, die Beschaffung von Nachrichten, der Rechtsrahmen, in dem sie entsteht, schließlich die Wirkung, die sie erzielt: all das gehört zu den Mosaiksteinen, aus denen sich Kulturgeschichte zusammensetzt.

Nicht zuletzt kann die Geschichte einer Zeitung Einsichten für diejenigen abwerfen, die heute den Beruf des Journalisten ergreifen. Daß sich die Arbeitsbedingungen in den letzten zweihundert Jahren gewaltig verändert haben, ist eine Binsenweisheit. Brauchte im Vormärz eine Meldung oft Tage, um von einer Stadt in die andere und vom Druckort an den Abonnenten zu gelangen, muß sich heute alles, was nicht „live“ ist, rechtfertigen. War es zu Anfang des letzten Jahrhunderts außerordentlich schwierig, überhaupt an andere als offizielle Informationen heranzukommen, wird demnächst das Hauptproblem der Redakteure sein, sich durch immer dickere Schichten von Informationsmüll zu arbeiten, um den nötigen Durchblick zu gewinnen.

Indessen sind die elementaren Herausforderungen des Berufs fast unverändert geblieben: Das Ringen um Glaubwürdigkeit und Unabhängigkeit, das Widerstehen gegen Korruption und Konformismus, das Streben nach Aktualität und nach Klarheit des Wortes sind noch immer journalistische Kardinaltugenden. Auf der anderen Seite sind Zensur und staatliche Meinungslenkung, mögen sie hier und heute auch keine Rolle spielen, nicht so fern, als daß es überflüssig wäre, sich mit ihren geschichtlichen Ausprägungen zu befassen.

Ohne Vorbilder

Die Cotta'sche *Allgemeine Zeitung* ist heute außerhalb der Fachwelt fast vergessen. Die Zeitgenossen dagegen flochten ihr Kränze. Von den Mächtigen gefürchtet und in Anspruch genommen, von der intellektuellen Elite als Forum genutzt, war sie dem Bürgertum über Jahrzehnte unverzichtbare Informationsquelle und wertvoller Bildungsbesitz. Die „geistige Stimme Deutschlands“ hat sie der Zeitungshistoriker Kurt Koszyk genannt. „Ihr Stil hatte keine Vorbilder, aber er fand viele Nachahmer, von denen die Frankfurter Zeitung die bedeutendste wurde.“[2]

Ihre wirkungsvollste Periode hatte die *Allgemeine Zeitung* in der ersten Hälfte des vergangenen Jahrhunderts. Allein, das kann der Grund für ihre eigentümliche Mißachtung nicht sein. Andere, weit kurzlebigere Blätter der Epoche wie Görres' *Rheinischer Merkur* oder die *Rheinische Zeitung* in der Redaktion von Karl Marx sind dem Geschichtsbewußten gegenwärtiger. Diese bezogen ihre Bedeutung aus der leidenschaftlichen Parteinahme ihrer Redakteure. Sie waren „Gesinnungszeitungen“, wie sie das Jahrhundert zahlreich hervorbrachte, radikale Blätter, die unter dem Streich der Zensur fielen oder sich nicht auf Dauer tragen konnten. Die *Allgemeine Zeitung* war anders. Sie wollte an erster Stelle informieren. Die „facta“

sollten von ihr zusammengetragen und vor dem gebildeten Leser ausgebreitet werden, wie es das Ideal der Aufklärung verlangte. Alle Meinungen zum Zeitgeschehen sollten in ihr Platz haben, nicht nur der Standpunkt einer Seite. Wo andere trommelten, wollte sie orientieren. Sie war eine leise und – mit heutigen Augen gesehen – gerade deswegen eine äußerst moderne Zeitung.

Am 1. April 1908 stellte die *Allgemeine Zeitung* im Alter von 110 Jahren ihr tägliches Erscheinen ein, um noch eine Weile als Wochenblatt fortzudauern. Arnold E. Schönbach, ein anhänglicher Leser und Publizist, bekannte in einem Nachruf, ihm sei der Untergang der Zeitung wie der Einsturz des Campanile zu Venedig vorgekommen. „Erst jetzt ist die Zeit der Kultur, in der wir erwachsen waren, endgültig vorbei und der letzte Strich unter die Bilanz unseres werktätigen Lebens gezogen worden: wer den Göttern (oder den Götzen), welche heute die hohen Stühle bestiegen haben, nicht mehr opfern will, der trete still in den Hintergrund und schweige."[3]

Man darf annehmen, daß die Trauergemeinde, die sich im Jahre 1908 um das Grab versammelte, nicht besonders zahlreich gewesen ist. Dem Hinscheiden war langes Siechtum vorausgegangen, währenddessen die Verantwortlichen den traditionsreichen Titel ohne ökonomischen Vorteil pietätvoll gepflegt und wohl auch gehofft hatten, es werde sich eine zweite Blüte einstellen. Deshalb war das Blatt 1882 von Augsburg nach München verpflanzt worden. Wurzeln konnte es dort aber nicht mehr fassen. Die Zeitung hatte sich überlebt.

Ihre Glanzzeit war Anfang der sechziger Jahre zu Ende, nachdem sie mehr als zwei Generationen lang als die erste Zeitung in Deutschland gegolten hatte. Regierenden Fürsten und Geheimen Räten war sie Pflichtlektüre gewesen und hatte zur Grundausstattung bildungsbürgerlicher Haushalte gehört. Potentaten aus Politik und Kultur hatten für sie geschrieben, weil sie es als ehrenvoll und zugleich als nützlich ansahen, wie Heinrich Laube beobachtete: „Jeder Minister sorgte dafür, daß seine Nachrichten in diesem Blatt verbreitet, daß sie gut dargestellt, gut verteidigt wurden, jeder Publizist trachtete danach, daß seine Meinung in diesem Blatt ausgesprochen wurde; denn er wußte, daß alle Machthaber es lasen."[4] Die Zeitung sah gekrönte Häupter kommen und gehen, selbst unverrückbar und scheinbar unsterblich. Sie trat handelnd auf den Plan und wurde traktiert von den Herrschenden, mal mißgünstig, mal schmeichlerisch. Metternich peinigte und hätschelte die *Allgemeine Zeitung*; Napoleon I. wünschte ihr den Garaus, während sein Neffe, der spätere Napoleon III., ihr Manuskripte einsandte.

Am 1. Januar 1798 erschien die erste Ausgabe der *Allgemeinen Zeitung*, vorerst noch unter dem Namen *Neueste Weltkunde*. Binnen kurzem hatte sie die übrigen politischen Blätter an Reputation übertroffen. Erstaunlich ist, daß die „Augsburgerin" – die Zeitung wurde von 1810 in der Fuggerstadt gedruckt – ihre herausragende Stellung so lange behaupten konnte, denn dem Zeitungsgeschäft ging damals nichts so sehr ab wie Beständigkeit. Joseph Görres, einer der großen Publizisten der Zeit und Herausgeber des *Rheinischen Merkur*, erkannte 1814 neidlos an, in der Breite der Informationen komme der *Allgemeinen Zeitung* keine gleich. Heinrich Heine erkor sie 1832 zur „*Allgemeinen Zeitung* von Europa".[5] Der weltläufige Baron Bourgoing, Gesandter Frankreichs in München, nannte sie 1840 in einem Bericht an seinen Ministerpräsidenten „la plus influente de toutes les gazettes de l'Europe".[6]

Karl Marx und die Erzherzogin

Karl Marx mochte die Augsburgerin überhaupt nicht, aber noch 1860 mußte er einräumen, im Ausland gelte sie von allen deutschen Presseerzeugnissen „als das einzige Organ mit mehr als lokaler Bedeutung".[7] Der Künder der proletarischen Revolution verschlang sie ebenso wie Erzherzogin Sophie. Die AZ sei die Qual ihres Lebens, gestand die Tochter König Max Josephs von Bayern und Mutter des Kaisers Franz Joseph. „Man lacht mich vielfach aus, besonders mein Mann und Onkel Ludwig, weil ich die Zeitung stets wie einen Schatz bei mir trage, am Spaziergang, bei meinen Kindern, selbst auf einem gewissen Ort. Aber ich lese sie alle Tage, da ich dies für eine Notwendigkeit halte."[8]

Nun markieren die Erzherzogin Sophie und der Verfasser des Kommunistischen Manifests zwar ein wahrlich breites Spektrum, doch wäre es falsch, daraus auf eine massenhafte Verbreitung der AZ zu schließen. Eine hohe Auflage im heutigen Sinne hat die *Allgemeine Zeitung* nie besessen; selten kam das Blatt über sechs-, achttausend Abonnenten hinaus. In den ersten Jahrzehnten ihres Bestehens waren es noch deutlich weniger. Selbst wenn man berücksichtigt, daß die Zahl der Leser die der Bezieher um ein vielfaches übertraf, erreichte sie nur einen vergleichsweise kleinen Kreis. Klein war aber auch die Öffentlichkeit jener Zeit, und hier dominierte eben die AZ. Was sie ihren Konkurrentinnen voraus hatte, war das Zusammentreffen eines genialen Konzepts mit Kapitalmacht.

Es wird an späterer Stelle ausführlicher auf den Gründungsprospekt der AZ einzugehen sein, in dem das Redaktionsprogramm niedergelegt war. An diesem Ort muß genügen, auf die Programmtrias „Vollständigkeit, Unparteilichkeit und Wahrheit" hinzuweisen. Das Postulat der Vollständigkeit versprach eine noch nicht dagewesene Nachrichtenfülle. Unparteilichkeit indizierte, daß man die Zeitläufte aus großer Höhe verfolgen wollte, fernab aller Parteiungen, für die man folglich auch nicht in Anspruch genommen werden konnte. Wahrheit meinte schließlich, daß die Zeitung die Trennung von Tatsachen und bloßen Vermutungen genau beobachten wollte. Diese Programmatik war außerordentlich modern. Sie reklamierte für die neue Zeitung eine quasi wissenschaftliche Stellung, die sie vom publizistischen Umfeld abhob, in dem das Anekdotische wild neben dem Idealistischen wucherte. Indem sie sich auf die „facta" konzentrierte, sicherte sie sich eine beträchtliche Elastizität, die ihr Verleger gegen die ständig drohende Repression zu nutzen wußte.

Dieser Verleger war Johann Friedrich Cotta (1764–1832). Die *Allgemeine Zeitung* war sein Werk; ohne seinen unternehmerischen Wagemut wäre sie nicht entstanden, ohne seine Energie und seine Fürsorge hätte sie sich nicht erhalten. Cotta ist als der Verleger Goethes und Schillers in die Geschichte eingegangen. Noch bedeutsamer war seine Rolle jedoch als erster „Zeitungszar" Deutschlands. Denn die AZ, der sein Stolz gehörte, bildete nur den Nukleus in einem Imperium von Zeitungen und Zeitschriften, das die Grenzen des deutschen Sprachraums überragte: Cottas Kapital steckte auch in wichtigen französischen Zeitungen.

Der Verleger stand mit allen bedeutenden Zeitgenossen in Verbindung, den Olympiern des Geistes ebenso wie den politischen Machthabern. Er selbst war jedoch kein konzeptioneller Denker. Ganz der *vita activa* zugehörig, brachte er fast nichts von seinen Bestrebungen und Antrieben zu Papier, ein Umstand, der vielleicht erklärt, weshalb es bis heute noch keine geschlossene Cotta-Biographie gibt. Dabei war der Schwabe eine Persönlichkeit von umfassenden Interessen. Cotta wirkte als Abgeordneter und Diplomat. Er förderte die Künste ebenso wie Flugpioniere, betrieb eine fortschrittliche Landwirtschaft und investierte in Dampfschiffe. „Das war ein Mann, der hatte die Hand über die ganze Welt", beschrieb Heinrich Heine Johann Friedrich Cotta nach dessen Tod.[9] Erst Cottas Geld machte aus der AZ ein Weltblatt. Weil er die stattlichsten Honorare zahlen konnte, verschaffte er dem Blatt die besten Autoren. Und weil sein Konzern eine Macht darstellte, vermochte er die AZ gegen alle Anfeindungen zu behaupten.

Über die *Allgemeine Zeitung* existiert eine Fülle von Einzelbetrachtungen. Zahlreiche Seminararbeiten und Dissertationen beleuchten Lebensabschnitte der großen Zeitung. Vor hundert Jahren schrieb Eduard Heyck die bisher einzige Monographie.[10] Aus ihr haben nachfolgende Forschergenerationen geschöpft. Allein, das Heycksche Werk kann hagiographische Absichten nicht verbergen. Auch steht der von der bismarckschen Reichsgestalt her geführte Strich Heycks einer gerechten Würdigung dort entgegen, wo sich die AZ, wie in der Spätphase, für die großdeutsche Sache in die Schanze warf.

Wie soll man den langen Lebensweg einer Zeitung nachzeichnen, ohne sich in Einzelheiten oder einer langatmigen Chronologie zu verirren? Ich habe das sicherste Gegenmittel darin gesehen, einige Kreuzpunkte der deutschen Geschichte herauszugreifen und sie im Lichte der Berichterstattung des Augsburger Blattes zu spiegeln. Denn die großen historischen Momente sind ja auch die Bewährungsproben der Zeitungen. Indem sie Revue passieren, treten die Einstellungen des Blattes reliefartig hervor. Zugleich werden die Rahmenbedingungen erkennbar, unter denen die Redaktion zu arbeiten hatte. Als solche „Verdichtungsräume" habe ich die napoleonische Herrschaftsperiode ausgewählt, sodann die für das Pressewesen in Deutschland so folgenschweren Karlsbader Beschlüsse von 1819, die französische Julirevolution 1830, das Jahr 1848 und schließlich 1859, als sich die *Allgemeine Zeitung* für eine Weile zum großdeutschen Kampfblatt verengte und ihr Abschwung einsetzte.

Der Eigentümlichkeit der Zeitung wird ferner durch Kapitel Rechnung getragen, die sich sozusagen mit den inneren Angelegenheiten des Blattes befassen. Es soll geschildert werden, wie der Arbeitstag eines Redakteurs aussah, wie die Zeitung produziert und expediert wurde, wie Verleger und Redaktion miteinander umgingen und was beide Seiten an der Zeitung verdienten. Ein Kapitel ist Heinrich Heine gewidmet, dem berühmtesten Korrespondenten der *Allgemeinen Zeitung*. Ein anderes wird die Zensur zum Gegenstand haben. Sie war die Gefährtin der *Allgemeinen Zeitung* bis 1848. Die Redakteure lernten sie in allen Facetten kennen: von der Einschüchterung bis zum Verbot, vom textlichen Eingriff bis zur Korruption. Es wird aber auch die andere, seltener beleuchtete Seite der Zensurpraxis beleuchtet werden: das ist der Zensor, der, eingekeilt zwischen unerfüllbaren Anforderungen der Obrigkeit und Zeitungsschreibern, die immer neue Listen gegen die Zensur ersannen, selbst zum Opfer wurde. Die vormärzliche Geschichte der AZ bietet dafür überzeugende Beispiele. Sie zeigt aber auch, in welch hoffnungsloser Weise sich die Staaten verstrickten, indem sie sich zu Oberlehrern der Zeitungen aufschwangen.

Ein letztes einleitendes Wort: Dieses Buch soll dem Leser nicht zur Qual werden. Daher sind die Fußnoten auf das unbedingt Notwendige begrenzt; daher ist die Schreibweise in den Zitierungen soweit möglich der heutigen Gepflogenheit angepaßt. Die Geschichte der *Allgemeinen Zeitung* steckt voller Geschichten und farbiger Episoden, die man erzählen kann, ohne daß der wissenschaftliche Anspruch dadurch Schaden nähme.

Das Verbot

Die Verbotsnachricht traf Redakteur und Verleger der *Allgemeinen Zeitung* gänzlich unvorbereitet. Es war der 13. Oktober 1803, ein Donnerstag. In der Stuttgarter Offizin lief der Betrieb wie gewohnt. Mittags war die redaktionell abgeschlossene Freitagausgabe an die Pressen gegangen. Die ersten 200 Exemplare, etwas mehr als der zehnte Teil der Gesamtauflage, warteten auf den Versand. Da überbrachte die örtliche Zensurbehörde das soeben ergangene herzogliche Dekret. Es ordnete in dürrem Kanzleistil an, „den weiteren Druck und Verlag der unter dem Titel 'Allgemeine Zeitung' bisher erschienenen Schrift ganz zu verbieten, und falls dieser Verlag künftighin außer Landes stattfinden sollte, deren Versendung sämtlichen in kurfürstlich-württembergischen Landen befindlichen Postämtern zu untersagen".[1]

Dem Zensor war die Angelegenheit unangenehm. Hofrat Schott, im Hauptberuf Oberbibliothekar, führte ein mildes Regiment. Nachlässigkeiten aber ließ er sich ungern nachsagen. Die Ausgabe vom 13. Oktober hatte er passieren lassen, denn Anstößiges hatte er darin nicht gefunden. Das Dekret sprach nebulös von „Gründen". Sie näher zu bezeichnen, war dem Hof nicht eingefallen.

Auch Johann Friedrich Cotta war ratlos. Der 39jährige Verleger der *Allgemeinen Zeitung* wandte sich fragend an Außenminister Wintzingerode. Der zuckte nur unwissend die Schultern. Eine Notiz, die die halbamtliche *Churfürstlich privilegirte Stuttgartische Zeitung* zwei Tage später veröffentlichte, brachte gleichfalls kein Licht in die Affäre. Es hieß, die *Allgemeine Zeitung* habe „alle Erinnerungen, die den auswärtigen Gouvernements gehörige Achtung zu beobachten", nicht befolgt. Eine plumpe Verschleierung: Tatsächlich stand in der inkriminierten Nummer kein Wort, das fremde Regierungen hätte stören können. Da war die Rede von der löblichen Absicht des bayerischen Kurfürsten, die Universität Würzburg auszubauen. Ein Bericht schilderte ein Manöverfest im Österreichischen unter Teilnahme des Kaisers, ein anderer Seerechtsstreitereien zwischen England und Dänemark. Schließlich fand sich eine gelehrte Abhandlung über die arabische Wahabiten-Sekte, die einem Hamburger Journal entnommen war. Äußerstenfalls konnten sich die „Gründe" in einem Beitrag über die Eidesleistung französischer Ehrenlegionäre verbergen. Aus der zu diesem

Anlaß gehaltenen Rede war der Satz zitiert, die Ehrenlegion habe nichts gemein „mit jenen Orden, die ersonnen worden sind, um der Eitelkeit zu schmeicheln und dem Unwert Wert zu geben“. Sollte sich Herzog Friedrich, der, seit ihn die Kurwürde schmückte, noch prunksüchtiger geworden war, angesprochen gefühlt haben?

Cotta war ein kühler Kopf. Er warf nicht so leicht die Flinte ins Korn. Auch war es nicht die erste Karambolage mit der Obrigkeit, in die ihn die *Allgemeine Zeitung* verwickelt hatte. Deren Problem lag in der Prominenz, die sie schon nach fünf Jahren ihres Bestehens erreicht hatte. Anderen Blättern konnte man unter Umständen mit Nachsicht begegnen, nicht so der AZ. Sie war einflußreich, folglich wurden ihre Äußerungen mit Argusaugen beobachtet. Das „Vorstrafenregister“ des Cotta'schen Blattes enthielt eine achttägige Suspension. Ein andermal hatten die Höfe von Wien und Petersburg in konzertierter Aktion seine Unterdrückung betrieben. Jedesmal war es Cotta gelungen, die Gefahr abzuwenden. Allerdings sah die Sache diesmal ernster aus.

Ein Journal herauszubringen, war in jener Zeit ein riskantes Unterfangen. Nicht daß die Blätter besonders kämpferisch gewesen wären. Die eigene Meinung kundzutun, zu „räsonnieren“, wie man es nannte, traute sich kaum eines. Doch so ganz allmählich fanden es die Zeitungen nicht mehr ausreichend, amtliche Mitteilungen abzudrucken und gefällig zu unterhalten. Es regte sich der Wunsch, hinter die Dinge zu schauen. Das alarmierte die Fürsten. Seit der revolutionäre Bazillus, den die Trikolore-Truppen im Gepäck mit sich trugen, auch diesseits der Grenzen die Geister infizierte, zogen die Verteidiger der alten Ordnung die Zügel an. In Wien, wo man bisher nur eine laxe Presseaufsicht gekannt hatte, warnte der Kaiser vor der jakobinischen Gefahr. Immerhin war die Schwester Leopolds II. unter der Guillotine geendet. Brauchte man noch mehr Beweise für die große Bedrohung? Fast überall im Reich wurden strenge Pressegesetze erlassen.

Für die Verleger waren die Gesetze noch nicht einmal das Schlimmste. Theoretisch boten diese sogar einen gewissen Rechtsschutz. Wo Vorzensur herrschte, ging die Verantwortung für den Inhalt der Zeitungen logischerweise auf den Zensor, respektive den Staat über. Auch Cotta hatte die Zensur als eine Art Generalversicherung angesehen, bis ihn das Verbot der *Allgemeinen Zeitung* eines Besseren belehrte. Wenn es darauf ankam, war der Wille des Souveräns immer noch die entscheidende Instanz. Gerade in Württemberg hatte man das leidvoll erfahren. Die Erinnerung an das Schicksal des armen Schubart ließ selbst dem unerschrockensten Redakteur das Blut in den Adern gefrieren.

Der Dichter und Kapellmeister Christian Friedrich Daniel Schubart (1739–1791) hatte 1774 die *Deutsche Chronik* gegründet. Mit ihrer kecken, volksnahen Sprache schuf sie sich bald eine begeisterte Gemeinde. Weniger begeistert war die Obrigkeit, in diesem Fall der württembergische Herzog Karl Eugen, Onkel jenes Kurfürsten Friedrich, mit dem es Cotta zu tun hatte. Weil Schubart sein Blatt in der freien Reichsstadt Ulm herausgab und deshalb für Karl Eugen nicht habhaft war, griff dieser zu einer List: Er lockte Schubart mit einem gefälschten Brief über die Grenze und ließ ihn festnehmen. Voller Sadismus schauten der Herzog samt Gattin zu, wie Schubart ins Kellergewölbe des Alten Turms auf dem Hohenasperg geschlossen wurde. Zehn schlimme Jahre verbrachte der Journalist in dem berüchtigten Staatsgefängnis – abschreckendes Beispiel für alle, die sich zur Profession des Zeitungsschreibers hingezogen fühlten.

Friedrich, der Neffe, brachte für freiheitliche Regungen kaum mehr Verständnis auf. Der Fürst, der wegen seines abstoßenden Äußeren auf dem Wiener Kongreß den Beinamen „le monstre wurtembergeois" erhielt, kann womöglich den historischen Anspruch erheben, als erster Dissidenten zu Geisteskranken und deshalb für gemeingefährlich erklärt zu haben; eine Methode, die dann in unserem Jahrhundert zur vollen Entfaltung gelangte. Nach einem Dekret von 1809 war jeder, „der sich injuriöse Äußerungen gegen die allerhöchste Person" herausnahm, „sinnlos und zur Bekleidung eines öffentlichen Amts unfähig".[2]

Stand Cotta das Bild Schubarts vor Augen, als er seine Lage überdachte? Johann Friedrich Cotta war im Jahre 1803 ein ganz gewöhnlicher Bürger. Von der Machtstellung, die ihm als Herrn eines Presseimperiums einst zuwachsen und ihn instand setzen sollte, selbst Fürsten die Stirn zu bieten, konnte er noch nicht einmal träumen. Als Buchverleger gehörte er zwar schon zu den ersten der Branche. Schiller stand bei ihm exklusiv unter Vertrag. Die Beziehungen zu Goethe entwickelten sich. 1802 hatte ihm der Weimarer Dichterfürst seine Voltaire-Übersetzungen „Tancred" und „Mahomet" zum Druck überlassen. Auch Hölderlin, Schelling und Fichte waren Autoren der Cotta'schen Buchhandlung. Gerade weil sich die Geschäfte so gut anließen, mußte sich Cotta fragen, ob er durch politische Händel alles aufs Spiel setzen sollte.

Man hat sich Cotta als Vertreter des aufgeklärten, selbstbewußten Bürgertums vorzustellen. Wie viele Deutsche seines Schlages sah er in Frankreich den Hort der Zivilisation. Wohl schätzte er die Jakobiner nicht, doch den Absolutismus verabscheute er. Anders als sein Bruder Christoph Friedrich[3], der als republikanischer Aktivist in Diensten Frankreichs speziell in Straßburg wirkte, war Johann Friedrich ein Mann der Reformen. 1799 wurde er in einen Konflikt zwischen Landesherrn und Landständen hineingezogen. Der opportunistische Herzog Friedrich hatte sich in diesem Jahr auf die Seite Österreichs geschlagen und Truppen ausheben lassen. Die Stände, die nicht befragt worden waren, sahen darin mit gutem Grund eine Verletzung des Alten Rechts. Das Landesgrundgesetz von 1518 hatte schließlich festgelegt, daß Hauptkriege nur noch mit „rat, wissen und willen“ der Landschaft geführt werden durften. Vor allem aber fürchteten sie französische Repressalien. Als Abgesandter der Stände wurde Cotta zu einer Friedensmission nach Paris geschickt. Diese war nicht sonderlich erfolgreich, aber insofern folgenschwer, als sie vom Herzog aufgedeckt und als Komplott gewertet wurde.

Am 10. Dezember 1799, genau einen Tag nach Rückkehr Cottas aus Paris, wurde die *Allgemeine Zeitung* für acht Tage suspendiert. Die Nummer 344 habe diese Maßnahme durch die Aufnahme „irrespectuoser“ Äußerungen erforderlich gemacht, hieß es in einem herzoglichen Dekret.[4] Roß und Reiter wurden nicht genannt, und die Durchsicht der inkriminierten Ausgabe läßt im Dunkeln, welche „Schandtat“ die Zeitung nach Ansicht des Herzogs begangen hatte. Der Zusammenhang mit der enttarnten Geheimmission Cottas liegt jedoch auf der Hand. Für den Landesherrn, der in dem Verhalten der Stände einen Fall von „Jakobinismus“ sah, war das befristete Verbot ein Akt der Bestrafung. Andere folgten; mehrere Vertreter der Landstände wanderten auf den Hohenasperg. Cotta, festgenommen und vor eine Untersuchungskommission zitiert, kam mit dem Schrecken davon. Seither mußte er die Rache des Herzogs fürchten.

Die hatte ihn nun 1803 erreicht. Cotta machte sich nichts vor; das Verbot der *Allgemeinen Zeitung* war eine Schikane, die ihn dort treffen sollte, wo es am meisten schmerzte. Der Herzog sei sein „persönlicher Feind“, konstatierte Cotta nüchtern in einem Brief an Friedrich Schiller.[5] Was aber tun, wenn die Dinge so standen? Der Verleger sah für seine Zeitung keine Zukunft mehr, jedenfalls nicht in Württemberg. Er dachte an Aufgabe.

Der erste Zeitungszar

Johann Friedrich Cotta[6] wurde am 27. April 1764 geboren, als fünftes unter fünfzehn Kindern. Der Vater war Hof- und Kanzleibuchdrucker in Stuttgart, die Mutter eine geborene Pyrker, Tochter der einstmals gefeierten Primadonna der Stuttgarter Hofoper. Anna Maria Pyrker, also die Großmutter Johann Friedrichs, ging dadurch in die Annalen ein, daß sie nach acht Jahren auf dem Hohenasperg den Verstand verlor. Dorthin hatte sie Herzog Karl Eugen gebracht, derselbe, der auch Schubart einkerkern ließ. Ihr Vergehen bestand darin, daß sie der Herzogin eine Affäre Karl Eugens mit einer Tänzerin verraten hatte.

Der junge Cotta hatte zunächst mit dem Buchhandel nichts im Sinn. Er nahm in Tübingen ein Studium der Mathematik und Physik auf. Eine Karriere als Offizier, an die wohl einmal gedacht war, schied wegen seiner zarten Konstitution aus. Cotta schwenkte dann zur Rechtswissenschaft um und promovierte in diesem Fach. In Paris, wo er sich 1787 zur Vervollkommnung seiner Sprachkenntnisse aufhielt, erreichte ihn ein Notruf des Vaters. Johann Friedrich sollte daheim die J. G. Cotta'sche Buchhandlung übernehmen.

Das Angebot des Vaters war nichts weniger als überwältigend. Die Handlung – sie befand sich seit 1659 im Familienbesitz – war nämlich arg heruntergewirtschaftet. Die Schuld daran trug überwiegend der Vater selbst. Aus Sorge um seine zahlreichen Kinder, aber auch, weil er ein rechter „Confusionarius" war, überließ er die Führung der Geschäfte überwiegend Gehilfen, auch seinem ältesten Sohn Christoph Friedrich. Der war freilich ein viel zu unruhiger Geist, um im stillen Umgang mit Soll und Haben Befriedigung zu finden. 1791 ließ er alles stehen und liegen und eilte nach Westen, um sich der Sache der Revolution zu widmen. Mit dem *Strasburgischen politischen Journal,* das er ein Jahr später gründete, propagierte er ihre Ideen. Sein Verfassername auf dem Titelblatt war „Bürger von Frankreich" unterzeichnet. Zum Dank für seine Treue setzten ihn die Franzosen 1796 als Generalpostmeister für ganz Deutschland ein. Von Christoph Friedrich wird später noch einmal im Zusammenhang mit einer delikaten Episode der AZ die Rede sein. Seine Liebe zu Frankreich erlosch mit dem „Verrat" Napoleons an der Revolution. 1838 starb Christoph Friedrich Cotta in einem pfälzischen Dörfchen; eine abenteuerliche Existenz, wie sie die stürmische Epoche so zahlreich hervorgebracht hat.

Der 23jährige Johann Friedrich war von dem Angebot des Vaters hin- und hergerissen. Die Buchhandlung würde ihm keinen raschen Profit bescheren, das stand nach einer Inventur außer Zweifel. Vorsichtig fragte er bei dem renommierten Leipziger Buchhändler Philipp Erasmus Reich an, ob er, wenn er „allen möglichen Fleiß und Mühe anwende, wenn ich mich stets als ehrlicher Mann betrage, wenn ich nur auf guten Verlag sehe, durch meine Aufführung meine guten Freunde und Kredit erhalte, ob ich nach und nach ein großes Kapital werde abtragen und mich schuldenfrei machen können?". In diesem zugleich schüchternen und gewagten Brief vom 11. Juli 1787 legte der spätere „Napoleon der Buchhändler" sein verlegerisches Programm dar, wenn auch im Konditionalis: „Ich würde keine andern als gute Bücher in Verlag nehmen und immer auf schönen Druck und Papier sehen."[7]

Noch ein halbes Jahr ließ sich Cotta mit seiner Entscheidung Zeit, dann schloß er ab. Für 17000 Gulden erwarb er von seinem Vater die Handlung nebst zwei baufälligen Häusern in Tübingen und dem Cotta'schen Buchgewölbe in Leipzig. 1788 brachte er die ersten Verlagsveröffentlichungen heraus, es handelte sich hauptsächlich um theologische und juristische Werke. Zu Ostern besuchte er die Leipziger Buchmesse; ob zu Fuß, wie die fromme Überlieferung will, sei dahingestellt. Unbestreitbar ist, daß er finanziell keine großen Sprünge machen konnte. Erst 1791 bekam er durch die Teilhaberschaft eines ehemaligen Studienkollegen, Christian Jakob Zahn, etwas Kapital in die Hand. Als der Sozius, sehr zur Erleichterung Cottas, 1797 ausschied, segelte das Unternehmen bereits auf Erfolgskurs.

Nicht lange, und Cotta versuchte sich im Zeitungs- und Zeitschriftensektor. Es war nicht ungewöhnlich, daß Buchdrucker nebenher Zeitungen herausbrachten. Schon Cottas Großvater Johann Georg d. J. hatte ein Blatt mit dem Namen *Das Merkwürdigste von Politischen Neuigkeiten* besessen. Johann Friedrich erprobte das Terrain mit einer Frauenzeitschrift. Sie hieß *Amaliens Erholungsstunden* und wurde von Marianne Ehrmann redigiert, einer der ersten Journalistinnen Deutschlands. Das Editorial der 1790 gegründeten Zeitschrift überrascht mit frühen emanzipatorischen Anklängen: „Nur nicht zu früh gelacht, Ihr Herren der Schöpfung", hieß es da. „Ich kenne jetzt mein Geschlecht besser, es fehlt ihm nicht an gutem Willen, alles das zu werden, was es sein könnte oder sein sollte, aber nur an Gelegenheit. Man kümmert sich im Ganzen so wenig um dieses Geschlecht, man hat so wenig Geduld mit seiner Erziehung und Bildung, man opfert es so gerne alten Gewohnheiten und eingerosteten Vorurteilen auf!"[8]

Mit Frauenzeitschriften ließ sich schon damals gut verdienen. Als *Amaliens Erholungsstunden* wenig später sanft entschliefen, sorgte Cotta mit *Flora, Teutschlands Töchtern geweiht von Freunden und Freundinnen des schönen Geschlechts* ungesäumt für eine Nachfolgerin. Die Zeitschrift mit dem ausladenden Titel hielt sich bis 1803 und wurde von den *Vierteljährlichen Unterhaltungen* abgelöst. Daß Cotta später sein berühmtes *Morgenblatt,* eine Frühform der Revuen und lange Jahre die führende Literaturzeitung Deutschlands, von einer Frau, Therese Huber, redigieren ließ (ihr Name durfte allerdings nicht ins Impressum), war beinahe eine Sensation und unterstreicht die unkonventionelle Art des Verlegers.

Cottas Ambitionen zielten freilich in andere Sphären. Es ist nicht ganz geklärt, wann und wodurch in ihm der Plan zur Gründung eines erstrangigen politischen Blattes entstand. Womöglich ließ er sich in Paris dazu anregen. Die Idee war jedenfalls einmal geboren. Eine Zeitung wollte er schaffen, „wie das ganze übrige Europa sie nicht aufweisen kann".[9]

Für ein solches Projekt kam natürlich kein beliebiger Redakteur in Frage. Zunächst knüpfte Cotta mit Ernst Ludwig Posselt Kontakt, einem damals hochangesehenen Publizisten aus dem Badischen. Doch dann riß Cotta plötzlich ein anderer Gedanke hin: Warum nicht Friedrich Schiller? Gab es einen zweiten Schriftsteller, der Poesie und Politik in so idealer Weise verband wie er? Einen, dessen Werk mehr der ganzen Menschheit gehörte? Hatte ihm nicht das Mutterland der Zivilisation eine von Danton unterzeichnete Urkunde verliehen, die ihn zum „citoyen francais“ ernannte? Niemand, so schien es Cotta, war geeigneter, sein Journal europäischen Anspruchs zu leiten.

Chefredakteur Schiller?

Rückblickend erscheint Cottas Werbung um Schiller phantastisch, ja frevlerisch. Die Zeitgenossen dachten darüber nüchterner. Für sie war Schiller noch nicht petrifiziert. Auch war es nicht ungewöhnlich, daß ein Dichter zeitweilig den Pegasus absattelte und sich als Lohnpferd auf dem Feld der Tagesschriftstellerei verdingte. Wieland zum Beispiel gab den *Teutschen Merkur* heraus, ohne daß sein Ansehen dadurch Schaden genommen hätte. Weshalb also nicht Schiller? Dramen wie „Die Räuber“ oder der „Don Carlos“ hatten ihn in den Augen vieler zum politischen Schriftsteller gestempelt. Die gerade abgeschlossenen Studien über den Dreißigjährigen Krieg und den Abfall der Niederlande schienen die Neigung zu bestätigen. Für Schiller sprachen aus Cottas Sicht noch andere, handfeste Gründe. Von einem derart wohlklingenden Namen ließ sich eine absatzfördernde Wirkung erwarten, was in der schwierigen Startphase besonders vorteilhaft sein konnte. Der Verleger dachte hier wie überhaupt sehr modern. Außerdem hegte Cotta schon lange den Wunsch, Schiller für seinen Buchverlag zu gewinnen. Die Bestallung als Redakteur mochte als Hebel dazu dienen.

Die erste Begegnung der beiden Männer fand 1793 statt. Der Dichter verfolgte die Annäherung, für die Cotta einen Mittelsmann eingeschaltet hatte, mit Interesse. Die Familie Cotta war ihm ein Begriff. Seine Eltern hatten in dem alten Cotta'schen Druckereigebäude in Ludwigsburg gewohnt. Er erinnerte sich noch an das kindliche Herumtoben in der Setzerei. Der alte Schiller hatte beim alten Cotta ein Buch veröffentlicht, eine wunderliche Abhandlung über Ackerbau und Viehzucht. Und Friedrichs eigenes Erstlingswerk, seine Dissertation „Über den Zusammenhang der tierischen Natur des Menschen mit seiner geistigen“, war selbstverständlich auch bei Cotta gedruckt worden.

Anziehend wirkte auf den sich ewig in Geldverlegenheit befindlichen Schriftsteller, daß der junge Verleger einen finanziell soliden Eindruck machte. Tatsächlich pumpte Schiller Cotta gleich an. Er erhielt 200 Reichstaler, von Zinsen wollte Cotta nichts wissen. Dabei konnte Schiller ihm keine festen Zusagen geben. Er fühlte sich an seinen Leipziger Verleger Göschen gebunden und hatte Skrupel, abrupt die Fahne zu wechseln. Trotzdem kam es zu einer Vereinbarung, die den Ausgangspunkt einer mustergültigen Partnerschaft zwischen Verleger und Autor bilden sollte.

Der Durchbruch erfolgte bei einer gemeinsamen Spazierfahrt von Stuttgart nach Untertürkheim am 4. Mai 1794.

Bei der Fahrt durch die liebliche Landschaft setzte Cotta dem Begleiter seine Pläne auseinander. Schiller erschrak. Eine Zeitung zu redigieren, daran hatte er noch nie gedacht. Andererseits war zu bedenken, daß Cotta ihm ein Jahresfixum von 2000 Gulden bot, mehr als das Sechsfache dessen, was er als Universitätslehrer in Jena erhielt. Die Aussicht, endlich ein gesichertes Auskommen zu finden, war zu verlockend, um einfach nein zu sagen. Also versuchte Schiller ausweichend, Cottas Gedanken auf ein anderes Geleise zu lenken. Er erzählte ihm von seiner Absicht, eine Nachfolgerin für die erschlaffte literarische Zeitschrift *Neue Thalia* ins Leben zu rufen. Mit einer solchen Zeitschrift könne man wahre Reichtümer verdienen, schwärmte der Dichter, der nach eigenem Zeugnis zum Kaufmann so wenig taugte wie ein Kapuziner. Cotta hörte wohlwollend zu. Er sei bereit, die *Horen* in Verlag zu nehmen, vorausgesetzt, Schiller stelle sich als Herausgeber seiner *Europäischen Staatenzeitung* (dies der damalige Arbeitstitel) zur Verfügung.

Kaum hatten sich die beiden Männer getrennt, überfielen Schiller Zweifel. An den *Horen,* ja, daran solle man festhalten. Aber die Zeitungsarbeit sei „für einen kränklichen Menschen doch zu anstrengend", schrieb er Cotta. Ob eine Quartalsschrift nicht ebenso gut sei? Da habe man drei Monate Zeit. Er würde die politische Schriftstellerei ohnehin nicht aus Neigung, höchstens aus „Spekulation" erwählen, gestand er. Und dann, wie zur Abschreckung, türmte er seine Forderungen für den Fall auf, daß Cotta ihn partout für sein Tagblatt haben wolle: Eine Pauschalsumme für die Redaktion, das übrige „bogenweise", einen „beständigen Sekretär", eine Bibliothek, die letzten Jahrgänge des *Moniteur* und einen Atlas von Europa.

Man spürt Schillers Verlegenheit. Er wollte sein leichtsinnig gegebenes Wort zurück. Der Hinweis auf seine schlechte Gesundheit war aufrichtig, doch überwogen andere Gründe für sein Rückzugsgefecht. Schiller hatte von der Politik die Nase voll. Seine anfängliche Begeisterung für die Revolution war verflogen. Die schöne Illusion, man benötige nur einige fortschrittliche Institutionen, und schon werde das Menschengeschlecht eine höhere Entwicklungsstufe erklimmen, hatte das Stakkato der Guillotine zertrümmert. Zwar bleibe die Freiheit „das heiligste aller Güter", schrieb er resigniert an den Erbprinzen von Augustenburg; doch werde man erst sachte damit anfangen müssen, „für die Verfassung Bürger zu erschaffen, ehe man den Bürgern eine Verfassung geben kann".[10] In der Einleitung zu den *Horen* brachte er wenig später seinen Überdruß an der Politik noch deutlicher zum Ausdruck. In einer Zeit, „wo weder in den Gesprächen noch in den Schriften des Tages vor diesem allverfolgenden Dämon der

Staatskritik Rettung" sei, trete er mit einer Zeitschrift vor das Publikum, die die „politisch geteilte Welt unter der Fahne der Wahrheit und des Schönen" vereinigen wolle.[11] Wer so dachte, war zum Beruf des Journalisten allerdings ungeeignet. Schiller behielt sein ungnädiges Urteil über die Profession. Als sein Freund Ludwig Ferdinand Huber 1798 in Cottas Dienste trat, war sich Schiller mit Körner einig, daß man ihn zu bedauern habe: „Wie hat er doch seine ganze Lebensbestimmung verdorben."[12]

Cotta blieb indessen hartnäckig. Er reiste nach Jena. Abermals triumphierte seine Überredungskunst. Schiller unterzeichnete am 28. Mai zwei Kontrakte.[13] Der eine übertrug ihm die Leitung der *Horen,* der andere die einer *Allgemeinen Europäischen Staatenzeitung.* Letztere Abmachung garantierte Schiller 2000 Gulden „Honorarium" im Jahr; ab einer Auflage von 6000 Exemplaren wurde eine Erfolgsprämie von 1500 Gulden in Aussicht gestellt. Zwei Mitarbeiter sollten je 1000 Gulden erhalten. Bemerkenswert ist Punkt sechs des Kontrakts, mit dem der Verleger die soziale Absicherung der Familie Schillers auch nach dessen Tod übernahm. 600 Gulden jährlich sollte Schillers Witwe erhalten, solange die Zeitung bestand.

Der Rest ist rasch erzählt. Zurück in Tübingen schickte Cotta sogleich die Hälfte des vorgesehenen Zuschusses von 900 Gulden nach Jena, was Schiller nicht hinderte, für die *Staatenzeitung* postwendend und endgültig abzusagen. Die Zeitung werde für ihn ein „höchst schwieriges Fach sein", für das es ihm an Talent fehle. Auch würde sie seine Gesundheit unfehlbar zugrunde richten, erklärte er brieflich. Den Vorschuß gab er gleichwohl nicht heraus. Er hoffe, sich der Schuld durch die *Horen* bald entledigen zu können, ließ er Cotta wissen. Der reagierte verständnisvoll, schickte Schiller statt Vorwürfen Genesungswünsche. Er war zuversichtlich, den Dichter moralisch an den Verlag gebunden zu haben, und sollte sich nicht täuschen. Denn alsbald trennte sich Schiller von Göschen, überantwortete seine gesamte literarische Produktion der Cotta'schen Buchhandlung, vermittelte die Geschäftsbeziehung mit Goethe und begründete somit den Aufstieg Johann Friedrich Cottas zum mächtigsten deutschen Verleger.

Die Absage Schillers schmerzte, obwohl sie für die künftige Zeitung gewiß ein Segen war. Von seinem Weg konnte sie Cotta nicht abbringen. Im übrigen war er ein viel zu guter Geschäftsmann, um nur auf eine Karte zu setzen. Noch während er mit Schiller rang, hatte er bei Posselt angeklopft.[14] Dieser stand gerade beim Markgrafen von Baden in Ungnade. Cottas Offerte, als Mitarbeiter unter Schiller in die Redaktion einzutreten, behagte ihm zwar nicht. Andererseits reizte es ihn, endlich eine bedeutende Zeitung als Forum seiner hochfliegenden Ideen zu haben. Posselt, von Haus aus Jurist, war einem breiteren Publikum als Verfasser zeitgeschichtlicher Schriften bekannt. Notorisch war auch sein Enthusiasmus für die französische Republik. Er selbst hatte einem Geheimbund radikal-aufklärerischer Provenienz angehört. Indem Cotta sich mit dem schwierigen Mann verband, ging er ein Risiko ein. Das gehört zu den Eigentümlichkeiten dieses umsichtigen Verlegers: Immer wieder öffnete er seine Zeitungen Mitarbeitern, die als „politisch bedenklich“ galten und potentiell Ungemach bereiten konnten.

Die Nachricht, daß Schiller nicht mehr im Spiel sei, war Posselt willkommen. Am 28. August 1794 unterzeichnete er einen Vertrag über die Herausgabe eine *Europäischen Zeitung*. Sie sollte dreimal in der Woche erscheinen, als Druckort war Rastatt ausersehen. Dazu stellte der Vertrag eine Monatsschrift in Aussicht, die gleichfalls Posselt leiten sollte. Die Monatsschrift wurde unter dem Titel *Europäische Annalen* bald realisiert; nicht so die Zeitung. Das badische Ministerium bestand kategorisch auf Vorzensur. Darauf wollten sich Cotta und Posselt nicht einlassen. Man wartete auf bessere Zeiten. Sie schienen mit dem Sieg der Franzosen im ersten Koalitionskrieg gekommen. Nach dem Vorfrieden von Loeben (1797) machte Posselt dem Verleger neue Hoffnung. Nun ziehe eine „goldene Zeit“ herauf, schrieb der Frankreichverehrer. Das Zeitungmachen werde jetzt viel kommoder als „in der bedenklichen Periode, wo man fast immer der Goldwaage bedurft hätte“. Es sollte sich herausstellen, daß dies – auf längere Sicht – ein Irrtum war.

Am 13. Januar 1797 wurde ein neuer Vertrag geschlossen. Es dauerte freilich noch fast ein Jahr, bis Cotta sein „Schoßkind“, wie er das immer noch nur als Idee bestehende Blatt zärtlich nannte, aus der Taufe heben konnte. Der erste Kontrakt wurde in wichtigen Punkten modifiziert. So sollte jetzt Tübingen der Druckort sein. Ferner entschied sich Cotta nun für eine tägliche Erscheinungsweise. Für den Herausgeber Posselt sah der Vertrag ein jährliches Grundhonorar von 2196 Gulden vor. Das war mehr als Schiller hätte bekommen sollen, was zeigt, daß Posselt für Cotta keineswegs zweite Wahl war. Der Kontrakt enthielt auch eine wirtschaftliche Zielplanung. Danach begann die Gewinnzone bei einem Absatz von mehr als 1000 Exemplaren.

Die Neueste Weltkunde

Am 31. Oktober war es dann endlich soweit. Die Cotta'sche Buchhandlung zeigte ihr jüngstes Objekt an, eine Zeitung „wie das ganze Europa sie nicht aufweisen kann“. *Neueste Weltkunde* sollte sie heißen (das war die vorletzte Variation des Titels; als *Allgemeine Zeitung* erschien sie erst vom 9. September 1798 an). Die erste Ausgabe wurde für den 1. Januar annonciert. Der von Posselt verfaßte Prospekt[15] stellte die Maximen vor, denen die *Neueste Weltkunde* folgen wollte und über die zwischen ihm und dem

Verleger Einigkeit herrschte. Er begann mit einem Fanfarenstoß: „Daß jedem Menschen daran liegen muß, die Welt zu kennen, worin er lebt!" Das war im besten Sinne kantisch, aber bezogen auf die gültige Staatsphilosophie, die darauf bestand, daß Politik in die Arkansphäre der Kabinette und Kamarillas gehöre, eine ziemlich lose Behauptung. Posselt glaubte daran. Wahr sei ferner, fuhr er fort, daß die Menschheitsgeschichte keinen aufregenderen Abschnitt kenne als den gegenwärtigen. Nur leider stünden die Zeitungen „außer allem Verhältnis mit der Würde und Wichtigkeit ihres Gegenstandes". Diesen beklagenswerten Zustand wolle die *Neueste Weltkunde* beenden. Auf das geneigte Publikum warte ein „politisches Tagblatt", das „wie ein treuer Spiegel die ganze und wahre Gestalt unserer Welt zurückstrahle, so vollständig, als ob es der ganzen Menschheit angehörte, so untergeordnet den großen Grundsätzen der Moral und bürgerlichen Ordnung, als ob es auf das Bedürfnis einer Welt voll Gärungsstoff berechnet wäre; so edel in Sprache und so unparteiisch in Darstellung, als ob es auf die Nachwelt fortdauern sollte".

Der Prospekt klingt reichlich weihevoll, fast wie eine Menschenrechtserklärung. Aber so schrieb man damals, wenn man auch sagen muß, daß Posselt ganz besonders zum Pathos neigte. Die Leitsätze selbst hingegen sind erstaunlich modern; sie könnten einem journalistischen Handbuch unserer Zeit entnommen sein. In diesem Kanon setzte Posselt „Vollständigkeit" auf den ersten Platz. Daß man über die kapitalen Dinge des Schlachtfelds und der Höfe berichten wollte, verstand sich von selbst. Keineswegs selbstverständlich war die Dokumentation wichtiger Parlamentsdebatten, die der Prospekt versprach. (Daß Parlamentsdebatten in deutschen Landen nicht gemeint sein konnten, weil es sie nicht geben durfte, war eine Schlußfolgerung, die Posselt geschickt den Lesern überließ.) Auch sollten die Abonnenten mit Neuheiten der politischen Literatur bekannt gemacht werden. Berücksichtigung finden würden auch die „stillern facta". Darunter verstand Posselt z.B. Erfindungen, die, wie er erkannte, oft mehr veränderten „als die Donner von zwanzig Schlachten".

Das Postulat der „Unparteilichkeit" sollte nicht bloß die Unvoreingenommenheit der Zeitung verbriefen. Es beschrieb eine Methode, die man immer anwenden wollte, „wo mehrere in einem Factum verschlungen" seien. Dann sollte jede Partei mit ihrem Standpunkt im Blatt auftreten können. Diese Methode garantierte Ausgewogenheit und erlaubte zugleich, Kritik der Obrigkeit dadurch ins Leere laufen zu lassen, daß man auch ihrer Sichtweise ein Forum gab.

Unter „Wahrheit", dem dritten Programmgrundsatz, verstand Posselt, auch hier sehr modern, die klare Trennung von Nachricht und Kommentar. „Immer soll genau unterschieden werden, was zuverlässiges, bis zu einer bleibenden Stelle in der Geschichte erprobtes Factum" und was bloße

Mutmaßung sei. Es folgte ein Versprechen, das aktueller nicht sein könnte: „Ein Factum, das in der ersten Zeit allgemein für wahr galt, aber in der Folge falsch befunden wird, soll jedesmal ausdrücklich widerrufen werden."

Selten ist der ethische Anspruch der Zeitung so gültig formuliert worden. Das erstaunt um so mehr, als die AZ am Anfang der modernen Zeitungsentwicklung steht und sich auf Vorbilder kaum stützen konnte. Gewiß würde man sich heute bescheidener ausdrücken, aber nicht, weil sich die Maximen des Prospekts als irrig herausgestellt hätten, sondern weil uns der grandiose Optimismus abhanden gekommen ist, der das ausgehende 18. Jahrhundert kennzeichnete. Cotta, Posselt, die potentiellen Leser des Blattes – sie alle glaubten, an einer Zeitenwende zu stehen. *Sapere aude!* Wer nur den rechten Gebrauch von seinem Verstand macht, dem entschlüsseln sich die Geheimnisse des Daseins, der schafft den beglückenden Sprung in die beste aller Welten, verhießen die Prediger der Vernunftreligion. Kant prophezeite, es sei möglich, bis zum Ende des Jahrhunderts die Wißbegierde des Menschen zur „völligen Befriedigung zu bringen".[16]

Ein pralles Lebensgefühl erfüllte das aufstrebende Bürgertum. Begierig sog man den Wissensstoff ein, der sich bot. Die Hilfsmittel waren Bücher, Zeitschriften und – neuerdings – Zeitungen, die sogar die bisher verschlossene Welt der aktuellen Politik öffneten. „Die Zeitungen sind der Grund/ die Anweisung und Richtschnur aller Klugheit/und/wer die Zeitungen nicht achtet/der bleibt immer und ewig ein elender Prülker und Stümper in der Wissenschaft der Welt und ihrem Spielwerk." So hatte Kaspar von Stieler[17] schon 1695 geschrieben. Ein Jahrhundert später war die Zeitung als Schlüssel zur Welterkenntnis unverzichtbar geworden. An die drei Millionen Menschen lasen jetzt in Deutschland Zeitung.[18] Lesegesellschaften schossen wie Pilze aus dem Boden. Der gemeinsame Bezug machte die Kosten des Abonnements erschwinglich, und das gemeinschaftliche Räsonnieren trug mit zum Entstehen einer öffentlichen Meinung bei. „Nie ist mehr geschrieben und mehr gelesen worden"[19], jubilierte Wieland 1779.

Die Aufklärung leitete nicht zum politischen Umsturz an. Zumal in Deutschland waren es in erster Linie pädagogische Impulse, die von ihr ausgingen. Doch auf die Dauer konnte sich der Dritte Stand nicht mit dem „Luftreich der Träume" (Heine) zufriedengeben. In Paris erklärte er sich zur Nation. Die Revolution brach aus.

Im Reich wurden die Ereignisse von 1789 weithin begrüßt. Der Historiker Johannes von Müller feierte den Sturm auf die Bastille als „schönsten und wichtigsten Tag seit dem Untergang der römischen Weltherrschaft". Hölderlin, Schelling und Hegel tanzten in Tübingen um den Freiheitsbaum. Im Rheinland lieh Joseph Görres dem Jakobinertum seine Feder. Nicht wenige tüchtige Männer gingen, vom revolutionären Bazillus angesteckt, nach Frankreich, um dann – wie Georg Forster – beim Aufbau der kurzlebigen Mainzer Republik mitzuhelfen. Goethe mochte das Sanskulottische an den neuen Herren in Paris degoutant finden, andere der Königsmord erschüttern: Zu Verteidigern des Ancien régime wurden sie dadurch nicht. Sie übertrugen vielmehr ihren Enthusiasmus auf Napoleon, in dem man zugleich den Bändiger der Revolution und den Bewahrer ihrer Errungenschaften zu erkennen glaubte. Daß er Franzose war – oder Korse – wen kümmerte es? Die Aufklärung dachte weltbürgerlich. Wenn Wieland 1799 Patriotismus mit dem „warmen Eifer zum gemeinsamen Nutzen der Menschheit“[20] übersetzte, erklärt das, weshalb in dieser Zeit vielen Deutschen Frankreich zum eigentlichen Vaterland werden konnte.

Teilnahmslos sah man zu, wie unter den Schlägen der napoleonischen Armeen das „Heilige Römische Reich schwerfälligen Angedenkens“ (Görres) sein Leben aushauchte.[21] Einen Tag nach der formellen Niederlegung der Kaiserkrone durch Franz II. notierte Goethe auf der Rückfahrt von Karlsbad sarkastisch: „Zwiespalt des Bedienten und Kutschers auf dem Bocke, welches uns mehr in Leidenschaft versetzte als die Spaltung des Römischen Reiches.“[22]

Deutsche Schlafsucht

Wenn Posselt der Mehrzahl der Zeitungen etwas von oben herab die Reife absprach, hatte er nicht Unrecht. Das Niveau selbst der besseren Blätter war recht kümmerlich. Vielfach begnügte man sich mit der Wiedergabe behördlicher Anordnungen und würzte den spröden Stoff mit allerlei Curiosa. Der weltverbessernde Eifer der Epoche schlug sich oftmals in moralinsauren Belehrungen nieder. Soweit Politik geboten wurde, handelten die Berichte vorzugsweise vom Ausland, denn je ferner der Gegenstand, desto geringer war die Gefahr, es sich mit dem Landesherrn zu verderben. Dabei hielten sich die wenigsten Blätter Korrespondenten. Lieber griff man zur Schere, das heißt man schnipselte ungeniert aus fremden Zeitungen und Zeitschriften heraus, was gefiel. Das Ergebnis war eine Gleichförmigkeit des Inhalts, wie sie heute durch die Nachrichtenagenturen bewirkt wird. Die *Schlesische Zeitung* bezog 1804 ihren gesamten Nachrichtenstoff aus anderen Gazetten, die der Verleger für fünfzig Taler im Jahr abonniert hatte.[23]

Die Aufmachung der Zeitungen war langweilig, die Gliederung kraus. Feste Ressorts fehlten, ebenso Schlagzeilen. Der Leser blickte in eine Bleiwüste. Zu „räsonnieren“ fiel den wenigsten ein, denn die Obrigkeit litt so etwas nicht. Leitartikel bürgerten sich erst im Vormärz ein. Die Beiträge erschienen ohne Signatur, wie überhaupt das Fehlen jedweden individuellen Ausdrucks zu den Merkmalen des Pressewesens im ausgehenden

18. Jahrhundert gehörte. Kein Wunder, daß ein vor Leidenschaft berstender Publizist wie Joseph Görres die „Schlafsucht“ seiner Kollegen verhöhnte.[24] Heinrich Luden ließ 1818 in seiner *Nemesis* einen „Engländer“ über die Berliner Presseverhältnisse klagen. „Es sind miserable Papiere. Das Beste an ihnen sind die Anzeigen von den Fremden, die angekommen oder abgegangen sind; dann die Mitteilungen unter dem Strich, von Erfindungen – etwa zur Reinigung und Beleuchtung von Straßen – von Feuersbrünsten und Schiffbrüchen; endlich die Bekanntmachungen der Speisewirte, Sattler und Silberarbeiter. Ich begreife nicht, warum diese Papiere nicht lediglich auf solche Anzeigen, Mitteilungen und Ankündigungen beschränkt werden. Ist denn der Gedanke an kommende Zeiten und an das Urteil dieser Zeiten ganz verbannt oder gar nichts wert?“[25]

Kaum besser als die Qualität der Produkte war das Ansehen der Produzenten. „Der Narren gibt es überall, wer gar nichts kann, schreibt ein Journal“, mokierte sich der Freiherr von Knigge 1785 und warnte vor dem Umgang mit Journalisten.[26] Sechzig Jahre früher hatte Dr. Georg Paul Hönn, fürstlich-sächsischer Amtmann zu Coburg, dem Journalistenstand in seinem *Betrugslexikon* einen ganzen Artikel gewidmet. „Zeitungsschreiber betrügen“, begann der Steckbrief, „wenn sie zu den von anderen Orten erhaltenen Relationibus aus eigenem Gehirn noch mehreres ohne Grund dazutun.“ Hönn brachte es immerhin auf sechs einschlägige Verwerflichkeiten, deren letzte zeitlose Gültigkeit beanspruchen kann: „Wenn sie aus Mangel dessen, was sie schreiben sollen, Dinge berichten, an deren Wissenschaft der Welt doch nichts gelegen …“[27]

Hinsichtlich des Prestiges standen die Zeitungsschreiber kaum über den Scharfrichtern. Der Dichter Heinrich von Kleist, der 1810 mit den *Berliner Abendblättern* einen kurzen Ausflug ins Zeitungsgeschäft unternahm (und prompt mit mehreren hundert Talern Verlust bankrottierte), wurde von seiner Familie verstoßen, weil er dem guten Namen derer von Kleist Schande gemacht habe. Wahr ist, daß das Gros der Journalisten keinerlei publizistischen Ehrgeiz verspürte. Die Gründe, weshalb sie in einer Redaktionsstube saßen, waren oft so trivial wie die Umstände, die zum Entstehen der Zeitung geführt hatten. Nicht wenige Blätter entstanden als Abfallprodukte einer Buchdruckerei. Die Periodizität des Objekts gewährleistete eine betriebswirtschaftlich vorteilhafte Nutzung der vorhandenen Druckpressen. Die Redaktion besorgte häufig der Druckereibesitzer, man spannte einen Setzer ein oder – die Ausnahme – engagierte einen „Gelehrten“, der dann im Nebenberuf die Manuskripte zusammenstellte. In Stuttgart redigierte Christian Gottlieb Elben den von ihm gegründeten und durchaus respektablen *Schwäbischen Merkur* 32 Jahre lang im Ein-Mann-Betrieb.[28] Johann Kaspar Risbeck, von 1780 bis 1783 Redaktor der *Zürcher Zeitung* fungierte gleichzeitig als Übersetzer, Korrektor und Lektor der

Offizin.[29] Marcus DuMont, Stammvater einer bedeutenden Verleger-Dynastie, war fünfzehn Jahre lang Verleger und Alleinredakteur, ehe er 1820 einen Redaktionsgehilfen einstellte.[30]

Die Verbreitung der Zeitungen war gering. Mit einer Auflage von zwei- bis dreitausend gehörte man um 1800 schon zu den erfolgreichen der Branche. Am meisten gelesen wurden der *Hamburgische Correspondent* mit rund 20000 Exemplaren und die katholische *Augsburger Postzeitung*. Allerdings empfiehlt sich im Umgang mit den Auflagenziffern dieser Zeit noch mehr Vorsicht als mit den heutigen. Die Londoner *Times* verfügte 1800 über 8000 Abonnenten.

Als Bezieher kamen hauptsächlich Beamte, Kaufleute, Offiziere, Pfarrer und Wissenschaftler in Frage, kurz: das gehobene Bürgertum. Für die kleinen Leute war das Abonnement unerschwinglich. Die hohen Produktions- und Vertriebskosten sowie das geringe Anzeigenaufkommen machten die Zeitungen zu Luxusgütern.[31] Für den *Schwäbischen Merkur* mußten 1795 bei zwei Ausgaben pro Woche zwei Gulden im Quartal bezahlt werden. Cotta setzte den Quartalspreis für die siebenmal wöchentlich erscheinende *Weltkunde* auf viereinhalb Gulden fest. Erwartet wurde von den Abonnenten „Pränumeration“, das heißt Vorausbezahlung, eine geläufige Methode unternehmerischer Risikobegrenzung. Bedenkt man, daß ein Setzer bei Cotta einen Gulden Tageslohn erhielt, wird die Begrenztheit der Auflagen verständlich.

Verantwortlich für die Verzagtheit der Zeitungen waren die politischen Umweltbedingungen. Nicht jeder Journalist brachte die Courage eines Joseph Görres auf, der erst im *Roten Blatt*, dann im *Rheinischen Merkur* mit den Potentaten in einer Sprache verkehrte wie Prometheus mit den Göttern. Ein Verleger, der sich seines Blattes eine Weile erfreuen wollte, tat gut daran, leise zu treten. Schubart, der nun wahrhaftig kein Feigling war, urteilte mit nüchterner Kennerschaft, als er 1774 im Vorwort seiner *Deutschen Chronik* feststellte: „Beinahe scheint‘s in Deutschland nach der jetzigen Verfassung unmöglich zu sein, eine gute politische Zeitung zu schreiben. Bei jedem kühnen Gedanken, der dem Novellisten entwischt, muß er einen Seitenblick auf die öffentliche Ahndung werfen; dann wird er furchtsam und kalt. Daher der schläfrige Ton der meisten Zeitungsverfasser, der in schwülen Tagen so manchen Politiker im Großvaterstuhl in Schlummer wiegt.“[32]

Die Instrumente staatlicher Einschüchterung waren vielfältig. Sie reichten von der gegen Ende des 18. Jahrhunderts üblich werdenden Vorzensur bis zur Androhung des Konzessionsentzuges. Um nicht ruiniert zu werden, unterwarf man sich dem Rotstift des Zensors oder übte gleich Selbstzensur. Allerdings variierte der Grad der Repression je nach Einzelstaat. Manch kecker Zeitungsschreiber vermochte sich vor dem Zugriff der

Obrigkeit durch den Sprung über die Landesgrenze zu retten und wagte am neuen Standort einen weiteren Versuch. Die extrem föderative Struktur des Alten Reiches entfaltete – nicht nur hier – eine segensreiche Wirkung.

Preußen galt unter Friedrich dem Großen als verhältnismäßig gefahrloses Zeitungspflaster. Indessen hat die borussische Legende die Pressepolitik des Alten Fritzen reichlich verklärt. Daß die Gazetten „nicht geniret" werden sollten, war ein Grundsatz, der nur so lange hochgehalten wurde, wie sich der König selbst „nicht geniret" fühlte. Die Zensurfreiheit wurde schon 1743 aufgehoben. Die Pressewächter waren gehalten, vor allem auf solche Berichte zu achten, welche „auswärtigen Puissancen so empfindlich wie anstößig" sein konnten. Im übrigen schützte weder in Preußen noch irgendwo die Abwesenheit der Zensur vor „immediaten" Eingriffen, wie das Beispiel des bedauernswerten Redakteurs Rodérique von der *Gazette de Cologne* beweist. Weil Rodérique während des Schlesischen Krieges die Sache Österreichs nach seinem Geschmack zu vorteilhaft darstellte, befahl Friedrich seinem Vertreter beim rheinisch-westfälischen Kreistag, einen handfesten Kölner anzuwerben, der dem Redakteur eine kräftige Tracht Prügel verabreichte.[33]

In Österreich wurde die Zensur unter dem „aufgeklärten" Kaiser Joseph II. spürbar gelockert, aber die Freiheit währte nur kurz. 1791 wurde die Presseaufsicht der Hofkanzlei übertragen. Die vier Jahre später erlassene General-Zensur-Ordnung untersagte sogar, im Ausland etwas ohne vorherige Genehmigung drucken zu lassen. 1798 wurden die Lesegesellschaften abgeschafft und Zeitungen und Zeitschriften aus den Kaffeehäusern verbannt. Österreich war das deutsche Land mit der schärfsten Repression geworden. Eine Wiener Spezialität war die Stempelsteuer. Sie belegte jedes Zeitungsexemplar mit einer beträchtlichen Abgabe, was im Ergebnis dazu führte, daß kaum noch jemand den Mut hatte, sein Geld ins Zeitungseschäft zu stecken. Preußen, das dem Habsburgerstaat sonst eher wenig als viel nacheiferte, übernahm später diese Errungenschaft und behielt den verhaßten Stempel als willkommene Einnahmequelle bis 1873 bei.

Nichts für eilige Leser

So standen die Dinge, als Cottas Zeitung nach vierjähriger Planung und mehreren Anläufen endlich Wirklichkeit wurde. Am 1. Januar 1798 erschien die Nummer eins der *Neuesten Weltkunde.* Niemand konnte ahnen, daß mit diesem ersten Herzschlag ein 110jähriges Zeitungsleben begann. Das äußere Erscheinungsbild des Blattes gefiel durch noble Schlichtheit. Der Kopf verzichtete auf den zeitüblichen heraldischen Prunk und begnügte sich mit dem Namenszug. Die hervorragende Qualität von Druck und Papier unterstrich das optische Understatement.

Die *Weltkunde* wurde zweispaltig umbrochen. Der tägliche Umfang betrug einen halben Bogen, also vier Seiten, im großen Quartformat. Der Satzspiegel war 16,8 auf 20 Zentimeter. Es gab weder Überschriften noch Fettsatz. Wichtige Artikel wurden bisweilen durch ein vorangestelltes Kreuz angezeigt. Die Ortspitzmarken waren nicht sonderlich präzise; es hieß einfach „Teutschland" oder „Batavische Republik". Genaue Datierungen finden sich erst ab 1800. Paginiert wurde durchlaufend für das Jahr, was den buchähnlichen Charakter des Blattes betonte. Druckfehler wurden peinlich genau korrigiert, wenn auch oft sehr spät. So wurde beispielsweise in Nr. 99 vom 9. April 1798 auf eine Unrichtigkeit in der Ausgabe vom 3. April hingewiesen. Die Zeitung war eben nicht als Wegwerfprodukt für den eiligen Konsumenten gemacht, vielmehr, wie Posselt im Einleitungsartikel schrieb, als „ein Buch, das man während seines fragmentarischen Entstehens aus Neugier liest, aber auch nach dem Ablauf eines Jahrzehnts oder eines Jahrhunderts als historische Quelle studiert" (tatsächlich hat der Autor Ende der sechziger Jahre, wohlgemerkt dieses Jahrhunderts, eine Seminararbeit über die Entstehung des Deutsch-Französischen Krieges im Lichte der *Allgemeinen Zeitung* schreiben müssen). Bezeichnenderweise konnte die *Weltkunde* auch vierzehntägig über den Buchhandel bezogen werden.

Ansonsten wurde das Blatt über die Post vertrieben. Cotta hatte die Konditionen mit dem Hauptpostamt Cannstatt ausgehandelt. Der Weg zum Leser war umständlich. Verfaßt wurde die *Weltkunde* in Karlsruhe, wo sich Posselt aus privaten Gründen überwiegend aufhielt. Druckort war Tübingen. Von dort gingen die fertigen Exemplare mit einer vom Verleger eingerichteten Stafette zum Postamt. Von hier aus wurde die Ware für eine festgesetzte Provision an Poststellen im ganzen Reichsgebiet expediert. Die Vertriebsgebühr war der größte Posten in Cottas Kostenrechnung, die er in einer Eingabe an den württembergischen Herzog 1798 wie folgt aufschlüsselte: Danach kassierte die Post je Exemplar nicht weniger als sechs Gulden pro Jahr, gleich einem Drittel des Abonnementspreises. 6000 Gulden gingen an die Redaktion. Die vier Drucker erhielten je einen Gulden täglich, also 1460 Gulden im Jahr. Für Stafetten sah Cottas Budget 1800 Gulden vor, für Korrespondenten 5500 Gulden.[34] Angesichts der hohen Fixkosten war die wirtschaftliche Perspektive nicht berauschend; dennoch dürfte Cotta im ersten Jahr einen leichten Gewinn erzielt haben. Bekanntlich hatte er in dem Kontrakt mit Posselt die Erwartung geäußert, ein Absatz von 1000 Exemplaren werde die Kosten decken. Tatsächlich erreichte die Auflage 1798 rund 2000 Exemplare. Bei einer Steigerung auf 3000, rechnete Cotta in einem Brief an Schiller vor, werde er einen Profit von 1000 Louisdor, etwa 8000 Gulden, realisieren.

Worüber wurde nun berichtet? Das Blatt versuchte, dem selbstgesetzten Imperativ „Vollständigkeit“ gerecht zu werden. Eine Leiste unter dem Kopf faßte die Themen des Tages nach ihrem Ursprung zusammen. So lautete die Übersicht des 15. Januar: Frankreich, Großbritannien, Cisalpinische Republik, Teutscher Reichstag, Kurze Notizen. Ein Gliederungsprinzip läßt sich nur in geographischer Hinsicht ausmachen. Für gewöhnlich stand ein Beitrag aus Westeuropa, meist Frankreich, an der Spitze. Die restlichen Artikel reihten sich in westöstlicher Richtung an. Den Schlußpunkt setzten vermischte Meldungen, beispielsweise über einen Aufstand in der Türkei, den Stand einer österreichischen Anleihe, Gelbfieber in Philadelphia oder die Zahl der Eheschließungen in Frankreich. Die Notizen waren durchweg in knappem Nachrichtenstil abgefaßt und heben sich wohltuend von der barocken Sprachfülle ab, die das Lesen der tragenden Artikel bisweilen beschwerlich macht. Die Rubrik wurde nach einigen Jahren fallengelassen, aus welchem Grund auch immer.

Das Hauptgewicht lag eindeutig auf der politischen Hintergrundberichterstattung. Ein separater Wirtschaftsteil existierte nicht; die Ressorttrennung ist eine spätere Erfindung. Allerdings wurden häufig wirtschaftliche Vorgänge behandelt. Kursstürze an der Börse besaßen für die Redaktion ebenso Nachrichtenwert wie steigende Frachtraten von Magdeburg nach Leipzig. Einen großen Umfang nahmen die Messeberichte ein. Den „Kulturteil“ bildeten literarische Revuen, Rezensionen und Neuigkeiten aus der Wissenschaft. Ein Aufmacher wie der vom 28. Mai 1805 über die Schädellehre des Dr. Gall war zwar die Ausnahme, illustriert aber die thematische Spannweite. Selbst der Sport tauchte, wenn auch selten, auf. Am 22. Oktober 1812 schilderte die Zeitung ein Pferderennen auf der Münchner Theresienwiese. Es siegte ein gewisser Xaver Kränkel, Pferdehändler aus der Isarstadt.

Die Übersicht zeigt, daß das Prinzip der Universalität, das ja im Beiwort „allgemein“ des Titels hervorgehoben war, als Zielstellung sehr ernst genommen wurde. Gleiches galt für das Versprechen, „erprobte Facta“ von bloßer Mutmaßung abzuheben. Gerüchte und noch unbestätigte Nachrichten wurden als solche gekennzeichnet; zum Teil erschienen sie in einer gesonderten Rubrik „Sagen“.

Anzeigen kamen in der Frühphase nur spärlich herein. Sie wurden in der Beilage plaziert. Die meisten stammten aus dem Bereich des Buchhandels, doch es finden sich auch Todes- und Immobilienanzeigen. Ein Durchbruch gelang, als die AZ 1813 von der bayerischen Regierung als Pflichtblatt für alle behördlichen Bekanntmachungen aus dem Königreich bestimmt wurde. Fortan erschien mindestens einmal wöchentlich eine Anzeigenbeilage. Der Zeilenpreis für Annoncen wurde 1805 auf viereinhalb Kreuzer Reichsgeld festgesetzt. In späteren Jahren, als das Anzeigengeschäft lukrativer geworden war, hielt sich die Zeitung etwas darauf zugute, daß sie Annahmestellen in Pest, New York oder Petersburg unterhielt. Auch auf diesem Sektor reklamierte man für sich Weltgeltung.

Die Beilage diente anfangs als Sammelstelle für Stehsatz. Was in der Normalausgabe nicht untergebracht werden konnte, fand hier seinen Platz. Allmählich streifte die Beilage jedoch den Charakter eines Notbehelfs ab und entwickelte sich zu einem Supplement von eigenem Wert. In den vierziger Jahren war es der Chefredakteur Gustav Kolb, der die Beilage zum führenden Feuilleton Deutschlands ausbaute. Sie wurde auch dann noch hochgeschätzt, als die AZ ihren Zenit überschritten hatte.

Im Banne der Revolution

Zurück ins Jahr 1798. Es war ein Jahr trügerischer Ruhe in Europa. Der erste Koalitionskrieg war mit einem Triumph der französischen Waffen zu Ende gegangen. Die Trikolore wehte am Rhein; in Norditalien hatten sich die Franzosen die Vorherrschaft gesichert. Die Republik befand sich auf dem Weg zur europäischen Hegemonialmacht. In Rastatt tagte der Reichsfriedenskongreß. Doch während die Kongreßdiplomaten über die territoriale Neuordnung Deutschlands berieten, bereitete man in den Hauptstädten den nächsten Krieg vor. Die Menschen verfolgten wie hypnotisiert das Drama auf der Weltbühne, dessen Szenen im Zeitraffertempo wechselten. Neue Helden, neue Ideen entsprangen der Kulisse; Grenzen wurden verschoben, Kunstreiche errichtet. Geheiligte Güter mit der Salbung jahrhundertealter Tradition verschwanden, als hätten sie nie etwas bedeutet. Nichts schien Bestand zu haben. Der Eröffnungsartikel der *Weltkunde* gab die Stimmung atemlosen Staunens eindrucksvoll wieder.

„Würden plötzlich“, hob Posselt an, „durch irgendeine Erneuerung der ersten Schöpfungszenen die Alpen vom Mont Blanc bis nach Istrien in Abgründe hinuntergestürzt, ganz Europa vom Ozean verschlungen, die Quellen des Rheins und der Donau verschüttet, und durch einen Herauswurf von Land Afrika wieder an Spanien gefügt: so würde diese Revolution in der physischen Welt nicht größer sein, noch die ganze bisherige Gestalt von Europa dadurch eine entschiedenere Umformung leiden, als die Revolution, vor der wir seit dem Jahre 1789 Augenzeuge waren, in der politischen Welt hervorgebracht hat.“

Posselt stand mit dem Herzen ganz auf seiten Frankreichs. Es fiel ihm schwer, auf dem neutralen Beobachterposten zu verharren, den das Programm der Zeitung eigentlich verlangte. Die Revolution faszinierte ihn wie die meisten Zeitgenossen, doch geißelte er ihre Gewaltsamkeit. Er warnte vor der Mode, „dem noch ungeprüften, wenn auch noch so schimmernden

Neuen“ gedankenlos den Vorrang vor dem Bewährten zu geben. Die Menschheit werde erst dann glücklich sein, wenn „alle Staatsverfassungen nebeneinander existieren und jede Regierung den edlen und weisen Ehrgeiz haben wird, die ihrige am besten zu verwalten“.

Posselt teilte das Zutrauen der Aufklärung, das Gute werde sich von selbst den Weg bahnen, vorausgesetzt, man lasse die Vernunft walten und die Ideen friedlich miteinander streiten. Freilich, wo der Weltgeist im Augenblick siedelte, war für den Redakteur keine Frage. Frankreich, das „schon von der Natur zum Spiele der ersten Rolle in den Weltangelegenheiten“ berufen sei, müsse siegen, weil es im Kampf mit den übrigen Mächten die überlegenen Mittel besitze. „Die Franken stritten für Grundsätze; sie stritten, ein ganzes Volk gegen Armeen. Das Resultat war, wie es in einem solchen Falle sein mußte. Keine Angriffe, die durch eine Wolke von Feinden, gleichzeitig, auf allen Grenzen geschahen, kein Mangel an Taktik bei ihren eigenen Truppen, keine Verräterei ihrer Generale, keine Komplotte und kein Bürgerkrieg vermochten in die Länge etwas gegen den Enthusiasmus eines Volkes, das für die größte und edelste Sache zu fechten glaubte; es hatte so verächtlich geschienen; und es zeigte sich so furchtbar!“

Die historische Überlegenheit Frankreichs stand für Posselt außer Frage. Frankreich hatte eine Mission, nämlich die Verbreitung der konstitutionellen Idee. Die Zeitung sollte zwar nicht in den Dienst dieser Idee treten – das hätte Posselt schon deshalb nie postuliert, weil es der Zeitung schlecht bekommen wäre –, doch faktisch verfolgte man den Ausbau der französischen Machtstellung mit Sympathie. Das änderte sich auch nicht, als Napoleon die Szene betrat. In Gegenteil: Napoleon erschien als derjenige, der die Schreckensherrschaft beendete und damit die Revolution von ihren Entartungen reinigte. So wollte der Korse gesehen werden, und Leute wie Posselt waren nur zu bereit, sich diese Brille aufzusetzen.

Es spricht für Posselt, daß er den Stern Bonapartes früher entdeckte als andere. In den ersten Wochen der *Weltkunde*, immerhin fast zwei Jahre vor dem Staatsstreich des 18. Brumaire, nutzte er jede Gelegenheit, Preislieder auf den Korsen anzustimmen, der zu diesem Zeitpunkt nicht viel mehr war als ein ungewöhnlich erfolgreicher General. Am 3. Januar brachte die Zeitung ein Porträt der Jugendjahre Napoleons. In der Kriegsschule von Brienne, hieß es da, hätten Napoleons Kameraden die Korsen als französische Hintersassen verspottet. Darauf habe der junge Bonaparte feurig erwidert: „Ich hoffe, sie bald frei zu machen.“ Die Redaktion ergänzte: „Nun hat er weit mehr Ländern die Freiheit gegeben. Möchte es ein wohltätiges Geschenk für sie sein.“ Ein Bericht vom 13. Mai („Frankreichs große Männer“) konstatierte, „schon um diesen Einzigartigen handeln zu sehen“, habe es sich gelohnt, die Revolution zu erleben. In der Ausgabe vom 12. September stößt man auf eine Ode mit dem Titel „Malta“, die den Kriegshelden schmachtend besingt.

Für England, den großen Gegenspieler Frankreichs, hatte der Redakteur wenig übrig. Es wurde als hochmütig und beutegierig geschildert. Statt seine geraubten Kolonien herauszugeben, erkühne es sich, die „französische Riesenrepublik“ herauszufordern. Posselt, immer bereit, Superlative aufzufahren, prophezeite eine Neuauflage des Ringens zwischen Rom und Karthago, wobei nicht zweifelhaft war, wer den römischen Part besetzte. Als Gerüchte von einer bevorstehenden Invasion der Insel aufkamen, belehrte Posselt sein Publikum, die Flotte Britanniens sei nicht mehr das, was sie dereinst gewesen. „Der Ausgang kann nicht ungewiß sein.“ Wie um die letzten Zweifler zu überzeugen, verstand sich die Zeitung zu einer außerordentlichen Serviceleistung. Am 5. Juli überraschte sie die Leser mit einer eingehefteten, aufklappbaren Landkarte, in die alle Invasionen in England, Schottland und Irland seit Wilhelm dem Eroberer eingetragen waren. Bloß vier von 45 Versuchen seien mißglückt, vermerkte der Beitext siegesgewiß.

Nelsons Sieg bei Abukir am 1. August muß eine arge Enttäuschung für Posselt gewesen sein. Dennoch dürfte es hauptsächlich an den bescheidenen Nachrichtenmitteln der Zeit gelegen haben, daß Cottas Blatt fast zwei Monate brauchte, die französische Niederlage im Seegefecht zu melden. Mitte August hielt man eine solche unter Hinweis auf Quellen aus Livorno immerhin für möglich. Allerdings hätten die Briten ihren Admiral verloren. Die sich anschließende phantasievolle Schilderung gipfelte in einer bewegenden, jedoch frei erfundenen Szene, in welcher Napoleon dem sterbenden Nelson seinen Degen überreichte (die britische Flotte konnte sich ihres Admirals noch weitere sieben Jahre erfreuen). Letzte Klarheit verschaffte erst eine am 24. September abgedruckte Notiz aus Paris, die lautete: „Die Nachrichten, welche das Direktorium von der Niederlage unserer Flotte bei Alexandrien erhalten hat, sind unglücklicherweise nur zu begründet.“

Die Hofburg interveniert

Es war vorhersehbar, daß diese redaktionelle Linie sehr bald Gegenkräfte auf den Plan rufen würde. Posselt konnte seine freimütige Sprache ohnehin nur deshalb führen, weil Cotta für sein Institut Zensurfreiheit ausgehandelt hatte. Sie war dem Blatt durch herzogliches Reskript vom 29. Dezember 1797 probeweise für ein Jahr gewährt worden. Der Verleger hatte sein Gesuch damit begründet, daß der späte Umbruch der Zeitung den Zensor unnötig inkommodieren würde. Eine Kommission sprach sich daraufhin mit Mehrheit für den Verzicht auf Vorzensur aus. Man war der

Ansicht, da Cotta an seinem Blatt verdienen wolle, müsse er schon aus Eigennutz darauf bedacht sein, „die größte Vorsicht" walten zu lassen. Außerdem appellierten die Räte an den herrscherlichen Egoismus. Aufgrund des „literarischen Ruhms", den sich die führenden Persönlichkeiten des Unternehmens erworben hätten, dürfe man hoffen, „daß die Unternehmung dem Vaterlande nicht nur große Ehre eintragen werde, sondern auch pekuniarische Vorteile".[35]

Der erste Zusammenprall mit der Obrigkeit ließ trotzdem nicht lange auf sich warten. Bereits der Eröffnungsartikel empörte aufgrund seiner französischen Tendenz die k.k. Hofkanzlei. Dann sorgte ein Bericht über den Rastatter Reichsfriedenskongreß in Nummer 50 der *Weltkunde* für Ärger. Nach langem Sträuben hatte die Reichsdeputation Frankreich die Hälfte des linksrheinischen Gebiets angeboten, in der trüben Erkenntnis, daß weder dem Kaiser in Wien noch dem preußischen König wirklich an der Integrität des Reiches gelegen war. Am 14. Februar wurde der entsprechende Beschluß auf Grundlage einer kursächsischen Empfehlung gefaßt. Die Zeitung hatte dies gemeldet und angefügt, die Österreicher würden der kursächsischen Position beitreten.

Die *Weltkunde* besaß einen guten Draht nach Rastatt. Ihr Informant war ein darmstädtischer Diplomat. Sein Bericht entsprach den Tatsachen. Österreich hatte bereits im Frieden von Campo Formio Frankreich die deutschen Territorien links des Rheins preisgegeben, freilich in einem geheimen Zusatzprotokoll. Das war kein Ruhmesblatt, mußte doch der Kaiser allen voran die Unversehrtheit des Reiches verteidigen. Die österreichische Diplomatie konnte also von Enthüllungen, die Abtretungsfrage betreffend, nicht erbaut sein. Folglich beschwerte sich der österreichische Gesandte Graf Fugger sogleich bei den württembergischen Autoritäten. Die Darstellung der *Weltkunde* sei vollkommen aus der Luft gegriffen, eine „Calomnie kurzsichtiger und bösartiger Skribler", die durch „schleunige Redressierung und ernstliche Rügung" geahndet werden müsse. Zugleich forderte Fugger eine Bestrafung für den *Schwäbischen Merkur*, der den fraglichen Artikel der *Weltkunde* abgekupfert hatte. Doppeltes Pech für den *Schwäbischen Merkur*. Der stand nämlich unter Zensur, weshalb der Zensor, ein Regierungsrat Frommann, eine Abreibung mitbekam.

Zehn Tage später, am 7. März, ging eine zweite Beschwerde in Stuttgart ein, wieder von Fugger, der diesmal seine Note im Ton höchster Erregung abgefaßt hatte. „Mit jedem Tag", empörte sich der Gesandte, „erreicht die Vermessenheit des Verfassers der neuesten Weltkunde einen höheren Grad, und wenn man die letzten Blätter betrachtet, so glaubt man sie auf einem Punkt zu sehen, den sie zu übersteigen nicht mehr fähig sein kann." Das Corpus delicti war jetzt ein Artikel mit der Überschrift „Frankreich und der Norden". In diesem allerdings recht grob gewirkten Stück hatte

Posselt den Kontinent kurzerhand in zwei Teile zerlegt. Den einen, mitsamt seiner Einflußsphäre, erklärte er zur Heimstatt des Fortschritts; dem Lager der Reaktion schlug er neben Rußland – das den aufgeklärten Geistern damals als Ausbund des Autokratischen und Unzivilisierten galt – implizit Österreich, Preußen und das restliche Deutschland (damit pikanterweise auch Württemberg) zu. Das Zarenreich und Frankreich seien auf unterschiedliche Weise gleich mächtig, behauptete Posselt, Rußland durch die Wildheit und den bedingungslosen Gehorsam seiner Untertanen, Frankreich durch das Selbstgefühl seiner Bürger. Ergo: Wenn die „Franken" um ihr Überleben kämpften, so kämpften sie zugleich für das Überleben der westlichen Zivilisation, welche andernfalls einer „neuen Überschwemmung von Barbaren" schutzlos preisgegeben sei. Graf Fugger fand, diese Entgleisung der *Weltkunde* könne nur durch Entzug der Zensurfreiheit angemessen bestraft werden. Seiner Beschwerde schloß sich der diplomatische Vertreter der „Barbaren" in Stuttgart, Baron Maltitz, an.

Herzog Friedrich hatte gerade erst die Regentschaft übernommen. Er befaßte das Geheime Ratskollegium mit der delikaten Angelegenheit. Dieses riet zur Milde. Vielleicht wollten die Ratsherren ihre in der Frage der Zensurbefreiung eingenommene Haltung nicht korrigieren; jedenfalls fanden sie es übertrieben, „um eines Fehlers willen, der der erste ist", den Verleger und darüber hinaus die Staatswirtschaft zu schädigen. Der Herzog war ebenfalls dieser Ansicht; die *Weltkunde* kam mit einer Rüge davon.

In Wien hielt man die württembergische Reaktion für zu lasch. Man sann darauf, dem Blatt bei nächster Gelegenheit beizukommen. Diese Gelegenheit schien sich zu bieten, als in Gestalt des Fürstbischofs Wilderich von Speyer kurze Zeit später der nächste Beschwerdeführer auftrat. Der Kirchenfürst fühlte sich durch zwei Korrespondenzen vom 14. und 16. Juli beleidigt. Die eine betraf die Aufhebung der Leibeigenschaft in den bischöflich-speyerischen Landen; in der anderen wurde die Behauptung erhoben, die Untertanen des Fürstbischofs müßten an zwei von drei Werktagen Fronarbeit leisten. Cotta setzte sich in einer Eingabe gegen die Vorwürfe des Prälaten zur Wehr. Die Korrespondenzen beruhten auf Tatsachen, schrieb er. Dennoch sei die Zeitung bereit, einen Gegenartikel aufzunehmen, „wodurch die Wahrheit berichtiget wird", wie er spitz hinzufügte. Allem Anschein nach fühlte er sich sehr sicher.

In Wirklichkeit stand seine Sache diesmal schlecht. Noch ehe der Herzog den Geheimen Rat aufs neue mit einem Gutachten beauftragen konnte, traf am 27. August eine Verfügung des Reichshofsrates ein. Das oberste Reichsgericht verbot die *Weltkunde* im Reichsgebiet und forderte den Herzog auf, den Druck zu untersagen. Friedrich kam der Aufforderung nach. Damit ging es für Cotta plötzlich um alles oder nichts. Er handelte rasch. Von einem Wiener Gewährsmann war er über den drohenden Schlag vorinformiert worden. Bereits am 28. August lag dem württembergischen Hof eine Eingabe aus Tübingen vor. Geschickt lenkte der Verleger den Blick auf den Schaden, der ihm – und unausgesprochen dem Fiskus – durch ein Verbot zugefügt werden würde. Dann bot er einen Teilrückzug an. Er sei bereit, „statt des bisherigen Titels der Weltkunde einen anderen zu wählen und dabei zu erklären, daß fürs künftige die Redaktion von Dr. Posselt, gegen den vorzüglich jenes Reichshofrätliche mandatum prohibitorium veranlaßt worden zu sein scheint, nicht mehr besorgt werde. Zugleich würde ich beim kaiserlichen Reichshofrat die wirksamsten Mittel ergreifen, damit diese neue Zeitung kein ähnliches Verbot zu fürchten hätte, für deren sorgfältige Redaktion ich aufs strengste wachen würde."

Wieder gab der Herzog nach, wenn auch keineswegs, um Cotta zu Gefallen zu sein. In einer Randbemerkung hatte das Reichsratskollegium darauf aufmerksam gemacht, daß die *Weltkunde* den herzoglichen Landen einen Geldzufluß von rund 30000 Gulden von außen verschafft habe. Diese Einnahmequelle wollte Friedrich nicht versiegen lassen. Er hielt zwar formal am Verbot der *Weltkunde* fest, ging aber augenzwinkernd auf Cottas Vorschlag ein, das Blatt unter anderem Namen fortzuführen. Die Zensurfreiheit wurde aufgehoben. Possełts Weiterbeschäftigung stellte er in das Belieben des Verlegers, den er für alle Zukunft zum Alleinverantwortlichen für den Inhalt des Blattes erklärte.

Damit war der Anschlag abgewehrt, Cotta konnte zufrieden sein. Seinem umgehend präsentierten Gesuch, ein Tagblatt unter der Bezeichnung *Allgemeine Zeitung* herausgeben zu dürfen, wurde stattgegeben. Auch gelang es ihm, ein kaiserliches Privileg zu erwirken, das sein Journal – wenigstens theoretisch – vor Nachdruck schützte. Bedenkt man, daß die Hofkanzlei soeben noch alle Hebel in Bewegung gesetzt hatte, um den „Skriblern" aus Tübingen das Handwerk zu legen; bedenkt man ferner, daß die Hofbeamten die Maskerade durchschaut haben dürften, muß man über die diplomatische Meisterleistung Cottas staunen.

Posselts Entlassung

Vielleicht aber war es den Wienern wirklich nur um Posselt gegangen. Den entband Cotta nun von seinen Aufgaben. Erster Redakteur wurde Ludwig Ferdinand Huber. Der Verleger hatte ihn bereits im März als Helfer für Posselt eingestellt. Posselt erhielt einen Pauschalistenvertrag. Gleichzeitig verlegte Cotta den Druckort des Blattes nach Stuttgart. Damit entfielen die teuren Stafetten zu den Expeditionspostämtern. Therese Huber, Ehefrau des Posselt-Nachfolgers und spätere Redakteurin des *Morgenblatts,* schilderte die Umstände des fliegenden Wechsels: „Diese

Veränderung ward in Zeit von drei oder vier Tagen nötig gemacht, beschlossen und ausgeführt ... Wer (aber) die vielen kleinen Handleistungen und Hilfsmittel kennt, die zur täglichen Herausgabe eines solchen Blattes gehören, kann Cottas Tüchtigkeit und Unternehmungsgeist seine Bewunderung nicht versagen. Er hatte für dieses Blatt täglich vier Setzer und zwei Pressen geeignet, diese mußten von Tübingen nach Stuttgart transportiert oder dort ersetzt werden, und ungeachtet dieses Weges von acht Stunden, der zwischen dem alten und neuen Lokal lag, ward die Zeitung ununterbrochen täglich fortgesetzt."[36]

Am 8. September war die Nummer 251 als letzte der in Tübingen gedruckten *Neuesten Weltkunde* erschienen. Am 9. September, einem Sonntag, kam in Stuttgart das erste Blatt der *Allgemeinen Zeitung* heraus. Cotta griff damit auf einen Titel zurück, den er schon früher einmal erwogen hatte. Die Leser erfuhren übrigens mit keinem Wort, was hinter der Veränderung steckte. Da die Zeitung kein Impressum besaß, blieb ihnen auch die Umbesetzung in der Redaktion verborgen.

Nichts deutet darauf hin, daß die Ablösung Posselts im Streit erfolgte. Posselt dürfte die Zurücksetzung geschmerzt, aber in ihrer Notwendigkeit eingesehen haben. Wie sein Briefwechsel mit Cotta zeigt, blieb er Zeitung und Verleger bis an sein Ende verbunden. Die später entstehende Hauslegende hat die Bedeutung des Gründungsredakteurs weitgehend verdrängt. Richtig ist, daß Posselt eigentlich nicht in das Gesamtbild der Zeitung paßte. Zwar war er es, der die Grundsätze der AZ in Stein meißelte. Paradoxerweise aber hat er sich weniger an diese Grundsätze gehalten als alle seine Nachfolger. Es war ja die Eigentümlichkeit der Zeitung, daß sie als „treuer Spiegel" fungieren wollte, was den Verzicht, selbst Politik zu machen, umschloß. Stegmann und Kolb, die großen Chefredakteure der AZ, traten nicht als wortgewaltige Publizisten hervor. Ihre Zeitung wurde aufgrund des universellen Stoffangebots, ihrer Informiertheit und der Klasse ihrer Mitarbeiter gelesen und nicht, weil man von ihren Redakteuren das Evangelium erwartete. Bei Posselt hingegen rang der Chronist ständig mit dem Missionar. Posselt wollte bewegen, er verkörperte den Typus des schreibenden Politikers wie Gentz oder Görres.

Nach heutigen Maßstäben stand Posselt links, was jedoch nicht gleichbedeutend mit republikanisch war. Die Französische Revolution und das aufgeklärte Herrschertum standen für ihn auf einer Ebene. Für den Preußenkönig Friedrich II. konnte er sich genauso begeistern wie für Napoleon. Posselt war nicht gegen die Monarchie eingestellt; die in Purpur gekleidete Unvernunft war ihm, dem Vernunftjünger, indessen ein Greuel. „Die Menschen, die in Friedrich II. das Höchste sahen, wozu die Menschheit sich erheben kann, verehrten keinen Tiger oder Orang Utan, weil er so klug war, sich von einer Königin gebären zu lassen", wetterte er in seiner

Schrift „An die Nation“ (1790). Er mahnte die Fürsten, die Zeichen an der Wand richtig zu deuten: „Seid gerecht, seid menschlich: wir folgen Euch, wir lieben Euch, verehren Euch – aber vergöttern Euch nicht mehr. Die Tage des Götzendienstes sind vorüber; drüben überm Rhein ist das Reich der Freiheit.“[37]

Das war starker Tobak. Der Markgraf von Baden, der ihn lange protegiert hatte, entzog ihm sein Wohlwollen. Posselt wurde nach Gernsbach versetzt, von wo ihn erst Cottas Angebot erlöste. In der Zeitung mühte er sich, seinen Ton zu mäßigen, was ihm nur unvollkommen gelang. Ihm fehlte die Fähigkeit zur Ironie, zur vielsagenden Andeutung. Jeder Beitrag geriet ihm zum Donnerschlag. Seine Frankreichbegeisterung war so abgehoben und penetrant, daß sie auch Gleichgesinnten auf die Nerven ging. Caroline Herder – sie hatte die *Weltkunde* anfangs begierig verschlungen – wandte sich bald zürnend ab: „Ich verabscheue alles, was uns arme Deutsche mutlos, kraftlos und uneinig macht“, schrieb sie dem Dichter Gleim.

Kritik hagelte es auch bald vom Dichterolymp. Schiller, der von Cotta ein Freiexemplar der *Weltkunde* erhielt, beklagte Posselts „deklamatorische Art“. Nach der Lektüre der ersten Nummer erteilte er etwas schulmeisterlich Ratschläge. Er empfahl, Bruchstücke poetischer oder philosophischer Werke in die Berichte einzufügen. So etwas überrasche angenehm in einer Zeitung, „wo man keine Nahrung für den Geist zu erwarten gewohnt ist“.[38] Als die *Weltkunde* im September verboten wurde, verweigerte er sein Mitgefühl. Er forderte Cotta auf, Posselt zu zügeln, und drückte die Hoffnung aus, „daß die Erbitterung der aristokratischen Partei nicht aufs neue gereizt werden möge“.[39] Das war eine unvermutete Reaktion von seiten des Mannes, der seinem Marquis de Posa die Worte in den Mund gelegt hatte: „Sire, geben Sie Gedankenfreiheit.“ Der abgeklärte Goethe sah in Posselt den Schuldigen für das Mißgeschick der Zeitung. Goethe an Cotta: „Wäre es dem Redakteur möglich gewesen, auch nur einen Schein von Unparteilichkeit sich zu erhalten und, durch irgend redekünstliche Wendungen, gelind vorzutragen, was diesmal heftig und für den verlierenden Teil schmerzlich und beleidigend hingestellt war, so hätte das Institut, das so viele Vorzüge hat, lange bestehen können.“[40] Nein, der arme Posselt fand keine Gnade vor den Augen der Dichterfürsten. Diese hatten ihre Sympathie für das revolutionäre Frankreich längst verloren. Sie klagten über den „Freiheitsrausch“ der Landsleute und fanden eine Zeit garstig, in der, wie Goethe meinte, „Herr P. (gemeint war Posselt) täglich den bloßen Hintern zum Fenster hinausreckt“.[41]

Abgewogener urteile Friedrich von Gentz, den zeitlebens eine Haßliebe mit der AZ verband. Der publizistische Herold der konservativen Partei äußerte am 1. Februar 1798: „Und was soll ich von Posselt sagen? Wer kann seinen Geist, seine Kenntnisse, seinen eisernen Fleiß, seine Genauigkeit, alle seine unschätzbaren Verdienste höher anschlagen als ich! Seine Zeitung ist ein Produkt, wie wir in Deutschland noch keines hatten, eine Lektüre für Männer, ein wahres Repertorium für die Geschichte! Aber – welcher Ton, worin von Frankreich gesprochen wird! Welcher verdoppelte Schwulst (denn Schwulst ist nun einmal der unglückliche, in dieser Zeitung mehr als in anderen Schriften hervorstechende Fehler dieses sonst trefflichen Mannes), so oft er von den Taten und den künftigen Bestimmungen der großen Nation redet!"[42]

Cotta mochte ähnlich denken. Mehrfach hatte er erfolglos versucht, auf Posselt einzuwirken. Als dann um die Mitte des Jahres 98 die Krisis kam, bot sie ihm den willkommenen Anlaß, Posselt die Herausgeberschaft zu nehmen. Es wirft jedoch ein bezeichnendes Licht auf den Verleger, daß er seinen Redakteur nicht kalt abservierte. Der Pauschalistenvertrag, den er mit ihm abschloß, war großzügig. Er verpflichtete Posselt, für 125 Gulden monatlich Stoff für drei bis dreieinhalb Nummern zu liefern. Auch behielt Posselt die Redaktion der *Europäischen Annalen.* Dort durfte er seinem Idol Napoleon ungestraft Kränze winden. Unübertrefflich war sein hier unterbreiteter Vorschlag, „eine der höchsten Bergwände der Alpen zu schleifen und in goldenen Riesenbuchstaben Napoleons Namen darauf zu setzen, damit er in die weiteste Ferne Deutschlands strahle". Posselt lebte nicht mehr lange. Unter Verfolgungswahn leidend, beging er am 16. April 1804 Selbstmord, indem er sich in Heidelberg aus einem Fenster stürzte.

Autor Goethe

Fünfeinhalb Jahre hatte die *Allgemeine Zeitung* hinter sich, als sie 1803 der Bannstrahl traf. Der Briefwechsel Johann Friedrich Cottas enthüllt, daß der Verleger drauf und dran war, sich mit dem Tod seines „Schoßkindes" abzufinden. Doch vielleicht gab es noch einen Ausweg! In Cottas Auftrag reiste der Redakteur Huber nach München, um die Aussichten für ein Wiederaufleben der Zeitung unter kurfürstlich-bayerischem Schirm auszuloten. Zur gleichen Zeit sondierte der brave Posselt in Heidelberg. Das preußische Ansbach trat von sich aus an Cotta heran, der ganz überwältigt war von der Wertschätzung der AZ, die aus dieser Anteilnahme sprach. Cotta faßte neuen Mut. Die Hoffnung, das investierte Kapital zu retten und sich an Friedrich zu rächen, ließen ihn an einen Neubeginn auf sicherem Terrain denken. Er wollte es dem württembergischen Kurfürsten (der Friedrich inzwischen geworden war) zeigen. „Mein Kurfürst", schrieb Cotta an Schiller, „kann nur durch Entgegensetzung von Kraft gebändigt werden, mein persönlicher Feind ist er ohnedies, und also will ich, muß ich den Kampf bestehen."[43]

Nach einigem Überlegen fiel die Wahl auf Bayern. Max IV. Joseph gehörte selbst zur AZ-Gemeinde. Er war Verleger und Redakteur in jeder Weise behilflich. Als Druckort bot sich Ulm an. Die alte freie Reichsstadt war soeben an Bayern gefallen. Sie lag politisch in hinreichender Entfernung von Württemberg, geographisch jedoch nahe genug an Stuttgart als dem Mittelpunkt der Cotta'schen Unternehmungen. Am 17. November 1803 erschien in Ulm die erste Ausgabe der „kaiserlich und Kurpfalzbairisch privilegirten allgemeinen Zeitung". Entgegen der Befürchtung Cottas überstand die AZ Verbot und Ortswechsel ohne Schaden. Die Abonnenten nahmen die fünfwöchige Unterbrechung nicht übel. Sie hielten ihrer Zeitung die Treue, die kontinuierlich ihr Ansehen mehrte.

Maßgeblich dafür war die Qualität ihrer Mitarbeiter. Cotta verstand es, die besten Autoren an die Zeitung zu binden. Goethe war einer von ihnen, wenngleich er seltener lieferte, als Cotta wünschte. Sein erster Beitrag für die AZ datiert vom 12. Oktober 1798, es war die Ankündigung von Schillers „Wallensteins Lager", das am selben Tag anläßlich der Wiedereröffnung des Weimarer Theaters uraufgeführt wurde. Übrigens verdankte die AZ den Artikel einer hübschen Kabale in der Weimarer Gelehrtenwelt. „Goethe hat sich den Spaß gemacht, diese Relationen selbst zu machen, daß er sie Böttiger aus den Zähnen reiße", teilte Schiller vergnügt Körner mit.[44] Böttiger war Dresdner Korrespondent der AZ und Goethe wie Schiller verhaßt.

Goethe versprach Cotta weitere Beiträge, „besonders wenn der Ton der *Allgemeinen Zeitung* sich etwas liberaler als der Ton der Weltkunde erhalten sollte".[45] Noch dreimal trat er in diesem Jahr als Autor auf. Cotta müsse sich glücklich schätzen, fand Schiller. „Diese Ehre ist noch keiner Zeitung von ihm widerfahren."[46] Und wirklich blieb Goethe der AZ treu. In unregelmäßigen Abständen sandte er Beiträge ein, der letzte erschien in der Beilage vom 9. Januar 1832, ein Vierteljahr vor seinem Tode, unter der Spitzmarke „Weimar, am Ende des Jahres 1831". Dagegen sucht man Zeugnisse von Schiller vergeblich in den Spalten der *Allgemeinen Zeitung*. Der verhinderte Chefredakteur las das Blatt zwar regelmäßig, bewahrte ihm gegenüber jedoch ein eigenartig unterkühltes Verhältnis, das über höfliche Anteilnahme nie hinauskam.

So ehrenvoll die gelegentliche Mitarbeit Goethes auch war, so mußte die Zeitung doch in erster Linie auf das vertrauen, was ihre Redakteure und regelmäßigen Korrespondenten zu leisten vermochten. Schon in der Ankündigung hatte Cotta Interessenten an einer Mitarbeit geworben. Zug um Zug entstand ein Korrespondentennetz, das bald alle europäischen Metropolen umspannte. Nicht immer tat Cotta einen guten Griff. Es gab ja keine Berufsjournalisten. Doch weil er mit dem Honorar nicht geizte, floß der Informationsstrom immer breiter. Es wird im Rahmen dieser Schilde-

Abb. 1: Porträt Johann Friedrich Frhr. Cotta von Cottendorf (1764–1832). Gründer und Verleger der „Allgemeinen Zeitung“. Quelle: Schiller-Nationalmuseum/Deutsches Literaturarchiv, Marbach a. N., Cotta-Archiv (Stiftung der Stuttgarter Zeitung).

Abb. 2: Porträt Georg Frhr. Cotta von Cottendorf (1796 – 1863), Sohn des Zeitungsgründers und dessen Nachfolger. Quelle: Schiller Nationalmuseum/Deutsches Literaturarchiv, Marbach a. N., Cotta-Archiv (Stiftung der Stuttgarter Zeitung).

rung immer wieder von einzelnen Korrespondeten die Rede sein. Hier soll zunächst ein Blick auf wichtige Mitarbeiter der ersten Generation genügen.

Einer der liebsten Korrespondenten war der Redaktion Paul Usteri (1768–1831). Der geistvolle Naturforscher, Schriftsteller und Politiker berichtete fast dreißig Jahre lang aus der Schweiz, die ein wichtiges Absatzgebiet der AZ war. Der konservative Staatstheoretiker Karl Ludwig von Haller erblickte in ihm „das Haupt der Jakobinerpartei der ganzen Schweiz", was reichlich übertrieben war. Usteri war ein Mann des gemäßigten Freisinns, der allerdings zum Radikalen werden konnte, wo es galt, das Recht der freien Meinungsäußerung zu verteidigen. Mit diesem Recht war es auch in der Schweiz nicht weit her. Von 1821 bis 1831 redigierte er die *Neue* (seit 1821) *Zürcher Zeitung*. Was er, der kantonalen Zensur wegen, im eigenen Blatt nicht unterbringen konnte, sandte er der AZ, die auf diese Weise über schweizerische Affären immer gut unterrichtet war. Der Zürcher Obrigkeit gefiel das gar nicht. Sie protestierte einmal sogar in aller Form bei der bayerischen Regierung. Usteri focht das nicht an, genauso wenig ließ er sich von den Anschwärzungen des Kollegen Christoph Bernoulli beeindrucken. Cotta hatte den Professor für Naturgeschichte an der Universität Basel zur Mitarbeit herangezogen, getreu dem Grundsatz, daß alle belangvollen Strömungen eines Landes in der AZ zu Wort kommen sollten. Dieser Grundsatz war der Ausgangspunkt so mancher Eifersüchteleien unter den Korrespondenten. Bernoulli beispielsweise versäumte nie, seine Mitteilungen an den Verleger mit einem Seitenhieb auf Usteri zu versehen. Cotta wird darüber geschmunzelt haben.

Die enge Verbindung zwischen der AZ und dem Zürcher Blatt hatte übrigens lange Bestand. Ludwig Ferdinand Huber, der Nachfolger Posselts, war einer von Usteris Vorgängern an der Limmat. Auch Karl Joseph Stegmann, leitender Redakteur der AZ nach Huber, kam von der *Zürcher Zeitung,* die fast eine Art Durchlauferhitzer für das Cotta'sche Blatt darstellte. Nach Usteris Tod übernahm Johann Jakob Hess nicht nur die Redaktion der *Neuen Zürcher Zeitung,* sondern auch die Korrespondenz für die Augsburgerin. Später erbte Usteris Enkel Conrad Ott die Korrespondentenstelle.

Eine der schillerndsten Figuren unter den frühen Mitarbeitern der AZ war Karl August Böttiger (1760–1835). Von seinem Stützpunkt Dresden aus meldete er 35 Jahre lang Neuigkeiten aus den Bezirken der Politik und der Poesie, schrieb Nekrologe und verfaßte Messeberichte aus Leipzig. Böttiger, ein Schulmann und Archäologe, war ein Hans Dampf, eitel, dem Wohlleben zugeneigt und ein bißchen geschwätzig. Goethe und Schiller konnten ihn, wie dargestellt, nicht leiden. Goethe nannte ihn wegen seines unvorteilhaften Aussehens den „Tigeraffen". Schiller verpaßte ihm den wenig schmeichelhaften Beinamen „magister ubique“ und „Allerweltsschwätzer“. Ihn ärgerte vor allem, daß Böttiger seine Arbeit an der „Maria Stuart“ vorzeitig ausgeplaudert hatte. Goethe verargte ihm, daß er es gewagt hatte, eine von ihm geleitete Uraufführung von August Wilhelm Schlegels „Ion“ schlecht zu finden. Der gegen Kritik empfindliche Geheimrat („Schlagt ihn tot, den Hund. Er ist ein Rezensent“) bearbeitete den Verleger Bertuch so lange, bis dieser die geplante Rezension im *Journal des Luxus und der Moden* unterdrückte.[47] Entnervt durch die Mißgunst der beiden Dichter, nahm Böttiger 1804 reißaus und wechselte von Weimar, wo er als Philologe am dortigen Gymnasium tätig gewesen war, als Studiendirektor an das Dresdner Pagenhaus.

Böttiger hatte mit seinem Roman „Sabina oder Morgenszenen im Putzzimmer einer reichen Römerin“ einen Publikumsrenner geschrieben. Zum guten Korrespondenten fehlte ihm der unbestechliche Blick. Welch grandioser Wendehals er war, sollte sich nach der Niederlage Napoleons in der Völkerschlacht erweisen, wie noch zu zeigen sein wird. Anpassung war freilich keine Spezialität des Korrespondenten Böttiger, sondern der pathologische Zustand einer Gesellschaft, in der Zensur und Repression herrschten. Die Redaktion der AZ war nicht blind für die Schwächen Böttigers. Trotzdem hielt sie an ihm aufgrund seiner Vorzüge fest, die in seiner Vielseitigkeit sowie in seiner Fähigkeit lagen, plastisch zu schildern. Überdies hatte Cotta, aus welchen Gründen auch immer, eine Schwäche für Böttiger. Ein umfangreicher Briefwechsel zeugt davon. Böttiger war es denn auch, der nach dem Tod des Verlegers den Nekrolog für die AZ schreiben durfte.

Von anderem Zuschnitt als Usteri und Böttiger waren die Pariser Mitarbeiter Oelsner und Reinhard. Beide verkörperten den von Cotta geschätzten Typus des Diplomaten-Korrespondenten. Konrad Engelbert Oelsner (1764–1824) war mit Cotta gut bekannt. Der gebürtige Schlesier ging beim Ausbruch der Revolution nach Paris. Von dort aus schrieb er für Archenholtz’ *Minerva*. Später vertrat er eine Reihe deutscher Kleinstaaten als Geschäftsträger in Frankreich. Für die AZ war er eine wichtige Quelle. Denn über eine enge Freundschaft mit Sieyès hatte Oelsner Zugang zur gesamten politischen Prominenz der französischen Hauptstadt.

Noch unmittelbarer gehörte Karl Friedrich Reinhard (1761–1838) zur politischen Klasse. Der aus dem schwäbischen Schorndorf gebürtige Pfarrerssohn und Tübinger „Stiftler“ fand 1787 eine Anstellung als Hauslehrer in Bordeaux. Dort geriet er in Verbindung mit den Girondisten und trat, überzeugter Revolutionär, in französische diplomatische Dienste. 1799 wurde er als Nachfolger Talleyrands Außenminister unter dem Direktorium. An ihn, den Landsmann, wandte sich Cotta, als ihn die Landstände nach Paris schickten. Bereits 1798 hatte Reinhard, damals Gesandter am toskanischen Hof, die *Weltkunde* mit Nachrichten vom italienischen Kriegsschauplatz versorgt.

Schwer tat sich die AZ mit Korrespondenten in Wien. Das verwundert angesichts des ihr bald anhaftenden Rufs, österreichhörig zu sein. Allerdings entsprach dieses Image nie ganz der Wirklichkeit. Wenn der spätere AZ-Redakteur Hermann Orges einmal sagte, Österreich sei das „Lieblingskind" der Zeitung gewesen, „weil es ihr von jeher die meisten Schmerzen" bereitet habe,[48] so trifft dies auch und gerade für die Frühphase zu. Einer der ersten Wiener Korrespondenten der AZ war Johann Michael Armbruster (1761–1814). Er stammte aus Sulz am Neckar. Zwei Jahre lang redigierte er die *Zürcher Zeitung*. Später gründete er in Kempten das *Schwäbische Museum*. Wegen seines notorischen Frankreichhasses fiel er in Wien angenehm auf und wurde 1802 Zensor. Armbruster lieferte politisches, statistisches und wirtschaftliches Material. Er wurde nicht müde, die AZ zu einer freundlicheren Haltung gegenüber dem Kaiserstaat zu ermuntern. Gerade das aber wurde dem Blatt beim besten Willen immer schwerer. Es mußte sich vor allem mit Bayern gutstellen, und Bayern war ab 1806 Mitglied des Rheinbundes und damit Bündnispartner Frankreichs. Folgerichtig stellte Armbruster seine Korrespondenz für die AZ auch bald ein.

Führungs-Intermezzo

Der neue Redakteur Huber hatte mit den wenigsten Korrespondenten direkt zu tun. Auswahl und Führung maßgeblicher Mitarbeiter behielt sich der Verleger selbst vor. Damit sicherte er sich einen entscheidenden Einfluß auf die Linie des Blattes. Der Redaktion waren in vielen Fällen noch nicht einmal die Namen einzelner Korrespondenten bekannt. Bestimmte Mitarbeiter pflegten ihre Berichte an Cotta zu adressieren, der sie nach Ulm und später nach Augsburg weitergab oder auch nicht. Der Aktualitätsverlust wurde in Kauf genommen. Freilich war die Heimlichtuerei nicht unbedingt eine Schrulle des Verlegers. Es gab Autoren, die ohne die Zusicherung der Anonymität die Feder gar nicht in die Hand genommen hätten. Sie fürchteten nichts so sehr, als enttarnt zu werden. Das erklärt, weshalb es keine Namensartikel gab. Man zeichnete Eigenbeiträge mit Sternchen, Kreuzen oder anderen Symbolen und gab den staatlichen Pressewächtern damit Rätsel auf.

Ludwig Ferdinand Huber (1764–1804) stand schon länger mit Cotta in Verbindung, als er 1798 als Gehilfe Posselts in die Redaktion eintrat. Er hatte das eine oder andere Stück für die *Flora* verfaßt. Als der Verleger an ihn herantrat, lebte er bei Neufchâtel in der Schweiz. Für den Umzug zahlte Cotta 400 Gulden, das Jahresgehalt setzte er auf 2000 Gulden fest.

Huber war, obwohl lebenslang liberalen Ideen anhängend, kein Enragé, eher ein Schöngeist mit literarischen Ambitionen. Er war in Paris geboren, seine Mutter war Französin. Huber wuchs in Leipzig auf, ein verzärteltes Kind, wie Therese Huber in der anrührenden Biographie ihres Mannes bemerkt. Turnvater Jahn hätte an ihm wenig Freude gehabt. „Er konnte nicht ohne Angst auf ein Fußbänkchen steigen; eine Leiter zu erklimmen, war für ihn eine Unmöglichkeit",[49] wußte seine Frau. Als junger Mann verband ihn eine schwärmerische Freundschaft mit Schiller, der mit ihm „Arm in Arm vor die Falltür der Sterblichkeit" treten wollte.[50] Das Verhältnis kühlte wegen einer Liebessache ab. Die Stärke des Ästheten Huber lag mehr in der Literaturkritik als in der eigenen schöpferischen Produktion. Die Schriftstellerei trug ihm herzlich wenig ein. Um so glücklicher war er über die Anstellung bei Cotta, die ihn und seine vielköpfige Familie aus bedrängter Lage befreite.

Huber mußte unter jedem Schlag, der gegen die Zeitung geführt wurde, erzittern. Kaum in Tübingen angekommen, hieß es, nach Stuttgart auszuwandern. Am Rande sei vermerkt, daß hier sein Sohn Victor Aimé zur Welt kam, der einst ein konservativer Sozialtheoretiker von Rang und ein fleißiger Mitarbeiter der AZ werden sollte. Dann kam das Verbot von 1803. Die ständige Furcht vor neuen finanziellen Notlagen bewirkte, daß Huber in München um eine Sinekure des bayerischen Staates buhlte. Er wurde schließlich zum Landesdirektionsrat für das Schulwesen in der Provinz Schwaben ernannt, mit Gehalt und Pensionsanspruch. Verschafft hatte ihm das Amt niemand anders als der Chef der für die AZ zuständigen Zensurbehörde.[51] Vermutlich hat diese Zwitterstellung Hubers journalistische Unabhängigkeit nicht gefördert, doch muß man sagen, daß sich in den Lebensläufen vieler Zeitungsschreiber der damaligen Zeit recht sonderbare Konstellationen finden.

Die Zeitungsarbeit ging Huber reserviert an. Er fand sie etwas unter Niveau, wie seine Frau einräumt. Mit der Zeit änderte sich das. Er kam mit sich überein, sein Tun als „Schule des Geistes für historische Endzwecke" aufzufassen.[52] Nach Kräften war er bemüht, die Balance zwischen den Parteiinteressen zu halten, die auf ihn als dem Leiter eines bedeutenden Organs der öffentlichen Meinung eindrängten. Die Zensur machte ihm das Leben sauer. Oft habe er sich, schreibt seine Frau, zum Verschweigen entschließen müssen, „denn weiter gingen die Forderungen nicht, und weiter wären seine Rücksichten auch nicht gegangen". Der Schilderung Therese Hubers ist zu entnehmen, daß seine Redaktionsarbeit hauptsächlich in der Auswertung fremder Blätter bestand. „Ein Teil der Zeitungen kam des Abends spät; diese bearbeitete er mit Muße für den folgenden Morgen. Von denen, die am Morgen kamen, zeigte er nur die neuen Ereignisse an, weil das tägliche Blatt während der Arbeit gedruckt werden mußte; die

Auszüge, Raisonnements und dgl. wurden dann in den übrigen Tagesstunden entweder für das folgende, oder, hatten sie bleibenderen Wert als den der Neuheit, für spätere Blätter gemacht ..."

Hubers Zeit an der Spitze der AZ blieb ein Intermezzo. Der Nachfolger Posselts starb am Heiligen Abend 1804 an einem Lungenleiden, gerade vierzig Jahre alt. „Um Hubern ist's mit recht sehr, sehr leid", kondolierte Johannes von Müller Cotta und fügte hinzu: „Sein Sie getrost! Ein edler Mann findet doch sympathisierende Seelen."[53] Womit Müller zweifellos Recht hatte.

In der Franzosenzeit

Eine „sympathisierende Seele“ hatte sich bereits gefunden. Im Herbst 1803 war mit Karl Josef Stegmann ein neuer Mitarbeiter in die Redaktion eingetreten, die gerade nach Ulm übergesiedelt war. Er kam von der *Zürcher Zeitung*, für die schon Huber gearbeitet hatte. Seit 1798 hatte er neben Usteri von Zürich aus das Cotta'sche Blatt mit Informationen versorgt. Cotta schätzte ihn und übertrug ihm die Leitung der *Allgemeinen Zeitung* nach Hubers Hinscheiden.

Karl Josef Stegmann (1767–1837) blieb bis zu seinem Tod Chefredakteur der AZ. In diesen 33 Jahren prägte er das Bild des Blattes mehr als jeder andere. Unter seiner Federführung gelangte die AZ zu europäischem Ansehen. Er war es, der ihr den ruhigen, unparteiischen Stil verlieh, für den sie berühmt wurde. Stegmann bewies gegenüber Cotta eine große Anhänglichkeit und auch eine gewisse Vertrautheit. Seine Briefe an den Verleger unterzeichnete er mit „mein verehrtester Freund“; als dessen Sohn Georg die Verlagsleitung übernahm, wurde daraus ein distanziertes „Ew. Hochwohlgeboren“. Der alte Cotta wußte, daß er unbedingt auf Stegmann bauen konnte. Der Redakteur hatte zwar seinen eigenen Kopf, und wenn es die Seriosität des Blattes betraf, konnte er sehr hartnäckig sein. So war er nicht immer beglückt über die auswärtigen Mitarbeiter, die der Verleger heranzog. Dann klagte er lebhaft über die Scherereien mit der Zensur, die ihm ein solcher Mitarbeiter eintrug, oder über die mangelnde Zuverlässigkeit. Doch niemals stellte er ernstlich die Superiorität Cottas in Frage.

Chefredakteur Stegmann

Stegmann war, soweit wir es aus nachgelassenen Briefen oder Zeitzeugnissen ablesen können, ein bescheidener, in sich gekehrter Mann, der den fröhlichen Seiten des Lebens wenig abgewinnen konnte. Auch verwirklichte er sich selten im eigenen Blatt. Er reiste wenig, lieber verkroch er sich in seiner Redaktionsstube. Kontaktscheu überließ er den Verkehr mit den Großen dem Verleger. Sein Reich war der Schreibtisch; dort regierte er mit „Seelenruhe, Besonnenheit und Klarheit“.[1] Diese Tugenden attestierte ihm Gustav Kolb, der Nachfolger, der seinerseits ein weit zupackenderer journalistischer Typus war und mit Stegmann nur mühsam zurechtkam. Therese Huber, die Frau seines Vorgängers, schilderte Stegmann so: „Stegmanns persönlicher Charakter ist seiner wichtigen Stellung ebenso entsprechend wie sein Geist und seine Tätigkeit. Fest, verschlossen, besonnen, redlich, von keiner Eitelkeit geblendet, im Umgang ohne Anmaßung, steht er, von eigener Kraft gehalten, unbeweglich im Mittelpunkt der reichsten und gefährlichsten Beweglichkeit und genießt deshalb die Achtung aller Kabinette; doch erst die Nachwelt wird sein Verdienst vollständig zu würdigen wissen.“[2]

Im Alter verknöcherte Stegmann zusehends. Seine einzigen Ablenkungen waren eine Mineraliensammlung und ein Paar Reitpferde. Letztere stellten einen Luxus dar, zu dem er sich nur widerstrebend bekannte. Er wurde kränklich und traktierte Cotta mit allerlei Klagen über unzureichende Bezahlung. Politisch stand er Cotta nahe. Treitschke[3] nannte ihn einen „liberalen Partikularisten“, in einem anderen Zeugnis[4] figuriert er hingegen als „Germanomane“ (so der französische Gesandte in München, Herzog von Dalberg, 1816 an den Herzog von Richelieu, den französischen Außenminister). Richtig ist, daß Stegmann in der „nationalen Frage“ von süddeutscher Unbefangenheit war und liberal dachte, wo es um die staatliche Ordnung ging. In seinen letzten Jahren nahm er mehr und mehr konservative Standpunkte ein. Zur Autorengruppe des „Neuen Deutschland“ fand er – auch hier Johann Friedrich Cotta gleich – kein Verhältnis. Ein Radikaler wie Karl Gutzkow war ihm ein Greuel. Letztlich forderte ein Leben in steter Alarmbereitschaft vor möglichen Anschlägen auf die Freiheit seines Blattes ihren Tribut. Resigniert bekannte Stegmann in einem Brief an Georg von Cotta kurz vor seinem Tod, achtundzwanzig Jahre Zensurzwang hätten ihn „furchtsam, ich würde sagen, engherzig gemacht“.[5]

Als Stegmann 1804 die Redaktionsleitung übernahm, wehte über der AZ bereits unsichtbar die Trikolore. Zwar besaß Cotta für die Zeitung ein kaiserliches Privileg, was zu beachten war. Aber die Rücksichtnahme auf Wien, die für spätere Zeiten bestimmend werden sollte, war in dieser Phase eher eine protokollarische. Politisch gab Frankreich den Ton an, jenes beunruhigend-anziehende Land, das mit seinen Armeen auch Ideen schickte. Seine sich mehr und mehr über Deutschland ausbreitende Hegemonie wurde zunächst keineswegs als Fremdherrschaft erlebt. Für das aufgeklärte deutsche Bürgertum war Frankreich das neue Vaterland, dessen militärische Triumphe zunächst nichts Erniedrigendes hatten, weil sie auf einem Territorium stattfanden, das zuvor moralisch erobert worden war.

Kraft und Glanz des scheinbar unbezwingbaren Frankreich flossen in der Person Napoleons zusammen. Verkörperte er nicht alles, was man in Deutschland schmerzlich vermißte: Autorität, Freiheitssinn, Feldherrngenie? Hingerissen vom großen Korsen war nicht nur der romantische Posselt. Dem jungen Hegel erschien Napoleon als Weltseele auf daherschnaubendem Roß.[6] Für den Historiker von Müller, der in die Dienste Napoleons trat, schieden Vergleiche aus dem Menschenreich aus, wenn er schilderte, was er für seinen neuen Herrn empfand: „Wie Ganymed nach dem Sitze der Götter, bin ich vom Adler nach Fontainebleau entführt worden, um Jupiter zu dienen."[7]

Wenn auch allmählich dämmerte, daß die voranstürmenden Franzosen nicht ausschließlich philantropische Absichten verfolgten, so blieb die westliche Macht doch für das Bürgertum das Sinnbild des Neuen, das nach den Gesetzen der Geschichte nun sein Recht einforderte. Wie ein Fossil wirkte demgegenüber das Alte Reich, dessen Hinscheiden überwiegend teilnahmslos registriert wurde. Als Franz II. am 6. August 1806 die römische Krone niederlegte, kam die AZ gerade noch ihrer Chronistenpflicht nach. In ihrer Ausgabe vom 14. August, acht Tage nach dem Ereignis, druckte sie kommentarlos die Abdankungserklärung ab („... daß Wir das Band, welches Uns bis jetzt an den Staatskörper des deutschen Reichs gebunden hat, als gelöst ansehen ..."). Mehr war ihr das Ende von tausend Jahren deutscher Kaisergeschichte nicht wert.

Postkutschen und andere Zufälle

Die Nachrichten wurden damals in den Zeitungen noch nicht gewichtet. Es bestand keine Notwendigkeit, auf eilige Leser Rücksicht zu nehmen, denn diese Kategorie von Lesern gab es nicht. Wer „auf" eine Zeitung abonniert hatte, wie man damals sagte, hatte Muße, und er brauchte sie auch. Es war seine Sache, das Wichtigste zu entdecken. Die Meldung vom Bankrott des Reiches war äußerst lapidar annonciert: „Deutschland. (Österr. Erklärungen zu Regensburg wegen Niederlegung der Römischen Kaiserwürde. Rheinische Bundesakte)." Die Spitzenmeldung des Tages kam aus London und war der *Times* entnommen. Wahrscheinlich, hieß es, werde Ministerpräsident Fox aus gesundheitlichen Gründen sein Amt aufgeben.

Was die Lektüre der Zeitung außerdem erschwerte, war der Umstand, daß die chronologische Abfolge von Ereignissen allenfalls geahnt werden konnte. Die Nachrichten flossen nicht kontinuierlich. Wann eine Meldung einging, hing vom Lauf der Postkutschen und mancherlei Zufällen ab. Sie auf ihren Wahrheitsgehalt zu überprüfen, war schon deshalb selten möglich, weil die Absender ihrerseits keine Kenntnis von der Gesamtlage hatten oder eigene Interessen verfolgten. So kam es vor, daß Schilderungen einer Schlacht die A-Partei im Vorteil sahen, obwohl ein anderer Bericht Tage zuvor den Sieg der B-Partei mitgeteilt hatte.

Der Redaktion standen nur dürftige Quellen zur Verfügung. Zum einen handelte es sich um offizielle Mitteilungen, um Dokumente, die von Korrespondenten eingesandt wurden oder in Ausnahmefällen in der Redaktion selbst eingingen. Im Falle der AZ landete interessantes Material oft bei Cotta selbst. Der Verleger expedierte es dann weiter an die Redaktion. Eine andere Quelle bestand in Briefen oder Erzählungen von Reisenden. Wichtiger noch waren auswärtige Zeitungen, die in der Redaktionsstube „ausgeschlachtet" wurden. Die Redaktion nannte dann korrekt die Herkunft der Meldung. Andere Blätter machten sich die Mühe nicht. Sie kopierten, was sie bekommen konnten und füllten damit ihre Spalten. Aufgrund ihrer Bedeutung hatte die AZ besonders unter diesen Beutezügen zu leiden. Die Redakteure wurden nicht müde, darüber zu klagen.

Die Aktualität spielte nicht die herausragende Rolle wie im modernen Zeitungsgeschäft. Die Blätter mußten sich nicht am Kiosk behaupten. Natürlich wollte man schneller sein als andere; doch zuallererst kam es auf die Qualität der Information an. Meldungen blieben daher gelegentlich liegen, weil man sich erst vergewissern wollte – eine löbliche Verhaltensweise, die man heute oft vergeblich sucht. Oder man scheute sich, Neuigkeiten auf wenige Zeilen zu komprimieren, wenn der Platz knapp wurde, und wartete lieber bis zum nächsten Tag. Trotzdem spielte der Zeitfaktor eine Rolle. So konnte der sonst gefügige Stegmann gegenüber Cotta sehr entschieden werden, wenn dieser mit Rücksicht auf irgendwelche Postverbindungen eine Vorverlegung des Redaktionsschlusses forderte. Umgekehrt blieb der Verleger das Lob nicht schuldig, wenn es seiner Zeitung gelungen war, schneller zu sein als andere. Oft lief die AZ den Konkurrenten den Rang ab. Als sie die Texte des Pariser Friedens in einer Extrabeilage vom 27. September 1815 öffentlich machte, beschwerte sich Gentz bei seinem journalistischen Intimus Pilat, den er mit dem gleichen „heißen" Material versorgt hatte, daß das Cotta'sche Blatt dem offiziösen *Österreichischen Beobachter* wieder einmal zuvorgekommen war.[8]

Zu diesem Zeitpunkt war die AZ bereits eines der einflußreichsten Blätter Europas. Die Höfe schauten auf sie. Die Leserzahl wuchs. Freilich hatten Cotta und seine Redaktion mit enormen Schwierigkeiten zu kämpfen. Ständig mußten die geringen Freiräume, die politischen Publikationen zugestanden waren, mit Umsicht verteidigt, ständig die empfindlichen Stellen der Obrigkeit antizipiert werden. Dazu genügte nicht „die Schere im Kopf" beim Redigieren. Natürlich wußte man, daß man sich „allen unanständigen Schimpfens und harter Ausdrücke gegen die allerhöchsten Höfe und alle bestehenden Regierungen auf das sorgfältigste zu enthalten" hatte, wie es in einer bayerischen Zensuranweisung von 1799 hieß. Weit komplizierter war, aktuelle Tabus der Berichterstattung zu erkennen. Dazu hätte man die Winkelzüge der Diplomatie durchschauen müssen, die nun ganz entschieden eine Geheimdiplomatie war. Zu allem Überfluß waren in der napoleonischen Ära immer neue Konstellationen und Kombinationen zu beachten, die heute als gefährlich erscheinen ließen, was gestern noch für wünschenswert und erbaulich gehalten worden war.

Es war für diejenigen, die damals als Journalisten wie Seiltänzer in immerwährender Angst vor dem Absturz ihre Arbeit taten, nur ein geringer Trost zu wissen, daß die Zensoren ganz ähnliche Orientierungsprobleme hatten (wovon im Zensurkapitel nach ausführlicher zu handeln sein wird). Charakteristisch war die Klage des Grafen Thürheim, der 1808 in Nürnberg gleich drei Zeitungen im Zaun halten mußte: „Die Zensur der Zeitungen gehört in unserer Zeit auf jeden Fall unter die schwierigsten Obliegenheiten, welche der Beruf eines administrativen Beamten umfaßt."[9] Das Phänomen der Öffentlichkeit war eben neu. Presse und Obrigkeit mußten lernen, damit umzugehen. Einen sicheren Grund gab es weder für die eine noch für die andere Seite. Doch schon bald formten sich Spielregeln heraus, und man entdeckte Felder gemeinsamen Nutzens.

Wo lag dieser gemeinsame Nutzen? Die Zeitungen brauchten interessante, am besten offiziell verbürgte Nachrichten. An den Höfen kam man bald dahinter, daß es klug sein konnte, diesem Bedürfnis in wohldosierter Form zu entsprechen. So entwickelten sich hier und dort beinahe symbiotische Beziehungen, wenn sie auch ihrer Natur nach stets gefährdet blieben. Da es ein Blatt wie die *Allgemeine Zeitung* im zersplitterten Mitteleuropa immer mit vielen Regierungen zu tun hatte, waren diese Beziehungen schwer durchschaubar. Vielfältigen Risiken standen mannigfache Möglichkeiten gegenüber, die ausschöpfen konnte, wer auf der Klaviatur zu spielen verstand. Cotta war ein Meister darin. Seine Kontakte kamen der AZ zugute und begründeten ihren Ruf eines gut unterrichteten Blattes, das man zu beachten hatte, zum Beispiel durch eine herausgehobene Bedienung. Stolz konnte Stegmann 1805 feststellen: „Die Redaktion hat schon oft von den ersten Höfen Europas, durch Minister oder Subalterne, Aktenstücke kommuniziert erhalten."[10]

Die Kehrseite der Medaille war, daß sich die AZ einer besonderen Aufsicht „erfreute". Zu der Zeit, aus der die zitierte Bemerkung Stegmanns stammt, war das Blatt in Frankreich verboten. Den Anlaß hatte ein Artikel gegeben, der in Paris als versteckte Kritik an der „Re-Monarchisierung" des republikanischen Landes verstanden worden war. Generell war die generöse Einstellung des postrevolutionären Frankreich gegenüber den Gazetten stark zurückgegangen. Von den freiheitlichen Verheißungen, die in Deutschland die Zeitungsmacher ermutigt hatten, konnte keine Rede mehr sein. Napoleon zog die Zügel an. Gleich zu Beginn seiner ersten Konsulatszeit wurden in Frankreich zahlreiche Blätter verboten. Doch seine Mittel erschöpften sich nicht in der plumpen Repression. Wie kein anderer verstand sich der Korse auf die Beeinflussung der Presse. „Sagen Sie den Redakteuren der Zeitungen, daß ich sie nicht für ihre Kritik verantwortlich mache, sondern für ihren Mangel an Lob", wies er seinen Polizeiminister Fouché an.[11] Für das Lob hatte der *Moniteur* zu sorgen, das offizielle Organ, an dessen wegweisenden Artikel sich die übrigen Blätter orientieren mußten. Moderne Diktaturen sollten später diese Methode des „règner avec la liberté de la presse" perfektionieren. Als erster angewandt hat sie Napoleon.

Diskrete Briefe an Fouché

Natürlich setzte sich diese Form der Pressepolitik alsbald in den von Frankreich abhängigen Gebieten durch. Der Druck wurde im Laufe der Jahre immer stärker. Auch die AZ sollte ihn zu spüren bekommen. Durch ihre Übersiedlung nach Ulm war sie zu einem bayerischen Druckerzeugnis geworden. Bayern rückte 1805 per bilateralem Bündnisvertrag, ein Jahr später als Mitglied des Rheinbundes, eng an die Seite Frankreichs. Und obwohl der süddeutsche Staat einen Rest an Unabhängigkeit wahrte, gab es Gründe genug, auf möglichst allen Feldern der Politik Ärger mit Frankreichs Kaiser zu vermeiden.

Auch die AZ war nicht auf Ärger aus. Ihre Frankreichfreundlichkeit war echt; sie bedurfte keiner Nachhilfe. Um so mehr schmerzte das Verbot von 1804, dessen Aufhebung unbedingt erreicht werden mußte. Vor diesem Hintergrund gab es eine ziemlich dunkle Episode, in der Stegmann der Hauptakteur war. Schon mehrfach hatte die französische Seite versucht, die AZ zu ködern, indem man interessante Aktenstücke in Aussicht stellte. Die Redaktion ging darauf ein. Überwältigend war das Angebot offenbar nicht; die AZ war Besseres gewohnt. 1805 nun ging ein weiterer Antrag bei Stegmann ein. Man bot die gelegentliche Übersendung von Beiträgen an, die Stegmann redigieren sollte. In Absprache mit Cotta sagte der Redakteur zu. Die ersten Beiträge dieser Art – sie dürften die französische Position wohlwollend beleuchtet haben – gelangten im Frühsommer in die *Allgemeine Zeitung*.

Von einer Standesethik wußte man damals noch nicht. Daß Stegmann trotzdem nicht wohl bei der Sache war, geht aus einem Brief an den Verleger hervor.[12] Darin bat er eindringlich darum, Cottas Verbindungsmann in Paris (es handelte sich allem Anschein nach um einen Beamten im Staatssekretariat Napoleons namens Widmann) auf den Charakter der *Allgemeinen Zeitung* hinzuweisen. Deren Sache sei die „getreue Relation der Tatsachen" und die „historische Darstellung der Gründe beider Seiten". Darauf beruhe der Ruf des Journals. Stegmann: „Wollte nun der Redakteur plötzlich auftreten und in eigenem Namen eine einseitige Ansicht der

Dinge ankündigen, so wäre es auf einmal um diesen Ruf geschehen." Nur unter Wahrung der Anonymität sei er bereit, in Zukunft Sorge zu tragen, daß die Geschehnisse, „namentlich die Kriegsereignisse", in einem für Frankreich günstigen Licht dargestellt würden, ließ Stegmann Cotta wissen. Er werde die wichtigsten Artikel des *Moniteur* ganz oder auszugsweise übersetzen, schließlich von Zeit zu Zeit „eigne Artikel in einem Sinne liefern, mit dem man in Paris, wenn man dort deutsch läse, hoffentlich zufrieden sein würde".

Der letzte Punkt dieser merkwürdigen Absprache ist der dubioseste, denn er führte zu einer Dauerkorrespondenz Stegmanns mit Frankreichs Polizeiminister Fouché und, nach dessen Absetzung 1810, mit seinem Nachfolger, dem Herzog von Rovigo. In diesen Briefsendungen, die nahezu täglich abgingen – vermutlich über Cotta[13] –, lieferte der Redakteur der *Allgemeinen Zeitung* Nachrichten, die in der Redaktion eingingen, Einschätzungen der Verhältnisse in Staaten wie Österreich oder Rußland und ähnliches. Man darf unterstellen, daß der überwiegende Teil dieser seltsamen, kolossalen Korrespondenz keine bahnbrechenden Enthüllungen enthielt und die französische Diplomatie nicht nennenswert voranbrachte. Das meiste dürfte so oder so in der AZ nachzulesen gewesen sein. Trotzdem ist das Verhalten Stegmanns – und Cottas – schwer zu verstehen und selbst dann nicht zu entschuldigen, wenn man berücksichtigt, daß es im Ursprung darum ging, die Aufhebung des Verbots der AZ in Frankreich zu erreichen.

Die quasi geheimdienstliche Nebentätigkeit wäre Stegmann acht Jahre nach ihrer Aufnahme beinahe zum Verhängnis geworden. 1813, die AZ erschien seit drei Jahren in Augsburg, war Cottas Bruder Christoph Friedrich in eine innerbetriebliche Streitigkeit verwickelt. Cotta hatte dem Ex-Revolutionär, der ohne Einkommen war, im Augsburger Betrieb eine Anstellung gegeben. Im Zusammenhang damit brachte Christoph Friedrich einige der diskreten Briefe an sich, womöglich in der Absicht, Stegmann daran zu hindern, über gewisse finanzielle Unregelmäßigkeiten auszupacken. In höchster Not wandte sich Stegmann an Cotta. Durch seines Bruders Schuld sei in Augsburg publik geworden, „daß ich täglich einen versiegelten Brief an den Polizeiminister Herzog von Rovigo schicke". Diejenigen, die es gut mit ihm meinten, hielten ihn jetzt „für einen verkappten französischen Diplomaten", andere „für einen französischen Polizeispion". Auch habe man in Paris bereits das Ausbleiben von „Bulletins", wie Stegmann seine Berichte nennt, bemerkt. Seiner Erinnerung nach hätten diese Briefe Äußerungen über Österreich enthalten, „die in dem Stile ausgedrückt sind, wie die französischen diplomatischen Ansichten es mit sich bringen", fügte Stegmann schuldbewußt an. Er hatte einfach Angst. Napoleons Stern war im Sinkflug begriffen. Es sei nicht auszuschließen, daß demnächst „fremde Behörden in

Augsburg zu gebieten" hätten, schrieb Stegmann vorausschauend. Werde man ihn dann als französischen Spion denunzieren? „Meine Handschrift würde ich nicht ableugnen können."[14]

Vier Monate nach diesem brieflichen Hilferuf Stegmanns hatten sich die politischen Rahmenbedingungen für die AZ durch den bayerisch-österreichischen Vertrag von Ried grundlegend geändert. Bei der Leipziger Völkerschlacht fochten die Bayern bereits gegen Napoleon. In Augsburg herrschten zwar keine „fremden Behörden", doch im rauhen Wind des aufkeimenden deutschen Nationalismus war es plötzlich nicht mehr ratsam, als Franzosenfreund zu gelten. Tatsächlich hätte die Affäre für Stegmann beinahe Folgen gehabt, denn Christoph Friedrich schwärzte ihn bei der bayerischen Regierung an. Montgelas schlug die Sache indessen nieder.[15] So behielt Stegmann die Leitung der Redaktion bis 1837. Der gute Draht nach Frankreich riß keineswegs ab; noch viele Jahre besserte Stegmann sein Einkommen als nebenamtlicher Korrespondent des *Journal des Débats* auf.

Die Episode wirft zweifellos ein finsteres Licht auf den Redakteur Stegmann. Die Korrespondenz mit dem französischen Polizeiminister war auch nach zeitgenössischen Vorstellungen von dem, was der journalistischen Integrität gerade noch zumutbar war, nicht in Ordnung. Stegmann hat das selbst auch so gesehen. Trotzdem war der Augsburger Redakteur keineswegs ein Spion im heutigen Verständnis. Anfang des 19. Jahrhunderts war einfach das Verhältnis zwischen Journalismus und Staat noch ungeklärt. Cotta, Stegmann und ihre Berufsgenossen bewegten sich tastend auf einem unbekannten Terrain. Natürlich wollten sie die Unabhängigkeit ihres Journals. Aber das war leichter gesagt als getan. Zeitungen konnten von einem Tag auf den anderen aus dem Verkehr gezogen werden, was Cotta selbst erlebt hatte. Es konnte auch schlimmer kommen. 1806 wurde der Nürnberger Buchhändler Palm auf Geheiß Napoleons zum Tode verurteilt und erschossen, weil er eine anstößige Streitschrift herausgegeben hatte. Der Fall Palm dokumentierte, wie gefährdet die journalistische Existenz *in extremis* war.

Man mußte also Kompromisse machen, in Grauzonen vorstoßen und sich einlassen, wenn das dünne Netz staatlicher Duldung nicht reißen sollte. Auf diese Weise kam es zu Verschränkungen, die heute bei einem akademischen Seminar über das Berufsbild des Journalisten Entsetzensschreie auslösen würden. Die damaligen Akteure aber besaßen keine in Stein gemeißelten Grundsätze, auf die sie sich hätten stützen können. Anpassung war die *raison d'être*, und so trat man denn „in ein Verhältnis" zu denjenigen, die über Information verfügten. Von Cotta heißt es, daß er sich den Erzherzog Karl dadurch gewogen gemacht habe, daß er ihm Wissenswertes über Frankreich zukommen ließ. Die Zulassung der AZ in Österreich 1804 war der Ertrag. Bei der Gelegenheit verpflichtete sich der

Verleger, die Berichterstattung aus Wien exklusiv über einen von der Regierung benannten Korrespondenten laufen zu lassen. Es war jener Johann Michael Armbruster, von dem im ersten Kapitel die Rede war. Armbruster übernahm seine Tätigkeit für die AZ nach eigenen Worten „auf Befehl des Präsidiums der Polizeihofstelle".[16] Aus Sicht des Wiener Hofes war diese Wahl eine wohlbedachte, da Armbruster zuvor abwechselnd Journalist und Zensor gewesen war. Er kannte also gewissermaßen beide Seiten des Schreibtisches. Die AZ protestierte übrigens keineswegs gegen die Benennung. Sie hielt sich allerdings auch nicht an das Exklusivitätsversprechen und beschäftigte neben Armbruster noch andere Mitarbeiter in Österreich.

Ein ehemaliger Zensor als Korrespondent, wird man verwundert fragen? Diese Konstellation gab es zur damaligen Zeit nicht selten. Auch Fichte, der Philosoph, betrieb einmal das Zensurgeschäft (bei der *Hartung'schen Zeitung* in Königsberg), ohne daß sein Ansehen dadurch Schaden genommen hätte. Wilhelm von Humboldt leitete 1809 die preußische Zensurverwaltung. Der Zensor war also nicht automatisch ein Paria. Die Dinge lagen komplizierter, und so mögen denn auch die „Bulletins" Stegmanns für den sinistren Polizeiminister Fouché aus heutiger Sicht einen Strafnachlaß verdienen.

Krieg vor der Haustür

Jedenfalls plagten die *Allgemeine Zeitung* in dem Augenblick, da Stegmann seine französische Korrespondenz begann, ganz andere Sorgen. Der Dritte Koalitionskrieg war ausgebrochen, und die militärischen Operationen konzentrierten sich ausgerechnet auf Ulm, die Stadt, die seit Herbst 1803 die *Allgemeine Zeitung* beherbergte. In einer glänzenden Umfassungsoperation hatten die französischen Truppen die Österreicher in die Enge getrieben und bei Elchingen geschlagen. In Ulm wurde der österreichische Feldherr Mack mit drei Armeekorps eingeschlossen. Die Kapitulation erfolgte am 17. Oktober 1805. Es ist reizvoll, die entscheidenden Tage im Spiegel der AZ-Berichterstattung zu verfolgen.

Am 14. Oktober meldete die Zeitung nichts außer Belanglosigkeiten. Bei einem Gefecht ein paar Tage zuvor hätten die k.k. Truppen „einen französischen Adler" und mehrere Kreuze der Ehrenlegion erbeutet. Zur Nachrichtenlage wurde resignativ mitgeteilt: „Bei dem gänzlichen Ausbleiben aller Posten ist die Redaktion außer Stande, unter dieser Rubrik irgend bedeutende Neuheiten aus der Ferne zu liefern." Auch über das, was in allernächster Nähe geschah, war die Zeitung offenbar nicht im Bilde. Das änderte sich in der folgenden Ausgabe. „Dem Vernehmen nach", hieß es da, „hat das französische Armeekorps, das an der rechten

Seite der Donau steht, von Weißenhorn sich im Illertal ausgebreitet. Hingegen ist gestern ein Teil der k.k. Armee aus der Nachbarschaft von Ulm gegen Heidenheim aufgebrochen. Auch wurden die in Ulm aufbewahrten Gefangenen und das Militärhospital wegtransportiert; das k.k. Hauptquartier aber befindet sich fortwährend hier." Der letzte Satz war vielsagend. Das Lazarett mußte ausquartiert werden! In sehr indirekter Form, ohne Zuspitzung und Interpretation, wurde den Lesern zur Kenntnis gebracht, daß sich etwas zusammenbraute. Die Stadt Ulm war weitgehend eingekreist. Die Österreicher saßen mitsamt ihrem Hauptquartier in der Falle. Das ließ eine weitere, lapidare Mitteilung erahnen: „Heute morgen ist auch die Schweizer Post ausgeblieben, so daß also für Briefe und Zeitungen nur noch die einzige Kommunikation über Biberach mit Lindau offen ist."

In der Falle saß auch die AZ. Am 15. Oktober erschien sie nur im Umfang von zwei Seiten, am 16. Oktober gar nicht. Am Tag darauf kam wenigstens wieder eine Notausgabe heraus. Der Kriegsbericht, in dem wie üblich keine Schlußfolgerungen standen, enthielt eine Bekanntmachung des österreichischen Generals Mack, der seine Offiziere aufforderte, „das Wort Übergabe nicht mehr hören zu lassen, sondern nur an die standhafteste und hartnäckigste Verteidigung zu denken". Die feindliche Armee befände sich in einer schrecklichen Lage, hieß es da. Sie könne nur „in schmalen Abteilungen stürmen, da wir fast allenthalben breite Wassergräben haben; nichts ist also leichter, als die Stürmenden totzuschlagen". Außerdem habe der Feind nichts zu essen, behauptete Mack, der selbst der erste sein wollte, „Pferdefleisch zu essen", sollte es im eigenen Lager an Lebensmitteln mangeln. Mack war nicht nur ein schlechter Schlachtenlenker, die Bekanntmachung weist ihn als noch schlechteren Psychologen aus. Jedenfalls wußte der geübte Leser nun, daß das Ende der österreichischen Armee kurz bevorstand. Ein weiterer Tagesbericht handelte von Verhandlungen zwischen den Kriegsparteien, die bis zum Vormittag gedauert hätten. „Jetzt aber, um 2 Uhr Nachmittags, fängt der Kanonendonner wieder an; man vermutet einen Sturm."

Kanonendonner hörte im rund 20 Kilometer entfernten Stoffenried auch Therese Huber. Die Witwe, die ein paar Jahre später von Cotta zur Redakteurin des Morgenblatts berufen werden sollte, hatte sich nach dem Tod ihres Mannes dorthin zurückgezogen. Ihre Kinder – zehn hatte sie geboren – waren daran gewöhnt, Napoleon, von dem ein Bild im Zimmer ihrer Mutter hing, „notre général" zu nennen. Jetzt war ihr Idol in der Nähe, doch abgeschnitten von allen Zeitungen erfaßte sie von dem Geschehen bloß, was sich in ihrer unmittelbaren Umgebung abspielte: „Am Montag hörten wir etwa fünf Stunden Kanonendonner, ohne zu wissen, wo die Schlacht stattfand. Am Dienstag rückten die Franzosen vor. Am Mittwoch waren sie in Waldstetten, Freitag kamen sie zu uns. Heute hörte man lebhaftes Musketenfeuer zwischen vier und sieben Uhr in der Gegend von Ulm. Unser Dorf hat 200 Pfund Brot nach Günzburg geliefert. Die Franzosen sind überall, auch in Augsburg, man weiß nicht wie. Ulm ist vollständig erschöpft. Wir erhalten nichts von dort. Die Verbindungen sind abgeschnitten. Dazu schneit es fortwährend, während die Pflaumen noch auf den Bäumen hängen; glücklicherweise sind Kartoffeln und Rüben im Keller.“[17]

Die Kapitulation der drei österreichischen Korps erfolgte am 17. Oktober. Den Sachverhalt erfuhren die Leser am 19. Oktober. Am nächsten Tag schilderte die Zeitung den Auftritt des Siegers Napoleon: „Der Monarch war äußerst einfach gekleidet.“ Ulm sei noch immer gesperrt, der Postenlauf gehemmt, deshalb erheischte man von den Abonnenten Verständnis für die nur bruchstückhaften Informationen. Am 22. erschien ein farbiger Bericht über eine Militärparade der Franzosen und die Entwaffnung der Österreicher. Am 24. Oktober wurde erstmals die nur reportierende Linie der Berichterstattung verlassen. Anhand des Erlebten befaßte sich die Zeitung mit der Rolle der Zivilbevölkerung unter den Bedingungen moderner Kriegführung. Der alte Irrglaube, Ulm eigne sich bestens als Defensivstellung, sei widerlegt worden, hieß es in dem Artikel. „Indessen ist diese Widerlegung und die Ehre, einige Wochen lang die Aufmerksamkeit von ganz Europa zu fixieren, der Stadt Ulm sehr teuer zu stehen gekommen.“ Seit Anfang Oktober habe sie zeitweilig 26000 Mann in Garnison gehabt. In den kleinen Häusern seien dreißig, in den größeren bis zu siebzig Soldaten einquartiert gewesen. Mehrere hunderttausend Brot- und Fleischportionen habe man den Truppen liefern müssen. „Privatleute mußten Vorschüsse zur Besoldung derjenigen Regimenter, welche ihre Kassen eingebüßt hatten, machen.“ Doch das sei noch wenig im Vergleich zu dem Schrecken in der Umgebung der Stadt gewesen. „Bei dem jetzt in Europa überhand nehmenden System, die Armeen der schnellen Bewegungen halber ohne Magazine vorrücken zu lassen und sie nur noch aus der Gegend, wo man jedesmal steht, zu verpflegen“, werde der Krieg „notwendig ungleich verheerender als vormals“, schloß die Betrachtung.

Nimmt man die Berichterstattung über die Bataille von Ulm/Elchingen als Ganzes, wurde die Leserschaft ziemlich umfassend ins Bild gesetzt. Die Redaktion nutzte den Platzvorteil, den sie trotz der Einschränkungen, die sich aus der kriegerischen Lage ergaben, hatte und münzte ihn in anschauliche und aktuelle Berichte um. Daß die *Wiener Zeitung* die Niederlage der Österreicher erst am 26. Oktober melden konnte, wurde nicht ohne Häme vermerkt. Der Stil der Berichterstattung ist nüchtern; das Bemühen, sich nur auf das zu beschränken, was bezeugt werden konnte, spürbar. Auch hütete man sich, Partei zu ergreifen. Kurzum: Die Bezieher konnten zufrieden sein.

Komplizierte Loyalitäten

Die Wahrung der Unabhängigkeit war für die AZ, als vor Ulm die Waffen sprachen, deshalb schwierig, weil man auf unterschiedliche Interessen Rücksicht nehmen mußte. Einerseits durfte man es sich nicht mit dem Sitzland Bayern verderben. Bayern hatte sich kurz vor der Schlacht auf die Seite der Franzosen geschlagen und wurde dafür – nach der endgültigen Entscheidung bei Austerlitz – über die Maßen entlohnt. Andererseits besaß die *Allgemeine Zeitung* ein Privileg des (noch) deutschen Reichsoberhauptes in Wien. Schon möglich, daß die sich überkreuzenden Loyalitäten der Zeitung am Ende den aufrechten Gang erleichterten. Nach dem Preßburger Frieden veränderte sich die Lage; sie wurde eindeutiger. Österreich verlor seine Einwirkungsmöglichkeiten auf Süddeutschland. 1806 kam der Rheinbund, und Bayern war wichtigstes Mitglied dieses französischen Protektorats. Der Kaiser in Wien legte die Reichskrone nieder. Nunmehr wußte die Redaktion, woran sie war. Schon bald ergab sich die Gelegenheit zu beweisen, daß sie trotz allem ihre Unabhängigkeit zu behaupten gedachte.

Am 9. Oktober 1806 hatte Preußen Frankreich reichlich unüberlegt den Krieg erklärt. Die AZ schilderte den raschen Aufmarsch der napoleonischen Truppen in schönsten Farben. Sie versäumte jedoch nicht, ihre Leser über moralische Zurüstungen in Preußen zu unterrichten. „Nie hat das Berliner Publikum sich für einen Gegenstand so interessiert als jetzt“, hieß es in einem Beitrag aus der preußischen Hauptstadt. „Alles ist enthusiasmiert und brennt vor Begierde, die Nachricht von der angefangenen Tätigkeit der Armee zu vernehmen. Die Sache des Königs ist die des ganzen Landes geworden, und es ist kein Individuum, das nicht den wärmsten Anteil daran nehmen und Gut und Blut für das Vaterland und seinen König opfern möchte.“

Letzteres taten viele preußische Soldaten, *ohne* dem Vaterland damit zum Sieg zu verhelfen. Am 14. Oktober siegten die Franzosen bei Saalfeld; Prinz Louis Ferdinand war unter den Toten. Beide „Facta“ meldete die AZ bereits am 17. Oktober. Länger brauchte die Nachricht vom vollständigen Sieg der Franzosen bei Jena und Auerstedt (14. Oktober). Eine Trendmeldung erfolgte am 18. Oktober unter Bezugnahme auf Reisende aus Leipzig. Die definitive Bestätigung ließ bis zum 23. Oktober auf sich warten. Abermals einen Tag später bilanzierte ein Bericht „von der sächsischen Grenze“ mit Datum vom 15. Oktober: „Der gestrige Tag war ein sehr entscheidender für die französische Armee, und wie immer ein sehr glorreicher.“ Man erkennt an diesem Ausschnitt ein Muster der Berichterstattung: Die Beiträge des Blattes entbehrten durchaus nicht der parteilichen Färbung; mal gab es mehr davon, mal weniger. Wieviel, hing vom Korrespondenten ab. Die Aufnahme von Artikeln aus den unterschiedlichen Quartieren hob indessen die Subjektivität auf, verschaffte den Lesern ein letztlich abgerundetes Bild und festigte den Ruf der AZ, nach allen Seiten offen zu sein. Es war dies genau jene Methode, die das Gründungsprogramm des Blattes zu beachten versprochen hatte. Auch in schwierigsten Kriegszeiten bemühte sich die Redaktion, daran festzuhalten.

Reibungen mit der Obrigkeit blieben trotzdem – oder gerade deshalb – nicht aus. Dabei konnte die AZ noch von Glück sagen, daß die bayerischen Pressewächter am Anfang der „Franzosenzeit" vergleichsweise milde walteten. Auch deswegen hatte sich Cotta ja nach Ulm, dann nach Augsburg orientiert. Phasenweise war die Vorzensur in Bayern aufgegeben worden, bis der Kurfürst dann jeweils Angst vor der eigenen Courage bekam, weil er „mißfälligst" feststellen mußte, daß Buchautoren oder Zeitungsschreiber von ihrer Freiheit wirklich Gebrauch machten. Die Zügel wurden dann wieder angezogen. Immerhin hatten es die Blätter in Bayern eher einfacher als jene in den anderen deutschen Staaten, von Österreich ganz zu schweigen. Das galt besonders für die *Allgemeine Zeitung*, die sich, wie zu zeigen sein wird, besonderer Nachsicht erfreute. Der leitende bayerische Minister, Montgelas, wußte um die grenzüberschreitende Bedeutung der Zeitung, die Bayern Ehre eintrug. Andererseits wäre es Montgelas bisweilen lieber gewesen, wenn die AZ an fremden Höfen nicht so schrecklich ernst genommen worden wäre. Den Ärger mit Frankreich Anfang 1808 hätte man sich dann beispielsweise erspart.

In ihrer Nr. 27 hatte die AZ über den Schweizer Fabrikhandel berichtet. Die französische Regierung, die dabei war, mit der Schweiz einen Handelsvertrag abzuschließen, fühlte sich in ihren Interessen berührt. Die Klage gelangte nach München, wo sie von der Regierung zum Vorwand genommen wurde, den großen Knüppel zu schwingen. „Um die Unannehmlichkeiten, welche die Bekanntmachung falscher oder voreiliger Nachrichten durch die öffentlichen Blätter öfters hervorbringen", zu vermeiden, sollten die Zensurverantwortlichen – die Generalkommissare – die Herausgeber der Zeitungen anweisen, nur noch solche Artikel aufzunehmen, „welche in offiziellen Zeitungen oder solchen, die mit Zensur erscheinen, enthalten sind", verfügte ein Reskript vom 16. März.[18] Jeder wußte, welche offizielle Zeitungen gemeint waren, der *Moniteur* und sein kleiner Bruder, der in Kassel für das Königreich Westphalen herausgegebene *Moniteur Westphalien*. Jeder wußte auch, was eine buchstabengetreue Befolgung des Reskripts bedeutet hätte; in den Worten Stegmanns: „Unterdrückung oder Landesverweisung des Institutes der *Allgemeinen Zeitung*".

Das Zitat stammt aus einer Beschwerde, die Stegmann am 29. März 1808 an den Ulmer Generalkommissar, zuständig für die AZ, adressierte. Zweifellos war sie mit Cotta abgestimmt; dafür spricht der selbstbewußte Ton. Wenn Stegmann den Begriff „Landesverweisung" einführte, meinte er damit keineswegs eine zwangsweise Exilierung. Vielmehr deutete er zart eine Option an, von der die AZ Gebrauch machen könne, falls nötig. Die Drohung wurde also mit einer Gegendrohung beantwortet. Diese unterfütterte Stegmann, indem er dem Generalkommissar vor Augen führte, daß er es nicht mit einem Allerweltsblatt zu tun habe. „Die günstige Meinung, welche das Publikum vom Werte der *Allgemeinen Zeitung* gefaßt zu haben scheint", stellte Stegmann fest, „beruht einzig auf der beträchtlichen Menge eigener teils wissenschaftlicher und merkantilistischer Aufsätze, teils brieflicher Neuigkeiten, welche der Redaktion durch ihre ausgebreiteten Verbindungen und eine sehr kostspielige, fast über ganz Europa ausgebreitete Korrespondenz zugesichert werden, und womit, wie der Augenschein lehrt, im Durchschnitt immer wenigstens die Hälfte des Blattes ausgefüllt ist." Ihr diese Originalbeiträge zu untersagen, fuhr Stegmann frei von falscher Bescheidenheit fort, hieße sie „in die Kategorie der zahlreichen in und außer Bayern wie Pilze aufschießenden und verschwindenden Unternehmungen, welche aus sechs Blättern das siebente zusammenschreiben" herabzuziehen und ihr den „Todesstoß" zu versetzen.

Der bemerkenswerte Brief Stegmanns erzielte die gewünschte Wirkung, er löste sogar höheren Orts eine ungewohnte Betriebsamkeit aus. Generalkommissar von Gravenreuth wandte sich umgehend an das Ministerium und machte sich den Standpunkt des Redakteurs zu eigen. Bereits am 2. April, drei Tage nach Stegmanns Schreiben, lenkte das Ministerium ein. Die AZ war – als einziges Blatt Bayerns – von einer Anordnung ausgenommen, für die sie selbst den Anlaß gegeben hatte!

Indessen wurde der Druck Frankreichs immer stärker. Der Gesandte am bayerischen Hofe, Otto, beklagte sich ein ums andere Mal über die angeblichen Bosheiten der einheimischen Blätter. Die Münchner Regierung antwortete darauf, indem sie das Reskript vom 16. März bekräftigte. Abermals begehrte Stegmann auf. Wiederum drohte er mit dem Abzug der AZ aus Bayern, das er als Vaterland doch so liebgewonnen habe! Er könne sich auch überhaupt nicht vorstellen, schrieb Stegmann, daß Frankreich unzufrieden mit seiner Zeitung sei. Schließlich sei erst gerade ein Abonnement für Staatssekretär Maret bestellt worden, und der Fürst von Benevent beziehe sogar doppelt. Wie sicher mußte die AZ ihrer Sache sein, wenn Stegmann, der ansonsten beileibe kein Draufgänger war, solch eine Sprache führte! Und tatsächlich gab das Ministerium, das allem Anschein nach recht unglücklich über die ständigen Druckversuche des französischen Gesandten war, erneut nach. Es blieb dabei, daß bei der AZ ein Auge zugedrückt werden sollte. Ein Weggang des Cotta'schen Instituts mußte vermieden werden, nicht nur wegen der Prestigeeinbuße, die damit verbunden wäre. Gravenreuth hatte seine Regierung darüber aufgeklärt, daß das Zeitungsetablissement jährlich in der Stadt Ulm 4000 Gulden in Umlauf bringe – eine Menge Geld. Es war also auch auf die Wirtschaftskraft der AZ Rücksicht zu nehmen.

Napoleons Schlag gegen die AZ

Solche Kalkulationen waren dann allerdings gegenstandslos, als zwei Jahre später Napoleon selbst in das Geschehen eingriff. Es lohnt sich, diese Intervention genauer unter die Lupe zu nehmen. Dem Kaiser war vom Außenminister – es war Jean-Baptiste de Champagny, Herzog von Cadore – ein Ausschnitt der *Allgemeinen Zeitung* vom 4. August in Übersetzung zugegangen. Der Artikel, der ihn erboste, stammte vom Schriftsteller Karl Stein, der gelegentlich aus Berlin für die AZ berichtete. Gestützt auf die Indiskretion eines preußischen Offiziellen stellte Stein Mutmaßungen über eine französisch-preußische Annäherung an, für die er eine Reihe von Anzeichen zu erkennen glaubte. Unabhängig davon, ob der Beitrag der Wahrheit entsprach oder nicht, war er von genau der Art, die man den Zeitungen nicht zubilligte: Er war spekulativ, räsonnierend und betrat hochpolitisches Terrain. Somit war es kein Wunder, daß Napoleon einschritt, zumal ihm die Tendenz des Beitrags nicht in den Kram paßte. Daß der Artikel dem Kaiser überhaupt vorgelegt wurde, verwundert ebenso wenig. Die *Allgemeine Zeitung* war kein beliebiges Blatt. Wenn sie ein derart brisantes Thema aufgriff, konnte man nicht achtlos darüber hinwegsehen. Im übrigen dürfte sich Napoleon einfach über die „Frechheit" geärgert haben, die sich diese Zeitung zum wiederholten Mal herausnahm. Es konnte nicht sein, daß die Gazetten im Rheinbund-Protektorat Freiheiten genossen, die man in Frankreich gerade abzustellen begonnen hatte, und zwar ein für allemal. 1810 war das Jahr, in dem eine Konfiskationswelle gegen die wenigen verbliebenen Zeitungen anrollte.[19] Germaine de Staëls Buch „Über Deutschland" wurde in Paris eingestampft und die Verfasserin des Landes verwiesen. Es war höchste Zeit, den bayerischen König, dem man eben erst die Krone geschenkt hatte, an seine Pflichten zu erinnern.

Am 11. August diktierte Napoleon auf Schloß Trianon eine knappe Anweisung. Dem Herzog von Cadore solle der fragliche Artikel der AZ umgehend zurückgeschickt werden, verbunden mit der Aufforderung, sich über den „Unfug dieser Ulmer Zeitung" gehörig zu beschweren („Renvoyer au duc de Cadore pour porter plainte sur les bêtises que dit cette gazette d'Ulm"). Am 17. August wurde der Außenminister tätig.[20] Er forderte den französischen Vertreter in München, den Grafen Narbonne, auf, der bayerischen Regierung den „in schlechtem Geist redigierten" Artikel vorzuhalten und sie erneut daran zu erinnern, daß den öffentlichen Blättern endlich Zügel angelegt werden müßten. Narbonne meldete am 29. August Vollzug. Er habe über die Sache mit dem König persönlich gesprochen. Daß es bei diesem Gespräch nicht um den Austausch von Höflichkeiten gegangen war, wurde sehr rasch deutlich. Bereits zwei Tage später, am 31. August, erging an alle bayerischen Zeitungen eine königliche Verordnung, die nun nicht mehr nur politische Nachrichten der Zensur unterwarf, sondern zwingend vorschrieb, daß „auch alles, was Literatur, Kunst, Handel, Kommerz usw. in unserem Königreiche betrifft, nicht eher eingerückt werde, bis diese Artikel durch unser auswärtiges Ministerium, an welche sie einzuschicken sind, zur öffentlichen Bekanntmachung geeignet anerkannt worden sind“. Diese Verordnung, die ihrem materiellen Gehalt nach nahezu absurd und jedenfalls völlig überzogen war, zeigt, in welchem Abhängigkeitsverhältnis sich die bayerische Regierung befand. Der Kaiser hatte die Stirn gerunzelt; nur eine Unterwerfungsgeste konnte, so glaubte man in München, ihn wieder gnädig stimmen. Narbonne beeilte sich, die Anordnung des Königs in Übersetzung seinem Außenminister mitzuteilen. Die AZ mußte den Steinschen Artikel übrigens widerrufen. Sie tat es am 3. September mit einem Fünfzeiler: „Aus höchst authentischer und zuverlässiger Quelle können wir anführen, daß die Gerüchte, deren ein Artikel aus Berlin, unter der Rubrik Preußen, in der *Allgemeinen Zeitung* vom 4. Aug. d. J. Erwähnung tat, durchaus falsch und unbegründet sind.“ In Paris konnte man zufrieden sein.

Somit gab es für die *Allgemeine Zeitung* keinen Toleranzbonus mehr. Die Auswirkungen der Verordnung vom 31. August auf die redaktionelle Praxis waren fatal. Auch wenn die königliche Order nicht buchstabengetreu angewendet wurde, wie es der Fall war, führte sie sowohl bei Zensoren wie bei Redakteuren doch zu einer Ängstlichkeit, die das Niveau des Blattes drücken mußte. Jede Nachricht war vor der Veröffentlichung auf mögliche Implikationen abzuklopfen; im Zweifelsfall zog der Zensor das Ministerium zu Rate. Alles war umständlich, unerquicklich und ließ das journalistische Streben nach Aktualität zur Farce werden. Wie die Dinge standen, schilderte der betrübte Stegmann 1812 dem Verleger, der nach dem Verbleib eines bestimmten Aufsatzes im Zusammenhang mit dem Rußlandfeldzug gefragt hatte. Vor drei Wochen schon, so Stegmann, habe dieser publiziert werden sollen, doch er habe ihn zunächst nach München schicken müssen. „Mittlerweile war H. Minister Graf Montgelas verreist, und der Aufsatz blieb bis zu seiner Zurückkunft liegen. Nun erhielt ich ihn endlich, aber so durch Wegstreichen entstellt, daß ich ihn anzuerkennen mich schäme ...“[21]

Wie mögen sich nach dem Andrehen der Zensurschraube, nach dem „dies ater“ der bayerischen Presse,[22] wie man die Verordnung vom

31. August 1810 genannt hat, die Zeitungsschreiber gefühlt haben? Waren sie resigniert? Mußten sie nicht verzweifeln angesichts der Tatsache, daß den Schlag gegen das bescheidene Maß an Pressefreiheit, das sie genossen, ausgerechnet Frankreich geführt hatte, in dessen Namen ungezählte Freiheitsbäume gepflanzt worden waren, auch in Deutschland? War alles nur eine schnöde Täuschung gewesen, ein ironischer Seitschritt der Geschichte, der nur eine Windung auf dem gewohnten Pfad des Absolutismus bedeutete? Anfang 1810 hatte Napoleon die österreichische Kaisertochter Marie-Louise geheiratet. Um dynastische Legitimität zu begründen, bediente sich der Sohn der Revolution eines „archaisch vorrevolutionären Mittels der Politik: der Heirat".[23] Kein Wunder, wenn die Freunde des Fortschritts, die bisher alles von Frankreich erwartet hatten, ins Grübeln kamen.

Wir wissen nicht viel von den politischen Gedankengängen Stegmanns oder Cottas aus diesen Tagen. Die Geschäfte gingen weiter. Die Mitarbeiter hatten gerade jetzt alle Hände voll zu tun. Man steckte, als Napoleon sich in Trianon so folgenreich entrüstete, mitten im Umzug. Ulm war Württemberg zugeschlagen worden. Cotta hatte sich entschlossen, sein „Institut" in Bayern zu belassen und nach Augsburg überzusiedeln. Die erste Ausgabe, die am neuen Standort herauskam, trug das Datum vom 1. September 1810. Von diesem Tage an läßt sich von der Augsburger *Allgemeinen Zeitung* sprechen. Gewiß lenkte der Umzugsstreß vom politischen Ärger ab. Die Sorge um Druck und Expedition und andere Probleme des Alltags dürften Stegmann ganz beherrscht haben. Was die Zukunft anlangte, gab es, bei aller Tristesse, doch auch die Hoffnung auf bessere Zeiten. Schließlich lehrte die Erfahrung der letzten Jahre, daß nichts Bestand hatte. So wie die Grenzen der europäischen Staaten im raschen Wechsel von Kriegen und Friedensschlüssen hin- und hergeschoben wurden, so änderten sich auch die Freiräume der Zeitungen sprunghaft. Regierungen, die heute einen liberalen Kurs verfolgten, konnten morgen zu Anwälten übelster Repression werden. Ein Artikel, der gestern ergebenst den Interessen des Hofes gedient hatte, konnte heute bereits anstößig sein. Denn die Staatenbündnisse wechselten oft über Nacht. Jahrelang mußten die Wiener Blätter auf die Franzosen schimpfen. Dann verwandelte sich Österreichs Kaiser plötzlich in den Schwiegervater des französischen, und von Stund an waren beleidigende Äußerungen über den *Empereur* bei Strafe untersagt.

Der Brand Moskaus

Man durfte also hoffen. Zuversichtlich stimmte, daß die bayerischen Behörden nicht mit der allerletzten Entschlossenheit daran gingen, die Verordnung vom 31. August 1810 umzusetzen. Zwar dokumentieren die

Ausgaben der AZ, daß nunmehr der *Moniteur* noch sehr viel häufiger zitiert wurde als vorher. Doch die Eigenberichte fehlen keineswegs. Offenbar waren die Zensoren gar nicht in der Lage, den bizarren Vorschriften der Verordnung gerecht zu werden. Vielleicht spielte seitens der Behörden auch eine Portion Liberalität, vulgo: Nachlässigkeit mit. Jedenfalls gelang es der Redaktion ungeachtet aller Erschwernisse, eine ordentliche, interessante Zeitung zu machen. Der Nachrichtenhunger des Publikums war außerordentlich groß, wie immer in Kriegszeiten. Und bald wurde wieder Krieg geführt. Diesmal verlagerte sich das Geschehen auf Osteuropa. Die Große Armee setzte zum Sturm auf Rußland an.

Für die Zeitung wurde jetzt die Berichterstattung besonders schwierig. Die Operationen in der Ferne wären auch ohne Zensur kaum realistisch zu beschreiben gewesen. Stegmann mühte sich nach Kräften, seinen Lesern Aufschlüsse zu vermitteln. Immer wieder bestellte er bei Cotta Landkarten, die dann als Faltblätter in die Zeitung aufgenommen wurden und wenigstens über die geographischen Zusammenhänge des Feldzugs aufklärten. Trotzdem mußten die Leser viel Phantasie aufbringen, um annähend zu verstehen, was sich im Osten zutrug. Wie über den Aufmarsch der napoleonischen Truppen berichtet wurde, illustriert folgender Beitrag vom 12. Juni 1812 aus Sachsen: „Im Laufe der nächsten Monate“, hieß es da, „werden mehrere tausend Ochsen … durch alle Teile des Königreichs ausgewählt und zur weiteren Disposition in das Herzogtum Warschau abgeliefert werden. Groß sind die Heere, noch größer die Mittel zur Verpflegung, wovon keines dem alles überschauenden Adlerblick (gemeint ist selbstverständlich Napoleon) entgeht. Seit wir den größten Feldherrn und Helden aller Zeiten so nahe gesehen haben, ist auch der Kleingläubige stark und zuversichtlich geworden.“ Verfasser des Beitrags war Karl August Böttiger. Er hatte Bonaparte, wie in dem Beitrag angedeutet, kurz zuvor auf dem Dresdner Fürstentag erlebt und war stark beeindruckt. Böttiger nutzte seinen östlichen Standort und lieferte nun viele Berichte über den russischen Krieg, die fraglos von französischer Seite inspiriert wurden und hagiographischer nicht hätten ausfallen können.

Vorzugsweise war natürlich von den Erfolgen der Großen Armee die Rede, an denen es zunächst ja auch keinen Mangel hatte. Doch auch diese frohen Botschaften brauchten lange, bis sie zum Leser gelangten. Der erste Bericht über die siegreiche Schlacht von Borodino (7. September) findet sich in der Ausgabe vom 28. September. In Dresden wurde das Ereignis mit Lobgesängen und Illuminationen begangen. Böttiger verband seine Schilderung mit der Erwartung, daß diese Schlacht Moskau selbst dem Sieger geöffnet habe, „die Folgen sind unberechenbar“.

Sie waren es tatsächlich. Der von den Russen selbst gelegte Brand von Moskau beraubte die Große Armee der dringend benötigten Vorräte und brachte sie plötzlich auf die Verliererstraße. Wie erfuhren die Leser der AZ, was sich abgespielt hatte? Zunächst wurde gemeldet, „besoffene Wüteriche“ hätten Feuer in der Stadt gelegt (AZ vom 8. Oktober). Drei Tage später hieß es bereits, der Gouverneur von Moskau habe den Brand veranlaßt. „Fast alles, Kirchen, Paläste, Magazine, Kaufmannsgewölbe“ sei ein Opfer der Flammen geworden. Angaben, die am 15. Oktober der Warschauer Zeitung entnommen wurden, ließen erahnen, in welch verzweifelter Lage sich die Truppen Napoleons befinden mußten. Zwar sah der Bericht die „siegreiche Armee“ immer noch auf dem Vormarsch, doch treffe sie „nur verwüstete Dörfer und Städte“ an. „Die Russen treiben alles Vieh, alle Herden, ja sogar die Landsleute vor sich her; die Getreidevorräte verbrennen sie.“ Am 28. Oktober wurde mit einmonatiger Verspätung der desaströse Übergang über die Beresina gemeldet. Grundlage waren Berichte französischer Zeitungen vom 3. Oktober. Aus welchen Gründen hatte sich die Redaktion in Augsburg so viel Zeit damit gelassen? Wahrscheinlich, weil die Schlußfolgerungen der offiziellen Pariser Stimmen so abenteuerlich klangen. Da hieß es nämlich, die Lage der Armee bessere sich von Tag zu Tag. „Sie hat Lebensmittel im Überfluß.“ Interessant ist, daß in derselben Ausgabe auch russische Berichte wiedergegeben wurden, die von bedrohlichem Lebensmittelmangel der Großen Armee und vielen Verwundeten kündeten. Man fragt sich, wie dieser gefährliche Stoff die Zensur passieren konnte!

Preußens Auferstehung

Allerdings überwog die französische Sicht der Dinge bei weitem. Immer wieder wurde das *Journal de l'Empire* zitiert. Unkommentiert verabreichte man den Lesern die „Bulletins von der großen Armee“, die Propaganda pur enthielten. Diesen Pflichtübungen konnte die Redaktion sich nicht entziehen, das galt für alle Blätter im französischen Einflußbereich. Wenn es hieß, die Lage zu beschönigen, schreckte man vor keiner Verrenkung zurück. Ein anschauliches Beispiel lieferte die in Königsberg erscheinende *Hartung'sche Zeitung*, die den Rückmarsch auf Smolensk als „Seitenmarsch“ bezeichnete.[24] Die Tatsachen ließen sich solcherart eine Weile verschleiern, unterdrücken konnte man sich nicht. Auf die Dauer war nicht zu verheimlichen, daß sich das Glück gegen die französischen Waffen wendete. Die große Anti-Napoleon-Koalition begann sich zu formieren. Auch in der AZ wurde der Umschwung spürbar. Von der Konvention von Tauroggen (30. Dezember 1812) erfuhren die Leser, wenn auch mit einem Monat Verzug. Der Unwille des preußischen Königs über den Alleingang des Generals York sei groß gewesen, hieß es abschwächend. Doch der Wortlaut der Konvention wurde am 30. Januar 1813 veröffentlicht. Das gleiche

Berichterstattungsmuster begleitete die folgenden Stationen der preußischen Wiederauferstehung, die Unterzeichnung des preußisch-russischen Bündnisvertrags, die Stiftung des Eisernen Kreuzes und den Aufruf Friedrich Wilhelms „An mein Volk". Gehemmt durch Zensur und eigene Vorsicht gelangten die Nachrichten darüber stets erst mit Verzögerung in die Spalten des Blattes, doch waren sie immer korrekt.

Auch das Aufkeimen der nationalen Stimmung in Preußen wurde vor der Leserschaft keinesfalls verborgen. Ein Bericht aus Breslau vom 10. März steht dafür als Beleg: „Hier herrscht eine unbeschreibliche Tätigkeit. Die Jägerdetachements waren in wenigen Tagen vollzählig. In Berlin allein hatten sich binnen dreimal 24 Stunden 4000 Freiwillige gemeldet. So ging es verhältnismäßig überall, so daß der König, um alle Dienstwilligen unterzubringen, zur Errichtung eines besonderen Freikorps, das vorzüglich aus Ausländern bestehen soll, und dem der Staat nichts liefert als Waffen, durch eine Kabinettsordre seine Einwilligung gab. Dieses Freikorps wird kein gewöhnliches sein. Die Uniform ist schwarz. Der als Verfasser des deutschen Volkstums bekannte Doktor Jahn ist dessen Seele. Von allen Seiten strömen die gebildeten Personen hinzu." Ein Prinz sei als Gemeiner eingetreten, ein Kommerzienrat zu Fuß von Berlin nach Breslau marschiert, stellte der Beitrag rühmend heraus.

So wie hier die Aufstellung des Lützowschen Freikorps beschrieben wurde, so teilte sich die in Preußen herrschende Begeisterung in der AZ durchaus mit. Die Schilderungen der Kriegslage wurden ausgewogener. Es kehrte auch neues Selbstbewußtsein in die Augsburger Redaktionsstuben ein. Stegmann hatte ursprünglich mit einem Kriegseintritt Österreichs nicht gerechnet. Als jedoch Metternich am 11. August diesen Schritt vollzog, drängte Stegmann darauf, das k.k. Manifest abzudrucken. Der Text wurde bei Nacht gesetzt. Als ihn der Zensor nicht freigeben wollte und statt dessen ängstlich riet, anderen Zeitungen den Vortritt zu lassen, bat der Redakteur Cotta, die Publikation dessenungeachtet zu autorisieren. Die Antwort des Verlegers ist nicht bekannt, doch illustriert die Episode, daß zu diesem Zeitpunkt von einer Allmacht der Zensur nicht mehr die Rede sein konnte. Was die Ablehnung durch den Zensor angeht, so erklärt sie sich vermutlich aus einem Mangel an Durchblick. Die bayerische Regierung war bereits drauf und dran, aus der Gemeinsamkeit des Rheinbundes auszusteigen und sich auf die andere Seite zu schlagen, was am 8. Oktober durch den Vertrag von Ried auch geschah.

Vielleicht hätte man die allgemeine Verwirrung für eine mutige, von Gängelung freie Berichterstattung nutzen können, wäre die Zeitung besser informiert gewesen. Aber als acht Tage nach dem Vertrag von Ried bei Leipzig die große Völkerschlacht begann, war die Redaktion in Augsburg von allen Quellen abgeschnitten. Bereits beim Aufmarsch der feindlichen

Truppen in Sachsen war mehrfach die Dresdner Post ausgeblieben. „In Sachsen u. Brandenburg ist oder wird in diesem Augenblick das Schicksal des gegenwärtigen Feldzugs entschieden“, orakelte Stegmann am 1. September in einem Brief an Cotta. „Wir wissen aber nichts Sicheres darüber ...“ Von Vorahnungen getrieben, ließ er sich mit Genehmigung Cottas eine größere Geldsumme vorschußweise auszahlen, „um für alle Fälle gerüstet zu sein“.[25] Doch zunächst hielt die Unsicherheit an. Wochenlang kamen aus Leipzig und Dresden keine Zeitungen heraus. Man kann sich vorstellen, welche Hochspannung in der Redaktion herrschte, wie groß aber auch die Frustration war. Den Sieg über die napoleonische Streitmacht erfochten die Verbündeten in einer viertägigen Schlacht, die vom 16. bis 19. Oktober dauerte. Am 23. Oktober tropften die ersten Nachrichten in Augsburg ein. Endgültige Klarheit „über den großen Sieg bei Leipzig“ verschaffte die Zeitung ihren Lesern am 27. Oktober.

Zusammenfassend kann man sagen, daß sich die AZ hinsichtlich der Schlacht von Leipzig keine Bestnoten verdiente. Immerhin war diese Schlacht die erste von Bedeutung, die Napoleon verlor, sieht man von dem in Rußlands Weiten gescheiterten Winterfeldzug ab. Die Berichterstattung verlief ziemlich konfus. Sie dürfte bei den Lesern eher die Erwartung an einen neuerlichen Triumph der sieggewohnten Heere Napoleons geweckt haben. Verschaukelt kam sich Hoffmann von Fallersleben[26] vor: „Bei Tische wurde oft über die neuesten Zeitereignisse gesprochen. Wir lasen die Kriegsberichte der Augsburger *Allgemeinen Zeitung* und standen in dem Wahne, daß die Franzosen siegreich fortschritten“, erinnerte er sich an die entscheidenden Tage des Jahres 1813. Indessen waren die übrigen Zeitungen kaum besser informiert. Kriegszeiten waren und sind allemal Zeiten eingeschränkter und oft bewußt irreführender Berichterstattung. Man muß nicht nur an die Wehrmachtsberichte und die Goebbelsschen Desinformationskampagnen im letzten Weltkrieg denken. Bei der Golfkriegsoperation *desert storm* wurde die Weltöffentlichkeit trotz Satellitenfernsehen über die Vorgänge an der irakischen Front nur so weit in Kenntnis gesetzt, als es der amerikanischen Militärführung gefiel. Um wieviel schwerer mußte es den Zeitungen fast zweihundert Jahre zuvor fallen, zuverlässig militärische Bewegungen nachzuzeichnen, deren Verlauf selbst den Höfen erst Tage danach bekannt wurde!

Die Augsburger Redaktion hatte zudem das Handicap, daß ihr wichtigster Mann in Sachsen ein Hasenfuß und Opportunist erster Güte war. Karl August Böttiger hatte sich die ganze Franzosenzeit über als Bewunderer Bonapartes gebärdet. Seine Lobpreisungen waren, selbst wenn man die Zensurbedingungen in Rechnung stellt, reichlich übertrieben. Vor Beginn der Völkerschlacht sagte er denn auch mit Bestimmtheit den Sieg Napoleons voraus. „Niemand zweifelt daran, daß es dem größten Strategen in den Annalen des Krieges gelingen werde, siegreich aus einem Kampf zu gehen, dessengleichen die Geschichte nicht kennt“, orakelte er in einem Brief an Cotta.[27] Die nächsten Züge des Briefwechsels erklären, weshalb Böttiger über Wochen gegenüber der Redaktion verstummte. Er hatte Angst. Cotta nach Stuttgart zu schreiben, traute er sich gerade noch. Doch Meldungen für die Zeitung zu senden, war ihm zu „heiß“. Böttiger an Cotta am 28. August 1813: „Mein letzter Brief konnte nicht mehr durch die Truppenketten dringen.“ Am 23. September 1813: „... Es ist unmöglich, jetzt etwas für die öffentliche Mitteilung zurechtzumachen. Man fällt stets aus der Scylla in die Charybdis, und die Gefahr ist für jeden Preis zu hoch.“

National disqualifiziert?

Den verdienten Tadel für den Korrespondenten mildern die außerordentlichen Umstände, die auch einen couragierteren Mann, als es Böttiger war, bedenklich gestimmt hätten. Sachsen war in den kritischen Wochen ein einziges Aufmarschgebiet, die sächsische Politik umzingelt. Sachsens König hatte Napoleon die Treue gehalten (im Unterschied etwa zum bayerischen), aber die Menschen waren bereits angesteckt von einer deutsch-patriotischen Volksstimmung, die man bisher nicht gekannt hatte, die nun aber plötzlich zu einem eigenständigen politischen Faktor wurde. So konnte man in diesem Kampf auf eigenem Terrain eigentlich nur unterliegen, wie immer auch der Ausgang war. Der Korrespondent erkannte die Zwickmühle. Böttiger am 6. August an Cotta: „Wir armen Sachsen befinden uns in der schrecklichsten Lage.“ Dabei dachte er nicht zuletzt an sich: „Mit bangen Ahnungen sehe ich selbst mit Rücksicht auf mich der nächsten Zukunft entgegen, wenn wir in fremde Gewalt kommen. Meine wahre Denkart kennen Sie, mein alter Freund.“ Böttiger am 26. Oktober, rückblickend auf die Niederlage, die in gewisser Weise auch die seine war: „Ich habe als Sachse treu an meinem König gehangen. Aber das schimpft man nun im Anfall patriotischer Exaltationen.“

Ein paar Wochen später gab sich Böttiger als Wendehals zu erkennen: „Freuen Sie sich, mein edler Freund! Seit dem 10. November sind wir befreit! Ich lebe, litt nie Hunger und fühle in dem entfesselten Sachsen neue Kraft in mir ... Wir sind alle deutsche Brüder“ (Brief vom 15. November). Böttiger hatte den Anschluß an die neue Zeit geschafft. Als die Truppen der Allianz die französische Hauptstadt erreichten, ließ er den Briefpartner Cotta an seiner Verzückung teilhaben. Böttiger am 11. April 1814: „Gesunden möchte man über die glorreichen Nachrichten. Die Russen und Deutschen in Paris! Heilige Nemesis!“ Nachteile erlitt Böttiger als ehemaliger Lautsprecher Napoleons übrigens nicht. Er wurde bald zum Studiendirektor an der Ritterakademie befördert, und der AZ blieb er als Dresdner Korrespondent trotz seiner Pirouetten noch lange erhalten.

Dem Augsburger Blatt konnte man nach der Entscheidung von Leipzig eine wesentliche Änderung des Kurses nicht anmerken. Es blieb bei der leidenschaftslosen Schilderung der Zeitläufte. Noch war Napoleon nicht endgültig bezwungen; aus dem *Moniteur* wurde weiterhin zitiert, aber nicht mehr so häufig, und gelegentlich wurde den Nachrichten des französischen „Zentralorgans" ein distanzierendes „angeblich" beigefügt. Die Kapitulation von Paris (30. März 1814) wurde am 9. April als gesperrt gedruckte Eilmeldung gebracht. Berliner Zeitungen brauchten übrigens vier weitere Tage. Am 10. April hieß es in einem bilanzierenden Bericht, „Napoleons Übermut und der Stolz der französischen Nation" seien durch glänzende Waffentaten „auf das Empfindlichste gedemütigt worden".

Damit war für die AZ die „Franzosenzeit" zu Ende. Cottas Blatt hatte die schweren Jahre mit Anstand bewältigt. Ohne eine Portion Geschmeidigkeit wäre das nicht möglich gewesen. Vor allem die letzten Jahre hatte sich die Redaktion quälen müssen. Bei aller Anpassung an die Presselenkung des napoleonischen Systems wurde jedoch die innere Unabhängigkeit nicht preisgegeben. Weshalb sonst hätte der französische Gesandte am Münchener Hof wiederholt über die AZ Klage führen müssen? Festzuhalten bleibt auch, daß es eine Beschwerde über die *bêtises* der *Allgemeinen Zeitung* gewesen war, mit der Napoleon selbst im Sommer 1810 eine beispiellose Phase der Unterdrückung für die ganze bayerische Presse veranlaßt hatte. Hatte Stegmann nicht Recht gehabt, wenn er darüber lamentierte, daß die AZ in Österreich als frankreichhörig gescholten, in Wahrheit aber von Frankreich geschunden werde?

Es sollte das Los dieser prestigeträchtigen Zeitung sein, im Parteienkampf mal der einen, mal der anderen Seite zugerechnet zu werden. Für chauvinistische Liberale vom Schlage Arndts und Jahns hatte die *Allgemeine Zeitung* in der heroischen Phase der Befreiungskriege versagt. Wenn Arndt nach der Niederwerfung Napoleons wetterte, „Verachtung und Fluch" solle all jene Deutschen treffen, „die bonapartistisches und französisches Evangelium"[28] gepredigt hätten, dachte er gewiß auch an das Augsburger Blatt, von dem Ludwig Salomon später schrieb, es sei diejenige Zeitung gewesen, die „am wenigsten von dem großen politischen Sturm und Drang" der Befreiungskriege enthalten habe.[29] Dieses Urteil ist wohl zutreffend. Die AZ blieb von der nationalen Erregtheit, die sich freilich überwiegend auf Preußen beschränkte, weitgehend frei. Ihre Freunde fanden das jedoch nicht tadelnswert. Die Auflage der AZ, die kurzfristig zurückgegangen war, kletterte am Ende der „Franzosenzeit" mit über 2700 Exemplaren zur Freude des Verlegers auf einen neuen Höchststand.

Für borussisch geprägte Geschichtsschreiber wie Treitschke und Sybel indessen hatte sich die AZ aufgrund ihrer unpathetischen Haltung in den Jahren 1813/14 national disqualifiziert. Eduard Heyck, Biograph der *Allgemeinen Zeitung*, nennt Stegmann „vaterlandslos“[30]. Richtig ist, daß Stegmann kosmopolitisch geprägt war; so war Cotta, und so wurde die Zeitung geschrieben. Aber es ging auch ums Prinzip. Man wäre dem Gründungsprogramm des Blattes untreu und zur Partei geworden, hätte man dem patriotischen Sturm und Drang eines Arndt Folge geleistet. Das aber lag nicht im Sinn derer, die in der AZ den Ton angaben. Sie dachten auch nicht daran, in Frankreich plötzlich den Erbfeind zu entdecken. Cotta sah die Dinge wie Goethe, der seinem Sohn bekanntlich die Teilnahme als Freiwilliger im Befreiungskrieg untersagte und das so begründete: „Wie hätte auch ich, dem nur Kultur und Barbarei der Dinge von Bedeutung sind, eine Nation hassen können, die zu den kultiviertesten der Erde gehört und der ich einen so großen Teil meiner Bildung verdanke?“[31]

Zerstörte Hoffnungen

Mit der Niederwerfung Napoleons ging ein Vierteljahrhundert französischer Vorherrschaft in Europa zu Ende. Es war eine Epoche fast immerwährenden Krieges gewesen. Schrecklich hatte der Tod gewütet, zuerst auf dem Schafott, dann auf den Schlachtfeldern des ganzen Kontinents. Die politische Landkarte Europas war in beispielloser Weise verändert worden. Das altehrwürdige Heilige Römische Reich hatte aufgehört zu existieren. Das Land der Deutschen war damit ohne Zusammenhang, zersplittert in eine Vielzahl von Herrschaften und Herren, darunter etliche neue Könige, die ihre frische Würde dem geschlagenen Eroberer verdankten. Was davon würde Bestand haben? Und was war mit den geistigen Grenzverschiebungen? Bedeutete die Beendigung der französischen Vorherrschaft ein Zurück hinter die Linie, die die Ideen von 1789 gezogen hatten?

Diese Fragen mußten auf dem Wiener Kongreß beantwortet werden; er sollte eine dauerhafte Ordnung für das aus den Fugen geratene Europa finden. In Wien versammelten sich die gekrönten Häupter und ihre Sendboten. Damit war zunächst einmal klargestellt, wer den Sieg über Napoleon davongetragen hatte, nämlich das aristokratische Prinzip, die Fahne der Legitimität. Speziell in Wien und in Petersburg, aber auch in London, ließ man darüber mit sich nicht rechten. Deshalb tanzten auf dem Kongreß keineswegs die Bürger. Das hatten sich diejenigen, die, wie in Preußen geschehen, selbst die Waffen ergriffen und den schwachen König praktisch zum Jagen getragen hatten, ganz anders vorgestellt. Sie fühlten sich als die eigentlichen Sieger und wollten jetzt die Dividende für ihren Opfermut im Befreiungskrieg einfahren, der für sie auch ein Freiheitskrieg gewesen war. Konstitution lautete das Stichwort, und es drückte noch nicht einmal die Maximalerwartung aus. Die großen Optimisten hofften auf eine Form des Nationalstaats, auf eine „Nationalrepräsentation", wie sie der Freiherr vom Stein verlangt hatte, die das ganze Deutschtum zusammenführen sollte.

Im Rausch des militärischen Triumphes erkannten nur wenige hellsichtige Köpfe unter den Liberalen, daß die Entwicklung auch einen ganz anderen Verlauf nehmen konnte. Zu ihnen gehörte Varnhagen von Ense, preußischer Diplomat und Ehemann Rahel Levins, die durch ihren geistvollen Salon in Berlin berühmt war. Ahnungsvoll schrieb Varnhagen, dem wir als Autor der *Allgemeinen Zeitung* noch häufiger begegnen werden, kurz nach der Schlacht von Waterloo an Cotta: „Da mir dieser Krieg aber niemals aus sich als Hauptursache erscheinen wollte, so möchte ich ihm auch keinen in dem Grade leichten und siegreichen Ausgang wünschen, daß der Übermut von oben die Kraft von unten übersehen und verleugnen könnte; ein bloß triumphierender, widerstandsloser, alles unterwerfender Zug nach Paris und Aufenthalt in Frankreich wäre nur allzu leicht ein lähmender Streich gegen die Konstitutionshoffnungen, zu denen die deutschen Völker berechtigt sind. Ich wünsche, daß ich mich irre."[1]

Er irrte sich nicht. Immerhin sollte es noch vier Jahre dauern, bis die liberalen Hoffnungen endgültig zerstört waren und mit den Karlsbader Beschlüssen der Versuch unternommen wurde, das Rad der Geschichte hinter die „Franzosenzeit" zurückzudrehen. Einstweilen lagen die Dinge in der Schwebe. In Preußen gaben noch die Männer der Reformpartei den Ton an, und der Souverän, Friedrich Wilhelm III., stand mit seinem Verfassungsversprechen im Wort. In einigen süd- und mitteldeutschen Staaten wurde auf Initiative der Obrigkeit die Ausarbeitung ständischer Verfassungen angepackt. Das widersprach zwar den Aspirationen der Nationalgesinnten, denn es war abzusehen, daß damit die Partikularität zementiert würde. Und das war auch der Zweck der Übung, soweit es sich um eine „Politik von oben" handelte. Indessen bedeutete es im Sinne bürgerlicher Mitbestimmung doch einen Fortschritt. Das geistige Klima war äußerst rege. Überall wurden Denkschriften verfaßt, Verfassungsentwürfe zirkulierten, es wurde diskutiert und spekuliert. Bünde gründeten sich, geheime und weniger geheime. Die Studenten ließen sich lange Haare wachsen und trugen den „deutschen" Rock.

Für eine unternehmerische Natur wie Johann Friedrich Cotta boten sich plötzlich vielfältige Betätigungsfelder. Der Schwabe nahm die Herausforderung an. Zunächst ging er nach Wien. Zusammen mit dem jungen Bertuch vertrat er beim Kongreß die Interessen der Buchhändler, die vor allem auf einen wirksamen Rechtsschutz gegen den Nachdruck gerichtet waren. Entschieden setzte sich Cotta auch für die Pressefreiheit ein. Beide Anliegen kamen nicht recht voran, doch wurde wenigstens nichts verschüttet. Artikel 18 der Bundesakte versprach, die Bundesversammlung – also das oberste Organ des künftigen Deutschen Bundes – werde sich bei ihrer ersten Zusammenkunft mit der „Abfassung gleichförmiger Verfügungen über die Preßfreiheit und die Sicherstellung der Rechte der Schriftsteller und Verleger gegen den Nachdruck" beschäftigen.

Preußische Kontakte

Der Blick der liberalen Kräfte in Deutschland richtete sich in dieser Zeit vertrauensvoll auf Preußen. Das galt auch für Cotta. Er knüpfte Kontakte zu Staatskanzler Hardenberg, in dessen Wiener Entourage sich auch Varnhagen befand. Dem schwäbischen Verleger war es darum zu tun, die Verbreitung der Zeitung im Norden zu verbessern. Hardenberg lancierte über Cotta Stellungnahmen in die AZ, deren Verbreitung er vor allem im sächsischen Konflikt zu nutzen suchte. Er kannte und förderte ein medienpolitisch delikates Projekt Cottas, das dieser verdeckt betrieb. Es handelte sich um den Einstieg beim *Deutschen Beobachter*. Dieses Hamburger Blatt besaß keine übermäßig große Auflage (700 Exemplare); es galt aber als offiziöse Stimme Preußens und wurde deshalb beachtet. Außerdem schlug es einen mutigen, freisinnigen Ton an. Dafür waren nicht zuletzt Aufsätze Varnhagens verantwortlich, die um die Verfassungsfrage kreisten und auch das heikle Thema Pressefreiheit nicht aussparten. „Noch ist die Preßfreiheit in Deutschland nur gelitten. Man gründe sie auf ein Staatsgesetz."[2] Solche Sprache war ungewöhnlich; sie konnte nur aufgrund der großzügigen Zensurpraxis der Hansestadt geführt werden.

Der *Deutsche Beobachter* war also allemal ein interessanter Partner für die AZ. Zunächst arbeiteten die Redaktionen zusammen. Man tauschte wichtige Informationen und Aktenstücke aus. Von diesem Handel profitierte Stegmanns Hamburger Kollege Dävel zweifellos mehr, weil das Augsburger Blatt mehr zu bieten hatte. Stegmann kam eine Weile mit dem aufwendigen Kopieren der Aktenstücke nicht mehr nach, worüber er sich bei seinem Verleger beklagte. 1814 geriet der *Beobachter* finanziell ins Trudeln. Varnhagen bedrängte Cotta, ihn wieder auf die Füße zu bringen. So wurde Cotta zum stillen Teilhaber des *Deutschen Beobachter* und blieb es bis 1817. Solche Engagements ging der Verleger später noch einige ein, wobei der erhoffte politische Nutzen von Cotta stets höher veranschlagt wurde als kurzfristige Profiterwartungen. Im Falle des *Beobachters* reizte Cotta zweifellos das Umfeld. Hamburg war eine wichtige und traditionsreiche Zeitungsstadt. Der Einstieg beim *Beobachter* versprach aber auch eine Festigung der Bande mit Hardenberg, dem an der Erhaltung des Blattes sehr gelegen war. Das wußte Cotta und deshalb wandte er sich, ehe er einen Pfennig investierte, erst einmal rückversichernd an den Staatskanzler. Der antwortete am 13. Januar 1815 in jeder Hinsicht zuvorkommend.

Das Schreiben zeigt die preußische Diplomatie auf dem Höhepunkt liberaler Rhetorik. Hardenberg lobte die fortschrittliche Haltung des *Beobachters*, die durch den Einstieg Cottas nur noch gestärkt werden könne. „Von seiten Preußens", schrieb der Kanzler, „kann die Entstehung eines solchen würdigen Organs der öffentlichen Meinung im nördlichen

Deutschland nicht anders als gerne gesehen werden, da jede Pflege liberaler Gesinnung und freien Geistesverkehrs demjenigen Staate, der den Geist der Liberalität unter seine ersten Grundrichtungen aufgenommen, nur heilsam und ersprießlich sein kann." Dann ließ er Cotta wissen, daß alle seine Wünsche erfüllt seien. So sei das preußische Staatsministerium angewiesen worden, bei öffentlichen Bekanntmachungen und Anzeigen in auswärtigen Blättern den *Beobachter* zu bevorzugen. Das war mit Rücksicht auf die sehr schmalen Werbeeinnahmen der damaligen Zeit außerordentlich wichtig. Außerdem, fuhr Hardenberg fort, sei der preußische Bevollmächtigte in Hamburg veranlaßt worden, dem Senat „zu erkennen zu geben, daß jede Begünstigung Ihres Unternehmens in Hamburg der preußischen Regierung wünschenswert sein und mit besonderem Wohlgefallen angesehen werden würde".[3]

Cotta durfte diesen Brief Hardenbergs nicht nur als Risikoabdeckung für das Engagement beim *Deutschen Beobachter*, sondern ganz allgemein als Werbung ansehen. Hardenberg hätte eine Übersiedlung aller Cotta'scher Unternehmungen nach Norddeutschland wohl sehr gern gesehen, und es wurde in der Folgezeit auch darüber spekuliert. Wenn der Verleger es trotzdem vorzog, in Süddeutschland zu bleiben, dann lag das nicht zuletzt an den politischen Entwicklungen in Württemberg, in die er eingebunden war.

Cotta war nach seiner Rückkehr aus Wien als Abgeordneter von Böblingen in die Ständeversammlung gewählt worden. Bei den nun beginnenden Kämpfen um die Landesverfassung spielte er eine zentrale Rolle. Das sich über Jahre hinstreckende Tauziehen kann hier nicht im einzelnen dargestellt werden. Die Frontverläufe waren schwankend, und längst nicht immer befanden sich die Stände nach klassischem Muster geschlossen im Widerstreit mit dem König. Dem stand Cotta mit seinem modernen, am französischen Vorbild geschulten Verfassungsdenken zeitweilig näher als den „Altrechtlern". Als sich 1819 die Lage zuspitzte, gründete er ein eigenes Blatt für den Verfassungskampf, *Die Tribüne, württembergische Zeitung für Verfassung und Volkserziehung zur Freiheit*, wie der Titel in vollem Umfang lautete. Die *Tribüne* widmete sich fast ausschließlich konstitutionellen Themen des In- und Auslands. Redigiert wurde sie von Friedrich Georg Ludwig Lindner, politisch gestützt vom neuen König Wilhelm I. persönlich. Wohl auch mit Hilfe der *Tribüne* kam es schließlich zu einem guten Ende des Verfassungskampfes, bei dem Württemberg sich zuletzt Aufdringlichkeiten der Großmächte zu erwehren hatte, die die Konstitution um jeden Preis verhindern wollten. Unter den Namen, die die Verfassungsurkunde zieren, findet sich auch der Johann Friedrich Cottas.

Während sich der Verleger mit großer Energie in Wien diplomatisch für die Interessen des Buchhandels einsetzte, in Württemberg als Abgeordneter focht, hier und da neue Zeitungen gründete, ging es der Redaktion der *Allgemeinen Zeitung* nicht sonderlich gut. Das war die Schuld der bayerischen Zensur. Hatte man sich in München in der Rheinbundzeit oft nur widerstrebend gefügt, wenn die französische Seite eine härtere Gangart im Verkehr mit den Zeitungen verlangte, dachte man nun mitnichten daran, die Zügel der Zensur zu lockern. Ein königliches Reskript vom 7. Januar 1815 faßte die bestehenden Maßregeln zusammen und fügte neue hinzu, um den Zensoren den Sinn ihres Tuns, den diese nicht immer verstanden, zu präzisieren. Zu verhindern sei, hieß es da, „jeder unanständige Ton und beleidigende Bemerkung gegen was immer für auswärtige Regierungen und Souveräne"; ferner „die Einrückung eines jeden gegen unsere Regierungsgrundsätze und Staatsinteressen gerichteten Artikels, sowie jener mit Räsonnements verbundenen Nachrichten, welche auf die Verhältnisse der Staaten gegeneinander und auf die politische Stellung unseres Reiches gegen andere Staaten Bezug haben, wenn selbe auch schon in anderen ausländischen Blättern erschienen sein sollten". Gekrönt wurde dieser Schreckenskatalog[4] durch die Androhung von Strafmaßnahmen gegen Redakteure sowie gegen Zensoren, sollten diese nicht scharf genug einschreiten.

Auf der Grundlage dieses Reskripts konnte praktisch jede Berichterstattung, die sich mit einer Aufzählung der Fakten nicht zufriedengab, stranguliert werden, zumal dann, wenn sich beim Zensor zur Engherzigkeit Engstirnigkeit gesellte. Hier lag nun ein spezielles Problem der Augsburger Redaktion, die es in Gestalt des Polizeidirektors Wirschinger mit einer neuen Aufsichtsinstanz zu tun bekommen hatte. Wirschinger peinigte die Redaktion damit, daß er am Nachmittag Beiträge strich, die am Vormittag die Zensur passiert hatten. Er durchpflügte Manuskripte wie Schülerarbeiten und unterdrückte selbst harmloseste Meldungen wie die von einer Schlittenfahrt in Wien, die wegen Krankheit des Kaisers hatte abgesagt werden müssen.

Stegmann wußte nicht ein noch aus. Er protestierte und ließ sich vertrösten. Er versuchte mit Hilfe Cottas, wenigstens einen Wechsel des Zensors durchzusetzen, doch war alles vergeblich. Die Gegenstände, die pauschal für tabu erklärt waren, wurden immer zahlreicher. Zunächst, während der Kongreßverhandlungen in Wien, durfte nichts über bayerische Gebietsansprüche geschrieben werden. Dann gab es Schwierigkeiten mit Berichten über die Wiedereinsetzung des Jesuitenordens. Später war das Thema Sachsen tabu, was Cotta erboste, konnten doch einige von Hardenberg inspirierte Beiträge in der AZ nicht untergebracht werden. Überaus heikel war auch die Berichterstattung aus und über Frankreich. Die gerade restaurierte Bourbonenherrschaft durfte um keinen Preis durch Kritik destabilisiert werden. Das führte so weit, daß Stegmann eines Tages seinem Verleger nahelegte, die Honorare für die Frankreich-Korrespondenten zu sparen. Kurzum: Von der *liberalitas bavariae* war nichts mehr zu spüren.

Gift und Gegengift

Zu einer speziellen Belastung für die AZ wurde Österreich. Ungeachtet des späten Kriegseintritts war der Kaiserstaat unter der klugen Leitung Metternichs Schritt für Schritt zur treibenden Kraft unter den Siegermächten geworden. Die deutsche Politik konnte zwar nicht von Wien allein bestimmt werden; sie war „internationalisiert". Doch gegenüber dem schwankenden Preußen war Österreich schon deshalb im Vorteil, weil es klare Ziele besaß. Das galt insbesondere für die innere Politik, die auf das „monarchische Prinzip" festgelegt war. Die neuen nationalen und liberalen Regungen mußten eingedämmt werden. Das war der Sinn der Heiligen Allianz.

In den Zeitungen sah Metternich primär ein Ärgernis. Nur als Instrumente wußte er sie zu schätzen. Bestärkt wurde er darin von Friedrich Gentz, seinem Propagandachef, wie wir heute sagen würden. Golo Mann hat die Charakterzüge dieser genialen, widerspruchsvollen Persönlichkeit eindrucksvoll nachgezeichnet. Gentz war ein Mann von großen Gaben, ein wirkungsmächtiger Publizist, der früher als andere die Bedeutung der öffentlichen Meinung erkannte. Zur *Allgemeinen Zeitung* besaß er lebenslang ein Sonderverhältnis, das zwischen Bewunderung und Feindseligkeit oszillierte.

Bereits 1804 hatte die Wiener Regierung den Versuch unternommen, die AZ in den Griff zu bekommen. Doch die Korrespondenz über Armbruster entwickelte sich enttäuschend (vgl. S. 37) Die eigene Presse taugte nicht viel. Die *Wiener Zeitung* spielte keine nennenswerte Rolle. Sogar in der Kaiserstadt selbst wurde die AZ weit stärker beachtet als das regierungsamtliche Blatt, dessen Unzulänglichkeit Metternich bewußt war. Gemeinsam mit Gentz faßte er den Plan, ein offiziöses Blatt ins Leben zu rufen. Ein Briefwechsel[5] aus dem Jahre 1810 dokumentiert, daß er dabei zunächst an die *Allgemeine Zeitung* dachte. Cotta sollte für den Plan gewonnen werden, womöglich kam sogar die Übersiedlung der AZ nach Wien zustande. Als daraus nichts wurde, übertrugen Metternich und Gentz die der AZ zugedachte Rolle dem *Österreichischen Beobachter.* Zum leitenden Redakteur wurde zunächst aus optischen Gründen Friedrich Schlegel bestellt, den wenig später Metternichs Privatsekretär Joseph Anton Pilat ablöste. *Spiritus rector* war und blieb Gentz.

Anders als heute war es damals durchaus nicht unüblich, daß Zeitungen sich gegenseitig mit Schmutz bewarfen. Solche Kontroversen wurden mit Lust geführt. Zwischen dem *Österreichischen Beobachter* und der *Allgemeinen Zeitung* entspann sich über die Jahre eine Dauerfehde. Zu einem heftigen Schlagabtausch kam es Ende 1815. In Wien war man mit der AZ wieder einmal sehr unzufrieden. Ihre „revolutionäre oder konstitutionelle Tendenz“ errege den allerhöchsten Unwillen, ließ man Cotta wissen. Besonders mißfiel die Berichterstattung über Frankreich. Am 30. September war in der AZ zu lesen gewesen, die dreifarbige Kokarde sei „das Sinnbild desjenigen Guten, was die Revolution hervorgebracht“, während die weiße Kokarde der Konterrevolution an Feudalrechte und Adelsprivilegien erinnere. Nun war zwar sogar Metternich entsetzt über die Unbeholfenheit, mit der die bourbonische Restauration ins Werk gesetzt wurde. Doch *quod licet jovi, non libet bovi!* Einem Journal stand es noch lange nicht zu, eine legitime Regierung zu kritisieren. Also schoß Pilat im *Österreichischen Beobachter* am 19. Dezember eine Breitseite gegen die Augsburgerin ab, der er „Jakobinismus“ vorwarf.

Stegmann antwortete auf diese Attacke in der Silvesterausgabe. Der Angriff Pilats sei absurd und gewiß nicht von der kaiserlichen Regierung gedeckt. Diese sei ja bekanntlich eine der „liberalsten und erleuchtetsten“ in Europa, heuchelte der AZ-Redakteur, um dann den *Beobachter* aufs Korn zu nehmen. Dieser mische sich plötzlich unter die beurteilenden Journale, nachdem er zuvor ein „ziemlich vollständiges Repertorium von Aktenstücken“ gewesen sei und den restlichen Raum mit abgekupferten Beiträgen anderer Zeitungen gefüllt habe, höhnte Stegmann. Sodann nahm er Gelegenheit, die Programmpolitik der *Allgemeinen Zeitung* darzulegen. Von Beginn an habe die AZ jegliche Parteibindung vermieden und sich statt dessen bemüht, „in dem Standpunkt eines künftigen Geschichtsschreibers zu denken“. Sie habe es als ihre Pflicht angesehen, alle wichtigen Ansichten zu Wort kommen zu lassen, und noch nie sei es vernünftigen Leuten eingefallen, „ihr den Inhalt der einen oder der anderen als eigene Meinung aufzubürden“.[6]

Da Stegmann mit Sicherheit den offiziösen Charakter des *Beobachters* kannte, war diese Replik sehr couragiert. Gentz drehte im übrigen umgehend bei. In einem Brief an Cotta amüsierte er sich darüber, daß Pilat eine Lektion erteilt worden sei. Man solle das alles nicht so ernst nehmen, meinte er und fügte zwei eigene Aufsätze bei, die die AZ auch prompt abdruckte.[7] Doch die bilateralen Beziehungen verbesserten sich nur kurzzeitig. Ein paar Monate später attackierte Pilat erneut die AZ im *Beobachter.* Seufzend schrieb Gentz seinem Privatsekretär: „Ihr abermaliger Krieg mit der A.Z. ist mir unangenehm; wie kann es jedoch anders sein? Das Feuer glimmt ja allenthalben unter der Asche und muß von Zeit zu Zeit in Flammen aufschlagen.“[8]

Gentz, der die Wirkungsmöglichkeiten der *Allgemeinen Zeitung* so gut kannte wie kein zweiter, hörte nicht auf, Cotta zu drangsalieren. Schließlich gelang es ihm, Pilat als eine Art Sonderkorrespondenten für die AZ zu plazieren.[9] Die Beiträge aus Pilats Feder wurden mit einem besonderen Zeichen, einem Kreuz, hervorgehoben. Abermals tritt hier irritierend die große Anpassungsfähigkeit des Verlegers hervor, die selbst vor bedenklichen Konzessionen nicht zurückschreckte, wenn sie politisch als notwendig erschienen. Und Cotta hielt sie für notwendig! Er machte sich über die österreichische Politik keine Illusionen. Sie war mit seinen konstitutionellen Vorstellungen unvereinbar und würde es immer sein. Gerade deshalb aber durfte er es sich mit den tonangebenden Kräften in Wien nicht verderben; er brauchte einen *modus vivendi*, und dazu war die Verbindung mit einem Mann wie Pilat ein nicht zu hoher Preis.

Ähnlich taktisch dachte auch Gentz. Der Gehilfe Metternichs, ursprünglich ein Kant-Schüler, aber dann unter dem Einfluß von Burkes Schriften auf die konservative Seite übergewechselt, war ein vielzu souveräner Geist, um die außerordentlichen Vorzüge der *Allgemeinen Zeitung* zu übersehen. Von ihm stammt der Stoßseufzer: „Es lebe die *Allgemeine Zeitung,* wo Gift und Gegengift so tröstlich nebeneinander steht."[10] Wenn er das Cotta'sche Blatt schon nicht unter Kontrolle bringen konnte, so sollte doch der regierungsamtliche Standpunkt Wiens in seinen Spalten gehörig berücksichtigt werden. Das war ein Arrangement, auf das sich Cotta einzulassen bereit war.

Dieser verlegerische Pragmatismus stand ständig in der Gefahr, als Grundsatzlosigkeit ausgelegt zu werden, und tatsächlich kam Cotta den ungenierten Beeinflussungsversuchen dieser oder jener Macht gelegentlich sehr weit entgegen. Nach heutigen Begriffen war die Absprache mit Gentz keineswegs koscher. Auf der anderen Seite konnte Cotta gar nicht anders, als hier und da nachzugeben, wenn er die AZ gegen rabiatere Zugriffe der Regierungen imprägnieren wollte. Und darum ging es am Ende immer. Außerdem warfen Arrangements wie das vorliegende mitunter erstklassige Informationen ab. Wenn Pilat offizielle Aktenstücke zur Veröffentlichung an die Hand bekam, lancierte er sie in der Regel nach Augsburg, ehe sie im *Österreichischen Beobachter* veröffentlicht wurden. Die Grundeinstellung der AZ veränderte sich nicht. Cottas Flaggschiff fuhr einen liberalen Kurs, in diesem Punkt hatte Pilat zweifellos Recht.

Liberalismus-Debatte

Wie sehr die Leserschaft auf den Reformkurs der AZ eingeschworen war, illustriert eine Episode um die Jahreswende 1816/17. Im Dezember 1816 erschienen an zwei aufeinanderfolgenden Tagen Artikel, die sich polemisch mit liberalen Reformvorstellungen befaßten und vor einer Revolution in Deutschland warnten. Ausgangspunkt allen Unheils seien manipulierende „Zeitschriftsteller“, meinte der anonyme Verfasser. Wer aus einem anderen Weltteil auf Deutschland blicke, könne glauben, das Land sei in seinen Grundfesten erschüttert. In allen Zeitungen sei von „Volk, Souverän und Staatsgewalt“ die Rede. In Wahrheit handele es sich bei den liberalen Kräften nur um „eine kleine und winzige Minorität“. An die „schreibende Klasse“ schlössen sich solche Leute an, die sich von Repräsentativverfassungen „Einfluß, Ehre und höhere Einkommen“ versprächen.[11]

Die recht seichten Beiträge waren als „eingesandt“ gekennzeichnet. Sie wurden in der Titelleiste nicht aufgeführt, was eine Distanzierung der Redaktion andeutete. Vermutlich waren die Beiträge über Cotta vermittelt worden. Stegmann war alles andere als glücklich darüber. Die Artikel des „Herrn F.“, klagte er in einem Brief an seinen Verleger, hätten deshalb besonderes Aufsehen erregt, weil sie der sonstigen Tendenz der AZ zuwiderliefen. Herr F., empörte sich Stegmann, spreche von einer kleinen Minderheit, die nach mehr Freiheit verlange. Das sei grundfalsch. „Hier in Augsburg, wo man doch wahrlich nicht besonders demokratisch ist, war auch nicht ein gebildeter Mann, selbst die königlichen Beamten nicht ausgenommen, der mir nicht sein Befremden bezeugt hätte ...“ In Frankreich, fuhr Stegmann fort, hätten die beiden Artikel der AZ einen Angriff des *Libéral* eingetragen; nur das *Journal des Débats* habe applaudiert.[12]

Die AZ beeilte sich, den nachteiligen Eindruck zurechtzurücken. Es entspann sich in den Spalten des Blattes eine Liberalismusdebatte. Mehrere Beiträge konterten die Artikel des Herrn F. Herausragend war eine Replik Varnhagens. Varnhagen hatte zuvor in etlichen Aufsätzen die konstitutionellen Entwicklungen vor allem Süddeutschlands wohlwollend begleitet. Jetzt stellte er die ein wenig gewagte These auf, in Deutschland habe bereits eine Revolution stattgefunden. Jeder denkende Mensch müsse einsehen, daß ein himmelweiter Unterschied zwischen der Gegenwart und der Zeit vor zwanzig Jahren bestehe. Das Volk habe überall gewonnen und das Vaterland an Kraft zugenommen. Die deutsche Revolution, so Varnhagen, werde zumeist von den Fürsten gefördert. Sie sei „wie ein mächtiger Strom, mit ihm fährt es sich unmerklich und sanft, ihm entgegen ist es gefahrvoll und verderblich, ja die eigentlichen Stürme sind immer nur von den Gegnern erregt. Fahren wir denn gelassen und freudig unseren Weg weiter!“[13]

Die Episode ist in zweierlei Hinsicht erwähnenswert: Einmal spiegelt sie die geistige Erregung der Zeit; zum anderen zeigt sie die AZ als Forum der großen öffentlichen Debatten. Wichtige Beiträge wurden überall aufmerksam registriert, im Inland wie im Ausland. Die Leserschaft verstand und akzeptierte den Forumscharakter des Blattes. Verschoben sich die Akzente, wurden dahinter gleich elementare Veränderungen des politischen Diskurses vermutet. Mit anderen Worten: Die *Allgemeine Zeitung* galt als Seismograph des Zeitgeistes wie des Zeitgeschehens. Deshalb mußte Stegmann nach dem verheerenden Echo auf die Beiträge des „Herrn F." unverzüglich die Balance wiederherstellen.

Für Konstitution und Pressefreiheit

Was war das nun für eine liberale Konzeption, für die die AZ stand? Die Begriffe, die in einschlägigen Beiträgen am häufigsten auftauchten, waren Konstitution und Pressefreiheit. Die Inhalte der Verfassung, die da kommen sollte, wurden selten präzise benannt. Vom allgemeinen Wahlrecht war nicht die Rede, das war selbst für die Radikalen nicht vorstellbar; die Monarchie wurde keineswegs in Frage gestellt. Sie wurde im Gegenteil rhetorisch hochgehalten und gegen die Aristokratenherrschaft in Stellung gebracht. Der König mit dem Volk (besser, mit den aufgeklärten Bürgern) gegen die Freudalrechte: Diese Vorstellung, die später auch bei Heine anzutreffen ist und über weite Strecken des Vormärzes herrschend war, bestimmte auch den Standort der AZ, ihrer Redaktion und ihres Verlegers. Die Landtage sollten bei der Gesetzgebung den Ton angeben und den Staatshaushalt kontrollieren, an Ministerverantwortlichkeit im strengen Sinne wurde nicht gedacht. Unter Pressefreiheit wurde im Kern die Abschaffung der Zensur verstanden, wenigstens der Vorzensur.

Konstitution und Pressefreiheit bildeten jedoch nur eine Seite des liberalen Credos der Zeit. Auf der anderen stand die Forderung nach staatlicher Zusammenfassung Deutschlands. Für eine Zeitung, die in Bayern erschien und ihren Verlagssitz in Württemberg hatte, war an diesem Punkt Zurückhaltung geboten. Im Süddeutschen paktierte der Liberalismus mit den Landesherren, die durch eigene Verfassungswerke ihre neuen oder durch Napoleon erweiterten Staaten legitimieren wollten. Diese zweischneidige Zweckpartnerschaft, die lautes Rufen nach einer Nationalrepräsentation nur stören konnte, machte immerhin aus Bayern, Baden, Württemberg und Hessen-Darmstadt frühkonstitutionelle Staaten, die ein Stachel im Fleisch der restaurativen Grundtendenz des Vormärz blieben.

Die AZ begrüßte denn auch die Verkündung der bayerischen Verfassung (26. 5. 1818) mit einem hymnischen Artikel, der sich ausdrücklich hinter das Doppelziel „Liberalisierung und Stärkung der Eigenstaatlichkeit" stellte. „Der heutige Tag wird in den Jahrbüchern des Königreichs Baiern unvergeßlich bleiben; es erhielt seine Verfassungsurkunde, die Grundfeste seiner inneren Wohlfahrt und das Unterpfand seiner Selbständigkeit als

Volk!" hieß es da. König Maximilian Joseph habe damit seine 1808 gegebene Zusage eingelöst, fuhr der Artikel fort, ein Seitenhieb auf die unerfüllte Zusage des Preußenkönigs. Die Schlußapotheose erinnerte an Posseltsche Ergüsse. „Wohl trug sein (des Königs) erlauchter Ahnherr Ludwig der Baier eine Kaiserkrone, aber herrlicher erstrahlte sie nicht als Maximilian Josephs Krone, denn in dieser glänzt das unschätzbare Juwel – die Verfassung!"[14]

Der Liberalismus der *Allgemeinen Zeitung* kam also auf leisen Sohlen daher. Das laute Treiben der Jahnschen Turner oder der studentischen Burschenschaften war nicht seine Sache. 1815 war die Jenaer Burschenschaft gegründet worden. Ihre Farben Schwarz-Rot-Gold entsprachen den Uniformfarben des Lützowschen Freikorps, dessen Wirken im Befreiungskriege zu dem national-liberalen Heldenepos schlechthin werden sollte. Damit war die Geistesverwandtschaft der studentischen Vereinigung hinreichend dokumentiert. Am 18. Oktober 1817 versammelten sich auf der Wartburg Burschenschaften aus verschiedenen Universitätsstädten zu einer großen Kundgebung, die gleichzeitig an den Beginn der Reformation und an die Leipziger Völkerschlacht erinnern sollte. Aufrührerisches war zunächst keineswegs vorgesehen. Allerdings kam es zu einem Eklat, als sogenannte „undeutsche" Bücher u.a. des populären Autors August von Kotzebue öffentlich verbrannt wurden.

Zehn Tage nach dem Geschehnis ging die AZ erstmals auf das Wartburgfest ein. In dem Bericht aus Weimar fehlte jeder Hinweis auf Turbulenzen. Eine weitere Woche später, am 5. November, wurden am Ende der Ausgabe „öffentliche Berichte aus Eisenach" wiedergegeben, denen zufolge Studenten auf der Wartburg Bücher, „ferner einen militärischen Zopf und einen Korporalsstock" verbrannt hätten. Dieser späte, aber korrekte Bericht wurde kurz darauf durch eine den Studenten günstige Darstellung des Autodafés ergänzt. Ihr folgte auf dem Fuße, dem gewohnten redaktionellen Muster folgend, die Gegenposition: Ein Korrespondent aus Berlin geißelte die Bücherverbrennung und erinnerte daran, daß Luther die Werke seiner Gegner nicht verbrannt, sondern widerlegt habe. Abschätzig äußerte er sich über „Deutschtuerei in Kleidung und Bartstutz" der Burschenschaftler.

Das war alles, was die Leser der *Allgemeinen Zeitung* über das Wartburgfest, von dem die Initialzündung für hochdramatische Ereignisse ausgehen sollte, erfuhren. Diese Dürftigkeit ist schwer zu verstehen; vermutlich war der Redaktion das Thema unheimlich, vielleicht wurde seine Bedeutung auch nicht erkannt. Sehr viel besser war die AZ im Bilde, als der Terrormord an Kotzebue die Wogen der Erregung in Deutschland in beispielloser Weise hochpeitschte. Kotzebue wurde am 23. März 1819 von dem Jenaer Theologiestudenten Karl Ludwig Sand umgebracht. Sand stand ganz unter dem Einfluß des radikalsten Vertreters der unruhigen Hochschulszene, des Gießener Privatdozenten Karl Follen. Die Tat, verbunden mit dem Opfertod des Täters, sollte ein Fanal sein. Das Opfer hatte man sorgsam ausgewählt.

Kotzebues Ermordung

August von Kotzebue ist heute ein fast vergessener Autor. Zu Lebzeiten war er außerordentlich erfolgreich. Allerdings reichten ihm die schriftstellerischen Einkünfte nicht; einen Nebenverdienst verschaffte er sich dadurch, daß er dem Zaren in Petersburg hin und wieder Informationen aus und über Deutschland zukommen ließ. Der geheimdienstliche Nutzwert dürfte nicht groß gewesen sein, unüblich waren solche Geschäfte auch nicht, wie man an der Affäre Stegmann gesehen hat. Nun war aber Rußland in den Augen der Liberalen ganz Europas der Hort der Reaktion und die Schaltzentrale zur Niederhaltung der freiheitlichen Bestrebungen. Deshalb wurde die Aufdeckung dieser Geschäftsbeziehung für Kotzebue so fatal. Erschwerend kam hinzu, daß der Lustspieldichter nicht gerade als Freiheitsfreund bekannt war.

Verantwortlich für die Entlarvung Kotzebues war Friedrich Georg Ludwig Lindner, dem ein an den Zaren Alexander gerichtetes Bulletin des Dichters in die Hände gefallen war und der es an Ludens *Nemesis* zwecks Veröffentlichung weitergeleitet hatte. Auch das wurde übrigens bekannt. In Weimar wurde Lindner auf russischen Druck zur *persona non grata* erklärt, worauf er ins Elsaß emigrierte. Es lohnt sich, für einen Augenblick bei Lindner zu verweilen, denn er schrieb von 1818 bis 1832 kontinuierlich für die AZ, wurde einer ihrer Redakteure und war Cotta eng, wenn auch nicht freundschaftlich verbunden. Allein 157 Briefe, die er an Cotta schrieb, haben sich erhalten.

Lindner (1772–1845) war nach den Worten seines Biographen „einer der bekanntesten politischen Publizisten, freilich auch eine der umstrittensten Persönlichkeiten seiner Zeit".[15] Er war umtriebig, bedenkenlos und verfügte über die Meisterschaft, auch die heftigsten journalistischen Attacken so zu dosieren, daß sie der Zensur keine Handhabe boten. Seine liberalen *credentials* waren makellos, allerdings besaß er eine fatale Neigung zur Konspiration, die ihn oftmals in Schwierigkeiten brachte. „Wo auch immer etwas Moralisches geschieht – im geheimen – er muß dabei sein", ironisierte Ludwig Börne[16] diese Charaktereigenschaft Lindners.

Es waren die Varnhagens, die sich des Flüchtlings nach der Kotzebue-Affäre annahmen. Sie vermittelten ihn, den Jugendfreund Rahels, an Cotta und König Wilhelm von Württemberg. Der König brauchte in dieser Zeit einen Mann für besondere Aufgaben. Man befand sich am Vorabend des Aachener Kongresses, eines Folgekongresses von Wien. Bei dieser Konferenz wollten die Großmächte unter sich sein, obwohl die Beratungsgegenstände nicht nur sie betrafen. Unter anderem hatte Bayern Ansprüche auf die Pfalz geltend gemacht, was nun Württemberg beunruhigte. Wilhelm brauchte jemanden, der ihn zuverlässig informierte und bereit war, die württembergischen Interessen zu befördern, notfalls durch Bestechung. Vor diesem trüben Hintergrund kam es zu einem *joint venture* mit Cotta. Der Verleger stellte sich als Bote für Lindners diskrete Post zur Verfügung, die dieser unter dem Namen „Herr von Meyern" an den König schicken sollte. Zugleich sollte Lindner von Aachen für die AZ berichten. Es war ein merkwürdiges Unternehmen mit unbefriedigendem Ausgang, denn Lindner wurde in Aachen rasch von der russischen Delegation identifiziert und auf ihr Betreiben ausgewiesen. Die AZ, am Rande vermerkt, hatte davon keinen Schaden. Sie war über die Kongreßereignisse durch den Geheimen Legationsrat im preußischen Außenministerium Johann-Ludwig Klüber bestens informiert.

Lindner ging daraufhin nach Stuttgart. Die württembergische Landeshauptstadt war in dieser brodelnden Zeit an der Wegscheide zwischen Reform und Restauration so etwas wie der Vorhof des süddeutschen Liberalismus. Hier trafen sich viele, die mit dem Lauf der Dinge in Deutschland unzufrieden waren. Lindner wohnte im Haus des Gymnasialprofessors und AZ-Mitarbeiters Albrecht Lebret. Die beiden Gesinnungsgenossen nannten das Haus „Hotel Longwood" nach der Residenz Napoleons auf St. Helena. Im Garten errichteten sie dem verbannten Idol einen Gedenkstein. König Wilhelm blieb Lindner ungeachtet der mißglückten Operation in Aachen gewogen und benutzte den wortgewandten Journalisten für eine Reihe gewagter Vorstöße. Der spektakulärste war die Publikation des sogenannten „Manuskripts aus Süddeutschland" 1820. Die anonyme Schrift, die den Rheinbund rückblickend rechtfertigte und sich für ein drittes Deutschland neben Preußen und Österreich aussprach, sorgte, weil sie den gerade erst etablierten Deutschen Bund in Frage stellte, für großes Aufsehen. Ihre Verfasser waren König Wilhelm höchstpersönlich und Lindner.

Lindners Talente

Auch Cotta gedachte das vielseitige Talent zu nutzen. Er plante ein Organ für den württembergischen Verfassungskampf, und Lindner schien ihm dafür der geeignete Mann. Vorerst schrieb Lindner fleißig für die *Allgemeine Zeitung*. In einem seiner Beiträge verteidigte er das Treiben der Burschen auf der Wartburg unter anderem mit einem Zitat des konservativen britischen Staatsphilosophen Burke, nicht ohne darauf hinzuweisen, daß kein Geringerer als Gentz Burke übersetzt habe (AZ vom 9. 11. 1818). Diese Technik, einen Exponenten der Gegenpartei zum Kronzeugen der eigenen Beweisführung zu machen, schlug der Zensur die Waffen aus der Hand. Lindner beherrschte sie perfekt. Mochte er ein schlechter Geheimagent sein, mit der Feder war er ein Fuchs. In einem anderen Beitrag (AZ vom 22. 12. 1818) setzte er sich mit einer Streitschrift auseinander, die sich für die Beibehaltung der Zensur ausgesprochen hatte. Dementgegen empfahl Lindner, „sich in die Pressefreiheit zu schicken, wie man sich nach und nach in alles Vorhandene schicken lernt, wie man sich gefallen lassen muß, daß die Leute nicht mehr an die Bewegung der Sonne um die Erde … und an die Gefahr der Hexerei glauben wollen".

Wenig später veränderte die Ermordung Kotzebues in Mannheim (23. März 1819) die innenpolitische Lage in Deutschland mit einem Schlag. Am Mordtage warb die AZ wieder einmal für die Vorzüge des Repräsentativsystems. Von den Regierungsformen gelte das gleiche wie von den Menschen, hieß es in dem Artikel: „Die allzu engen und beschränkten werden selbst der Regierung hinderlich und nachteilig." Von solchen Darlegungen wimmelte es zu dieser Zeit in der AZ. Sie setzten auf die Kraft des Arguments, in der Hoffnung, dadurch die Zaudernden zur Einsicht bringen und den Weg des Fortschritts zu ebnen.

In schroffestem Gegensatz zu dieser kantischen Zuversicht stand die finstere terroristische Entschlossenheit, die im Kreis der „Unbedingten" aufwuchs. Dieser hatte sich als extremistische Sekte am Rande der Burschenschaften formiert. Der Theologiestudent Sand hatte aus dem Brackwasser dieses Ideenkreises geschöpft und war bereit zu Tyrannenmord und Heldentod.

Die AZ meldete den Anschlag am 27. März. „Hier ist eine abscheuliche Tat verübt worden", begann der Mannheimer Korrespondent seinen Bericht, der noch von einem falschen Täternamen ausging. Der Fehler wurde am nächsten Tag korrigiert. Am 29. März nahm Stegmann einen Artikel aus der *Karlsruher Zeitung* auf, der zweifellos seine eigene Ansicht spiegelte: Nur schwärmerische Parteiwut habe den Mord erzeugen können, hieß es da. Sodann wurde auf die Widersprüchlichkeit der Tat hingewiesen. „Freiheit, Liberalität und Moralität ist der Gesang, den der Mörder anstimmt, und ein Mensch fällt unter seinem Dolchstich, weil er gewagt hat, frei und anders zu denken …"

Sands Sendschreiben

Die Berichterstattung der nächsten Tage folgte der Linie von Abscheu und Empörung, doch dann schlug der Ton um. Es äußerten sich Verständnis, ja Zuneigung mit dem irregeleiteten Jüngling. Dieser allmähliche Stimmungsumschwung wurde von geistigen Zelebritäten im Lande begleitet und gleichsam legitimiert. Nach Görres mißbilligte ganz Deutschland die Tat, billigte aber die Motive. Der Berliner Theologe de Wette bescheinigte Sand „Lauterkeit der Überzeugung".[17] Je länger der Prozeß gegen Sand dauerte, desto mehr wurde seine Tat idealisiert. Es kam zu öffentlichen Sympathiekundgebungen. Am Hinrichtungstag marschierten Scharen von Studenten aus Heidelberg nach Mannheim herüber. Man tauchte Taschentücher in das „Märtyrerblut". Die Hinrichtungsstätte wurde Sands „Himmelfahrtswiese" genannt. Jahre später fielen dem Schriftsteller Chateaubriand, damals Gesandter Frankreichs in Berlin, im Tiergarten Bäume auf, in deren Rinde Herzen mit dem Namen Sands geritzt waren.[18]

An der Verwirrung der Geister nahm auch die AZ teil. Ihr Mannheimer Korrespondent ließ sich am 2. April mit solchen Sätzen über den Kotzebue-Mörder vernehmen: „Seine schöne Gestalt und Seelenruhe flößte allgemeine Teilnahme ein. Von nichts anderem als Religion sprechend, ist er bei den größten Schmerzen sanft und geduldig … Sand soll von rechtschaffenen Eltern abstammen, und auch von ihm gibt jedermann, der ihn kannte, das beste Zeugnis."

Ein anderes Niveau kennzeichnet einen Beitrag Varnhagens, den die AZ am 12. April veröffentlichte. Auch für Varnhagen ist Sand ein Verirrter, doch ist die Tat unverzeihlich. Sie wurzelt in der romantischen Vorstellungswelt des Mittelalters, „das die Obskuranten aller Art nicht aufhören uns zu rühmen und zu preisen, uns zum Vorbilde hinstellen und zur Nachahmung empfehlen, dieses Mittelalters, dessen Feudalverfassung noch der Krebsschaden unsers heutigen Lebens ist und die neue Gestaltung vergiftet und entstellt! Nach der gräßlichen Probeszene wird niemand das Ganze begehren wollen."

Ein weiterer Beitrag dieser Tage (AZ vom 5. April), eingesandt von einem „geschätzten Diplomaten", bringt die Revolutionsfurcht zum Ausdruck, die sich der Regierungen mehr und mehr bemächtigte. Die Tat Sands wird zurückgeführt auf das Wartburgfest und den Charakter der Burschenschaften. Die Universitäten werden als Brutstätten des Umsturzes hingestellt. Die ziemlich grobrastrige Darstellung gipfelt in dem Ausruf: „Welcher Vater würde (dann) nicht lieber seine Söhne in den Händen der reinen Natur bei den Beduinen der Wüste als einer deutschen Universität anvertrauen?" Gentz frohlockte über diesen staatstragenden Artikel,[19] der seiner Meinung nach der Redaktion aber aufgenötigt war, vom bayerischen oder dem badischen Hof, wie er vermutete. Tatsächlich war der württembergische Außenminister Wintzingerrode der Verfasser. Ein Bericht „Von der Isar“ bezog am 8. April allerdings sogleich die Gegenposition. Es gebe keine Verschwörung an den Universitäten; wer anderes behaupte, setze sich dem Verdacht aus, unbedingt Schuldige finden zu wollen, konstatierte der Autor Friedrich Thiersch, ein Freund Cottas und späterer Rektor der Münchner Universität.

Anteil an der Idealisierung des Täters hatte ein „Sendschreiben“ Sands an seine Eltern. Dieses Schreiben, das Österreichs Polizeichef Sedlnitzky für gefälscht hielt,[20] lancierte die AZ am 16. April. Der beachtliche Coup war dem Mannheimer Mitarbeiter des Blattes, dem Galeriedirektor Deuser, gelungen, dem das „Sendschreiben“ von einflußreicher Stelle, nämlich vom badischen Staatsrat von Seckendorff, zugespielt worden war.[21] „Von glaubwürdiger Hand“, stand in der Einleitung zu lesen, habe man eine Abschrift dieses vor Begehen der Tat abgefaßten Briefes erhalten.

Das Schreiben war ein schwülstiges Epos, eine Mischung aus heiliger Einfalt und überspanntem Sendungsbewußtsein. Trotzdem machte seine Veröffentlichung Sensation. Die Wirkung in Deutschland sei „ungeheuer“, berichtete Gentz voller Sorge Metternich. Daß die *Allgemeine Zeitung* dahinter stecke, wundere ihn nicht, habe sie doch „überhaupt unter der heuchlerischen Larve der Unparteilichkeit den gehässigen Eindruck der Mordtat auf alle Weise zu mildern versucht“. Gentz empfahl dem Staatskanzler „ernsthafte Mahnungen“ an Cotta, dem ein Verbot in den kaiserlichen Staaten „sicher nicht gleichgültig sein würde“.

Gentz’ Zorn bezog sich auch auf den Begleittext des Dokuments. Voll inniger Teilnahme hatte der Mannheimer Mitarbeiter geschrieben, die Lektüre des „Sendschreibens“ sei ohne Wehmut nicht möglich, spiegele das Schreiben doch „den Kampf eines edlen, herrlichen Gemüts, aus welchem Großes hätte werden können“. Auch liege nun der Beweis vor, daß der Mord an Kotzebue das Werk eines einzelnen gewesen sei. Sand, so hieß es kommentierend, sei „nur das Opfer seiner eigenen fanatischen Verblendung, nicht das Werkzeug einer Verschwörung“ gewesen. Diese Schlußfolgerung mußte Gentz verärgern, denn er und Metternich brauchten den Glauben an eine Verschwörung, um die Fürsten des Deutschen Bundes für einen politischen Paukenschlag zu gewinnen.

Dieser erfolgte im August 1819 in Gestalt der Karlsbader Beschlüsse. In der Augsburger Redaktion sah man die Gefahr voraus. Bereits vor der Ermordung Kotzebues spürte Stegmann in der Tagesarbeit, wie die Ängstlichkeit der bayerischen Regierung zunahm, nicht zuletzt auf dem Felde der auswärtigen Angelegenheiten. Der Regierung in München war ob der eigenen Kühnheit, die man bei der Verabschiedung der Verfassung an den Tag gelegt hatte, der Schreck in die Glieder gefahren. Nun mußten Artikel über internationale Konferenzen dem Außenministerium zur Billigung vorgelegt werden.

Besonders streng wurde gegen die AZ verfahren. Anfang Januar 1819 teilte Stegmann Cotta mit, der Berg der in München zurückgehaltenen Manuskripte werde ständig größer.[22] Darunter befänden sich Aufsätze von Friedrich Schlegel, Thiersch und Usteri. Die Tat Sands steigerte Stegmanns Besorgnis. Der Berichterstattung der folgenden Wochen ist die Ahnung des Kommenden anzumerken. Appelle an die Höfe, die Ursachen der allgemeinen Beunruhigung richtig zu werten, wechselten sich ab mit Warnungen an die Kräfte der Bewegung, den Bogen nicht zu überspannen. Nach dem mißglückten Attentat auf den nassauischen Staatsrat Ibell am 1. Juli klagte die Zeitung die Radikalen an, sie wollten die Revolution „mit allen ihren schrecklichen und scheußlichen Szenen" und spielten doch nur den Ultras in die Hände. Die Haltung der AZ war klar: Sie hatte ihr Banner zwischen den Extremen aufgepflanzt und warb für Mäßigung und Augenmaß. Aber im Sturm der Ereignisse wurde diese Position immer gefährdeter.

Eine Vorlage für Metternich

Da war es keine Entlastung, daß bei der Suche nach Anstiftern Sands Friedrich Georg Ludwig Lindner in die Schußlinie geriet. Schließlich war er es gewesen, der durch die Offenbarung der russischen Konnexionen Kotzebues den Lustspieldichter erst zum potentiellen Terroropfer gemacht hatte. Lindner rechtfertigte sich in der *Allgemeinen Zeitung*.[23] Er trage keinerlei Verantwortung für die Ermordung Kotzebues, stellte er fest und fragte rhetorisch, ob man denjenigen, der Sand den Dolch hätte entreißen können, einen Dieb genannt hätte?

Lindner blieb ein Gebrandmarkter, und ihn zu beschäftigen, war riskant. Aber Cotta hielt an ihm fest. In der Zuständigkeit von Lindner erschien am 1. Juli 1819 die erste Ausgabe der *Tribüne. Zeitung für Verfassung und Volkserziehung zur Freiheit.* Kaum einem Cotta'schen Blatt war so wenig Dauer beschieden wie der *Tribüne*, die ganze drei Monate existierte; keines bereitete dem Verleger mehr Ärger. Denn während die Zeitung anhub, gemäß ihrem Untertitel für Verfassung und Freiheit zu werben, einigten sich Österreich und Preußen in Teplitz darauf, Bestrebungen dieser Art unnachsichtig zu unterdrücken.

Preußen, das sich eine Weile gegen die Absicht Metternichs gesträubt hatte, ging jetzt entschlossen voran. Die „Demagogenverfolgung" begann. Etliche Professoren wurden suspendiert oder entlassen. Der Berliner Korrespondent der AZ verteidigte stramm die Maßnahmen der preußischen Regierung, klagte über die Revolutionäre und kam zu dem Schluß:

„Darum dürfte es an der Zeit sein, vor allem einige Katheder und manche Kanzlei zu reinigen.“[24] In der nächsten Ausgabe erfuhren die Leser von der Verhaftung Arndts und der Gebrüder Welcker an der Universität Bonn. Natürlich fanden sich auch kritische Stimmen zum preußischen Vorgehen. Am 31. Juli wurde der *Kasseler Zeitung* ein Beitrag entnommen, in dem mit Blick auf den Hohenzollernstaat die Frage aufgeworfen wurde, ob der Teufel nun endlich erschienen sei, nachdem man ihn lange genug an die Wand gemalt habe. Ein anderer Artikel vom selben Tag vertrat die Ansicht, schuld an der Unruhe in Deutschland seien einzig die Regierungen, die auf dem Wiener Kongreß die Hoffnungen des Volkes betrogen und verhindert hätten, „Deutschland in einen wahrhaften Staatskörper umzuwandeln“.

In Wien betrachtete man die Herausgabe einer der Förderung der Freiheit gewidmeten Zeitung als Provokation. Tatsächlich griff Lindner von Beginn an kräftig in die Saiten. In einer Artikelserie erklärte er die Französische Revolution als „Unternehmung zur Emanzipation des Volkes“, das von den Privilegierten behindert worden sei. Die Greueltaten seien das Werk einzelner gewesen; ihrem Wesen nach hätten sie mit der Revolution nichts gemein gehabt. Streiche man temporäre Besonderheiten ab, sei die Revolution „nichts anderes als die Einführung der repräsentativen Regierung“, dozierte Lindner.[25]

Damit lieferte er Metternich eine passende Vorlage. Der österreichische Staatskanzler hatte nach der in Teplitz gefundenen Vorverständigung mit Preußen die Regierung der wichtigsten Staaten des Deutschen Bundes nach Karlsbad geladen. Auf der Tagesordnung stand die restaurative Wende der Bundespolitik. Und wie Metternich den Kotzebue-Mord und den Anschlag auf Ibell nutzte, die noch unentschlossenen, aber doch von Revolutionsfurcht angenagten Regierungen für seine Generallinie zu gewinnen, so diente ihm die *Tribüne* als Beweis für die Notwendigkeit, die Presse in Ketten zu legen.

„Wie ein Schurke“

Tatsächlich hagelte es von allen Seiten Proteste gegen die *Tribüne.* Gentz erkannte die Chance. Von Karlsbad aus wies er Pilat an, ihm das von Lindner redigierte Blatt unverzüglich an den Konferenzort zu schicken. „Dies ist jetzt das wichtigste aller deutschen demokratischen Journale, das eigentliche Organ der revolutionären … Partei.“[26] Cotta geriet immer mehr unter Druck. Man nehme ihm übel, daß er sich wieder mit Lindner eingelassen, nachdem er schon in Aachen „so wenig Ehre mit ihm eingeerntet“ habe, mußte er sich von Pilat anhören. Zögernd begann er, sich von Lindner zu distanzieren. Um nicht das Gesicht zu verlieren, und weil er die *Tribüne* für die Endphase der konstitutionellen Verhandlungen in Württemberg noch brauchte, zog er das Blatt nicht sogleich aus dem Verkehr, sondern gab ihm eine Gnadenfrist bis Ende September. Nach nur einem Vierteljahr des Bestehens war es mit der *Tribüne* endgültig vorbei. Den finanziellen Verlust konnte der Verleger verkraften. Bedenklicher war, daß sein Ruf bei den herrschenden Mächten ramponiert war, wie Gentz ganz richtig bemerkte: „Cotta hat sich ... in Bezug auf die *Tribüne,* wo nicht wie ein Schurke, doch wie ein niedriger Egoist benommen, und bei mir und andern auf immer um alle Reputation gebracht", schrieb er seinem Privatsekretär Pilat.[27]

Das Schicksal der *Tribüne* warf ein Schlaglicht auf die veränderte Lage in Deutschland, fünf Jahre nachdem der Wiener Kongreß wenigstens vage Hoffnungen auf eine freiheitliche Entwicklung eröffnet hatte. Sie war Opfer dieser Veränderung geworden, hatte aber auch ungewollt als deren Werkzeug gedient. Am 20. September 1819 wurden die Karlsbader Beschlüsse von der Frankfurter Bundesversammlung verabschiedet. Sie erlaubten, mißliebige Professoren von den Universitäten zu verbannen. Die Burschenschaften wurden verboten. In Mainz wurde eine „Central-Untersuchungs-Commission" zur Ermittlung revolutionärer Umtriebe eingerichtet. Am weitreichendsten war die Maßregelung der Presse. Paragraph eins des zehn Abschnitte umfassenden Pressegesetzes verhängte die Vorzensur über alle Druckerzeugnisse bis zu zwanzig Bogen (320 Seiten). Paragraph sieben bestimmte, daß der Redakteur einer verbotenen Zeitung fünf Jahre lang in keinem anderen Bundesstaat seinem Beruf nachgehen durfte. Jeder Bundesstaat war laut Paragraph vier für die in seinem Territorium erscheinenden Zeitungen verantwortlich, doch auch die Bundesversammlung konnte einzelne Blätter aus eigenem Recht verbieten.

Die Berichterstattung der AZ über den Karlsbader Kongreß war äußerst dürftig und ließ erahnen, wie schwierig es künftig für politische Journale sein würde, auch nur die Chronistenpflicht zu erfüllen. Die Informationen flossen spärlich. Den Kongreßteilnehmern war an Publizität nicht gelegen. Dabei scheint die Zeitung anfangs gut unterrichtet gewesen zu sein. Am 1. August wurde aus Wien gemeldet, für Karlsbad sei ein „Ministerialkongreß" vorgesehen, welcher „vorzüglich den inneren Angelegenheiten Deutschlands" gewidmet sei. Was die Kongreßteilnehmer im Schilde führen könnten, war den Eingeweihten klar. Am 3. August warnte Varnhagen mit deutlichen Worten in der AZ davor, den Artikel 13 der Bundesakte außer Kraft zu setzen, der landständische Verfassungen für alle Bundesstaaten in Aussicht stellte. Danach trat Funkstille ein, ehe am 17. August Metternichs Ankunft in Karlsbad referiert wurde. Der Beitrag folgte vordergründig der offiziellen Sprachregelung, wonach Metternich zum Zwecke einer Privatkur angereist war. Die Erwähnung der Teplitzer Zusammenkunft und die Aufzählung der gleichfalls anwesenden Außenminister von Preußen, Bayern, Hannover, Württemberg und Baden mußte dem kundigen Leser jedoch sagen, daß sich in Karlsbad ungewöhnliches zusammenbraute. So mutmaßte der Bericht, daß „bei einer Zusammenkunft der ersten Staatsmänner … auch über die Stimmung des Zeitgeistes und manche Zeichen desselben" gesprochen werde. Es folgte dann, ganz im liberalen Verständnis, die Frage, ob denn die demagogischen Umtriebe in Preußen wirklich so gefährlich seien. An Studenten und Professoren richtete sich die Mahnung, ruhig zu bleiben und nichts zu übereilen, „was sich aus den Rechten und Pflichten eines mündig gewordenen Volkes naturgemäß, aber langsam von selbst entwickeln muß".

Tags darauf erschien eine von Gentz verfaßte Notiz aus Karlsbad, die den Ärger über die Indiskretion der AZ nur mühsam verhüllte. Der Begriff „Ministerialkongreß" wird zurückgewiesen und hochmütig vermerkt, ob es sich bei der Zusammenkunft um ein zufälliges oder ein verabredetes Treffen handle, könne nur der entscheiden, der in die Geheimnisse der Höfe eingeweiht sei. Darauf zog die Redaktion es vor zu schweigen. Niemals lasteten die Pressionen der Wiener Hofkanzlei so schwer auf ihr wie in den Kongreßtagen. Pilat schrieb und drängte penetrant, seine Beiträge aufzunehmen. Sein Chef lobte ihn dafür, aber schon kurz darauf ließ Gentz seinem Zorn über die AZ wieder freien Lauf. „Mich ärgert (hingegen) jeder Artikel in der *Allg.Zeit.* mehr als die heftigsten und giftigsten französischen. Die Franzosen schreiben über uns, was ihnen beliebt, es läßt sich nicht hindern. Daß wir uns aber von Deutschen hofmeistern und kujonieren lassen müssen, das ist empfindlicher", empörte er sich von Karlsbad aus.[28]

Einen Monat später, am 16. September, ließ die AZ den *Österreichischen Beobachter* mit der aufregenden Mitteilung zu Wort kommen, bis auf Bernstorff, den preußischen Außenminister, der seine Wasserkur fortsetzen wolle, hätten alle Politiker Karlsbad verlassen. Damit sei „unser Kurort … mit einem Male in die tiefste Ruhe übergetreten". Außer Bernstorff befände sich nur noch „der großherzoglich Sachsen-Weimarsche Staatsminister v. Goethe hier, welcher erst in den letzten Tagen des verflossenen Monats eingetroffen ist". Man darf annehmen, daß Goethe der einzige der hochmögenden Politiker war, der wirklich die Absicht zu kuren hatte. Gefragt war er bei der Karlsbader Verschwörung nicht, obgleich sie sich nicht zuletzt gegen seinen Fürsten Karl August richtete, der als viel zu liberal galt. Metternich nannte ihn abschätzig den „Altbursch".

Mit einem Eigenbericht meldete sich die AZ erst wieder am 25. September. Der Frankfurter Korrespondent äußerte sich kritisch über die Demagogenverfolgung. Die Aufdeckung noch so vieler Verschwörungen führe nicht an den Quell des Übels, stellte er fest und warf dann die Frage auf, was zu tun sei, um die Unruhe zu beenden. „Das allererste ist allgemeine, unverzügliche Einführung (der) repräsentativen Vefassung, ohne diese ist kein Heil, und ohne Reservationen muß sie gegeben sein, ohne Winkelzüge ausgeführt werden ..." Doch daran war jetzt kein Denken mehr. Einen Tag später teilte die AZ die Annahme der Karlsbader Beschlüsse durch die Frankfurter Bundesversammlung mit. Die Meldung endete mit dem lapidaren Zusatz, demnächst würden die Beschlüsse im Wortlaut mitgeteilt. „Sie sind zweifellos von größter Wichtigkeit." Diese Vorhersage sollte sich als keineswegs übertrieben herausstellen. Der Schatten der Restauration senkte sich über Deutschland.

Die Juli-Revolution

Die staatsstreichartigen Beschlüsse von Karlsbad beendeten die Unentschiedenheit zwischen Reform und Reaktion, die die Verhältnisse im Deutschen Bund seit 1815 kennzeichneten. Metternich nannte die Beschlüsse eine der größten Taten seines Lebens, Gentz sprach von der „größten retrograden Veränderung“[1] in Europa seit den Tagen der Französischen Revolution. In seinen letzten Tagen beurteilte er den Wert der Beschlüsse jedoch zwiespältig. Golo Mann bezeichnet Karlsbad als „Schlag ins Wasser“. „Die Zensur, mit schlechtem Gewissen lax gehandhabt, machte weder die guten noch die schlechten Schriftsteller verstummen; es war, im Ganzen gesehen, nichts so extrem und so dumm, als daß es nicht irgendwo hätte gedruckt werden können.“[2]

Die Journalisten selbst machten sich keine Illusionen. Karlsbad bedeutete einen Rückschlag. Im Kampf um Pressefreiheit war eine Schlacht verloren, aber auch der Krieg? Wer liberal dachte, glaubte *malgré tout* an den Fortschritt in der Geschichte, mochte er auch Umwege gehen. Ludwig Börne teilte den Lesern der *Zeitschwingen* im Oktober 1819 mit: „Von heute an erscheinen die *Zeitschwingen* unter Zensur. Wo die Freiheit allen verloren ging, da gewährt die Gleichheit Trost. Das haben wir schon unter Napoleon erfahren.“[3] Diese sarkastische Haltung war unter den Zeitungsschreibern verbreitet und nicht mit Verzagtheit gleichzusetzen. Therese Huber räumte dem Geist von Karlsbad keine Chance ein. „Sie werden in französischen und deutschen Journalen ersehen haben“, schrieb sie an Usteri, „daß dieses Mal auch nur ein Ausdruck des Abscheus war vor den Beschlüssen dieser Versammlung ... Wahrscheinlich wird die ganze Sache damit aufhören, daß die Nation noch einmal erfährt, daß die öffentliche Meinung die Fürsten verhindert, Beschlüsse durchzusetzen.“[4]

Die bestehenden Landesverfassungen waren nicht aufgehoben worden. Das gab Hoffnung, denn es bewies, daß die alten, vorrevolutionären Zustände eben doch nicht unverändert wiederhergestellt werden konnten. Auf diesen Umstand verwies die *Allgemeine Zeitung,* als sie im 21. Oktober die Bekanntmachung der Bundesbeschlüsse durch den bayerischen König abdruckte. Die berühmte Einschränkung, die den Beschlüssen nur insofern Geltung ließ, als sie der Verfassung entsprachen („nach der von Uns

Unserm treuen Volk erteilten Verfassung und nach den Gesetzen Unseres Königsreichs"), war demonstrativ gesperrt gesetzt.

Steigende Auflage

Daß Bayern sich dem Drängen nach einer fugenlosen Befolgung der Bundesbeschlüsse widersetzt hatte, war hauptsächlich dem Kronprinzen Ludwig zu danken, der für eine Weile zum Hoffnungsträger der Liberalen wurde. Wohl hatte die Bewegungsfreiheit des Königreichs enge Grenzen, und im großen und ganzen paßte man sich bald dem restaurativen Grundkurs an. Indessen blieb die Konstitution in Kraft, der Landtag trat zusammen, und die Öffentlichkeit seiner Verhandlungen, die man sich auch von Metternich nicht abtrotzen ließ, verlieh dem Verfassungsgedanken eine dauerhafte Publizität.

Daran wirkte die *Allgemeine Zeitung* nach Kräften mit. Während der Sitzungsperioden brachte man täglich zwei Spalten über die Kammerdebatten, was die Leserschaft honorierte. Als die Auflage 1822 auf über 4000 Exemplare kletterte, führte Stegmann diesen Erfolg hauptsächlich auf die Parlamentsberichterstattung zurück. Die Redaktion traf Anstalten, im Notfall mit Sonderbeilagen die Konkurrenz auszustechen. Niemand sollte auf diesem Gebiet die AZ übertreffen können. Mit Ignaz von Rudhard gewann man einen erstklassigen Korrespondenten, der selbst Abgeodneter war und über vorzügliche Quellen nicht zuletzt im Finanzministerium verfügte. Rudhard, der später mit König Otto nach Griechenland ging und dort Ministerpräsident wurde, war ein entschiedener Liberaler und setzte sich für Presse- und Gewerbefreiheit ein. Er gehörte zu den besten Rednern im Landtag, was ihm den Ehrentitel eines „Demosthenes der zweiten bayerischen Kammer" eintrug.

Die Stimmung unter den politisch bewußten Bürgern war nach Karlsbad trotzdem niedergedrückt. Für aktiven Widerstand fehlte es an allen Voraussetzungen. Man ging in die innere Emigration, wartete auf bessere Zeiten oder bemühte sich, verbliebene Freiräume auszunutzen und zu erweitern. Interessant ist eine Lagebeurteilung Stegmanns, die er im April 1820 dem Regierungspräsidenten von Gravenreuth gab. Dem Beamten war dieses Gespräch so bedeutsam, daß er es an den Staatsminister Rechberg (auf französisch!) weitergab.[5] Auch wenn man berücksichtigen muß, daß der AZ-Redakteur mit seinen Äußerungen etwas erreichen wollte, besitzt das Gespräch dokumentarischen Wert für die Selbsteinschätzung der Zeitungsverantwortlichen und darüber hinaus für die Empfindungen des Bürgertums nach Karlsbad.

Gravenreuth hatte Stegmann im Auftrag Rechbergs aufgesucht und ihm zwei Briefe gezeigt – vermutlich von Metternich und Zentner, dem bayerischen Ministerpräsidenten –, die sich kritisch über die AZ äußerten. Tatsächlich dachte Metternich, aufgestachelt von Gentz, gerade über ein Verbot der AZ nach. Einfuhrbeschränkungen waren bereits verfügt. Stegmann, so Gravenreuth, sei ziemlich niedergeschmettert gewesen, habe er doch geglaubt, daß sein Blatt die Protektion der beiden Staatsmänner genieße. Aufgebracht habe Stegmann ihm dann eine Schilderung der öffentlichen Meinung in Deutschland gegeben.

„Alle revoltieren“

Gravenreuth fuhr fort: „Er hat mir gesagt, daß alle Gebildeten gegen die Dekrete von Frankfurt und die Entschließungen von Wien revoltieren; daß diese Haltung, je mehr man sie unterdrücke, nur noch stärker werde; ... daß, wenn es in Deutschland die geringste Erschütterung gebe, man eine Wiederholung der Ereignisse von Spanien erleben würde, wo sich die Generale und die Leute von Stand an die Spitze des Volkes gesetzt hätten; daß nichts den Vormarsch der Aufgeklärten aufhalten würde; daß niemand eine Zeitung wolle, die nicht räsonniere und vor allem im Geist der Zeit räsonnierte; daß, wenn es nur noch erlaubt sei, Tatsachen wiederzugeben, seine Zeitung ein Großteil ihrer Abonnenten verlöre, daß niemand die *Münchner politische Zeitung* lesen wolle, schon gar nicht den *Österreichischen Beobachter;* daß, wenn die Regierung heute verlangte, seine Zeitung im Sinne der letzteren zu schreiben, man Cotta eine Entschädigung von mindestens 20000 Florins zahlen müsse, weil dann keiner mehr etwas von der Zeitung wissen wolle; daß es ein Trugschluß sei zu glauben, in Augsburg denke jemand anders als liberal; daß er selbst, obwohl in Lesegesellschaften und anderen öffentlichen Einrichtungen als monarchistisch kritisiert, nun des Jakobinismus verdächtigt werde; daß dies eine schwierige Position sei; daß ... er den Wünschen der Regierung gern folgen würde, er aber sicher sei, daß der literarische Terror nicht mehr lange dauern und das Ministerium in Kürze gezwungen sein werde, zu einem moderateren Kurs zurückzukehren; daß die Drohung, die Einfuhr der Zeitung nach Österreich zu verbieten, unangenehm sei, am Ende aber dazu führen werde, daß die Zeitung eingeschmuggelt würde; daß schon jetzt die Zeitung über Salzburg als Schmuggelware ginge, um die Zensur, die sie in Linz durchlaufen müsse, zu vermeiden.“

Rechberg reichte Stegmanns Äußerungen sofort an Metternich weiter. Der österreichische Staatskanzler nahm jetzt alles, was mit der *Allgemeinen Zeitung* zu tun hatte, noch ernster als gewöhnlich. Die AZ war die tonangebende Zeitung in Deutschland. Wenn es nicht gelang, sie zur Räson zu bringen, blieb das ganze Beschlußpaket von Karlsbad nur ein Haufen Papier. Es entspann sich ein Briefwechsel,[6] der zwischen Wien, München und Augsburg kreiselte. In Augsburg saß das Königliche Regierungspräsidium, das oberste Aufsichtsbehörde für die *Allgemeine Zeitung* war. Vielleicht ist das Wort „Kleinkrieg" zutreffender für diese amtliche Korrespondenz. Metternich war der Fordernde. Er bedrängte mit immer neuen Klagen den bayerischen Außenminister. Rechberg bunkerte sich ein. Mal versicherte er dem österreichischen Staatskanzler, er habe die AZ unter persönlicher Beobachtung. Dann besänftigte er Metternich mit dem Hinweis, die Zensur des ungebärdigen Blattes sei dem Regierungspräsidenten unmittelbar unterstellt worden. Doch Metternich blieb ungerührt. „Blitze" solle er nach Augsburg senden, verlangte er von Rechberg. Der wich aus; sinnvoller sei es, wenn der Staatskanzler seinen Einfluß direkt in Stuttgart bei Cotta geltend mache. Dieses Schwarze-Peter-Spiel durchzieht die Gesandtschaftsakten und die Akten der Kreisregierung Augsburg [7] wie ein *running gag.* Rechberg gab den Druck, den er aus Wien erhielt, an den Regierungspräsidenten und seine Zensoren weiter; die wiederum traktierten Stegmann, bei dem der Schwarze Peter hängenblieb.

1823 drohte die Lage zu eskalieren. Die Mächte der Heiligen Allianz waren wegen der Unruhen auf der Iberischen Halbinsel und in Italien, vor allem aber wegen des griechischen Freiheitskampfes gegen die Türken alarmiert. Im November 1822 war die Konferenz von Verona in zynischer Weise über die griechischen Belange hinweggegangen, was den Philhellenismus in Westeuropas Bürgertum nur noch weiter anstachelte. Eifrigster Agitator der griechischen Sache in Deutschland war Friedrich Thiersch. In einer Artikelserie für die AZ unter dem Titel „Bemerkungen und Nachrichten über die neuesten Begebenheiten in Griechenland" hatte er Mitte 1821 für Aufsehen gesorgt. Er war einer der Erfolgsautoren der Augsburgerin, bis er auf österreichischen Druck hin kurzzeitig zum Schweigen gebracht wurde.

Entrüstung im Bundestag

Die Angst der Allianz-Politiker vor einem Übergreifen des revolutionären Bazillus von der europäischen Peripherie fand in dem in Stuttgart erscheinenden *Teutschen Beobachter* ein erster Opfer. Er wurde von der Mainzer Zentralkommission kurzerhand verboten. Sodann geriet die AZ ins Fadenkreuz. Die Angriffsserie begann am 12. März 1823 mit einem Schreiben des Münchner Außenministeriums an den Augsburger Regierungspräsidenten. Unter Bezugnahme auf den König höchstpersönlich wurde auf politische „Inkonvenienzen" hingewiesen, die sich aus der Art der Berichterstattung der *Allgemeinen Zeitung* über die Verhältnisse in

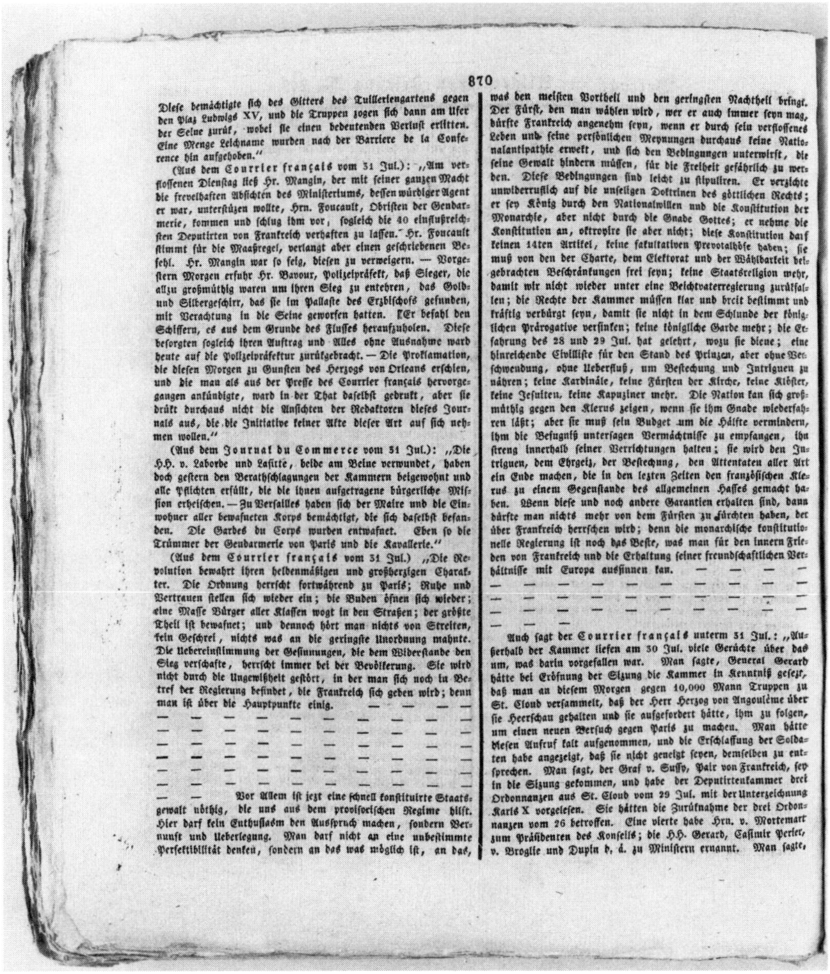

870

Diese bemächtigte sich des Gitters des Tuilleriengartens gegen den Plaz Ludwigs XV, und die Truppen zogen sich dann am Ufer der Seine zurük, wobei sie einen bedeutenden Verlust erlitten. Eine Menge Leichname wurden nach der Barriere de la Conference hin aufgehoben."

(Aus dem Courrier français vom 31 Jul.): „Am verflossenen Dienstag ließ Hr. Mangin, der mit seiner ganzen Macht die frevelhaften Absichten des Ministeriums, dessen würdiger Agent er war, unterstüzen wollte, Hrn. Foucault, Obristen der Gendarmerie, kommen und schlug ihm vor, sogleich die 40 einflußreichsten Deputirten von Frankreich verhaften zu lassen. Hr. Foucault stimmt für die Maaßregel, verlangt aber einen geschriebenen Befehl. Hr. Mangin war so feig, diesen zu verweigern. — Vorgestern Morgen erfuhr Hr. Bavour, Polizeipräfekt, daß Sieger, die allzu großmüthig waren um ihren Sieg zu entehren, das Gold- und Silbergeschirr, das sie im Pallaste des Erzbischofs gefunden, mit Verachtung in die Seine geworfen hatten. Er befahl den Schiffern, es aus dem Grunde des Flusses heraufzuholen. Diese besorgten sogleich ihren Auftrag und Alles ohne Ausnahme ward heute auf die Polizeipräfektur zurükgebracht. — Die Proklamation, die diesen Morgen zu Gunsten des Herzogs von Orleans erschien, und die man als aus der Presse des Courrier français hervorgegangen ankündigte, ward in der That daselbst gedrukt, aber sie drükt durchaus nicht die Ansichten der Redaktoren dieses Journals aus, die die Initiative keiner Akte dieser Art auf sich nehmen wollen."

(Aus dem Journal du Commerce vom 31 Jul.): „Die HH. v. Laborde und Lafitte, beide am Beine verwundet, haben doch gestern den Berathschlagungen der Kammern beigewohnt und alle Pflichten erfüllt, die die ihnen aufgetragene bürgerliche Mission erheischen. — Zu Versailles haben sich der Maire und die Einwohner aller bewafneten Korps bemächtigt, die sich daselbst befanden. Die Gardes du Corps wurden entwafnet. Eben so die Trümmer der Gendarmerie von Paris und die Kavallerie."

(Aus dem Courrier français vom 31 Jul.) „Die Revolution bewahrt ihren heldenmäßigen und großherzigen Charakter. Die Ordnung herrscht fortwährend zu Paris; Ruhe und Vertrauen stellen sich wieder ein; die Buden öfnen sich wieder; eine Masse Bürger aller Klassen wogt in den Straßen; der größte Theil ist bewafnet; und dennoch hört man nichts von Streiten, kein Geschrei, nichts was an die geringste Unordnung mahnte. Die Uebereinstimmung der Gesinnungen, die dem Widerstande den Sieg verschafte, herrscht immer bei der Bevölkerung. Sie wird nicht durch die Ungewißheit gestört, in der man sich noch in Betref der Regierung befindet, die Frankreich sich geben wird; denn man ist über die Hauptpunkte einig. — — — —
— — — — — — — — — —
— — — — — — — — — —
— — — — — — — — — —
— — — — — — — — — —
— — — — — — — — — —
— — — — — — — — — —
— — Vor Allem ist jezt eine schnell konstituirte Staatsgewalt nöthig, die uns aus dem provisorischen Regime hilft. Hier darf kein Enthusiasm den Ausspruch machen, sondern Vernunft und Ueberlegung. Man darf nicht an eine unbestimmte Perfektibilität denken, sondern an das was möglich ist, an das, was den meisten Vortheil und den geringsten Nachtheil bringt. Der Fürst, den man wählen wird, wer er auch immer seyn mag, dürfte Frankreich angenehm seyn, wenn er durch sein verflossenes Leben und seine persönlichen Meynungen durchaus keine Nationalantipathie erwekt, und sich den Bedingungen unterwirft, die seine Gewalt hindern müssen, für die Freiheit gefährlich zu werden. Diese Bedingungen sind leicht zu stipuliren. Er verzichte unwiderruflich auf die unseligen Doktrinen des göttlichen Rechts; er sey König durch den Nationalwillen und die Konstitution der Monarchie, aber nicht durch die Gnade Gottes; er nehme die Konstitution an, oktroyire sie aber nicht; diese Konstitution darf keinen 14ten Artikel, keine fakultativen Prevotalhöfe haben; sie muß von den der Charte, dem Elektorat und der Wählbarkeit beigebrachten Beschränkungen frei seyn; keine Staatsreligion mehr, damit wir nicht wieder unter eine Beichtvaterregierung zurükfallen; die Rechte der Kammer müssen klar und breit bestimmt und kräftig verbürgt seyn, damit sie nicht in dem Schlunde der königlichen Prärogative versinken; keine königliche Garde mehr; die Erfahrung des 28 und 29 Jul. hat gelehrt, wozu sie diene; eine hinreichende Civilliste für den Stand des Prinzen, aber ohne Verschwendung, ohne Ueberfluß, um Bestechung und Intriguen zu nähren; keine Kardinäle, keine Fürsten der Kirche, keine Klöster, keine Jesuiten, keine Kapuziner mehr. Die Nation kan sich großmüthig gegen den Klerus zeigen, wenn sie ihm Gnade wiederfahren läßt; aber sie muß sein Budget um die Hälfte vermindern, ihm die Befugniß untersagen Vermächtnisse zu empfangen, ihn streng innerhalb seiner Verrichtungen halten; sie wird den Intriguen, dem Ehrgeiz, der Bestechung, den Attentaten aller Art ein Ende machen, die in den lezten Zeiten den französischen Klerus zu einem Gegenstande des allgemeinen Hasses gemacht haben. Wenn diese und noch andere Garantien erhalten sind, dann dürfte man nichts mehr von dem Fürsten zu fürchten haben, der über Frankreich herrschen wird; denn die monarchische konstitutionelle Regierung ist noch das Beste, was man für den innern Frieden von Frankreich und die Erhaltung seiner freundschaftlichen Verhältnisse mit Europa aussinnen kan. — — — —
— — — — — — — — — —
— — — — — — — — — —
— — — — — — — — — —
— — —

Auch sagt der Courrier français unterm 31 Jul.: „Außerhalb der Kammer liefen am 30 Jul. viele Gerüchte über das um, was darin vorgefallen war. Man sagte, General Gerard hätte bei Eröfnung der Sizung die Kammer in Kenntniß gesezt, daß man an diesem Morgen gegen 10,000 Mann Truppen zu St. Cloud versammelt, daß der Herr Herzog von Angoulême über sie Heerschau gehalten und sie aufgefordert hätte, ihm zu folgen, um einen neuen Versuch gegen Paris zu machen. Man hätte diesen Aufruf kalt aufgenommen, und die Erschlaffung der Soldaten habe angezeigt, daß sie nicht geneigt seyen, demselben zu entsprechen. Man sagt, der Graf v. Sussy, Pair von Frankreich, sey in die Sizung gekommen, und habe der Deputirtenkammer drei Ordonnanzen aus St. Cloud vom 29 Jul. mit der Unterzeichnung Karls X vorgelesen. Sie hätten die Zurüknahme der drei Ordonnanzen vom 26 betroffen. Eine vierte habe Hrn. v. Mortemart zum Präsidenten des Konseils; die HH. Gerard, Casimir Perier, v. Broglie und Dupin d. ä. zu Ministern ernannt. Man sagte,

Abb. 3: „Zensurstriche" in der Beilage der Allgemeinen Zeitung vom 6. August 1830. Quelle: Schiller-Nationalmuseum/Deutsches Literaturarchiv, Marbach a. N., Cotta-Archiv (Stiftung der Stuttgarter Zeitung).

Abb. 4: Die „gute“ Presse. Unsignierte Lithographie, 1847. Politische Opposition, Dichter und Journalisten kämpften gemeinsam gegen die strengen Zensurrichtlinien der Karlsbader Beschlüsse von 1819 und für die Freiheit der Presse. Nie stand die politische Karikatur in Deutschland in so hoher Blüte, das zeigt auch dieses Beispiel. Der politisch blinde Maulwurf führt den rückwärtsgehenden Krebs im Wappen. Ihm folgt die Zensur mit Rotstift und Schere. Sie hält die lammfromme und beschränkte Regierungspresse am Gängelband. Quelle: Deutsches Zeitungsmuseum, Meersburg.

Frankreich und England für das Königreich ergäben. Die AZ präferiere in unzulässiger Weise die Oppositionsblätter dieser Staaten, wohingegen Äußerungen der jeweiligen Minister mit Geringschätzung übergangen würden. Gravenreuth erhielt den Auftrag, die Redaktion vor dem „Geiste leidenschaftlicher Parteilichkeit“ zu warnen und zum vollständigen Abdruck einer bestimmten Rede des französischen Außenministers zu veranlassen.[8] Stegmann versprach Besserung.

Kurz darauf wechselte das Szenario. Jetzt nahm sich der Frankfurter Bundestag die AZ vor. Am 20. März kam es bei einer wie gewöhnlich geheimen Sitzung der Versammlung zu heftigen Angriffen auf das Blatt. Es hatte – vermutlich aus der württembergischen Delegation gespeist – Einzelheiten über die Verhandlungen des Bundestags ans Licht gebracht, die absichtsvoll aus dem Protokoll herausgehalten worden waren. Genau einen Tag später, die Räte hatten sich gerade beruhigt, machte sich die AZ desselben „Vergehens“ schuldig. Jetzt schlugen die Wellen der Empörung erst recht hoch. Herr von Pfeffel, der das Königreich Bayern zu dieser Zeit am Sitz des Bundestages vertrat, schilderte, selbst in höchstem Maße aufgebracht, seiner Regierung, welche „Sensation“ das Verhalten der AZ in Frankfurt gemacht habe. Um weiteren politischen Schaden von Bayern fernzuhalten, gebe es nur ein Mittel, meinte er, nämlich der Zeitung die Veröffentlichung von Nachrichten „über die Bundesverhältnisse und die Vorgänge am Bundestage strenge zu untersagen“. Es müsse ausreichen, wenn sie die offiziellen Sitzungsprotokolle nach deren Bekanntmachung auszugsweise bringe. Am 7. April instruierte das Außenministerium Gravenreuth im Sinne der Pfeffelschen Empfehlung.

Doch die AZ blieb bei ihrer Linie. Ein Beitrag vom 15. April verursachte im Bundestag abermals einen Ausbruch der Entrüstung. Man sei nahe daran gewesen, „daß ein Antrag auf offizielle Einschreitung erfolgt wäre“, schrieb Pfeffel und riet dem Außenministerium, an die Zensurbehörde „die zweckmäßigste Ahndung ergehen zu lassen“, was auch umgehend geschah. Stegmann setzte sich zur Wehr. Er bat, die Instruktion vom 7. April aufzuheben. Begründung: die Protokolle erschienen zu spät. Das Außenministerium reagierte kalt ablehnend. Inzwischen war eine Beschwerde des preußischen Gesandten in München eingegangen. Der Gegenstand war ein anderer, doch mußte es der königlichen Regierung so erscheinen, als hätten sich die auswärtigen „Puissancen“ nun endgültig auf die AZ eingeschossen.

Tatsächlich ließen weitere Zusammenstöße nicht lange auf sich warten. Im Juli hatte die kursächsische Regierung zu klagen. Dann bescherte die Frankreich-Berichterstattung der AZ neuen Ärger. Verantwortlich dafür war der Korrespondent Ferdinand d'Eckstein, ein etwas zwielichtiger, aber gut informierter Nachrichtenlieferant. Eckstein war das Gegenteil eines

Revolutionärs. Heine machte ihn später mit den Worten herunter, er habe „das Weihrauchfaß mit sacerdotaler Weihe“ geschwungen. Es spricht Bände, wenn ausgerechnet dieser Korrespondent, den Cotta offenbar als Gegengewicht zu anderen, liberalen Einsendern aus Frankreich stützte, Scherereien mit der Zensur heraufbeschwor. Aus einem Beitrag vom 7. Juli strich der Zensor fünf Zeilen heraus, die nach seiner Ansicht (der Text gibt das nur mit Mühe her) das bourbonische Regime despektierlich behandelten. Als die AZ den Artikel am 16. Juli abdruckte, dokumentierten fünf Leerzeilen das Wirken des Zensors. Obschon sich die sogenannten „Zensurlücken“ als Methode zur Entlarvung der Zensur erst später einbürgerten und dann auch prompt verboten wurden, handelte sich die AZ damit natürlich wieder einen Tadel ein.

Im Manuskript-Schlund

Stegmann forderte nun seinen Verleger nachdrücklich auf, etwas zu unternehmen.[9] In dunkelsten Farben schilderte er seine Arbeitsbedingungen. Artikel lagerten wochenlang zur Begutachtung in München bis sie überholt seien. „In diesem Schlunde“, so schrieb Stegmann am 8. Juli, befänden sich Beiträge von Usteri über schweizerische Angelegenheiten ebenso wie solche aus England. Cotta müsse unbedingt nach München reisen. „Denn dauert dieser speziell gegen die *Allg. Zeitung* gerichtete, zunächst von Frankfurt und Mainz, entfernt aber von Petersburg und Wien ausgehende Zensurdruck – mit Verschonung der übrigen schlechteren deutschen Zeitungen – fort, so wird die Einrichtung einer Schnelldruckerei für die *Allg.Zeitung* wohl bald etwas überflüssig sein; die ordinäre Presse wird den Absatz bestreiten können.“ Der letzte Satz bezog sich auf den Ankauf einer Dampfschnellpresse, der ersten Süddeutschlands. Die Anschaffung erfolgte trotzdem sehr bald.

Mit der Vermutung, Wien könne hinter den Repressalien stehen, hatte Stegmann nicht Unrecht. In Wien standen die süddeutschen Staaten unter dem Generalverdacht der politischen Unzuverlässigkeit. Ständig argwöhnte man, einer dieser Staaten, die es zuließen, daß man sie ihrer Verfassungen wegen von falscher Seite lobte, könne aus der Phalanx der Restauration ausscheren. In einem sehr aufschlußreichen Brief an Metternich vom 28. März 1823 vertrat Gentz die Auffassung, noch mehr als andere Bundesstaaten sei Bayern „von innerer Zerrüttung bedroht“.[10] Dieses Urteil leitete er aus der Haltung der bayerischen Zeitungen und der Nachlässigkeit der bayerischen Regierung ab. Es werde viel über den Mißbrauch der Presse lamentiert, schrieb Gentz, „doch immer nur in dem Tone, in welchem etwa über ein feindseliges Naturereignis geklagt werden könnte, dessen Verheerungen man dulden muß, weil menschliche Kraft oder Kunst es nicht zu hintertreiben vermag“. In sarkastischer Weise äußerte er sich über Rechberg. Dieser teile zwar die Wiener Grundsätze, erkläre sich aber „für durchaus insolvent, sobald es darauf ankömmt, sie durch den kleinsten öffentlichen Schritt zu unterstützen. Er überläßt gern sämtliche bayerische Zeitungen, die *Allgemeine Zeitung* eingeschlossen, ihrem wohlverdienten Schicksal, würde uns sogar Dank wissen, wenn wir Deutschland von diesen heillosen Blättern ... zu reinigen vermöchten.“

Mit dieser Charakterisierung traf Gentz ins Schwarze. Rechbergs Wüten gegen die AZ war ein nur verbales; wenn es um unpopuläre Taten ging – und ein ultimatives Vorgehen gegen die AZ wäre äußerst unpopulär gewesen –, versteckte er sich lieber hinter der k.k. Regierung, wie ein Brief an Metternich vom 1. Mai 1823 zeigt. Unter allen vermaledeiten Zeitungen sei die *Allgemeine Zeitung* die gefährlichste, schrieb der Minister, um dann kleinlaut hinzuzufügen, daß eine deutliche Verwarnung Metternichs bestimmt ihre Wirkung nicht verfehlen werde.[11]

Aber auch Österreich traute sich einen Frontalangriff auf die *Allgemeine Zeitung* nicht zu. Es war eben eines, mit einem Provinzblatt wie dem *Teutschen Beobachter* aufzuräumen, ein anderes, die weltberühmte *Gazette Universelle* samt ihrem Verleger mit seinem respekteinflößenden Presseimperium in die Knie zu zwingen. Statt dessen schickte Metternich Mitte Juli einen Vertrauten namens Rupprecht zu Cotta, um auf diesen pädagogisch einzuwirken. Als k.k. Bücherrevisor war Rupprecht ein Mann vom Fach. In Stuttgart führte er mit dem Verleger eine Unterredung, die man in der heutigen diplomatischen Diktion wohl als „konstruktiv“ bezeichnen würde. Jedenfalls berichtete er nach Wien, Cotta habe durchweg loyale Ansichten geäußert. Jetzt komme es darauf an, daß die „Redakteurs ... auch von diesem preiswürdigen Geiste beseelt sein mögen“. Sicherzustellen sei, daß „künftig in politischer Hinsicht allein nach den Grundlagen der Heiligen Allianz fürgegangen werde, mithin in Behandlung der Tagesgeschichte ... diese Tendenz die vorherrschende sei“.[12]

Die Rupprecht-Mission

Cotta machte also gute Miene zum bösen Spiel. Er nahm Rupprecht sogar mit nach Augsburg. Wie dort verhandelt wurde, darüber läßt sich nur spekulieren. Stegmann dürfte auf beider Zureden der Heiligen Allianz alles Gute gewünscht und sich dabei sein Teil gedacht haben. Er kannte die Spielregeln, zu denen gehörte, daß Cotta sich gelegentlich ein Stück von seiner Redaktion distanzierte. Wirklich hielt der Verleger in der Folgezeit etwas mehr Anpassung für notwendig und nötigte Stegmann zu bedenklichen Kompromissen. So mußte der Redakteur einen gegen die Restbestände der deutschen Pressefreiheit gerichteten Beitrag aus Kopenhagen abdrucken, obwohl er Cotta Proteste der liberalen Leserschaft prophezeite. Im ganzen war Cottas Appeasement-Kurs nicht erfolglos. Immerhin gelang es dem Verleger bei Gesprächen Ende Juli in München, die Zensur etwas abzumildern, was Stegmann dankbar bescheinigte. Auch wurde zur allgemeinen Erleichterung bald ein neuer Zensor für die AZ eingesetzt.

In dieser krisenhaften Zuspitzung des Jahres 1823 machte es sich für die AZ bezahlt, daß Cotta in München gut angesehen war. Man war dort nämlich ernsthaft bestrebt, den mächtigen und fortschrittlichen Verlag in die Landeshauptstadt zu holen. Besonders der Kronprinz engagierte sich dafür. Ludwig wollte München zum Kulturzentrum erheben, und Cottas berühmte Zeitungen hätten der Stadt zweifellos zur Ehre gereicht. Alles ließ sich gut an. König Max Joseph verlieh dem Verleger im September 1822 die erbliche bayerische Freiherrenwürde, „als eines einziehenden achtbaren Staatsbürgers Ehrengeschenk".[13] Fünf Jahre vorher war Cotta bereits in Württemberg nobilitiert worden. Doch obwohl er mit dem Erwerb zweier Landgüter bei Regensburg seine Entschlossenheit, sich in Bayern zu verwurzeln, unter Beweis stellte, kamen die Verhandlungen nicht recht voran. Es scheint, daß Cotta der Bremsende war, vielleicht, um sich politisch nicht ganz von Bayern abhängig zu machen. Er stellte Bedingungen für eine Zweigniederlassung des Verlagsgeschäfts in München, die die Regierung nicht alle erfüllen wollte oder konnte. 1827 kam wenigstens der Erwerb eines Gebäudes an der Münchner Theatinerstraße zustande. Hierhin verlegte Cotta sein Stuttgarter Geographisches Institut, für das immerhin rund sechzig Lithographen, Zeichner und Drucker arbeiteten. In der „Literarisch-Artistischen Anstalt der J. G. Cotta'schen Buchhandlung" wurden überwiegend Kunstdrucke hergestellt. Das kam den Wünschen Ludwigs, der inzwischen den Thron bestiegen hatte, entgegen. Im selben Jahr 1827 vermittelte Cotta dem König die große Kunstsammlung der Brüder Boisseré.

Man sieht, der Verleger wußte sich nützlich zu machen. Er hatte jetzt überhaupt den Höhepunkt seines Schaffens erreicht. Er war angesehen, galt als enorm reich und war nach wie vor von großem Tatendrang erfüllt. Zu seinen vielgestaltigen geschäftlichen Aktivitäten gesellte sich diplomatischer Ehrgeiz. Schon am Zustandekommen des bayerisch-württembergischen Zollvertrags von 1827 war Cotta nicht unmaßgeblich beteiligt gewesen. Jetzt richtete sich das Bestreben des Unternehmers auf eine weitergespannte deutsche Wirtschaftseinheit. Den Handelsvertrag, den Preußen, Bayern, Württemberg und Hessen 1829 abschlossen, hatte Cotta, mit allen Vollmachten versehen und zwischen den Hauptstädten der beteiligten Staaten hin- und herreisend, im Stil einer Shuttle-Diplomatie vermittelt.

French Connection

Auch das verlegerische Engagement Cottas expandierte. Der Einstieg beim französischen *Constitutionnel* stellte den kühnen Versuch dar, einen international operierenden Pressekonzern zu schaffen. Obwohl dieser Versuch letztlich scheiterte, markiert er eines der spannendsten Kapitel in der Zeitungsgeschichte des Vormärz. Cottas Engagement beim *Constitutionnel* und später beim *National* ist unlösbar mit Adolphe Thiers, dem Journalisten, Historiker des Empire und Staatsmann, verbunden. Die Zusammenarbeit des deutschen Großverlegers mit Thiers, die Robert Marquant umfassend dokumentiert hat[14], blieb lange verborgen. Marquant erklärt das damit, daß man sich in Frankreich nach dem Krieg von 1870/71 geniert habe zuzugeben, daß Thiers, der gefeierte „Libérateur du Territoire“, die frühen Erfolge seiner Laufbahn ausgerechnet einem Deutschen verdankte. Ähnliche psychologische Dispositionen dürften in Deutschland dafür gesorgt haben, daß der Sachverhalt erst nach Jahrzehnten enthüllt wurde.

Adolphe Thiers (1797–1877) war ein junger, mittelloser Provinzadvokat und erst zwei Jahre in Paris, als die Partnerschaft mit Cotta begann. Vermittelt wurde sie durch Alexander Schubart, einem Buchhändler, der in der französischen Hauptstadt die Interessen der Cotta'schen Buchhandlung wahrnahm. Er empfahl Thiers, der für den *Constitutionnel* zu schreiben begonnen hatte, der Aufmerksamkeit des Verlegers. Cotta war sehr angetan, denn er interessierte sich für den *Constitutionnel,* der das führende Oppositionsblatt Frankreichs war. Sehr rasch kam ein Doppelgeschäft zustande. Zunächst verpflichtete sich Thiers, als Korrespondent für die *Allgemeine Zeitung* zu arbeiten. Vom 4. Juni 1824 bis 22. Mai 1830 schickte Thiers insgesamt 109 Beiträge; dafür erhielt er monatlich 200 Francs, mit deren Hilfe er wirtschaftlich unabhängiger wurde.

Zum anderen erwarb Cotta Anfang 1824 für 50000 Francs Anteile des *Constitutionnel.* Da dies Ausländern auf direktem Wege nicht gestattet war, benutzte er Thiers als Strohmann, der dadurch seinerseits – als nomineller Aktionär – das Blatt redaktionell unter Kontrolle bekam. Cotta hatte damit nicht nur einen erstklassigen Mitarbeiter für die AZ gewonnen, sondern war an der auflagenstärksten Zeitung Frankreichs beteiligt. Daß sich die Beteiligung auch finanziell rentierte, sei nur am Rande vermerkt.

Thiers wurde für die AZ übrigens zu einem unbequemen Korrespondenten. Das lag nur vordergründig daran, daß alle seine Beiträge übersetzt werden mußten. Schlimmer war, daß der neue Verbindungsmann in Frankreich, dessen Beiträge meistens mit zwei Sternchen gekennzeichnet wurden, in seinen Beiträgen für das deutsche Journal drastischer zu formulieren pflegte, als ihm dies im eigenen Blatt möglich war. Man kann sich die Qualen Stegmanns vorstellen, denn zu den ehernen Auflagen der Zensur gehörte, die bourbonische Herrschaft in Frankreich pfleglich zu behandeln. Am 17. Februar 1825 beklagte sich Stegmann bei Cotta, der neue Korrespondent bringe lauter Dinge, „die trotz der in Frankreich herrschenden Pressefreiheit selbst das kühnste Pariser Journal nicht zu geben wagte". Ob der „Pariser Frondeur" denn „von den letztjährigen Beschlüssen des Bundestags, von den unzähligen Zensurverordnungen der einzelnen deutschen Fürsten, von der durch stete Verweise geschärften Ängstlichkeit unserer Zensoren" nichts wisse? „Gewiß $\frac{5}{6}$ dieser Briefe läßt kein deutscher Zensor passieren, und das letzte Sechstel möchte ich aus eigener Furchtsamkeit weglassen."[15]

Stegmann war dem neuen Mitarbeiter auch deshalb gram, weil er seinen Namen nicht kannte. Cotta behandelte die Verbindung mit Thiers konsequent als Geschäftsgeheimnis, was angesichts des außerordentlichen Charakters der Verbindung verständlich ist. Lediglich Gentz, dem allseits gut Informierten, blieb die Sache nicht verborgen. 1831, als die AZ einmal Thiers, der damals bereits zu den führenden Männern der Revolutions-Regierung gehörte, angriff, mokierte er sich gegenüber Pilat, einstmals sei Thiers Freund und Korrespondent Cottas gewesen.[16]

Daß Adolphe Thiers einer der prägenden Politiker Frankreichs im 19. Jahrhundert werden sollte, konnte Cotta nicht ahnen. Er hat es auch nicht mehr erlebt. Zweifellos aber bildete der Einstieg beim *Constitutionnel* nur den ersten Zug eines strategischen Plans, der auf ein breitangelegtes Engagement in Frankreich abzielte. Nicht alle diesbezüglichen Erwägungen des Verlegers sind bekannt. Doch ein weiterer Schritt im Jahre 1826 deutet auf die Dimension des Vorhabens hin. In diesem Jahr betrieb Cotta die Gründung eines „Institut allemand" in Paris. Es sollte ein Lesekabinett für deutsche Bücher und deutsche Zeitungen beherbergen und außerdem Schauplatz künstlerischer und wissenschaftlicher Ausstellungen sein. Marquant vermutet, daß Cotta als Fernziel ein Monopol für die Übersetzung deutschsprachiger Werke in Frankreich anstrebte.[17] Das Projekt scheiterte, weil Cotta es einem unfähigen Agenten anvertraute.

Die besten Blätter Europas

Der nächste Schritt erfolgte 1830. Im Januar lancierte Thiers zusammen mit Mignet ein neues Blatt, den *National.* Auch hieran beteiligte Cotta sich heimlich. Es war ein politisch folgenreiches Unterfangen. Denn wenn Metternich später von der Juli-Revolution sagte, Journale hätten sie heraufbeschworen, so galt das in allererster Linie für den *National.* Diese Zeitung beschäftigte die führenden Federn Frankreichs. Mérimée schrieb ebenso für den *National* wie Sainte-Beuve und Stendhal. Cotta selbst war einer der

Mitarbeiter. Er, der sich als Autor der AZ so sehr zurückhielt, berichtete für den *National* über die Zollverhandlungen zwischen Bayern, Württemberg und Preußen. Umgekehrt vermittelte Cotta seinem Pariser Partner Korrespondenten in München und Berlin, Lindner und Robert, die wiederum Mitarbeiter der AZ und anderer Verlagsobjekte waren. Damit war *in nuce* ein gemeinsames Korrespondentennetz geschaffen.

Auf ein solches, die großen europäischen Zeitungen verbindendes Korrespondentennetz waren des Stuttgarter Verlegers weit ausgreifende Projektionen gerichtet. Cotta enthüllte sie in einem Brief an Thiers vom 21. August 1830: „Es bleibt mir noch, Ihnen eine Idee mitzuteilen, die ich schon lange mit mir herumtrage, will sagen eine Verbindung der besten Zeitungen Frankreichs, Großbritanniens und Deutschlands. Diese können ihre Korrespondenten gemeinsam haben, sogar die Aktien austauschen und alles unternehmen, was möglich ist, um die brillantesten Ergebnisse zu erzielen."[18] Der Plan kam nicht zur Ausführung; vielleicht, weil Johann Friedrich Cotta nicht mehr lange zu leben hatte. Wahrscheinlicher ist, daß die Zeit dafür nicht reif war. Cotta stieg nach einem Jahr aus dem *National* aus. Sein Sohn verkaufte die Anteile am *Constitutionnel* 1833. Thiers stellte die Arbeit für die AZ bald nach der Revolution ein, weil seine ministeriellen Pflichten ihn zu sehr banden. Die private Korrespondenz mit Cotta währte bis zu dessen Tod.

Kommen wir zurück zum *National.* Die Zeitung war – mit dem Geld des deutschen Barons Cotta – zu dem einzigen Zweck gegründet worden, der wankenden Bourbonenherrschaft unter Karl X. den letzten Stoß zu geben. Tatsächlich spitzten sich die Verhältnisse in Frankreich im Frühjahr 1830 zu. Mitte Mai wurde die Kammer vorzeitig aufgelöst. Ende Mai meldete der Korrespondent Adolphe Thiers nach Augsburg, sollten sich die Dinge konsequent entwickeln, werde „der Monat August große Ereignisse sehen". Der König wolle nicht nachgeben, lieber abdanken. Was man von alledem halten solle? Die Antwort gab Thiers selbst: „In eineinhalb Monaten werden wir es wissen."[19]

Eine präzisere Vorhersage läßt sich nicht denken. Sie kam, das darf man nicht vergessen, von einem Mann, der nicht bloß Beobachter, sondern Akteur war. Am 26. Juli löste Karl X. die Kammer auf; die berühmten Juli-Ordonnanzen schafften die Pressefreiheit ab und verfügten ein neues Wahlrecht. Die liberale Opposition in der Kammer, die sich um Thiers und den *National* scharte, sah in den Maßnahmen des Königs einen Staatsstreich und kündigte Widerstand an. In seinem Kampfblatt gab Thiers die Parole aus: „In der gegenwärtigen Lage hört der Gehorsam auf, eine Pflicht zu sein."[20] Dann ging alles ganz schnell. Vom 27. bis 29. Juli tobten Barrikadenkämpfe in Paris. Am 30. Juli dankte Karl X. ab. Am 9. August wurde Louis Philippe, Herzog von Orléans, zum neuen König gewählt und auf die veränderte Charte vereidigt. Die Trikolore wurde wieder zur Nationalflagge erklärt.

Die AZ informierte ihre Leser erstmals am 1. August über die Juli-Ordonnanzen: „Wer hätte es glauben sollen, wer könnte ohne innere Wehmut, ohne tiefe Bekümmernis es aussprechen: Frankreichs Geschick ist abermals in Frage gestellt …“, schrieb der Korrespondent Johann Heinrich Schnitzler. „Durch einige Federstriche werden Gesetze vernichtet, die den König an ein Volk knüpften, das ihn lieben möchte, das Umwälzungen fürchtet und die Gräuelszenen verabscheut, welche den Boden des Vaterlandes so lange getränkt haben.“ Auch der Artikel vom Tag darauf blieb äußerlich auf dem Boden der Königstreue, verheimlichte aber nicht die Explosivität der Lage. „Bei unserer so innigen Anhänglichkeit an das Haus Bourbon denken wir mit Schaudern an die Folgen der übereilten Handlung“, womit die Aufhebung der Pressefreiheit gemeint war. Der Bericht verzeichnete Unruhe an der Börse und bedrohliche Aufzüge in ganz Paris: „Man sieht die Arbeiter in Haufen in der Stadt umherziehen … Möge der Himmel den König von Frankreich leiten.“

Schlachtenlärm die ganze Nacht

Am 3. August 1830 blieb die ganze Post aus Paris aus. Nur Handelsstafetten trafen ein, und zwar „mit den beunruhigensten Nachrichten“, hieß es. Kaufleute aus Paris wurden wiedergegeben, die berichteten, wie sie die Tage des Umsturzes erlebt hatten: „Die ganze Nacht hörten wir Kanonen- und Kleingewehrfeuer … Mittags ein Uhr: Die Nationalgarde versammelt sich, Lafayette an ihrer Spitze. Man hört die Kanonen der Tuilerien. Das Straßenpflaster ist aufgerissen. Man sieht die dreifarbige Kokarde. Linientruppen marschieren mit dem Volke gegen die Tuilerien.“ Auf diese sehr anschauliche Reportage folgte am 4. August, an dem abermals die französischen Zeitungen ausblieben, ein Bericht aus Straßburg. Er deutete den Ausgang des Kräftemessens an. Nachrichten sprächen „von dem Entschlusse des Königs, die Regierung niederzulegen“, hieß es vorsichtig.

Am 5. August offerierte die AZ ihren Lesern einen sich über zwei Seiten hinziehenden Aufsatz, der ausführlich die Genesis des Konflikts schilderte, aber nicht ganz auf der Höhe der Ereignisse war. „Jedoch sollte das Volk jetzt unterliegen, so läßt es die Gegner den Sieg wenigstens teuer bezahlen. Es schlug sich gestern mit einer Tapferkeit, einem Feuer, das zum Erstaunen war …“ Der Schluß lautete: „Paris gleicht seit zwei Tagen einer großen Maschine, die nicht mehr geleitet wird, aber doch geht, weil sie einmal in Bewegung war.“ An den beiden nächsten Tagen bestand die gesamte Ausgabe inklusive der Beilage ausschließlich aus Berichten über die revolutionären Vorgänge. Aus der Fülle der Informationen sticht ein Bericht des Pariser Hauptkorrespondenten, Maximilian Donndorf, hervor. Er stellt zunächst das entscheidende Faktum heraus, daß der Herzog von Orléans von der Hauptstadt als Generalleutnant des Königreichs anerkannt sei. Dann schildert er Volkes Stimme. Das Volk sage, der König werde ein „roi bourgeois“ sein. Es studiere die Quintessenz seiner Proklamation, „la Charte sera désormais une vérité“, und sage: „Eh bien, c'est bien.“ Man kann nicht anders, als diesem Korrespondenten großen Respekt zollen. In ein paar Sätzen, verfaßt inmitten des wogenden Machtkampfes am 31. Juli, zieht er die Summe des dramatischen Geschehens: Das Königtum ist gerettet, aber es ist ein neues Bürgerkönigtum, gegründet nicht auf das Recht der Erbfolge, sondern auf den Willen des Volkes.

Die Macht der Presse

Die Juli-Revolution war eine Revolution, wie sie den Träumen der Liberalen in Deutschland entsprach, ohne Exzesse, ohne republikanische Experimente, von Bürgern herbeigeführt und die Bürgergesellschaft aufrichtend. Es war eine Umwälzung ganz nach dem Herzen Johann Friedrich Cottas. Ob er, wenigstens im vertrauten Kreise, eröffnete, daß er selbst mit seinem stillen Besitz, dem *National,* an den Geschehnissen beteiligt war? Der Redaktion in Augsburg blieb des Verlegers Involvierung ein Geheimnis. Indessen ließ man die Leserschaft stolz an der Rolle teilhaben, die die Zeitungen in den Julitagen gespielt hatten. Ein Artikel vom 10. August spiegelt das gewachsene Selbstbewußtsein der Zunft: „Der Beistand, welchen die Pariser Journale der noch schwankenden Autorität des Herzogs leisten, ist eine der merkwürdigsten, großartigsten Erscheinungen in der Geschichte der neuesten Ereignisse. Die Staatsmänner haben oft die Preßfreiheit angegriffen, und niemand mehr als die vor kurzem gestürzten Minister. Sie hatten behauptet, es sei das Wesen der Preßfreiheit, Anarchie herbeizuführen ...“ In Wahrheit setze sie der Anarchie Schranken. „Ist es wirklich eine Eigenschaft der Preßfreiheit, zu manchen Unordnungen Anlaß zu geben, so ist der Sieg, den sie gegenwärtig über sich selbst davonträgt, ebenso imposant als die letzten Siege der Franzosen über die Tyrannei des Ministeriums.“

Einer, der sich nicht den geringsten Zweifel an der revolutionären Teilhaberschaft der Presse erlaubte, war Metternich.[21] Schlimm genug, daß entgegen allen Vorkehrungen Frankreich erneut zum Brandherd geworden war, dessen Flammen ganz Europa anzuzünden drohten: Daß die Zeitungen vermocht hatten, die Lunte zu legen, war ein Fanal, das zeigte, wie wichtig die Karlsbader Notbremsung gewesen und wie notwendig die Fortsetzung des harten Repressionskurses war. So sah es Metternich, so sah man es auch in Preußen. Am 12. August brachte die AZ einen Bericht aus Berlin, der nichts Gutes verhieß: „Nach dem ersten, betäubenden Entsetzen, das jeden einzelnen, wenn auch vielleicht in verschiedenem Sinne, traf, war es nur die eine und gleiche Empfindung, die sich aller Herzen bemächtigte: das Bewußtsein der Sicherheit und Gesetzlichkeit unter einem so unerschütterlich gerechten Vater des Vaterlandes, für den all' und jeder Gott im tiefsten seiner Seele dankte." Preußen brauche keine Konstitutionen, es habe die Herrschertugend seines Königs, schloß der Artikel.

Schon bald stellte sich heraus, daß die deutschen Liberalen zu früh gejubelt hatten. Sie hatten Anteil am Sieg der Revolution in Frankreich haben wollen; statt dessen mußten sie dafür büßen. Verschärfte Revolutionsfurcht schweißte die deutschen Fürsten zusammen, und selbst solche, die einmal zu den Hoffnungsträgern gehört hatten wie der bayerische König Ludwig, holten sich nun bei Metternich Ratschläge in der Not. Cotta bekam diese Wendung der Dinge mit voller Wucht zu spüren.

Der Verleger hatte in den letzten Jahren des Dezenniums immer stärker in München investiert und war damit dem König gefällig gewesen. Am 1. Januar 1828 erschien die erste Ausgabe des *Ausland*. Die neue Tageszeitung macht es sich zur Aufgabe, den Blick über die Grenzen zu werfen. Weil der notgedrungene Vergleich mit den Verhältnissen innerhalb des Deutschen Bundes nicht immer schmeichelhaft für letzteren ausfiel, wurde das *Ausland* in Österreich sehr rasch verboten. Ein Jahr später ließ Cotta das *Inland* folgen, das den erklärten Zweck verfolgte, die Innenpolitik durch die Brille der bayerischen Regierung zu beleuchten. Er hatte lange gezögert, diesem Wunsch des Monarchen nachzukommen. Daß er es trotzdem tat, läßt auf die Nachdrücklichkeit schließen, mit der dieser Wunsch vorgetragen worden war.

Umzug nach München?

Im Gespräch war auch die Verlegung der *Allgemeinen Zeitung* nach München. Die Minister von Armannsperg und von Schenk bedrängten Cotta heftig. Als Stegmann davon erfuhr, reagierte er mit einem Aufschrei des Entsetzens. Innerhalb von vier Tagen bombardierte er den Verleger mit drei langen Briefen, in denen er alle nur denkbaren Nachteile eines Umzugs in die Landeshauptstadt auffuhr und bis an den Rand der Kündigungsdrohung ging. Die Verkehrsanbindung Münchens sei schlechter, weswegen es zu einem Aktualitätsverlust kommen werde, argumentierte er. Außerdem gebe es in München nur minderwertige Blätter. „Was für einen Beruf haben wir, uns unter dieses wie Pilze aufschießende Ungeziefer zu mengen?" fragte Stegmann.[22]

Zweifellos war es Stegmann nicht mit allen Einwänden ernst. Er kränkelte in dieser Zeit arg und dürfte sich vor den Unbequemlichkeiten des Umzugs gefürchtet haben. Die Sorge vor einem Ansehensverlust der AZ war jedoch echt. Die Leserschaft werde sich einen Reim darauf machen, was es bedeutete, die Zeitung unter den Augen des Ministeriums zu schreiben, gab er Cotta zu bedenken. „Wenn wir nach München überziehen, verlieren wir in den Augen des großen Publikums den Schein (sic!) von Unabhängigkeit, den wir uns bis jetzt zu erhalten gewußt haben“, schrieb er verzweifelt am 30. Oktober 1829. Am 4. November hielt er seine Sache für verloren. „Ich werde nun voller Resignation Ihren Entschluß abwarten, Sie werden gewiß das Zweckmäßigste tun.“ Dann erhob er noch einmal warnend die Stimme: „Bei der ersten Kundwerdung der Translation wird jedermann sagen: die *Allg.Zeitung* hört auf, eine europäische Zeitung zu sein; sie wird eine bayerische.“

Es ist nicht bekannt, weshalb der Umzugsplan aufgegeben wurde. Vielleicht machten Stegmanns Einwände doch Eindruck auf Cotta; vielleicht wurde ihm auch der Boden in München zu „heiß“. In politischer Hinsicht gaben in Bayern die Klerikalen mehr und mehr den Ton an, und der liberale Cotta mochte sich sagen, daß es im Konfliktfall besser sei, sein „Schoßkind“ außerhalb ihres Bannkreises zu wissen. Die Erfahrungen mit dem *Inland* waren auch nicht die besten. Das Blatt kam nicht auf die Beine. Seine Zwitterstellung als Mitteilungsorgan des Ministeriums und politische Zeitung verurteilte es zur Langeweile. Die Juli-Revolution mit ihrem Nachhall in Polen und Italien ließ mancherlei erwarten, nur keinen liberalen Frühling in Deutschland. Wie überall verschlechterte sich das politische Klima auch in Bayern. Wohl blieb an der Oberfläche alles ruhig, doch die Nervosität nahm spürbar zu. Der König räsonnierte, zwar sei er einmal für die Pressefreiheit gewesen, doch habe er sich eines Besseren belehrt. Ludwig, das war nicht zu verkennen, befand sich mitten im Zuge einer Konversion vom Liberalen zum Konservativen. Auch Bayern war, obschon verspätet, in Karlsbad angekommen.

Im „Jakobiner-Nest“

Verdächtigungen grassierten; sie trafen auch Cotta. Es wurde getuschelt, Cotta habe „ein ganzes Nest Jakobiner nach München verpflanzt“, er selbst sei ein Demokrat.[23] Das war Unfug und absichtsvoll verleumderisch, aber Cottas Personalpolitik bot zweifellos Angriffsflächen. In München redigierte der einschlägig bekannte Lindner die *Neuen allgemeinen politischen Annalen.* Ihm stand seit November 1827 eine Neuerwerbung Cottas zur Seite, Heinrich Heine. Jakobiner war weder der eine noch der andere;

doch entsprachen beide verständlicherweise nicht ganz dem Geschmack der konservativen Hofkamarilla. Eine andere Neuerwerbung war Gustav Kolb, der spätere Chefredakteur, der jetzt als Novize zwischen Augsburg und München pendelte. In seinem politischen Vorstrafenregister prangte eine mehrjährige Haftstrafe, die er auf dem Hohenasperg abgesessen hatte. Für Kulissengeflüster sorgte zudem ein seltsames Objekt, das die Cotta'sche Verlagsbuchhandlung zum Jahresbeginn 1830 in die Welt treten ließ, *Das Schwarze Gespenst.* Bei diesem neuesten Homunculus aus dem Labor des Dr. Cotta handelte es sich um ein sechsmal wöchentlich erscheinendes Satire-Blatt. Es war so deftig, daß der Redakteur binnen dreier Monate dreimal eingesperrt wurde.

Viel Ehre bei Hofe trug das *Schwarze Gespenst* Cotta nicht ein, weshalb er es schon nach einem Vierteljahr sterben ließ. Den meisten Ärger aber bescherte ihm das *Inland.* Im März 1831 übernahm Johann Georg August Wirth die Redaktionsleitung und verwandelte im Handumdrehen das *Inland* aus einem ministeriellen Verlautbarungsorgan in ein Oppositionsblatt. Wirth, der später beim Hambacher Fest eine führende Rolle spielen sollte und den Heine mit Ulrich Hutten verglich, war bald für die Regierung nicht mehr tragbar. Am 25. März erhielt Cotta ein Schreiben des Königs. Ludwig versicherte, nichts läge ihm ferner, als in die Verlagsgeschicke einzugreifen, aber, so fuhr er fort, „unangemessen finde Ich es, ein Oppositionsblatt unter dem Namen eines ministeriellen kursieren, und sogar für die königlichen Behörden ankaufen zu lassen“.[24]

Den Standpunkt kann man verstehen. Cotta spielte auf Zeit. Er ließ die Bereitschaft durchblicken, das *Inland* einzustellen und sich von Wirth zu trennen. Auch sei die Kehrtwendung des Blattes ohne sein Wissen vorgenommen worden, versicherte er – was kaum glaubhaft ist. Als der König aber von ihm in Form einer öffentlichen Erklärung das Eingeständnis verlangte, daß nur aufgrund seiner Abwesenheit von München das Blatt aus dem Ruder gelaufen sei, legte sich der Verleger quer. Er verweigerte die Erklärung und spielte den Schwarzen Peter zurück. „Nicht meine Abwesenheit ist Ursach, wenn das *Inland* eine veränderte Tendenz erhalten hat, sondern die Zensur, welche dies zugab“, teilte er dem König mit.[25]

Das war Chuzpe, und es verwundert nicht, wenn das schon recht abgekühlte Verhältnis zu Ludwig nunmehr eisig wurde. Cotta ging sogar so weit, dem König eine Rechnung über 9200 Gulden als Entschädigung für finanziellen Verluste zu präsentieren, die er angeblich beim *Inland* erlitten hatte. Das war ein knappes Jahr später. Der König lehnte kategorisch ab. Zu diesem Zeitpunkt existierte das *Inland* schon gar nicht mehr. Mit dem 1. Juli 1831 war es in *Deutsche Tribüne* umbenannt worden. Wirth blieb für die Redaktion verantwortlich und setzte seinen Oppositionskurs fort.

Die Affäre zog inzwischen immer weitere Kreise. Aus München gab

Friedrich Thiersch Alarm. In der Landeshauptstadt werde verbreitet, in Wahrheit ziehe bei der *Tribüne* Cotta die Fäden, signalisierte er nach Stuttgart.[26] Dieses Gerücht machte wirklich die Runde. Der österreichische Gesandte, Graf Spiegel, sorgte dafür, daß Metternich davon erfuhr. In einem Bericht vom 31. Oktober meldete er dem Staatskanzler,[27] die bayerische Regierung habe entdeckt, daß Cotta Wirth und dessen *Deutsche Tribüne,* „dieses mit Schmähungen jeder Art angefüllte Tagblatt", tatkräftig unterstütze. (Richtig war, daß hinter der *Tribüne* Cottas Münchner Filialleiter Friedrich Sonntag steckte; womöglich handelte es sich wieder um eine der verdeckten Operationen des Verlegers.) Nun habe der König den Wunsch geäußert, Metternich möge die *Allgemeine Zeitung* in Österreich verbieten, falls Cotta seine Hand von der *Tribüne* nicht abzöge. Ein Kommentar, den der Diplomat anfügte, zeigt die ganze Verachtung der Metternichschen Partei für die nach ihrer Ansicht schwächlichen und furchtsamen deutschen Fürsten. Graf Spiegel: „Wie sehr ist ein Souverän zu bedauern, welcher seine Hand dergestalt gebunden hält, um einen solchen Auftrag zur Hemmung der Redaktion eines berüchtigten Tagblattes nötig zu finden."

Metternich ließ sich erwartungsgemäß auf das Ansinnen König Ludwigs nicht ein. Er mochte sich daran erinnern, daß die Bayern ihn schon vor mehr als zehn Jahren für einen Schlag gegen die AZ hatten gewinnen wollen. Damals war es Rechberg gewesen, für den er die Kartoffeln aus dem Feuer holen sollte. Seine Antwort an den Gesandten verdient es trotzdem, zitiert zu werden, weil sie offenbart, wie er Cotta kurz vor dessen Tod einschätzte. Vermutlich werde der Verleger der *Allgemeinen Zeitung* nicht umsonst beschuldigt, urteilte der Staatskanzler. Denn „ein Charakter wie jener des Cotta und die Lage, in der sich derselbe infolge seines Charakters gestellt hat, müssen zu einem solchen Verbrechen führen. Schlechtigkeiten führen zu Notwendigkeiten, und wenn ein Mann sich so tief wie Cotta in das revolutionäre Treiben eingelassen hat, ist er der Faktion verschrieben." Dann erklärte er, weshalb „das öfter gegen Cotta angewendete Mittel" – nämlich die Drohung mit dem Verbot der AZ – diesmal nicht angewendet werden könne. „Eine jede Regierung muß sich selbst helfen, dort wo sie kann, und ich nehme nicht an, daß der Redakteur der *Deutschen Tribüne* bereits stärker als die königliche Regierung sein sollte."[28]

Cottas Tod

So maßlos die Anwürfe Metternichs gegen Cotta auch waren, so ungeheuchelt war die Verbitterung des Staatskanzlers. Cotta stand am Ende seines Lebens tatsächlich an der Schwelle zur Fundamentalopposition. Das hatte Metternich mit klarem Blick erkannt. Es fehlte nur der letzte Schritt.

Mit einer offenen Unterstützung für den neuen Kurs des *Inland* wäre der Verleger ins radikale Fahrwasser abgedriftet. Er hätte sich damit allerdings auch um jeden Einfluß gebracht. Das kam für ihn nicht in Frage. Umgekehrt bedeutete die Weigerung, dem gewendeten Blatt sein Siegel zu geben, keineswegs Kapitulation. Nach außen hin opferte er das *Inland*. In Wahrheit hielt er es in anderer Gewandung am Leben. Zwar muß offenbleiben, ob in Wirths *Deutscher Tribüne* wirlich Cottas Geld steckte. Über seinen Mittelsmann Sonntag blieb der Verleger mit der *Inland*-Nachfolgerin jedoch eng verbunden. Regelmäßig mußte Sonntag nach Stuttgart über die Entwicklung der *Deutschen Tribüne* Wirths berichten, deren Name wohl nicht zufällig an Cottas württembergische *Tribüne* erinnerte. So zeigt die Auseinandersetzung um das *Inland,* daß Cotta sich in der letzten großen Herausforderung seines Lebens treu blieb: Im Widerstreit zwischen Fundamentalopposition und Anpassung entschied er sich für den Mittelweg, der unter den gegebenen Umständen der einzige war, um im Spiel zu bleiben.

Johann Friedrich Cotta starb am 29. Dezember 1832, ein paar Monate nach Goethe. Er war 68 Jahre alt geworden, hatte es zum wohl bedeutendsten Verleger gebracht, den die deutsche Geschichte kennt, und war als Herr eines Heeres von Blättern mit der *Allgemeinen Zeitung* an der Spitze so mächtig wie ein regierender Fürst gewesen. Daß sein Grab nicht erhalten ist und man wenig über die Umstände seines Todes weiß, ist so absonderlich wie die Tatsache, daß das Leben dieses ungewöhnlichen Mannes noch immer keinen würdigen Biographen gefunden hat.

Die Kinder Georg und Ida zögerten eine Weile, ehe sie das Erbe antraten. Die Unternehmungen des Alten waren verzweigt und autokratisch geführt, so daß eine unliebsame Überraschung nicht ausgeschlossen werden konnte. Indessen förderte die Bilanz am Ende das gewaltige Reinvermögen von eineinhalb Millionen Gulden zutage. Erwirtschaftet hatte es Cotta hauptsächlich im Verlagsgeschäft, denn die Ausflüge seiner späten Jahre in Landwirtschaft und Industrie endeten überwiegend defizitär. Dabei war Cotta dafür bekannt, seinen Autoren fürstliche Honorare zu zahlen; von ihm wurde „die geistige Arbeit zum erstenmal nach unseren Begriffen angemessen bezahlt“.[29] Die Großzügigkeit des ansonsten sparsam lebenden Mannes zahlte sich aus. Zu einer Macht wurde Cottas Imperium erst durch die Verfügung über die besten Federn.

Wie seine namhaftesten Autoren, Goethe und Schiller, gehörte Cotta zum heroischen Zeitalter der Klassik. Doch wie alle wahrhaft großen Persönlichkeiten ragte er über seine Zeit hinaus. Gerade seine Pressepolitik frappiert durch ihre Unvoreingenommenheit und Weitsicht. Daß Cotta bei der *Allgemeinen Zeitung* von Anfang an Verlag und Redaktion voneinander trennte, war eine Innovation, die erst die Voraussetzungen für den Erfolg der AZ und des Konzerns schuf. Der Einstieg beim *Constitutionnel* und beim *National*, sodann der Thiers enthüllte Plan, die großen Zeitungen Europas unternehmerisch und journalistisch zu verbinden – all das wies voraus auf Entwicklungen, wie wir sie erst aus unserer Zeit kennen.

Cotta konnte so ausgreifend und unbedingt handeln, weil er im kosmopolitischen Denken der Aufklärung groß geworden war. Mit dem in den Befreiungskriegen aufkeimenden Nationalismus hatte er dagegen seine Schwierigkeiten. Eine europäische Zeitung sollte die AZ sein. Das war mehr als ein hehrer Anspruch. Es war ein strikt eingehaltener Programmsatz, der tagtäglich unter anderem dadurch praktiziert wurde, daß der „Deutsche Artikel" der AZ, also die Rubrik deutscher Themen, in der Regel im hinteren Teil des Blattes rangierte. Dabei blieb es, solange der alte Cotta lebte. Es verwundert daher nicht, daß ein Teil der Kritik, die Cotta postum traf und selbstverständlich auch auf die AZ gemünzt war, seiner „nationalen Unzuverlässigkeit" galt.

Es gab aber auch andere Schmähungen, genährt durch Neid auf den verlegerischen Erfolg oder durch blankes Unverständnis. Zudem war Cotta als moderater Liberaler den Vertretern des *ancien régime* ebenso suspekt wie den Radikalen. Erstere verdächtigten ihn verkappter revolutionärer Neigungen; die Radikalen warfen ihm vor, seine Finanzmacht nicht entschiedener der Sache des Fortschritts dienstbar gemacht oder gar heimlich mit den Herrschenden paktiert zu haben.

Besonders hartnäckig hat sich der Vorwurf des Opportunismus gehalten. Er wurde nicht zuletzt von Börne kolportiert, mit dem Cotta seit 1819 ein schwieriges und unerquickliches Verhältnis verband. Der Verleger griff ihm mehrfach unter die Arme, half ihm bei der Rettung seiner *Waage* und bot ihm immer wieder redaktionelle Positionen an. Allein, Börne dankte es ihm schlecht; als Autor machte er sich rar, Rückzahlungen blieb er Cotta schuldig. Als er 1832 einmal von der AZ angegriffen worden war, schlug er in einem Brief, der zur Veröffentlichung bestimmt war, mit unangemessener Polemik gegen die *Allgemeine Zeitung,* Cottas „unverschämte Tochter", zurück. „Ich kenne die geheime Lebensgeschichte der *Allgemeinen Zeitung* sehr genau, von den Jahren des französischen Direktoriums bis zum Untergange Warschaus; und es hängt bloß von mir ab, ihr den Namen der deutschen Phyrne zu verschaffen. Die *Allgemeine Zeitung* ist freilich ohne Vorliebe die gefällige 'Allgemeine' für alle, *die bezahlen* …", wetterte er.[30]

Indem Börne die AZ als einer Art Meinungshure charakterisierte, bewies er allerdings nur, daß er die Aufgabe, die sich die Zeitung gesetzt hatte, nicht verstand. Sie war eben kein republikanisches Kampfblatt, genauso wenig wie sie eine „Schleppenträgerin der Metternichschen Politik"[31] gewesen ist, wie man später behauptete. Sie war ein „Sprechsaal", in dem die unterschiedlichsten Auffassungen zu Wort kommen sollten. Diese Revue der gesellschaftlich relevanten Standpunkte, die Börne für Anpassung hielt, war nichts anderes als „Information pur". Sie schuf letztlich, ganz im Sinne der Aufklärung, erst die Vorbedingungen dafür, daß sich so etwas wie öffentliche Meinung bilden konnte. Der Vorwurf des Opportunismus beruhte insofern auf einem Mißverständnis; er traf die AZ ebenso ungerechtfertigt wie Cotta. Dieser drehte und wendete und arrangierte sich zwar beständig. Aber genauso gut, wie man dieses Verhalten denunzieren konnte, konnte man die Zeit selbst denunzieren.

„Ich könnte Tränen weinen"

Es herrschte eben keine Pressefreiheit, und mit diesem Tatbestand mußte Cotta beständig zurechtkommen. In seinen letzten Lebensjahren mußte er sogar erleben, daß die Schraube der Repression noch einmal angezogen wurde. Als die Nachbeben der Juli-Revolution Belgien, Italien und Polen erreichten, als es selbst im biedermeierlichen Deutschland – in Braunschweig und in Kassel – zu lokalen Unruhen kam und sich in Hambach erstmalig Liberale zu einer Massenkundgebung versammelten, schlug die Reaktion unbarmherzig zu. Genauso wie dreizehn Jahre zuvor Metternich den Kotzebue-Mord zur Herbeiführung der Karlsbader Beschlüsse instrumentalisiert hatte, wurden nun die Hambacher Ereignisse benutzt, um die unbotmäßigen Zeitungen aufs Haupt zu schlagen. Richtig genutzt, könne das Hambacher Fest ein Fest zum Guten werden, meinte der preußische Außenminister Ancillon zynisch.

Und wirklich griffen nun die Bundesbehörden durch wie niemals zuvor. Nach der Verabschiedung der berüchtigten „Sechs Artikel" durch die Bundesversammlung am 28. Juni 1832 schrieb Gustav Kolb an Cotta: „Ich könnte Tränen weinen, so voll Schmerz, Grimm u. Verachtung ist mir das Herz über solches Benehmen. Und wie ich denken tausend u. abertausend von Gemäßigten in Deutschland."[32] Volksversammlungen wurden verboten, ebenso das Tragen politischer Abzeichen. Cottas ehemaliger Redakteur Wirth wanderte ins Gefängnis. Die *Neuen Allgemeinen politischen Annalen,* inzwischen von dem badischen Liberalen Karl von Rotteck geleitet, wurden unterdrückt. 1795 unter dem Titel *Europäische Annalen* gegründet und von Posselt geschrieben, starb mit ihnen das älteste Kind der politischen Publizistik aus dem Hause Cotta.

Korrespondent Heine

Mitten in Cottas Münchner „Jakobinernest" landete 1827 ein bunter Vogel: Heinrich Heine. Der junge Mann hatte mit den „Reisebildern" für erstes Aufsehen gesorgt. Frech, aber talentiert – so lautete das Urteil der Kritik. Wie kam die Verbindung mit Cotta zustande? Der Verleger war bekanntlich immer auf Talentsuche und hatte Leute, die für ihn die Szene beobachteten. In Heines Fall erhielt er gleich von zwei Beobachtern Fingerzeige. Den ersten lieferte Varnhagen, der am 11. Mai 1827 Cotta den Verfasser „der zwar überdreisten, aber auch hochgenialen Reisebilder" ans Herz legte.[1] Er sei ein „würdiges Gegenstück zu Börne", nur genialer als dieser, urteilte Varnhagen. Daneben war es Lindner, der die Aufmerksamkeit Cottas auf Heine lenkte. Interessant ist, daß auch er den Umworbenen mit Börne verglich, so als ob der Parallellauf der Lebensschicksale der verhinderten Dioskuren schon damals absehbar gewesen wäre.

Heine nahm den Ruf an. Im November des Jahres kam er nach München, angetan von dem Gedanken, „Liberalenhäuptling in Bayern"[2] zu werden. Cotta offerierte ihm eine Dauerstellung, doch der 28jährige hatte keine Lust, sich langfristig zu binden. So wurde er für ein halbes Jahr an der Seite Lindners zum Redakteur der *Annalen;* es blieb die einzige Zeit seines Lebens mit fester Arbeit und sicherem Verdienst. Die lebenserfahrene Therese Huber verfolgte den Start des Jungredakteurs skeptisch. Heine werde wohl eine „Eintagsfliege" bleiben, obwohl Cotta ihn dazu ausersehen habe, „ein ganz berühmter Mann zu werden", unkte sie gegenüber Böttiger. Er gelte nämlich als „so liderlich und keck, daß er nicht werde tagelöhnern können noch mögen".[3] Sie sollte sich nicht täuschen. Schon bald war der Dichter des „Tagelöhnerns" ebenso überdrüssig wie der *Annalen,* für die er neun Artikel verfaßte, ehe er sich mit dem vagen Versprechen nach Italien verabschiedete, die Arbeit nach sechsmonatiger schöpferischer Pause wieder aufleben zu lassen. Am Beginn der Beziehungen zwischen Cotta und Heine stand also ein Reinfall.

Trotzdem hielt der Draht. Heine sah in Cotta eine Geldquelle, die man sich erhalten mußte. Aber er schätzte den Verleger auch aufrichtig, nicht zuletzt wegen seiner Abneigung gegen jede Form des Antisemitismus. In Cottas Münchner „Fabrik" (Therese Huber) hatte Heine Gustav Kolb kennengelernt. Die Wege der beiden kreuzten sich ein zweites Mal im

Sommer 1831 in Paris. Im Mai war Heine dort angelangt, zehn Monate nach der revolutionären Umwälzung. Die Initiative zu dem Arrangement, das Heine an die AZ binden sollte, ging von Kolb aus, der Vollmacht von Cotta besaß. Heine sollte die Berichterstattung vom wichtigsten Korrespondentenplatz mit neuem Leben füllen, sich dabei um die alltäglichen Nachrichten nicht kümmern. Dafür waren andere da. Die *Allgemeine Zeitung* besaß zu dieser Zeit in der Seinemetropole mehrere Mitarbeiter, darunter den namhaften Orientalisten Julius Mohl, Maximilian Donndorf und Johann Heinrich Schnitzler.

Schreiben für „das beste Blatt Deutschlands"

Heine ging nur zu gern auf das Anerbieten Kolbs ein. Paris war ein teures Pflaster; er befand sich „sehr reduziert"[4]. Außerdem reizte es ihn, für „das beste Blatt Deutschlands" zu schreiben. Eine Weile pokerte er, um das Honorar hochzutreiben. Er werde von etlichen Blättern umworben, gab er Kolb bedeutungsvoll zu verstehen, der dies sogleich nach Stuttgart meldete. Cotta selbst berichtete Heine von Spekulanten in der deutschen Kolonie von Paris, die eine „Rivalisation" mit der AZ im Schilde führten. Diese würden ihr Projekt schon längst verwirklicht haben, fehlte es ihnen nicht an der „Hauptsache, an den politischen Federn, deren Deutschland noch lange entbehren wird".[5]

Bestrebungen, in Paris eine deutsche Zeitung zu gründen, existierten wirklich. In der französischen Hauptstadt lebten damals rund 7000 Deutsche, davon einige hundert im politischen Exil. Letztere suchten ein Organ, mit dem sie auf die Verhältnisse in der Heimat einwirken wollten. Die AZ war ihnen zu zahm. Anfang 1832 etablierte sich in Paris eine Filiale des von Wirth mitgegründeten Vaterlands-Vereins. Auch Heine mischte hier mit. In seiner Wohnung wurde das Redaktionskomitee eines „Preßvereins" gegründet.

Es fällt auf, daß bei den sich wiederholenden Ansätzen zur Zeitungsgründung stets an der AZ Maß genommen wurde. Heine selbst machte da keine Ausnahme. 1838 trug er sich mit dem Gedanken, ins Verlegerfach umzusteigen. Wie ernst es ihm damit war, läßt sich schwer sagen. August Lewald vertraute er sein Programm an: „Ich werde gründlich dafür sorgen, die französische Korrespondenz der *Allgemeinen Zeitung* nicht bloß glänzend zu überflügeln, sondern in ihrer klatschtümlichen Nichtigkeit zu schanden zu machen."[6] Im Jahre 1831 aber zog er es vor, sein Talent in den Dienst der AZ zu stellen und sich der fundierten Zahlungsfähigkeit des Hauses Cotta anzuvertrauen. Der Baron sagte zehn Carolin (hundert Gulden) pro Bogen für große Artikel zu, zweieinhalb für kleinere. Damit war Heine einer der bestbezahlten Korrespondenten seiner Zeit.

Cottas Motive nachzuvollziehen, ist nicht so einfach. Daß der ewige Talentsucher davon überzeugt war, mit Heine einen Diamanten gefunden zu haben, darf man unterstellen; aber das reicht als Erklärung nicht aus. Angesichts der politischen Hochspannung in Deutschland hätte es gute Gründe gegeben, alles zu vermeiden, was als Provokation aussehen konnte. Und eine Beschäftigung Heines würde als Provokation ausgelegt werden, das stand außer Zweifel. Gerade hatte man in Preußen Teil IV der „Reisebilder" konfisziert. Außerdem stellte sich die Kompetenzfrage. Heine war als journalistischer Beobachter unerprobt, die Zeit in München bei den *Annalen* zählte ebenso wenig wie seine Assistenz bei Cottas „Taschenbuch für Damen auf das Jahr 1829". Und einen profunden Frankreich-Kenner konnte man den Dichter, der soeben erst an der Seine angelangt war, auch nicht nennen.

Cotta riskierte also eine ganze Menge. Wenn er trotzdem in das Arrangement mit Heine einwilligte, dann deshalb, weil er mit seinem Flaggschiff unzufrieden war. Die französischen Juli-Ereignisse waren in Deutschland zwar ohne Entsprechung geblieben, hatten aber das Pressewesen erfreulich belebt. Neue Blätter, meist radikaler Observanz, sprossen hervor. Für die altehrwürdige AZ entstand Anpassungsdruck. Sie mußte sich plötzlich einer Anzahl von Konkurrentinnen erwehren, die mit Hurra für die Sache der Liberalität stritten. Da war zum Beispiel direkt vor Cottas Nase die Stuttgarter *Deutsche Allgemeine Zeitung,* die es erklärtermaßen auf die Zielgruppe der AZ abgesehen hatte und couragierter daherkam als diese (was sie bald büßen mußte; sie wurde 1832 unterdrückt). Cotta besaß ein feines Gespür für die Erwartungen des Publikums. Er bedrängte Stegmann, hielt ihm noch häufiger als sonst die Leistungen der Konkurrenz vor. Stegmann verhielt sich störrisch. Als der Verleger eines Tages anmerkte, die AZ sei drauf und dran, von der *Neckarzeitung,* der *Deutschen Tribüne* und der *Deutschen Allgemeinen Zeitung* überholt zu werden, antwortete Stegmann spitz, mit den genannten Blättern befinde man sich allenfalls „in ökonomischer Hinsicht" im Wettbewerb. Mit Blick auf das Niveau verbiete sich jeder Vergleich. „Wir wandeln auf ganz verschiedenen Bahnen und suchen den Beifall eines ganz verschiedenen Publikums."[7]

Der Verleger ließ sich von Stegmanns Widerstreben nicht beirren. Er fand seinen ersten Mann in Augsburg – bei allen Verdiensten – ziemlich verknöchert. Im jungen Kolb hingegen begegnete er einem Verbündeten. Dieser, tatendurstig und hochgestimmt durch das politische Frühlingswehen, vertrat den Standpunkt, daß die AZ einen kräftigen Vitaminstoß brauche. In intellektuellen Zirkeln Münchens, in denen er verkehrte, stieß er vermehrt auf Leute, die über die Betulichkeit der AZ die Nase rümpften.

Ein Schuß vor den Bug

Vor diesem Hintergrund wird Cottas Entscheidung für Heine verständlich. Mochte Heine Unannehmlichkeiten bescheren – er würde die AZ wieder ins Gespräch bringen, und darauf kam es an. Um sicher zu gehen, setzte Cotta der Neuerwerbung erst einmal einen Schuß vor den Bug. Das konnte aus erzieherischen Gründen nur von Vorteil sein. Gleich die erste Einsendung wurde vor der Drucklegung aus dem Verkehr gezogen. Heine hatte Börnes „Briefe aus Paris" besprochen und darin Aperçus serviert wie dieses: Die Völker könnten ihre Könige wegschicken, wenn ihnen deren Nase nicht passe. Cotta mahnte den Dichter, den Bogen nicht zu überspannen. „Ihr Geist findet ganz andre Stoffe zur Schilderung, Ihre Feder weiß selbst aus Steinen Funken zu schlagen, die zur Flamme werden", lobte er zunächst, um dann in dem für ihn typischen umständlichen Stil auf den Punkt zu kommen: „Aber Sie werden diese nur zu wahrem Licht von Freiheit und Aufklärung entzünden wollen und jenen Stoff nur da wählen und bearbeiten, wodurch, wie ein Schiller so schön in der Glocke spricht, die rohe Kraft nicht zum sinnlos Walten veranlaßt werde, sondern die Wohlfahrt der Völker befördert."[8]

Mit anderen Worten: Heine sollte die Grenzen beachten, die die Zensur der AZ setzte. Dieses Maß an Selbstbeschränkung aufzubringen, fiel dem Dichter erwartungsgemäß nicht leicht. Von den neun Großartikeln und den achtzehn sogenannten Tagesartikeln, die er 1832 für die AZ verfaßte, konnte jeweils einer nicht gedruckt werden. Andere hätten ohne Kolbs umsichtige Redigierarbeit die Zensurhürde wohl kaum genommen.

Heine hat seine Zeitungkorrespondenz außerordentlich ernst genommen. Er wandte für seine „Tagesschriftstellerei" genauso viel Mühe auf wie für seine literarischen Texte. Die Artikelserie „Französische Zustände", die kurz nach ihrem Abschluß bei Campe in Buchform erschien, besitzt zweifellos literarische Qualität. Die journalistische Qualität ist ebenso hoch einzuschätzen, obgleich die Artikel deutlich aus dem Rahmen fielen. Dabei waren sie nicht vordergründig, wie naserümpfend Stegmann[9] meinte, der sich nur einmal und abfällig über die Arbeit des neuen Korrespondenten äußerte. Was dem erfahrenen Redakteur hauptsächlich gegen den Strich ging, war der Umstand, daß sich Heine nicht auf die Tatsachenwiedergabe konzentrierte. Die „Französischen Zustände" lassen sich am ehesten als Features bezeichnen, in denen Heine das, was ihm berichtenswert schien, ebenso subjektiv wie suggestiv schilderte.

Seine Informationen sammelte Heine auf den Boulevards, in den Salons und Kaffeehäusern. Daß er Zugang zu führenden Politikern oder dem Hofe hatte, ist nicht anzunehmen. Doch was ihm an Kenntnis aus erster Hand fehlte, ersetzte er durch eine feine Beobachtungsgabe. Wie ein

Reporter durchstreifte er Paris, sprach mit Menschen und erfaßte Stimmungen, die existentiell für ein Königtum sein konnten, das seine Existenz der Tatsache verdankte, daß eine Mißstimmung der Pariser den alten König aus dem Amt vertrieben hatte. Heine studierte die unterschiedlichen politischen Lager. Er besuchte Veranstaltungen der „Amis du peuple" in der Rue de Grenelle und anschließend eine Soirée im konservativen Faubourg Saint-Germain. Was dabei herauskam, war gewiß keine naturgetreue Wiedergabe der Wirklichkeit. Später, in der „Lutetia", behauptete er, seine Berichte repräsentierten ein „daguerrotypisches Geschichtsbuch".[10] Nichts ist falscher als das. Als Künstler, der er auch in seiner Korrespondentenzeit blieb, modellierte er seinen Stoff, und so sind Heines Berichte an die AZ zutreffend „frühimpressionistische Skizzen der Politik" genannt worden.[11]

Im übrigen empfand Heine seine neue Aufgabe nicht als Abirrung von der schriftstellerischen Laufbahn. Er freute sich darauf, ein „feuilletonistischer Lump" zu sein, wie man damals zu sagen pflegte, wenn man die Zeitungsschreiber herabsetzen wollte. Er war neugierig und hatte überdies eine klare Vorstellung von den Wirkungsmöglichkeiten des Journalismus. „Es ist die Zeit des Ideenkampfes, und die Journale sind unsere Festungen", schrieb er an Kolb.[12] Man mußte nur die richtige Zeitung finden. Weshalb er die AZ erkor, erläuterte er in der Vorrede zu den „Französischen Zuständen":

„Ich benutze diese Gelegenheit, um aufs Bestimmteste zu erklären, daß ich, seit zwei Jahren, in keinem politischen Journal Deutschlands, außer der *Allgemeinen Zeitung,* eine Zeile (habe) drucken lassen. Letztere, die ihre weltberühmte Autorität so sehr verdient und die man wohl die Allgemeine Zeitung von Europa nennen dürfte, schien mir eben wegen ihres Ansehens und ihres unerhört großen Absatzes das geeignete Blatt für Berichterstattungen, die nur das Verständnis der Gegenwart beabsichtigen", stellte er fest, um dann in klassischer Weise die friedensstiftende Funktion eines aufklärerischen Journalismus zu beschreiben. „Wenn wir es dahin bringen, daß die große Menge die Gegenwart versteht, so lassen die Völker sich nicht mehr von den Lohnschreibern der Aristokratie zu Haß und Krieg verhetzen, das große Völkerbündnis, die heilige Allianz der Nationen, kommt zu Stande, wir brauchen aus wechselseitigem Mißtrauen keine stehenden Heere von vielen hunderttausend Mördern mehr zu füttern, wir benutzen zum Pflug ihre Schwerter und Rosse, und wir erlangen Friede und Wohlstand und Freiheit ..."[13]

Heine sah es als seine Mission an, Frankreich den Deutschen näherzubringen, und er kannte dafür kein geeigneteres Forum als die *Allgemeine Zeitung.* Ohne es zu wissen, traf er sich in dieser Einschätzung mit französischen Deutschlandkennern. Nach der Juli-Revolution bestürmte der Botschafter am Hof in München, Graf Rumigny, die Pariser Regierung, die AZ bevorzugt mit Informationen zu bedienen, denn sie sei das ideale Medium, das Image des neuen Frankreich in Deutschland zu verbessern. Cotta werde behilflich sein, versicherte Rumigny in einer ganzen Serie von Berichten an die Außenminister Molé und Sébastiani von Ende 1830 bis Mitte 1831. Alles was Cotta wolle, sei, der konstitutionellen Sache zu dienen. Die AZ charakterisierte der Diplomat so: „Sie ist für viele aufgeklärte Leute die einzige (Zeitung), der sie glauben; sie ist die einzige, die der König von Bayern zur Kenntnis nimmt, der ansonsten weder Zeitungen aus Frankreich noch solche aus England liest.“[14]

Das beharrliche Werben des Grafen Rumigny um eine Vorzugsbehandlung der AZ durch die französische Regierung war so ungewöhnlich, daß man nach den Motiven des Diplomaten fragen muß. Sprach durch ihn vielleicht Thiers, der die Zeitung und ihren Eigentümer ja bestens beurteilen konnte, aber mit Rücksicht auf seine frühere, getarnte Korrespondententätigkeit nicht selbst als Fürsprecher Cottas auftreten wollte? Diese Erklärung besitzt eine gewisse Plausibilität, einen Beweis für Thiers' Urheberschaft gibt es aber nicht. Im übrigen verhallten die Aufforderungen des Gesandten unerhört. Das Außenministerium sah davon ab, Cotta geeignete Mitarbeiter in Paris zu benennen, wie der Graf empfohlen hatte. Dafür war nun Heine da, der freilich das Bürgerkönigtum keineswegs in den schönsten Farben leuchten ließ.

Zu guten Emeuten gehört gutes Wetter

Der erste Artikel der Serie „Französische Zustände“ erschien am 11. Januar 1832, und zwar in einer außerordentlichen Beilage. Er trug das Datum „Paris, 28. Dec.“ und war nach der Gepflogenheit der AZ mit einer Chiffre gekennzeichnet, in diesem Fall einem senkrecht geteilten Kreis (erst die vierte Folge wurde mit den Initialen Heines beschlossen, was den Ausnahmecharakter der Serie unterstreicht). Der Beitrag handelt von den Spannungen, die das Leben in Paris auch ein halbes Jahr nach dem Umsturz beherrschen. Die Angst vor neuem Aufruhr („emeuten“) geht um. Wird es eine Revolution nach der Revolution geben? „Die erblichen Pairs“, beginnt der Artikel, „haben jetzt ihre last speeches gehalten, und waren gescheit genug, sich selber für tot zu erklären, um nicht vom Volke umgebracht zu werden.“ Von dieser Seite also ist nichts zu befürchten, aber von anderer? „Der Zustand des niederen Volks von Paris ist indessen, wie man sagt, so trostlos, daß bei dem geringsten Anlasse, der von außen her gegeben würde, eine mehr als sonst bedrohliche Emeute stattfinden kann. Ich glaube aber dennoch nicht, daß wir solchen Ausbrüchen so nahe sind, wie man in diesem Augenblicke behauptet.“

Heine analysiert nun die politischen Kräfteverhältnisse, um dann die Abwägung auf verblüffende Weise zu beenden. Es wird keinen Aufruhr geben, nicht jetzt: „Zu rechten Emeuten gehört wirklich gutes Wetter, behaglicher Sonnenschein, ein angenehm warmer Tag, und daher gerieten sie im Junius, Julius und August auch immer am besten. Es darf dann auch nicht regnen, denn die Pariser fürchten nichts mehr als den Regen, und dieser verscheucht die Hunderttausende von Männern, Weibern und Kindern, die meistens geputzt und lachend nach den Wahlstätten ziehen, und durch ihre Anzahl den Mut der Agitatoren heben." Diese wenigen Sätze offenbaren eine Technik Heines, die seine ganze Zeitungskorrespondenz kennzeichnet: Er analysiert, philosophiert, um dann die Leserschaft mit Aplomb auf den Boden der trivialen Lebenswirklichkeit herunterzuholen.

Louis Philippe findet in Heine einen abwägenden Richter, entgeht aber nicht der Spottlust des Korrespondenten. Es sei schon lange her, schreibt Heine, daß der Bürgerkönig „mit rundem Hut und Regenschirm, durch die Straßen von Paris wanderte, und mit raffinierter Treuherzigkeit die Rolle eines biederen, schlichten Hausvaters spielte, ein wahrer Jesuit der Bürgerlichkeit, ein Bürgerjesuit. Er drückte damals jedem Spezereihändler und Handwerker die Hand, und trug dazu einen besonderen schmutzigen Handschuh, den er jedesmal wieder auszog und mit einem reineren Glacéhandschuh vertauschte, wenn er in seine hörere Region, zu seinen alten Edelleuten, Banquierministern, Intriganten und amaranthroten Lakaien wieder hinaufstieg."

Das ist bösartig, aber sogleich wechselt Heine wieder die Ebene, indem er treffsicher den schmalen Grat bezeichnet, auf dem sich der König aufgrund seines besonderen „Lebensprinzips" bewege. „Ludwig Philipp ist kein unedler Mann, der auch gewiß nicht das Schlechte will, und der nur den Fehler hat, den angeborenen Neigungen seiner Geburtsgenossen nachzugeben und sein eigenstes Lebensprinzip zu verkennen. Dadurch kann er zugrunde gehen. Denn, wie Sallust tiefsinnig ausspricht, die Regierungen können sich nur durch dasjenige erhalten, wodurch sie entstanden sind." Entstanden sei die Herrschaft Louis Philippes durch das Prinzip der Volkssouveränität. Wie aber ergehe es dem Volk? Heine antwortet mit einer Metapher: „... wie man die Pflastersteine, die man in den Juliustagen als Waffe gebrauchte, und die an einigen Orten noch seitdem aufgehäuft lagen, jetzt wieder ruhig einsetzt, damit keine äußere Spur der Revolution übrig bleibe: so wird auch jetzt das Volk wieder an seine vorige Stelle, wie Pflastersteine, in die Erde zurückgestampft ..."

Bei Gustav Kolb, an den Heine vereinbarungsgemäß seine Artikel adressierte, entfachte gleich der erste Beitrag große Begeisterung. „Mir scheinen solche geistreichen Einsendungen ein unentbehrliches Element der *Allgemeinen Zeitung,* um dem zunehmenden Rufe, als altere sie und werde zu servil, zu begegnen",[15] schrieb er Cotta, der seinerseits dem neuen Mitarbeiter attestierte, „Lebendigkeit und Frische" in die AZ zu bringen.[16] Kolb war bewußt, daß Heines Arbeit von der Redaktion viel Verständnis benötigte, um so mehr, als diese Einstellung seitens der Obrigkeit nicht zu erwarten war. Schon bald wurde Gentz bei Cotta vorstellig. Die Frankreich-Berichterstattung der AZ lasse zu wünschen übrig, bemängelte er. Verderblich seien vor allem Heines Beiträge, die er „wie einen Feuerbrand" in die Zeitung geworfen habe. „Was ein verruchter Abenteurer wie Heine (den ich als Dichter gelten lasse, ja sogar liebe, und gegen den also kein persönlicher Haß mich bewegt) eigentlich will und wünscht, indem er die heutige französische Regierung in den Kot tritt, mag ich nicht weiter untersuchen ...", wetterte Gentz am 21. April 1832.[17]

Die bayerische Regierung forderte die Zensurbehörde zu geschärfter Wachsamkeit gegenüber der Berichterstattung aus Paris auf. Am 18. Juni 1832 wandte sich das Staatsministerium des Innern in dieser Sache an das Augsburger Regierungspräsidium. In dem Amtsschreiben[18] fällt der Name Heine nicht, doch liegt die Vermutung nahe, daß seine Beiträge gemeint sind. Zwar müsse die Zensur von Artikeln über Staaten, die selbst keine Zensur kennten, nicht besonders streng sein, räumte das Ministerium ein. Die gültigen Bestimmungen verlangten jedoch, „daß eine strenge Zensur aller jener Artikel eintrete, welche Prinzipien aufstellen, die das Interesse aller Staaten berühren. Ein wichtigeres Prinzip besteht aber nicht als jenes, über welches in Paris gekämpft wurde, wo das Königtum gegen die Revolutionstendenz, das erhaltende Prinzip gegen den *Sanscullotism* in die Schranken trat. Alle Artikel der *Allgemeinen Zeitung,* welche auf diesen Kampf Bezug nehmen, neigen offenbar zur Revolutions-Partei und enthalten ... Schmähungen gegen die Person des Königs." Das Schreiben endet mit der Behauptung, die AZ scheine sich „seit einiger Zeit entschieden auf die Seite der äußersten Linken zu wenden". Anfang Juli wurde das Regierungspräsidium noch einmal gemahnt.

Auch in Frankreich selbst meldeten sich kritische Stimmen. Nicht ohne Stolz ging Heine selbst in seinem zweiten Artikel vom 19. Januar darauf ein. Der *Temps* habe angemerkt, „daß die *Allgemeine Zeitung* jetzt Artikel liefere, die feindselig gegen die königliche Familie gerichtet seien, und daß die deutsche Zensur, die nicht die geringste Äußerung gegen absolute Könige erlaube, gegen einen Bürgerkönig nicht die mindeste Schonung ausübe." Heine verspricht Besserung. „Aber dafür tue uns Ludwig Philipp auch den einzigen Gefallen, ein Bürgerkönig zu bleiben."

Es ist die Zerrissenheit der Franzosen, die Heine frappiert. Die Revolution hat nicht einfach die Machtverhältnisse umgekehrt. Vielmehr ist die Freiheitspartei, die siegreich aus den Julitagen hervorging, tief gespalten. Enttäuschte haben sich zu denen gesellt, denen das Königtum an sich mißliebig ist und die Louis Philippe nicht minder hassen als die Legitimisten. Zufrieden ist allein das Großbürgertum, das zum *justemilieu* geworden ist. Auf die deutschen Leser müssen Heines Schilderungen desillusionierend wirken. Revolutionsunerfahren wie sie sind, werden sie nun gewahr, daß auf die alte Ordnung nicht automatisch das Reich der Freiheit folgt, sondern daß auf dem umgepflügten Acker der französischen Politik zweifelhafte Früchte wachsen.

Die Bilder, mit denen der Korrespondent die Stimmung in Frankreich beschreibt, sind von drastischer Einprägsamkeit. „Die Franzosen gleichen jetzt“, heißt es im fünften Artikel, erschienen am 13. April 1832, „jenen Verdammten in Dantes Hölle, denen ihr dermaliger Zustand so unerträglich geworden, daß sie nur diesem entzogen zu werden wünschen, und sollten sie dadurch in einen noch schlechteren Zustand geraten. So erklärt es sich, daß den Republikanern das legitime Regime und den Legitimisten die Republik viel wünschenswerter geworden, als der Sumpf, der in der Mitte liegt, und worin sie eben jetzt stecken. Die gemeinsame Qual verbindet sie. Sie haben nicht denselben Himmel, aber dieselbe Hölle, und da ist Heulen und Zähneklappern.“

Obschon subjektiv, ist die Berichterstattung im Kern realistisch, weil Heine sich nicht als Akteur versteht. Das ist der Kern des Mißverständnisses mit Börne, der Heine für unernst hält, ja für einen Verräter. In Wirklichkeit ist Heine davon überzeugt, daß seine Aufgabe als Berichterstatter die Zurücknahme des eigenen Standpunkts erfordert. Dazu äußert er sich im sechsten Artikel: „Nicht den Werkstätten der Parteien will ich ihren banalen Maßstab entborgen, um Menschen und Dinge damit zu messen, noch viel weniger will ich Wert und Größe derselben nach träumenden Privatgefühlen bestimmen, sondern ich will so viel als möglich parteilos das Verständnis zur Gegenwart befördern und den Schlüssel der lärmenden Tagesrätsel in der Vergangenheit suchen.“

Bei Licht betrachtet, gelingt es Heine nur unvollkommen, die Berichte von „Privatgefühlen“ freizuhalten. Aber den Parteien tritt er gleichermaßen distanziert gegenüber. Klarsichtig erkennt er, daß die verbreitete Übellaunigkeit im Lande eine Partei nährt, die noch gar nicht formiert ist. Napoleon, beobachtet Heine, sei für die Franzosen „ein Zauberwort, das sie elektrisiert und betäubt. Es schlafen tausend Kanonen in diesem Namen ...“ (zweiter Artikel der „Französischen Zustände“).

Der Korrespondent macht sich lustig über das *justemilieu* wie über die Legitimisten, doch auch die Republikaner finden vor ihm keine Gnade: „Royalist aus angeborener Neigung, werde ich es in Frankreich aus Überzeugung.“ Heine bewundert die Begeisterung und den Opfermut der Republikaner. Instinktiv aber spürt und fürchtet er die potentielle Gewalttätigkeit des aufgerührten Demos. In einem Tagesbericht, der von der mißlungenen Insurrektion handelt, die auf die Beerdigung des populären Generals Lamarque folgt, schreibt er am 7. Juni 1832: „Ich bin, bei Gott! kein Republikaner, ich weiß, wenn die Republikaner siegen, schneiden sie mir die Kehle ab.“ Im selben Tagesbericht findet sich ein wunderhübsches Beispiel für die Technik Heines, seine Analysen mit überraschenden Pointen zu würzen: „Ein Schneider, der heute morgen auf dem Vendômeplatz es wagte, die gute Absicht der Republikaner zu erwähnen, bekam Prügel von einer starken Frau, die wahrscheinlich seine eigne war. Das ist die Konterrevolution.“

Reportage über die Cholera

Am eindringlichsten ist Heine, wenn er dramatische Erlebnisse schildern kann. Die Gelegenheit dazu bot sich, als die Cholera über Paris hereinbricht. Während die meisten Bewohner, die es sich leisten können, umgehend die Flucht ergreifen, bleibt Heine in der Stadt. Cotta gegenüber stilisiert er sein Bleiben heroisch als journalistische Pflicht. Gegenüber Varnhagen meint er später, er sei schlicht zu faul gewesen, sich fortzubewegen. Wie auch immer: Seine Reportage über die Cholera, die neben dem Ministerpräsidenten Périer auch den Entschlüsseler der Hieroglyphen, Champollion, hinwegraffte, ist ergreifend. Selten dürften die Abonnenten der *Allgemeinen Zeitung* eine bessere gelesen haben. Zu Recht hat man sie mit Boccaccios Schilderung der Pest in Florenz verglichen[19]:

„Als ich gestern einen guten Bekannten besuchen wollte und eben zur rechten Zeit kam, wo man seine Leiche auflud, erfaßte mich die trübe Grille, eine Ehre, die er mir mal erwiesen, zu erwidern, und ich nahm eine Kutsche und begleitete ihn nach Père-la-Chaise. Hier nun, in der Nähe des Kirchhofs, hielt plötzlich mein Kutscher still, und als ich, aus meinen Träumen erwachend, mich umsah, erblickte ich nichts als Himmel und Särge. Ich war unter einige hundert Leichenwagen geraten, die vor dem engen Kirchhofstore gleichsam die Queue machten, und in dieser schwarzen Umgebung, unfähig mich herauszuziehen, mußte ich einige Stunden ausdauern“ (sechster Artikel vom 19. April 1832).

Heines Artikel fanden in Frankreich große Beachtung. Der *Temps* änderte bald seinen beleidigten Ton und bescheinigte dem Beobachter der *Allgemeinen Zeitung* eine starke Liebe zu liberalen Institutionen. Hingegen meinte die republikanische *Tribune,* Heine schreibe den konservativen Mächten nach dem Munde. Dieses offenbare Fehlurteil herrschte auch bei den deutschen Republikanern in Frankreich vor. „Heine ist ein verlorener Mensch. Ich kenne keinen, der verächtlicher wäre“, äußerte Börne.[20]

In Deutschland war das Echo beispiellos. Die meisten Tageszeitungen kupferten Heines Beiträge ganz oder teilweise aus der AZ ab, wie damals

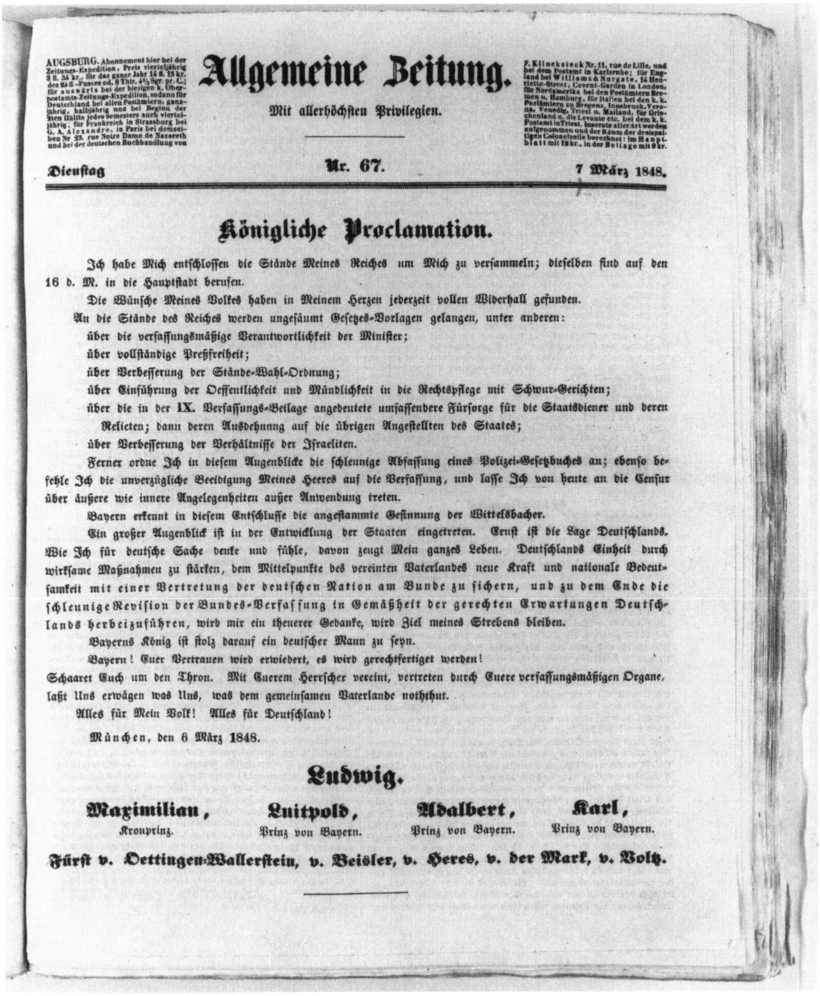

AUGSBURG. Abonnement hier bei der Zeitungs-Expedition, Preis vierteljährig 3 fl. 34 kr., für das ganze Jahr 14 fl. 15 kr. des 24 fl.-Fusses od. 8 Thlr. 4½ Sgr. pr. C.; für auswärts bei der hiesigen k. Oberpostamts-Zeitungs-Expedition, sodann für Deutschland bei allen Postämtern, ganzjährig, halbjährig und bei Beginn der 2ten Hälfte jedes Semesters auch vierteljährig; für Frankreich in Strassburg bei G. A. Alexandre, in Paris bei demselben Nr 23. rue Notre Dame de Nazareth und bei der deutschen Buchhandlung von F. Klincksieck Nr. 11, rue de Lille, und bei dem Postamt in Karlsruhe; für England bei Williams & Norgate, 14 Henrietta-Street, Covent-Garden in London, für Nordamerika bei den Postämtern Bremen u. Hamburg, für Italien bei den k. k. Postämtern zu Bregenz, Innsbruck, Verona, Venedig, Triest u. Mailand, für Griechenland u. die Levante etc. bei dem k. k. Postamt in Triest. Inserate aller Art werden aufgenommen und der Raum der dreispaltigen Colonelzeile berechnet: im Hauptblatt mit 12 kr., in der Beilage mit 9 kr.

Allgemeine Zeitung.

Mit allerhöchsten Privilegien.

Dienstag — Nr. 67. — 7 März 1848.

Königliche Proclamation.

Ich habe Mich entschlossen die Stände Meines Reiches um Mich zu versammeln; dieselben sind auf den 16 d. M. in die Hauptstadt berufen.

Die Wünsche Meines Volkes haben in Meinem Herzen jederzeit vollen Widerhall gefunden.

An die Stände des Reiches werden ungesäumt Gesetzes-Vorlagen gelangen, unter anderen:

über die verfassungsmäßige Verantwortlichkeit der Minister;

über vollständige Preßfreiheit;

über Verbesserung der Stände-Wahl-Ordnung;

über Einführung der Oeffentlichkeit und Mündlichkeit in die Rechtspflege mit Schwur-Gerichten;

über die in der IX. Verfassungs-Beilage angedeutete umfassendere Fürsorge für die Staatsdiener und deren Relicten; dann deren Ausdehnung auf die übrigen Angestellten des Staates;

über Verbesserung der Verhältnisse der Israeliten.

Ferner ordne Ich in diesem Augenblicke die schleunige Abfassung eines Polizei-Gesetzbuches an; ebenso befehle Ich die unverzügliche Beeidigung Meines Heeres auf die Verfassung, und lasse Ich von heute an die Censur über äußere wie innere Angelegenheiten außer Anwendung treten.

Bayern erkennt in diesem Entschlusse die angestammte Gesinnung der Wittelsbacher.

Ein großer Augenblick ist in der Entwicklung der Staaten eingetreten. Ernst ist die Lage Deutschlands. Wie Ich für deutsche Sache denke und fühle, davon zeugt Mein ganzes Leben. Deutschlands Einheit durch wirksame Maßnahmen zu stärken, dem Mittelpunkte des vereinten Vaterlandes neue Kraft und nationale Bedeutsamkeit mit einer Vertretung der deutschen Nation am Bunde zu sichern, und zu dem Ende die schleunige Revision der Bundes-Verfassung in Gemäßheit der gerechten Erwartungen Deutschlands herbeizuführen, wird mir ein theuerer Gedanke, wird Ziel meines Strebens bleiben.

Bayerns König ist stolz darauf ein deutscher Mann zu seyn.

Bayern! Euer Vertrauen wird erwiedert, es wird gerechtfertiget werden!

Schaaret Euch um den Thron. Mit Euerem Herrscher vereint, vertreten durch Euere verfassungsmäßigen Organe, laßt Uns erwägen was Uns, was dem gemeinsamen Vaterlande noththut.

Alles für Mein Volk! Alles für Deutschland!

München, den 6 März 1848.

Ludwig.

Maximilian,	**Luitpold,**	**Adalbert,**	**Karl,**
Kronprinz.	Prinz von Bayern.	Prinz von Bayern.	Prinz von Bayern.

Fürst v. Oettingen-Wallerstein, v. Beisler, v. Heres, v. der Mark, v. Voltz.

Abb. 5: Im Revolutionsfieber. Am 7. März 1848 veröffentlicht die AZ in Form eines Extrablatts die Proklamation Ludwigs I., die u. a. die Gewährung der Pressefreiheit ankündigt. Quelle: Schiller-Nationalmuseum/Deutsches Literaturarchiv, Marbach a. N., Cotta-Archiv (Stiftung der Stuttgarter Zeitung).

Abb. 6: Porträt Gustav Kolb (1798 – 1865), Chefredakteur der Allgemeinen Zeitung und von 1826 – 1865 in ihren Diensten. Quelle: Schiller-Nationalmuseum/Deutsches Literaturarchiv, Marbach a. N., Cotta-Archiv (Stiftung der Stuttgarter Zeitung).

üblich ohne Quellenangabe. Die Urteile reichten von höchstem Lob bis zur politischen Verunglimpfung. Am zutreffendsten resümierte Varnhagen die Aufnahme in einem Schreiben an Heine: „Im Vaterlande ist die Bewunderung für Ihr Talent ungemein gestiegen, und steigt noch täglich, aber auch daneben Haß und Groll, den Ihre Richtung und Ihre Schärfe gewaltig aufregen."[21]

Talleyrands dreizehnter Eid

Was die Seite der Politik anlangt, schäumte Gentz weiter. Eine eher amüsante Episode ist von Metternich überliefert. Unbändig lachte der Staatskanzler, als er in der *Allgemeinen Zeitung* vom 13. März 1832 über die Bestallung des Anpassungskünstlers Talleyrand zum Botschafter in London folgende Zeilen lesen konnte: „... den Eid, den er jetzt geschworen hat, hält er gewiß; denn es ist der dreizehnte ..." Metternichs Entzücken wurde erst durch Gentz gestoppt, der ihn über den Autor aufklärte und darüber, „daß er den Spaß dem Teufel in Person zu danken hätte". Diese Episode schilderte Gentz seinem Vertrauten Pilat.[22] Dabei war er selbst viel zu sehr Connaisseur, um Heine zu dämonisieren, und wie seinem Meister ging es auch ihm: Er fand die AZ-Artikel Heines oft schrecklich gut. „Aber welche Zensur könnte ihm beikommen und welcher Cato könnte ihn lesen, ohne sich einen Augenblick daran zu ergötzen?" schwelgte er in einem Billett an Pilat.[23] Nur hielt er Heine für noch gefährlicher als gut und deshalb suchte er auf Cotta Druck auszuüben.

In der angespannten Lage nach dem Hambacher Fest konnte Cotta die Intervention aus Wien nicht gleichgültig sein. Im Einverständnis mit der Redaktion zog er es vor, den neunten Beitrag aus der Reihe „Französische Zustände" nicht zu bringen. Eindeutig falsch ist jedoch die Annahme, Cotta habe Heine auf Gentz' Drängen hin fallengelassen. Von Kolb angeregt, lieferte der Pariser Korrespondent noch eine Zeitlang Tagesberichte, ehe er seine Sendungen nach Augsburg abbrach, um sich ganz der Buchfassung der „Französischen Zustände" zu widmen.

Heine schied keineswegs ganz von der AZ. In den Folgejahren machte er sich als Entsender zwar rar. Nur gelegentlich, wenn der Geist ihn trieb, schickte er ein Manuskript nach Augsburg. Dieses konnte auch von sehr persönlichen Dingen handeln, denn Heine scheute sich nicht, die AZ als privates Mitteilungsblatt einzusetzen. Das stärkste Stück leistete er sich 1830. Damals, in einer depressiven Phase, bewarb sich Heine um die Stelle eines Syndikus in Hamburg. Um das Erreichen dieses Ziels zu befördern, ließ er über Varnhagen eine getürkte Notiz in die *Allgemeine Zeitung* einrücken: „Der als genialer Schriftsteller bekannte Dr. juris Heine, von dem die Rede ging, er würde auf einer preußischen Universität eine Professur der Geschichte erhalten, wird neueren Nachrichten zufolge in Hamburg bleiben, wo er für ein eröffnetes Syndikat in Vorschlag gebracht werden soll."[24] Der Trick verfing nicht, zum Wohle Heines und der Freien und Hansestadt.

Die „Lutetia"

1840 nahm Heine wieder eine reguläre Korrespondententätigkeit für die AZ auf, die er drei Jahre beibehielt. Wiederum arbeitete er seine Zeitungsberichte in ein Buch um: „Lutetia. Berichte über Politik, Kunst und Volksleben". Die Beiträge aus dieser zweiten Schaffensperiode zeichnen sich vor allem dadurch aus, daß Heine weitsichtig die Probleme, die durch das wachsende Heer der Proletarier entstehen würden, vorhersagte. Nicht ohne Stolz wies er in der Vorrede zur „Lutetia" auf seine Früherkennung der kommunistischen Bewegung hin. „Die Kommunisten, isoliert in allen Ländern ausgebreitet und eines klaren Bewußtseins ihrer gemeinsamen Bestrebungen beraubt, erfuhren durch die Augsburger Zeitung, daß sie wirklich existierten. Sie lernten bei dieser Gelegenheit auch ihren wahren Namen kennen, der mehr als einem jener armen Findelkinder der Gesellschaft völlig unbekannt war."[25]

Nach 1843 wurden die Beiträge wieder sporadischer. Der letzte von insgesamt 132 Artikeln[26], die die *Allgemeine Zeitung* von ihrem Pariser Korrespondenten brachte, erschien am 9. August 1852. Er ist der merkwürdigste von allen, handelt er doch von Heine selbst. Er beginnt: „Der Hofrath Maximilian Heine aus St. Petersburg ist dorthin zurückgereist, nachdem er drei Wochen in Paris verweilte. Er wollte sich hier durch eigene Anschauung über die Krankheit seines Bruders Heinrich Heine unterrichten." Der Artikel endet mit einer Reflexion über die Vorteile, die die absolute Monarchie dem Künstler gewähre, während in den Republiken das Talent „der Scheelsucht der Mittelmäßigkeit" ausgesetzt sei. Und dann zitiert Heine Heine: „Seit dreißig Jahren diene ich der Freiheitsgöttin treu und redlich, und alles was ich in ihrem Dienst gewonnen, ist die Rückenmarkdarre." Mit diesen Worten pflegte Heine sein Leiden, eine Erkrankung des Zentralnervensystems, zu bezeichnen. Der Redaktion ging dieser Sarkasmus offenbar zu weit; etwas oberlehrerhaft fügte sie in Klammern an: „Daran ist die Göttin der Freiheit doch wohl unschuldig."

Daß Heine zur AZ stieß und als halber politischer Flüchtling für sie arbeiten konnte, ist das Verdienst Cottas. Daß er über die Jahre bei der Stange blieb, wäre ohne die kluge Führung Kolbs nicht denkbar gewesen. Kolb war es, der Heine an das Blatt band, der ihn gegen Angriffe verteidigte, ihm aber auch mancherlei zumutete, um seine Berichte für die Zensur passabel zu machen. Zu Kolb hatte Heine Vertrauen und deshalb akzeptierte er, wenn auch nicht immer klaglos, was des Freundes Redigierstift bisweilen in seinen Manuskripten anrichtete. Es war denn auch mehr ein Seufzer als eine Polemik, wenn Heine im „Wintermärchen" schrieb:

„Das war die Rede, die ich hielt,
ganz ohne Vorbereitung.
Verstümmelt hat Kolb sie abgedruckt,
in der Allgemeinen Zeitung."

Freilich blieben Heines Beziehungen zur AZ nicht ungetrübt. Zu einer Belastung kam es im Revolutionsjahr 1848. Damals wurde bekannt, daß etliche Literaten, darunter auch Exilschriftsteller, von der französischen Regierung „Staatspensionen" erhielten. Auf der Empfängerliste, die von der *Revue rétrospective* publik gemacht wurde, fand sich auch Heines Name.[27] Wirklich hat der Dichter von Anfang 1840 an aus einem *fonds secret* des Außenministeriums pro Jahr die beachtliche Summe von 4800 Francs bezogen. Thiers hatte die Dotation als Ministerpräsident eingefädelt. Von seinem Nachfolger Guizot wurde sie bestätigt.

Pension oder Korruption?

Man kann sich vorstellen, daß die Enthüllung für Heines Gegner, die republikanischen an vorderster Front, eine Vorlage boten, die sofort aufgegriffen wurde. In der deutsch-republikanischen Szene von Paris war schon in den Tagen der „Französischen Zustände" das Gerücht befördert worden, Heine arbeite im Solde Preußens oder anderer reaktionärer Mächte. Die Pensions-Affäre schien den Verdacht zu bestätigen und wurde nun weidlich ausgebreitet. Auch die AZ kam nicht umhin, sich mit der Sache zu befassen. Um Heine zu helfen und vor allem sich selbst in ein nicht zu ungünstiges Licht zu stellen – es ging schließlich auch um die Glaubwürdigkeit des Blattes –, verstand sich die Redaktion zu einer kommentierenden Erläuterung, die allerdings arg verunglückte. „Wenn Heine solche Geldunterstützung erhielt, so geschah es wohl mehr für das, was er nicht schrieb", räsonnierte die Zeitung, wobei das „nicht" gesperrt gedruckt war.

Der kompromittierte Korrespondent antwortete mit einer „Erklärung", die die AZ am 23. Mai 1848 ihren Lesern eröffnete. Darin begegnete Heine den Vorwürfen mit dem Einwand, er habe die Dotation aus Notlage angenommen, weil seine politische Verfolgung im Zusammenhang mit dem Schlag gegen das „Junge Deutschland" zu einem Verbot seiner Bücher und damit zu einem Entzug der Existenzgrundlage geführt habe. Heine: „Nein, die Unterstützung, welche ich von dem Ministerium Guizot empfing, war kein Tribut; sie war eben nur eine Unterstützung, sie war – ich nenne die Sache bei ihrem Namen – das große Almosen, welches das französische Volk an so viele Tausende von Fremden spendete, die sich für ihren Eifer für die Sache der Revolution in ihrer Heimat mehr oder weniger glorreich kompromittiert hatten und an dem gastlichen Herde Frankreichs eine Freistätte suchten.“

Man würde gerne wissen, wie dieser Rechtfertigungsversuch auf die Leser der AZ wirkte. Jedenfalls stellt sich, wie bei Stegmann, bei Huber und anderen, auch im Falle Heines die peinvolle Frage nach der journalistischen Unabhängigkeit. War der Pariser Korrespondent korrumpiert und wenn ja, war es ihm bewußt? Wer die Berichte Heines aus den vierziger Jahren liest, wird nicht den Eindruck einer besonderen Rücksichtnahme auf Thiers oder Guizot gewinnen. Heine betrachtete in dieser Zeit das System der Julimonarchie weit skeptischer als in der ersten Schaffensperiode. Den staatsmännischen Fähigkeiten Thiers' ließ er Gerechtigkeit widerfahren. In dieser Hinsicht urteilte er übrigens zutreffender als im Falle des der Cholera erlegenen Ministerpräsidenten Périer, wie überhaupt nicht alle Einschätzungen Heines im Lichte der Geschichte standhalten. Thiers' konkrete Politik zensierte der Berichterstatter hingegen vollkommen ungeniert.

Anders stellt sich die Sache aus dem Blickwinkel der Geldgeber dar. Als die „Pension“ bewilligt wurde, hatte Heine gerade wieder seine regelmäßige Tätigkeit für die *Allgemeine Zeitung* aufgenommen. Man tritt Thiers sicher nicht zu nahe, wenn man unterstellt, daß er in Heine in diesem Augenblick weniger den politisch Verfolgten als vielmehr den Mitarbeiter einer auch für Frankreich wichtigen Zeitung sah, den gewogen zu stimmen nur nützlich sein konnte. Mildernd schlägt für Heine zu Buche, daß sich in jener Zeit nicht wenige Schriftsteller unter das süße Joch staatlicher Zuwendungen begaben. Möglicherweise wußte Heine sogar, daß Thiers selbst nicht bloß Autorenhonorar erhalten hatte, als er für Cotta arbeitete, und es erleichterte ihm die Annahme der „Spende“. Andererseits schreckte Heine nicht davor zurück, die Korruptheit anderer Korrespondenten wie des Baron Eckstein anzuprangern. Es fehlte ihm also nicht, gelinde gesagt, an Problembewußtsein, und so wirft die Pensions-Affäre auf ihn doch einen Schatten.

In Augsburg stand Kolb trotzdem unerschütterlich zu seinem Freund und Korrespondenten. Es war auch nicht seine Schuld, daß sich die AZ 1854 einen überflüssigen Affront gegen Heine leistete, der zu einer ernsten Trübung der Beziehungen führte. In diesem Jahr veröffentlichte die Zeitung nämlich einen Raubdruck von Heines „Geständnissen“, und zwar in einer Rückübersetzung aus dem Französischen. Heine war in dieser Zeit geradezu verfolgt von solchen Räubereien, die natürlich sein Einkommen schmälerten. Obendrein verfaßte ein Hilfsredakteur, Oskar Peschel, eine Rezension der „Geständnisse", die antisemitische Untertöne enthielt. Charakteristischerweise war Heine am stärksten ob der miserablen Übersetzung verbittert, die, wie er fand, im „plumpsten Bayrisch" abgefaßt war. Es dauerte eine ganze Weile, bis sich die Gewitterwolken zwischen Paris und Augsburg verflüchtigt hatten.

Unter dem Strich wird man sagen müssen, daß Heines Sympathien für die AZ in den letzten Jahren etwas abkühlten. Die Hochachtung für das Blatt, für Kolb und nicht zuletzt für den alten Cotta, den er „für einen sehr edlen Menschen, für wahrhaft liberal" hielt, blieb davon unberührt. Gewiß war der Dichter nicht der typische AZ-Korrespondent und vermutlich sogar nicht ihr bedeutendster, trotz seiner Brillanz. Indessen fand die *Allgemeine Zeitung* über die „Französischen Zustände" und die „Lutetia" Eingang in die Literaturgeschichte, wenn auch auf den Schwingen eines fremden Genius. Beide Bücher sind Denkmäler herausragender Zeitungskultur.

Für Heine war die AZ zweifellos eine bedeutsame Geldquelle, vor allem aber sah er in ihr ein unvergleichliches Forum journalistischer Wirksamkeit. Im Vorwort zur französischen Ausgabe der „Lutetia" erklärte er, warum es für ihn wichtig war, in der AZ zu publizieren – so wichtig, daß er selbst die Qualen redaktioneller Vorzensur hingenommen habe. Ihm sei bewußt gewesen, schrieb Heine, daß es die Redaktion aufgrund der großen Verbreitung der Zeitung immer besonders schwer mit der Obrigkeit gehabt habe. „So hatte diese arme Redaktion, die gegen ungezählte Hindernisse zu kämpfen hatte, wohl auch das Recht, jeden Artikel nach ihren Tagesbedürfnissen zurechtzumachen ..."

Bei kleineren Blättern hätte er es gewiß viel einfacher gehabt, fuhr Heine fort. Es sei jedoch „besser, wir zügeln unseren Eifer und äußern uns mit vernünftiger Zurückhaltung, wenn nicht gar in einer Verkleidung, in einer Zeitung, die mit gutem Recht als allgemein bezeichnet wird und deren in allen Ländern verbreitete Blätter Tausenden von Lesern in die Hände kommen. Selbst in seiner trostlosesten Verstümmelung kann das Wort hier einen heilsamen Einfluß ausüben. Die leiseste Andeutung wird zuweilen zu fruchtbarem Samen in einem uns selbst unbekannten Boden. Wäre ich nicht von dem Gedanken beseelt gewesen, ich hätte mich niemals der schrecklichen Tortur unterzogen, für die Augsburger *Allgemeine Zeitung* zu schreiben."[28]

Die vielen Opfer der Zensur

In der Opferliste der von der Zensur geknechteten Journalisten des Vormärz nimmt Ludwig Börne einen herausragenden Platz ein. Aber wer kennt die Schmerzen des Johann Joseph Severus? Er war Zensor Börnes, der im Jahre 1819 die *Zeitung der freien Stadt Frankfurt* redigierte. Zur selben Zeit, da Börne seinen Posten wegen politischer Unbotmäßigkeit verlassen mußte, versuchte der Zensor aus dem Amt zu fliehen. Börne hatte den alterfahrenen Pressekontrolleur in kürzester Zeit nervlich ruiniert. Also schrieb Severus am 24. August 1819 an den Senat der Stadt Frankfurt: „Es ist keine Übertreibung, wenn ich behaupte, daß mir während neun Jahren, alle hiesigen Zeitungs-Redakteure zusammengenommen, die Erfüllung meiner Pflicht als Zensor nicht so sehr erschwert, und ich darf wohl sagen, so verhaßt gemacht haben, als dieser einzige Mann in fünf Monaten."[1]

Man darf annehmen, daß Börne den Severus nicht allein dadurch zur Verzweiflung gebracht hat, daß er unablässig regierungsfeindliche Artikel verfaßte; das taten andere auch. Börne schrieb aber eine so elegante Feder, daß es der Zensur schwerfallen mußte, die Absicht zu ahnden, wo die Ausführung so listig war. Dem Frust, der auf diese Weise entstand, war Severus auf die Dauer nicht gewachsen, zumal es Börne gelang, seinen Frankfurter Aufseher in halb Europa zu einer Witzfigur zu machen. Entnervt und Mitleid heischend fuhr Severus in seinem Kündigungsschreiben fort:

„Seitdem ist in vielen Zeitungen des Auslandes das Gespötte über die hiesige Zensur zu einem ständigen Artikel geworden, zu welchem ohne Zweifel Dr. Börne die Materialien liefert, und mein Name gilt den englischen und französischen Journalisten als Zielscheibe ihres Witzes, die Erfüllung meiner Pflicht als Zensor aber nennen sie ein Verbrechen gegen die Freiheit der Völker. Wie soll ich, der Verachtung und blinden Wut solcher Libellisten durch einen einzigen Menschen überliefert, künftig den Mut hernehmen, das mir aufgetragene – ohnedies höchst undankbare Amt eines Zensors auszuüben, wenn für solche Kränkungen und Verleumdungen kein Ende abzusehen ist?"

Die Episode verdient Erwähnung, weil sie mehr als eine Pointe in der Geschichte der Zensur darstellt. Wir sind daran gewöhnt, uns den Durchschnittszensor der Restaurationszeit als Blutsauger oder doch wenigstens als Schwachkopf vorzustellen. Dabei bedienen wir uns der Optik der Opfer. Wenn Johann Georg August Wirth[2] den Zensor als „Diener der Finsternis“ und als „jämmerliches Werkzeug roher Gewalt und Anmaßung“ apostrophierte, schrieb er sich den angestauten Zorn von der Seele. Ein abgewogenes Urteil war von ihm nicht zu verlangen. Es würde ja auch niemand vom Gehenkten erwarten, daß er wohlwollend vom Strick denkt.

Und doch ist die Zensur im Vormärz sehr viel komplexer gewesen, als die Zeugnisse der molestierten Zeitungschreiber glauben machen. Eines kann man sagen: Sie war meilenweit von den Praktiken der totalitären Pressekontrolle des zwanzigsten Jahrhunderts entfernt, an die wir naturgemäß denken, wenn heute von Zensur die Rede ist. Es ist ja ein Merkmal totalitärer Diktaturen, daß sie die Seelen der Menschen beherrschen wollen. Die Fürsten im Absolutismus hatten dagegen mit den Seelen wenig im Sinn. Ihnen war ziemlich gleichgültig, was die Untertanen dachten, solange sie sich nicht unterstanden, in die Staatsgeschäfte hineinzureden.

Es ist schon gesagt worden, daß die Erschießung des Buchhändlers Palm im Jahre 1806 die ganz große Ausnahme war. In der Regel riskierten Journalisten, Professoren oder Schriftsteller, die sich oppositionell äußerten, nicht Leib und Leben. Schlimm genug, daß ihnen im Extremfall Gefängnis, Berufsverbot oder Ausweisung drohten. Aber dieses Schicksal erlitten nur wenige. Zeitungsverbote waren nicht an der Tagesordnung; sie häuften sich erst nach der Juli-Revolution, speziell in Preußen.

Was man zum Unterdrückungsapparat der Restaurationszeit generell sagen kann, trifft auch für die Überwachung der Presse zu. Sie war, mit heutigen Augen gesehen, lückenhaft und unausgebildet. Für gewöhnlich erfolgten die Strafmaßnahmen gegen eine Zeitung nur nach mehrfacher Vorwarnung, und wenn es hart auf hart ging, konnte man durch eine Änderung des Zeitungstitels oder durch den Wechsel des Druckortes den drohenden Blitzen ausweichen. Hier entfalteten die außerordentliche Zergliederung Deutschlands und das fast vollständige Fehlen einer Zentralgewalt eine äußerst wohltätige Wirkung, wie überhaupt festzustellen ist, daß die schlimmsten Formen der Unterdrückung den Zentralismus als Voraussetzung brauchen. Davon konnte aber unter der Ägide des Deutschen Bundes nicht die Rede sein. Hier war die rettende Grenze immer nahe, und wenn ein Zeitungsverleger mit der Verpflanzung seines Instituts drohte, wie das bei Cotta zum Standardrepertoire der Verteidigungskunst gehörte, dann war das stets eine reale Option und wurde entsprechend ernst genommen. So sah z.B. der Frankfurter Senat 1819 von einem Verbot von Börnes *Waage* ab, weil man befürchtete, „daß Börne sie dann auswärts drucken lassen und Frankfurt noch mehr an den Pranger stellten würde“.[3]

„Tyrannei im Spitzwegstil"

Trotzdem war die Zensur im Vormärz eine Tyrannei, wenn auch eine „Tyrannei im Spitzwegstil"[4]. Wie perfide und teilweise stupide sie gehandhabt wurde, haben wir schon gesehen; es wird in diesem Kapitel noch deutlicher werden. Aber die Journalisten waren keineswegs die einzigen Opfer dieser Tyrannis. Vielmehr peinigte die Zensur die Zensoren fast ebenso wie die Zensierten. Diese seltsame Verschlingung hatte mehrere Ursachen. Eine demonstriert der Fall des armen Severus. Ein Journalist, der wie Börne über genügend Geschicklichkeit verfügte, war durchaus in der Lage, den Spieß zu Lasten des Zensors umzudrehen. Entscheidend aber war, daß das „System Metternich" bis zuletzt mit dem neuen Phänomen der Zeitung nicht umzugehen verstand. Die absolutistische Pressepolitik oszillierte beständig zwischen dem Wunsch, die lästigen Zeitungen loszuwerden, und dem Bemühen, sie als Lautsprecher der amtlichen Vorstellungen zu instrumentalisieren. Folglich bekamen die Zensoren nur selten verläßliche Anweisungen, oder die Instruktionen änderten ihren Sinn, so daß die Empfänger sich letztlich auf ihren Instinkt verlassen mußten. Andauernd schwebte das Damoklesschwert einer unverhofften Rüge über ihnen.

Die Zensurkanone schoß mit Schrot, und häufig ging der Schuß nach hinten los. Auf der Strecke blieb dann der Zensor, getadelt, bestraft oder des Amtes enthoben. Er konnte nichts richtig machen, weil die Zensur falsch und ungeeignet war, ihre Ziele zu erreichen. Gentz hat das in seinen späten Tagen erkannt, und auch Metternich mußte einsehen, daß man die Zeitungen zwar kujonieren und die Redakteure mürbe machen konnte, dieser Kampf letztendlich aber zur Gattung der ungewinnbaren gehörte.

Ursprünglich besaß das Wort „Zensur" keinen negativen Beigeschmack. Die Aufklärung fand es normal, ja notwendig, sicherzustellen, daß die „einfachen" Menschen nur solchen Druckerzeugnissen begegneten, die ihrer geistigen Wohlfahrt dienten. Das Volk mußte ja erst zum Gebrauch der Vernunft erzogen werden – eine Sichtweise, die vom absolutistischen Staat dankbar übernommen wurde. Von diesem Standpunkt aus betrachtet war die Zensur kein Instrument der Repression, sondern der Fürsorge. Man mußte lediglich Männer finden, die das Werkzeug würdig zu handhaben wußten. Daß hier die Crux liegen könnte, erkannte schon August Ludwig von Schlözer, der 1781 meinte, ganz allgemein sei die Zensur „eine herrliche Anstalt, eine fürs Publikum und den Autor gleich große Wohltat", vorausgesetzt, der Zensor verhalte sich gegen den Autor „wie ein Vormund gegen sein Mündel". Ein schlechter Zensor dagegen sei schlimmer als hundert Autoren.[5]

Für Schlözer mußte der wahre Zensor gebildeter sein als der Zeitungsschreiber. Solche Konstellationen kamen vor. Fichte, der die *Königsberger*

Hartung'sche Zeitung kontrollierte, dürfte Schlözers Profilanforderungen ebenso entsprochen haben wie Wilhelm von Humboldt, der 1809 als Leiter der preußischen Zensurverwaltung wirkte. Im vorrevolutionären Frankreich wachte Malesherbes in königlichem Auftrag über die Buchproduktion. Unter seinen milden Augen schmiedeten Voltaire und Diderot fröhlich „die geistige Artillerie der Revolution"[6], der er selbst schließlich zum Opfer fiel. Das Schicksal bedachte die Zensoren bisweilen mit tiefgründiger Ironie.

Selbst nach der Revolution, als die Fürsten Europas unter Angstzuständen zu leiden begannen, die Zeitungen zahlreicher und mutiger wurden, genoß die Zensur zunächst noch das Ansehen einer „herrlichen Anstalt". Das lag daran, daß, verglichen mit den Ausbrüchen blanker Fürstenwillkür, die Federstriche des Zensors unbestreitbar einen Fortschritt darstellten. Als bürokratische Maßnahme bescherte die Vorzensur einen gewissen Zuwachs an Rechtssicherheit. In einem Gutachten warnte Wilhelm von Humboldt 1816 ganz in liberalem Sinne vor einem Rückfall in das Willkürsystem, und zwar mit dem Argument, unter den Verhältnissen der Vorzensur würden die Beschränkungen der Pressefreiheit „wenigstens durch Persönlichkeit und Zufall gemildert".[7]

Natürlich dachte sich Humboldt die Zensoren gebildet und tolerant – Eigenschaften, über die sein Zeitgenosse Johann Heinrich Renfner nun allerdings nicht verfügte. Renfner, der die Berliner Zeitungen unter Aufsicht hatte, als Humboldt seine wohlmeinende Denkschrift verfaßte, verstand seine Aufgabe mehr als mengenmäßige Herausforderung. Er brüstete sich damit, von jeder eingereichten Druckseite mindestens ein Drittel zu streichen. Schlimmer noch: Renfner fühlte sich selbst zum Zeitschriftsteller berufen und verwirklichte sich nach Görres' mitleidlosem Urteil durch „Hineinmatschen seiner eigenen einfältigen Gedanken in die Aufsätze".[8]

Die Erfahrung, daß Beschränktheit ärger sein kann als Bosheit, bewahrheitete sich bei der Zensur in vollem Umfang. Es gibt schauerlich-schöne Anekdoten über den Typus des tumben Zensors. Berühmtheit erlangte ein gewisser Polizeirat Doleschall durch Erzählungen des Kölner Verlegers Joseph DuMont. Eine davon gab Levin Schücking[9], der nacheinander Redakteur bei der *Allgemeinen Zeitung* und der *Kölnischen Zeitung* war, wieder. Danach strich Doleschall einmal eine Annonce der „Göttlichen Komödie", weil man mit göttlichen Dingen nicht Komödie spiele. Eine andere Anekdote besagte, einmal sei Doleschall von seinen Oberen getadelt worden, weil er eine Meldung unter der Spitzmarke „Von der Murg" habe passieren lassen. Fortan habe er alles, was „Von der Aller" oder „Von der Leine" kam, mit den Worten gestrichen: „Der Henker soll die Schreibereien von dem kleinen Bachzeug holen!"

Eseleien und anderes

In zeitgenössischen Karikaturen trat der Zensor meist in der Gestalt des Esels auf. In einer Erzählung Gutzkows endet der Zensor im Wahnsinn. Unsterblichkeit verlieh Heine dem tölpelhaften Typus des literarischen Wachmanns im „Buch Le Grand". Dessen zwölftes Kapitel besteht aus nichts als sechs Zeilen Gedankenstrichen, die zensurbedingte Auslassungen illustrieren sollen. Die Strichelandschaft wird von ganzen vier Worten eingerahmt. Sie beginnt mit „Die deutschen Zensoren" und endet mit „Dummköpfe". So rächten sich die gequälten Schriftsteller, indem sie ihre Peiniger der Lächerlichkeit preisgaben.

In Wahrheit waren die wenigsten Zensoren „Esel". Die meisten besaßen durchaus das geforderte Maß an Gelehrsamkeit, doch das genügte nicht, eine Aufgabe zufriedenstellend zu lösen, die der Quadratur des Kreises glich. Sie wären selbst dann gescheitert, wenn ihre Instruktionen handhabbarer gewesen wären. Börne sprach gewissermaßen für die Zensoren mit, wenn er als hervorstechendes Merkmal der Zensur die Unbestimmtheit nannte: „Es kann ihr weder Strenge vorgeworfen, noch Milde nachgerühmt werden. Sie befolgt keine Grundsätze, weder des Rechts, noch der Billigkeit, noch der Klugheit; sie hat keine Regel, weder erhaltene Vorschrift, noch Konvenienz, noch eigene Ansicht. Es ist nichts dauernd an ihr als der Wechsel, nichts beständiges als ihre Unbeständigkeit."[10]

Während der Franzosenzeit wurden die Zeitungen in Bayern wie in den übrigen Rheinbundstaaten angewiesen, nur aus offiziellen Blättern zu zitieren. Offiziell war praktisch bloß der *Moniteur.* Wie aber sollten die Zensoren über die Einhaltung dieser Vorschrift wachen, wenn ihnen der *Moniteur* nicht zur Verfügung gestellt wurde? Ältere Zensurvorschriften erschöpften sich mehr oder weniger darin, Schimpfworte gegen die Souveräne, die Religion und die guten Sitten zu verbieten. Immer wieder verlangten die Zensoren klarere Anhaltspunkte von ihren Vorgesetzen. Doch so paragraphenreich die Anweisungen auch ausfielen, sie konnten den flüchtigen Stoff Zeitung doch nicht in den Griff bekommen und waren am Ende nichts anderes als Kapitulationsurkunden.

1817 konzedierten die bayerischen Behörden der AZ, um ihr nicht ganz die Luft abzudrücken, „die Aufnahme von Artikeln pro et contra und überhaupt eine anständige freie Diskussion". Selbst „polemische" Artikel über Verfassungsangelegenheiten wollte man zugestehen, sofern sie mäßig waren und die Regierungen nicht angriffen.[11] Das hätte ein erhebliches Entgegenkommen bedeutet. Doch als wenig später in einem Artikel die bayerische Verfassung gegen die Wiener Ministerkonferenzen verteidigt werden sollte und die Zensur den Beitrag in Ordnung fand, wies das Ministerium die publizistische Unterstützung ängstlich zurück: „In den Zeitungen kann und soll kein gelehrter Kampf über Meinungen und über Ansichten der Politik bestehen, welchen die Majorität der Leser meistens mißversteht."[12]

Das Unglück war, daß nach herrschender Lehre nicht bloß die „Majorität der Leser" von der Politik wenig verstand. Wenn schon, dann waren die Zensoren ebenso unwissend. Woran sollten sie sich halten? Solange Napoleon der „Protektor" Bayerns gewesen war, hatte man gewohnheitsmäßig den *Moniteur* als eine Art Bibel betrachtet. Kaum war der Kaiser von der Bildfläche verschwunden, erfuhr man, daß französische Zeitungen als Born gefährlichster Anschauungen zu meiden waren. Denn in Frankreich herrschte nun keine Zensur mehr, die französischen Blätter wagten, die bourbonische Regierung zu kritisieren und nahmen gelegentlich auch Entwicklungen im Deutschen Bund aufs Korn. Das war nun keinesfalls zu billigen. Die französischen Gazetten wurden kollektiv unter Revolutionsverdacht gestellt, und es erging Anweisung, über das Geschehen in Frankreich nur solche Informationen zu bringen, die vorher in irgendeiner deutschen – und damit zensierten – Zeitung gestanden hatten. „Wie ist es nur möglich, daß eine französische Geschichte deutsche Quellen haben kann?" höhnte Börne.[13]

Endlose Meinungsverschiedenheiten gab es über die Bedeutung des Beiwortes „offiziell". Der Umstand, daß ein Aktenstück amtlich gestempelt war, rechtfertigte noch lange nicht, es zu veröffentlichen. Oft bekam die AZ aus Kabinetten oder Hofkreisen Dokumente zugespielt, in der Absicht, den Regierungsstandpunkt in einer bestimmten Angelegenheit zur Geltung zu bringen. Da nun der arme Zensor in die verdeckten Operationen seiner Regierung natürlich nicht eingeweiht war, kam es zwangsläufig zu internen Verwicklungen, die sehr komisch sein konnten. Einmal, 1820, durfte die AZ einen Brief Metternichs nicht veröffentlichen, der zuvor in der Londoner *Times* abgedruckt worden war.[14] Rechberg hielt auch dann noch an dem Verbot fest, als der offiziöse *Österreichische Beobachter* den Brief für authentisch erklärt hatte. Seine Begründung lautete, die österreichische Regierung habe ihn nicht offiziell veröffentlicht. Selbst Monarchen konnten zu Zensuropfern werden. So ist überliefert, daß der Zensor des *Schwäbischen Merkur* kleinere Beiträge des württembergischen Königs Wilhelm, die dieser anonym einzusenden pflegte, regelmäßig zurückwies.[15] Welche Schlüsse der König daraus zog, ist unbekannt. Karrierefördernd wird sich die Respektlosigkeit für den ahnungslosen Zensor nicht ausgewirkt haben.

Auf der Flucht vor dem undankbaren Amt

Die Zensoren gerieten besonders dann ins Schwimmen, wenn es um außenpolitische Artikel ging. Es war schon schwer genug herauszufinden, wo auf heimischem Terrain die Tretminen versteckt waren. Aber wie sollte der Zensor die verwickelten Beziehungen entwirren, die sein Heimatstaat zu den vielen kleinen und größeren Mächten im zersplitterten Deutschland und in Europa unterhielt? Ob er sich denn überhaupt anmaßen dürfe, fragte der Bayreuther Zensor Guben seinen Minister, „die Krümmungen der heiligen Schlange Politik schulgerecht mit dem Zirkel abzumessen und ihren Mittelpunkt zu bestimmen?". Außerdem sei Irren menschlich, konstatierte Guben und fuhr fort: „Und ich armer Zensor, weit entfernt von dem mindesten Anspruch auf Untrüglichkeit, sollte diese alte Wahrheit durch Geldstrafen, wozu ich gar keinen Fonds habe, noch bewähren müssen. Das sei ferne."[16]

Die letzte Anspielung galt einer neuen Verfügung von 1815, mit der die bayerische Regierung, statt nach der Abschüttelung des napoleonischen Jochs der Presse das Leben zu erleichtern, den Zeitungsleuten die Fesseln noch straffer zog. Sie sah vor, daß die Redakteure zahlen sollten, wenn sie gegen Bestimmungen der Verfügung verstießen. Aber nicht nur die Redakteure: Bei Nachlässigkeit sollten auch die Zensoren zur Kasse gebeten werden; mit 25 Gulden beim ersten Versäumnis, mit 50 im Wiederholungsfalle. Bedarf es eines weiteren Beweises, daß die Redakteure und ihre Peiniger letztlich in einem Boot saßen? Der Zensor Guben jedenfalls beantragte seine Entlassung aus dem Frondienst.

Spätestens an dieser Stelle muß man fragen, wer sich überhaupt zum Zensorenamt bereit fand. Die Antwort ist einfach: Kaum jemand drängte sich, viele versuchten, der Ernennung zu entkommen oder, einmal berufen, das Amt wieder loszuwerden. Der Grund lag nicht in einer befürchteten Schädigung des Rufes, sondern in der sicheren Erwartung einer unbequemen und darüber hinaus schlecht entlohnten Aufgabe. Es handelte sich nämlich für die Beamten – Zensoren wurden in aller Regel aus dem Beamtenstand rekrutiert – um unbezahlte Zusatzaufgaben. In Augsburg begehrten deshalb 1815 die drei örtlichen Zensoren auf; sie forderten eine angemessene Bezahlung, die vom Ministerium jedoch verweigert wurde.[17] So verwundert nicht, wenn die Obrigkeit bisweilen ernste Schwierigkeiten hatte, einen Zensor zu finden.

Nichts für Junggesellen

Um dem ungeliebten Wächteramt zu entfliehen, brachten Zensoren zuweilen abenteuerliche Klagen vor. Graf Giech, der 1823 die Übernahme der Kontrolle der AZ auf sich zukommen sah, stellte die in der Geschichte der Zensur wohl einmalige These der Unvereinbarkeit von Junggesellenstand und der Zensorentätigkeit auf. „Da ich nun als Unverheirateter gezwungen bin, im Gasthof zu speisen", schrieb der Graf dem Regierungspräsidenten, „und in den hiesigen Gasthäusern um 1 Uhr gespeist wird, so müßte ich mir das Zensur-Blatt dahin bringen lassen, was schon an und für sich unschicklich, besonders aber mit der ... Aufmerksamkeit unvereinbar sein würde, welches dieses Geschäft erheischt." Das hohe Regierungspräsidium solle daher geruhen anzuerkennen, daß die Zensur der *Allgemeinen Zeitung* „mit der Lebensweise und der Tageseinteilung eines Garçons ... nicht wohl vereinbar" sei.[18] Giech entkam der Verpflichtung jedoch nicht. Er wurde später zum Anhänger der Pressefreiheit und saß als konservativer Abgeordneter in der Paulskirche.

Das Zensorenamt war also alles andere als ein Posten, um den der Wettbewerb tobte. Es schränkte die Lebensqualität beträchtlich ein, wenn man als Beamter seine Arbeitsgewohnheiten denen des Redakteurs anpassen mußte. Die Zeitung erschien nun einmal jeden Tag, auch sonntags. Folglich mußte der Zensor auch dann seines Amtes walten, wenn er nach den hergebrachten Grundsätzen seines Standes eigentlich der Muße frönen sollte. Insofern besaß die burleske Wehklage des Grafen Giech durchaus eine gewisse Berechtigung. Sogar der Zensor Lufft, der unnachsichtigste Kontrolleur, den die *Allgemeine Zeitung* je hatte, machte einmal höheren Orts dienstrechtliche Bedenken gegen den sonntäglichen Einsatz des Rotstiftes geltend. An Sonn- und Feiertagen, argumentierte er sehr entschieden, dürfe ein „christlicher Beamter" nur „mit Not" arbeiten.[19]

Die Versuchung lag nahe, diese Probleme gegen die Redaktion zu lösen. Die Redaktion stand immer unter Termindruck, den der Lauf der Postpferde bestimmte. Jahrelang mußten in Augsburg die ersten Zeitungspakete um 14 Uhr heraus. Der Satz war aber erst um 12 Uhr fertig. Eilends wurde ein Bote mit den frischen Bürstenabzügen zur Zensurstelle geschickt. Dort wartete er ungeduldig, um schließlich mit den Abzügen, die dann vielleicht mit Strichen und Häkchen versehen waren, zurück in die Druckerei zu jagen. Die Korrekturen mußten gesetzt, die Seiten gegebenenfalls neu gefügt werden; es war eine Hetzjagd für alle Beteiligten. Die Konflikte waren programmiert: Die Zeitung mußte ihren eigenen Gesetzen gehorchen, der Zensor wollte sich den Tagesablauf von den „Skriblern" nicht diktieren lassen. Als, wie es in späteren Jahren der Fall war, die Beilage am Nachmittag fertiggestellt wurde, fanden die Zensoren es unzumutbar, „zu ungewöhnlichen Geschäftsstunden“ behelligt zu werden. In welche Bedrängnis die Redaktion geriet, wenn der Zensor in Zweifelsfällen bei seinem Regierungspräsidenten Rücksprache nahm oder ein Artikel gar zur Entscheidung *ex cathedra* nach München geschickt wurde, kann man sich ausmalen. Die Zeitungsarbeit war dann nicht mehr nur „ein Tanz zwischen Dornenspitzen“[20], sondern ein Ritt über den Bodensee.

Erst nach Karlsbad wurde die Zensur zur hauptamtlichen Tätigkeit. Für die *Allgemeine Zeitung* hat Michaela Breil herausgefunden, daß die Zensoren durchweg qualifizierte Beamte waren. Sie hatten ein dreijähriges Jurastudium und den „Akzeß“ hinter sich, ein zweijähriges Praktikum. Meist waren es Stadtkommissäre mit Zuständigkeit für Polizei- und Verwaltungaufgaben oder Mitglieder des (Kreis-)Regierungskollegiums. Die Oberaufsicht führte der Regierungspräsident, im Falle der *Allgemeinen Zeitung* der des Oberdonaukreises, ab 1837 des Kreises Schwaben und Neuburg mit Sitz in Augsburg. Mindestens ein Zensor der AZ, Ludwig Wirschinger, machte Karriere. Er wurde in den dreißiger Jahren Finanzminister. Der Zensor Fischer brachte es immerhin zum Regierungspräsidenten. 1847, nach dem Sturz der Regierung Abel, wurde er als Minister gehandelt, lehnte jedoch ab.

So qualifiziert die Zensoren in ihrer Beamteneigenschaft sein mochten, so unvorbereitet waren sie auf ihre spezielle Funktion. Eine institutionalisierte Fortbildung gab es damals nicht. Kenntnisse der Zeitungsarbeit wurden als unnötig erachtet. Und was die Kenntnis der Politik anlangte, waren die Zensoren ohne Zweifel noch ahnungsloser als die Redakteure. Politik gehörte eben in die Arkansphäre; zwischen ihr und der Bevölkerung befand sich eine Schranke wie zwischen der orthodoxen Gemeinde und dem sakralen Geschehen. Gemeinsam standen sie vor der Ikonostase: die Leser, die Journalisten, die Zensoren.

Daraus ergaben sich Anknüpfungspunkte. Irgendwie mußten Redakteur und Zensor miteinander auskommen. Es entstand ein komplexes Beziehungsgeflecht, das vom Streben nach einem *modus vivendi* gekennzeichnet war und durchaus bis zur Komplizenschaft reichen konnte. Jedenfalls ist es ein Irrglaube anzunehmen, Redakteure und Zensoren hätten sich ständig mit geschlossenem Visier gegenübergestanden. So waren die Verhältnisse selbst dann nicht, als Anfang 1843 Adolf August Lufft zum Aufpasser der *Allgemeinen Zeitung* bestellt wurde.

Leiden unter einem Bekehrten

Lufft war politischer Konvertit. Ursprünglich hatte er liberale Neigungen gehabt. Im Klima der Verdächtigungen und Verfolgungen, das nach dem Hambacher Fest herrschte, mußte er sogar ein Verfahren über sich ergehen lassen. Man warf ihm vor, verbotene Schriften verbreitet zu haben. Lufft wurde freigesprochen, war dann in eine undurchsichtige Mission in der Schweiz verstrickt und schaffte es, das Vertrauen König Ludwigs zu gewinnen – auf welche Weise, ist unbekannt. Luffts Ernennung zum Zensor in Augsburg ging auf den König zurück; die AZ stand damals unter starkem preußischen Beschuß, auf den man in München mit einer starken Geste reagieren wollte. Ludwig sah in Lufft den rechten Mann, die AZ an die Leine zu nehmen. Er setzte darauf, daß Luffts Vergangenheit sich auszahlen würde. Dem österreichischen Geschäftsträger von Kast vertraute der König an, der neue Zensor sei „ein Bekehrter zwar; aber derlei Leute kennen am besten die Triebfedern ihrer früheren Sippschaft".[21]

Der König sollte sich nicht täuschen. In Augsburg führte sich Lufft gleich gut ein. Er drangsalierte die Redaktion so sehr, daß das Blatt in den ersten Wochen seines Wirkens nur in vermindertem Umfang erscheinen konnte. Auch versuchte er sogleich, eine Änderung der Schlußzeiten durchzusetzen; sei es, daß er kommoder arbeiten wollte, sei es, daß er die Redaktion mores lehren wollte. Die Redaktion hatte sich im Vorfeld bemüht, die Plazierung Luffts zu verhindern. Offenbar ging dem Beamten ein bestimmter Ruf voraus. Als Lufft dann zu herrschen begann, beschwerte sich Baron Reischach, Cottas Schwager und Mitinhaber des Unternehmens, in München, wobei er die „Umzugskarte"[22] zog, die schon so oft gestochen hatte. Lufft blieb trotzdem, aber der König war beunruhigt. Er stellte Reischach über Außenminister Gise einen Orden in Aussicht, falls damit der Verlegungsplan aus der Welt sei. Im November 1844 wies Ludwig das Innenministerium an, alles zu tun, um die AZ in Augsburg zu halten. Dieses königliche Signat hält die radikal veränderte Einstellung Ludwigs zum Cotta'schen Blatt fest. An die Stelle des einstigen Wohlwollens war die zähneknirschende Erkenntnis getreten, daß man die Macht der Zeitung respektieren müsse:

„An den Minister des Innern. Es ist zu verhüten, daß die *Allgemeine Zeitung* von Augsburg wegkomme. Nicht allein, daß 50/m fl jährlich die Staatskasse verlöre, sondern es käme um jeden Einfluß die bayerische Regierung auf dieses ihr ohnehin schon abholde Blatt; dieses sicher von allen deutschen, vielleicht von allen europäischen verbreitetestes Ansehen genießende wird zum erklärten Feind."[23] Ludwig schrieb kein gutes Deutsch.

Es hat den Anschein, als habe der Wink von oben temporär zu einer gewissen Lockerung des Zensurdrucks in Augsburg geführt. Lufft blieb indessen schwierig. Er drängte der Redaktion seine Ratschläge auf. Täglich suchte er sie eine Stunde heim, was gänzlich ungewöhnlich war, und hielt die Redakteure von der Arbeit ab. Dabei war er bemüht, den Anschein selbstloser Fürsorglichkeit zu wecken. Von seinen Besuchen in München brachte er hin und wieder ein Aktenstück mit oder erzählte, wie der König gerade über die AZ dachte. Dieses Verhalten machte ihn nicht vertrauenswürdiger, und es kann nicht ausgeschlossen werden, daß Lufft die Redaktion ausspionierte. Gustav Kolb, der Chefredakteur, war kurz zuvor polizeilich observiert worden. Dem Ex-Häftling vom Hohenasperg hing die Vergangenheit nach, und so, wie die bayerischen Verhältnisse unter dem rückwärtsgewandten Ministerium Abel lagen, mochte man in München die gesamte AZ-Redaktion für eine revolutionäre Zelle halten.

Um sich das Leben zu erleichtern, ging die Redaktion einige Male auf die Anbiederung Luffts ein. Die Zugeständnisse gingen so weit, daß der Zensor zur Feder greifen und Beiträge über schweizerische Angelegenheiten für die AZ fabrizieren durfte. Zunächst erhielt er dafür ein paar Buchgeschenke, dann bot ihm Georg von Cotta ein Pauschalhonorar an. Womöglich waren die Annäherungsversuche des Zensors Teil eines Doppelspiels, und Lufft handelte im Einvernehmen mit der Obrigkeit. Vielleicht wollte er sich aber auch nur ein Zubrot verdienen. Die Redaktion war jedenfalls erleichtert, als sie nach Luffts unfreiwilligem Abschied aus Augsburg, wovon später die Rede sein wird, dessen langweilige Artikel nicht mehr abzudrucken brauchte.

Ob Heinrich Heine, der es in seiner zweiten Schaffensperiode für die *Allgemeine Zeitung* mit Lufft als unsichtbarem Gegner zu tun hatte, wußte, daß dieser schreckliche Zensor gewissermaßen Kollege war? Vermutlich nicht. Beide Seiten, Redaktion und Zensor, hatten gute Gründe, die taktische Komplizenschaft nicht ruchbar werden zu lassen. Es war ein problematisches Verhältnis, und Kolb dürfte dabei sehr unwohl gewesen sein. Andererseits konnte es niemand der Redaktion verdenken, wenn sie entspannte Beziehungen zum jeweiligen Zensurbeauftragten suchte. Das förderte den Arbeitsfrieden. So kam es vor, daß man den Zensor mit kleinen Aufmerksamkeiten bedachte. Stegmann steckte Wirschinger den *Morning Chronicle* zu, weil dieser gerne englische Zeitungen las. Cotta in Stuttgart, der Zweitnutzer des Redaktionsexemplars dieses Blattes war, mußte warten, bis Wirschinger seine Lektüre beendet hatte.[24] Mit dem Zensor Fischer, der ein angenehmer Mensch gewesen sein muß, verkehrte Kolb freundschaftlich. Man machte sogar gemeinsam Urlaub.[25]

Selbstzensur als Abwehrmittel

Diese Beispiele zeigen, daß der Zensuralltag keineswegs immer mit Toten und Verwundeten endete. Die Beziehungen zwischen Zensor und Redaktion waren von Nützlichkeitserwägungen bestimmt. Schon möglich, daß man sich gegenseitig sein Leid klagte. Der Zensor mochte sein Tun rechtfertigen, indem er über die Ahnungslosigkeit seiner Vorgesetzten herzog. Der Redakteur redete sich auf die Intransingenz gewisser Korrespondenten heraus, die der Verleger gedruckt sehen wollte, wenn sie schon so viel Honorar bezogen. Im übrigen lag es gar nicht unbedingt im Interesse der Redaktion, einen laxen Zensor zu haben, weil das sehr leicht direkte Interventionen der Politik heraufbeschwören konnte. „Wunschzensor" war der souveräne Kontrolleur, der nicht aus lauter Unsicherheit an stilistischen Dingen herumfingerte, sondern die Redaktion zuverlässig darüber aufklärte, wann der Boden „heiß" zu werden begann.

Ein „heißes" Thema war ab Ende der dreißiger Jahre die Religion. Das 1837 installierte Ministerium Abel verfolgte einen ultramontanen Kurs. Man verlangte von den Zeitungen, daß in Konfliktfällen wie dem Kölner Kirchenstreit ein dezidiert katholischer Standpunkt eingenommen wurde. Selbst das bloße Erwähnen protestantischer Einrichtungen wie des Gustav-Adolf-Vereins wurde untersagt. Redaktion und Verleger führten hier einen heldenhaften Abwehrkampf, schließlich war man keine katholische und keine bayerische, sondern eine europäische Zeitung. Allerdings machte sich die Redaktion bisweilen durch deftige Texte unnötig angreifbar, so, wenn in der Ausgabe vom 5. Mai 1839 der Heilige Joseph als „Schutzpatron der Hahnreie" bezeichnet wurde. Es gehörte schon damals zu den unangenehmen Seiten des Liberalismus, den eigenen Freisinn dadurch zu demonstrieren, daß man die religiösen Gefühle anderer verspottete.

Sensation machte in dieser Zeit ein Buch von David Friedrich Strauß: „Das Leben Jesu". Als der Zensor Perglas eine wohlwollende Besprechung des umstrittenen Werkes durchgehen ließ, mußte er das mit einer Geldbuße zugunsten eines Unterstützungsfonds für Beamte des Kreises Schwaben und Neuburg büßen.[26] Das traf zwar keinen Armen, und Perglas war eine unsympathische Figur, die kein Mitleid verdiente; dennoch unterstreicht der Fall das klassische Dilemma des Zensors, das ein württembergischer Vertreter des Berufsstandes in folgende Worte kleidete: „In der Bibel steht geschrieben: 'Richtet nicht, auf daß ihr nicht gerichtet werdet'; hier aber heißt es: 'Streichet, daß ihr nicht gestrichen werdet'."[27]

Wie stellte sich die AZ auf die Zensur ein? Wie wurde sie mit ihr fertig? Den Zensor milde zu stimmen, genügte nicht. Im jahrelangen Umgang mit dem bürokratischen Mißtrauen formten sich Gegenstrategien heraus. Die problematischste war die Selbstzensur. Sie fräste, noch ehe das Manuskript in Satz ging, alles heraus, was potentiell gefährlich war. Je furchtsamer der Redakteur, je ärger die Repression und je unklarer die Zensurinstruktionen waren, desto lauter klapperte die Schere in den Köpfen der Journalisten. Die Korrespondenten gewöhnten sich an, riskante Themen überhaupt beiseite zu lassen. Das war die erste Station auf dem Kreuzweg der Selbstbeschränkung. Der nächste Schritt bestand darin, bei der Formulierung mögliche Einwände zu antizipieren. Schließlich folgte die Umarbeitung in der Redaktion, die die Form einer vorweggenommenen Zensurmaßnahme annehmen konnte. Eine solchermaßen verstümmelte Berichterstattung erzeugte beim Leser Langeweile, wie Hoffmann von Fallersleben in Spottversen auf die vormärzliche Blätterlandschaft festhielt:

„Was sind doch die Zeitungen interessant
für unser liebes Vaterland!
Was ist uns nicht alles berichtet worden!
Ein Portepeefähnrich ist Leutnant geworden,
Ein Oberhofprediger bekam einen Orden,
Die Lakaien erhielten silberne Borden,
Die höchsten Herrschaften gehen nach Norden,
Und zeitig ist es Frühling geworden –
Wie interessant, wie interessant! Gott segne das liebe Vaterland!“[28]

Die Selbstzensur in der Redaktionsstube mochte manchmal übertrieben sein, wenn der Redakteur des Dauerkonflikts mit der Zensur überdrüssig war. Es konnte sich tiefer Groll gegen den einen oder den anderen Korrespondenten einstellen, der Manuskripte in der freimütigsten Sprache einsandte, so als herrsche in Deutschland die schönste Pressefreiheit. Stegmann, den die jahrzehntelangen Grabenkämpfe gegen die Obrigkeit erschöpft hatten, verwünschte dann seine Arbeit und die Rücksichtslosigkeit der Korrespondenten.

An sich war das Glattbügeln von Manuskripten als Vorsichtsmaßnahme unbedingt notwendig. Aber welcher Korrespondent wollte das einsehen? Börne, dem die Tugenden der Milde und Nachsicht abgingen, schwärzte Therese Huber, die Redakteurin des *Morgenblatts,* bei Cotta an: „Schon eine Staatszensur ist mir unerträglich, die Zensur einer Redaktion ist es mir noch mehr. Denn in der Tat, wenn letztere den Artikel verändert, ist dieses für den Mitarbeiter eine Art Befehl, künftig so zu schreiben, daß jene damit zufrieden sein kann.“[29] Heine versuchte, seine Artikel im Vorweg gegen ruchlose Eingriffe der Redaktion zu imprägnieren, indem er ihre vollkommene Harmlosigkeit behauptete. Heine an Cotta: „... den beiliegenden Aufsatz, den ich schon selber hinlänglich zensiert und worin keine einzige Äußerung über deutsche Interessen vorhanden, hoffe ich, unverändert gedruckt zu sehen.“[30]

Zwischen den Zeilen

Nun gehört es zweifellos zu den Gesetzen von zeit- und systemübergreifender Gültigkeit, daß Redakteur und Korrespondent es schwer miteinander haben. Selten wird ein Liebesverhältnis daraus, denn der Redakteur erhält nie genau das, was er sich gewünscht hat, während dem Korrespondenten immer rätselhaft bleibt, was er schuldig geblieben ist. Die Zensur aber machte alles noch schlimmer. Der Korrespondent, der für ein festes Gehalt arbeitete, konnte vielleicht über rabiate Kürzungen hinwegsehen, die der Redakteur mit Rücksicht auf die Zensur für notwendig hielt. Diese Großmut brachte der Honorarschreiber, der vom Zeilengeld leben mußte, nicht auf. Wenn ihm ein Manuskript, das er auf soundsoviel Gulden berechnet hatte, auf eine handvoll Kreuzer heruntergekürzt wurde, verfluchte er den Redakteur statt den Zensor, der für ihn eine anonyme Instanz war.

Doch Not macht erfinderisch. Goethe hatte nicht unrecht, wenn er meinte, die Zensur lehre gut schreiben.[31] Weil jede Form der direkten Kritik riskant war, wich man aus in Anspielungen und Metaphern. Daraus wurde eine regelrechte Kunst, die seitens der Abonnenten die Fertigkeit verlangte, zwischen den Zeilen zu lesen. Man nehme folgende Pariser Notiz aus der AZ Nr.218, Jahrgang 1836: „General Sébastiani sieht, was man auch sagen muß, sehr kränklich aus; er leidet an Schwäche im Rückgrat, die ihm fast nicht gestattet, aufrecht zu stehen. Er ist bekanntlich einer von den Männern, zu denen Ludwig Philipp das meiste Zutrauen hat." Dieser Artikel – er stammte vom langjährigen Korrespondenten Audibert, im Hauptberuf Baumeister – ist ein gutes Beispiel für gekonnten „Zensurstil". Man kann sich vorstellen, welche Genugtuung die Redaktion darüber empfand, die Zensur mit einer so abgefeimten Doppelbödigkeit ausgebremst zu haben. Denn wie sollte der Zensor gegen eine Notiz einschreiten, die sich wie ein ärztliches Bulletin las?

Es gab viele Wege, die Zensurbehörde zu überlisten. Es gab andere, sie bloßzustellen – zum Beispiel durch den Hinweis auf ihre Existenz. Börne beendete einmal einen Artikel der *Zeitung der freien Stadt Frankfurt* mit der Bemerkung: „Der Beschluß folgt wahrscheinlich."[32] Die Leser wußten nun, daß der Inhalt des Blattes von einer anderen Instanz als der des Redakteurs mitbestimmt wurde. Beliebteste Form der Bloßstellung war die „Zensurlücke". Sie entstand, wenn unterlassen wurde, Striche des Zensors durch ein Zusammenrücken des Textes oder durch Einschübe aus dem Stehsatz unkenntlich zu machen. Dann klaffte ein Loch, und die Zeitung „prahlte mit ihren Wunden". Wir haben gesehen, wie Heine im „Buch Le Grand" diesen kleinen Racheakt literarisch verewigte. Natürlich waren diese „Zensurlücken" den Regierungen außerordentlich peinlich. Die Apologeten der Restauration priesen zwar die staatliche Zeitungsüberwachung als gutes Werk im Geiste der Volksfürsorge. Aber man zog vor, dieses gute Werk vor dem Volke zu verbergen. Die Zensur war eben nicht bloß ein untaugliches, sondern auch ein verlogenes Instrument. Deshalb mußten ihre Spuren verwischt werden. 1831 wurden die „Zensurlücken" in Bayern verboten, im Deutschen Bunde etwas später. Die Augsburger Redaktion ließ sich die Gelegenheit, den Kaiser ohne Kleider abzubilden, dennoch nicht gänzlich nehmen. Die Zensurakten der Jahre 1838 und 1839 enthalten bitterböse Klagen der Regierung, weil die Redaktion „vergessen" hatte, aus den Inhaltsübersichten Hinweise auf Artikel, die gestrichen worden waren, herauszunehmen. Kolb redete sich in solchen Fällen auf die Hektik des Tagesgeschäfts heraus.[33]

Im Umgang mit der Zensur fielen der Redaktion immer neue Listen ein. Oberstes Gebot war, die Korrespondenten zu schützen, d.h. die Herkunft der Artikel soweit wie möglich zu verschleiern. Also versah man Eigenberichte mit nebulösen Signaturen. Damit nicht genug. Auch die Ortsspitzmarken wurden verändert, wenn sonst die Gefahr bestand, daß der Einsender identifiziert werden konnte. Thiersch, der Spezialist für das delikate Thema Griechenland, erhielt nicht nur wechselnde Signets, seine Beiträge erschienen auch unter absichtsvoll irreführenden Ortsnamen. Eine Anweisung Georg von Cottas sah vor, „heiße" Nachrichten aus Wien mit „aus Paris" zu kennzeichnen.[34] Wie weit die Irreführung gehen konnte, zeigt eine Bitte, die Frankreich-Korrespondent Jean Alexandre Buchon an die Redaktion richtete. Buchon, Redakteur des *Constitutionnel,* empfahl, kleine Unrichtigkeiten in seine Texte einzustreuen, in der Annahme, daß niemand ausgerechnet ihm solche Fehler zutrauen würde.[35]

Auswärtige Regierungen, die sich von einem Artikel in der *Allgemeinen Zeitung* angegriffen fühlten, pflegten in ihren Beschwerden auf der Nennung des „Übeltäters" zu bestehen. Zum Ritual gehörte dann, daß das zuständige bayerische Ministerium in diesem Sinne an das Augsburger Regierungspräsidium schrieb. Das Präsidium antwortete dann ebenso rituell, daß die Redaktion den Namen nicht preisgebe. Eine Standardausrede der Redaktion lautete, der Einsender sei ihr nicht bekannt, weil das Manuskript vom Verleger aus Stuttgart gekommen sei. Mit dieser Ausrede, die schon deshalb durchsichtig war, weil sie so oft wiederholt wurde, gab sich die Regierung meistens zufrieden. Die Affäre ging dann aus wie das Hornberger Schießen. Oder die Zeitung sagte zu, bei Gelegenheit einen Gegenartikel aufzunehmen.

Manchmal aber griff die Obrigkeit durch. Es kam vor, daß die Redaktionsräume durchsucht wurden. Auch dafür war vorgesorgt. Schon der alte Cotta hatte angeordnet, die Manuskripte abschreiben zu lassen, damit noch nicht einmal die Handschrift den Verfasser verraten könne. Dadurch entstand eine kolossale Mehrarbeit, unter der die Redaktion ächzte. Sie machte aber das System des Korrespondentenschutzes fast perfekt, und das war nötig. Denn die Zeitung lebte ja davon, daß sie wichtige Aktenstücke publizierte und kenntnisreiche Autoren zu Wort kommen ließ. Darauf beruhte ihr Renommee. Sie konnte aber nur dann auf diese redaktionellen Glanzstücke rechnen, wenn die Anonymität der Einsender absolut gewährleistet war.

Vor größte Probleme stellte die Redaktion die polizeistaatliche Praxis, Briefe zu öffnen. In Österreich war das beinahe Usus. Wie sollte man dieser Gefahr begegnen? Die Redaktion entwickelte hier eine konspirative Gegenstrategie. Man veranlaßte die Absender delikater Beiträge, die Briefe weder direkt an die Redaktion noch an den Verlag aufzugeben, sondern an Deckadressen. Diese Praxis wurde schon früh geübt. 1817 war es Friedrich Schlegel, der Cotta um eine Deckadresse bat.[36] Vorzugsweise wurden die Anschriften von Bankiers genutzt, was wegen der weitläufigen Geschäftsverbindungen dieser Leute unverfänglich war. Besonders behilflich war hier Simon Freiherr von Eichthal, der erste Direktor der Bayerischen Hypothekenbank. Doch sogar Damen der Augsburger Gesellschaft wurden für die diskreten Zustellerdienste eingespannt![37]

Schmiergelder als Lebensversicherung

So ließ sich also einigermaßen mit der Zensur leben. Man mußte ja mit ihr leben. Bis 1848 bestand nicht ein Fünkchen Aussicht auf Pressefreiheit. Also war man darauf aus, ein hinlänglich gutes Verhältnis zu dem Zensor zu finden, und hoffte ansonsten, daß in Bayern ein etwas liberaleres Ministerium an die Macht gelangen möge. Das Ringen mit der Obrigkeit blieb im Gleichgewicht, nicht zuletzt dank der Macht des Cotta-Konzerns. Die AZ behielt einen gewissen Freiraum, der ihr erlaubte, den Ruf als ein unverzichtbares Bildungsorgan und als Fürsprecherin moderater politischer Reformen zu konservieren.

Indessen bedurfte es dazu immerwährender Vorsicht. Der Kampf um die Unabhängigkeit der *Allgemeinen Zeitung* spielte sich nur teilweise auf dem Felde der Zensur ab. Es gab auch die Ebene direkter politischer Pression. Der stärkste Druck kam den ganzen Vormärz über von Österreich. Das hatte mit der starken politischen Stellung des k.k. Reiches zu tun. Als Präsidialmacht des Deutschen Bundes und Garantiemacht der Restauration fühlte man sich in besonderer Weise aufgerufen, ein wachsames Auge auf die wichtigste deutsche Zeitung zu haben, die darüber hinaus die mit Abstand wichtigste in Österreich selbst war. Im Jahre 1830 rangierte die AZ unter 221 in- und ausländischen Zeitungen, die bei der Post in Wien bestellt waren, an zweiter Stelle, nur von der *Wiener Zeitung* übertroffen.[38]

Über zehn Prozent der Gesamtauflage entfielen auf sie, die im k.k. Staat traditionell ihr bestes Absatzgebiet besaß! Damit hatte Österreich aber auch einen wichtigen Trumpf in der Hand: Weil kein Markt für den Zeitungsverleger Cotta wichtiger war als der österreichische, konnte Österreich die AZ wirkungsvoller in die Zange nehmen, als es irgendeinem anderen deutschen Staat möglich war. Und Metternich und seine Chargen scheuten sich nie, eben das zu tun.

Die probateste Methode war, mit dem Entzug des Postdebits zu drohen. Die Zeitungen mußten mit der Post expediert werden. Die Post war aber im Besitz des Staates. Das sicherte der Obrigkeit einen doppelten Vorteil: Man kassierte Gebühren und konnte überdies einer unbotmäßigen Zeitung die Folterwerkzeuge zeigen, indem man mit einem Dreh an der Gebührenschraube drohte. Man konnte auch den Debit entziehen oder die Einfuhr sperren, was ein und dieselbe Sache war. Ohne Debit keine Expedition, ohne Expedition keine Abonnenten. Die AZ hatte Erfahrung damit. Sie durchlief in ihrer Geschichte Phasen, in denen sie aus Preußen, aus Österreich oder aus Frankreich ausgesperrt war, immer nur für kurze Zeit, aber stets hing das Damoklesschwert des Verbots über der Zeitung. Im Falle Österreichs war besonders perfide, daß der AZ der Debit niemals für länger als für sechs Monate gewährt wurde. Er mußte immer wieder neu beantragt werden.

Nirgendwo ist festgehalten, wie oft die Wiener Hofburg der *Allgemeinen Zeitung* kapitale Strafen in Aussicht gestellt hat – vermutlich ebenso häufig wie die Verleger mit der Umsiedlung des Blattes drohten. Noch im Jahre 1864 wurde diese Methode der Einschüchterung gewählt. Letztlich aber schreckte man immer vor der *ultima ratio* zurück. 1836 zog Metternich die Summe seiner Erfahrungen mit der AZ: „Wäre die *'Allgemeine Zeitung'* ein gewöhnliches Produkt, so wäre ich der erste, welcher auf sie entweder meine Aufmerksamkeit nicht lenken oder eine uns ganz zu Gebote stehende Verbotsmaßregel anwenden würde."[39] Weil die *Allgemeine Zeitung* nun aber einmal ein ungewöhnliches Produkt ist – so ließe sich der Gedankengang Metternichs fortsetzen –, bleibt nur der Weg, sie zu tolerieren und zu beeinflussen.

Tatsächlich wäre ein Verbot der AZ in Österreich oder gar im Bunde sehr riskant gewesen. Es hätte europaweit Aufsehen erregt und zudem den Verlagsriesen Cotta zu Reaktionen veranlaßt, die den österreichischen Interessen nicht förderlich sein konnten. Zum anderen war die AZ wahrhaftig nicht antiösterreichisch eingestellt. Gerade weil die Zeitung aufgrund ihrer Verbreitung so verletzlich gegenüber dem Habsburgerstaat war, gab Cotta seine Hand zu Konzessionen, die er andernorts nicht zu machen pflegte. Armbruster, einen der ersten Korrespondenten, den die AZ in Österreich hatte, hatte man sich ja keineswegs ausgesucht. Er war

Cotta schlicht und einfach von der Wiener Polizeihofstelle oktroyiert worden. Demselben Muster entsprach das Arrangement Cotta–Pilat, freilich mit dem Unterschied, daß Metternichs Sekretär auf beiden Schultern trug. Pilat lieferte der AZ einerseits Berichte, die von amtlicher Seite souffliert waren; andererseits wirkte er in Wien als Sachwalter der Cotta'schen Interessen, jedenfalls versicherte er das.

Für den alten Cotta stellte Pilat eine wahre Heimsuchung dar, wie der Verleger eines Tages dem Grafen Bray, bayerischer Gesandter am Wiener Hof, gestand: „Wenn ich jetzt genötigt werde, drucken zu lassen, wieviel Geld mich dieses Verhältnis gekostet hat ... wird das Urteil der billigen Lesewelt nicht gegen mich ausfallen ... Ebenso regelmäßig wie die Äquinoktialstürme kamen (auch) gegen Schluß jedes halben Jahres Pilatsche Drohbriefe, die das nahe Verbot der AZ verkündigten, um jedesmal wieder durch ergiebige Zahlungen beschworen und besänftigt zu werden."[40] Treitschke stellte Jahrzehnte später Überlegungen an, weshalb Österreich einen so großen Einfluß auf die AZ ausüben konnte, und vertrat den Standpunkt, Cotta sei viel zu reich gewesen, als daß man der AZ durch Bestechung habe beikommen können. In Wahrheit verhielt es sich genau umgekehrt: Cotta mußte Schmiergelder zahlen, um sich gegen österreichische Attacken zu wappnen!

Bonapartes mißachtete Warnung

Am 8. März 1836 erließ das bayerische Innenministerium eine neue Zensurinstruktion. Sie stellte innenpolitischen Angelegenheiten von der Zensur frei und beschränkte die Aufsicht auf die Außenpolitik. Diese, übrigens zwei Jahre später aufgehobene Unterscheidung verwundert auf den ersten Blick. Man sollte vermuten, daß sich das Mißtrauen der Regierung am empfindlichsten auf die Schilderung der inneren Verhältnisse gerichtet habe. Das war zweifellos auch so, doch traute man sich zu, mit einer Zeitung, die auf diesem Feld über die Stränge schlug, allein fertigzuwerden. Anders verhielt es sich mit der Berichterstattung über andere Staaten. Hier sorgte eine sonderbare, doch unbezwingbare Logik dafür, daß die Zensur die Wirkung eines gefährliche Bumerangs entfalten konnte. Sofern eine Zeitung der Vorzensur unterlag, trug der Inhalt, weil geprüft und gebilligt, praktisch ein Amtssiegel. Nun war bei aller Akribie des Zensors nicht auszuschließen, daß sich ein auswärtiger Staat durch einen Zeitungsaufsatz ungerecht behandelt oder gar beleidigt fühlte. In diesem Fall suchte er Satisfaktion nicht bei der Redaktion, sondern bei der Regierung, die durch ihre Zensurbehörde das *Imprimatur* erteilt hatte. Die Regierung hatte nun zwei Möglichkeiten: Entweder sie schob die Schuld an der Affäre dem

Zensor zu, was sie aber nicht wirklich entlastete. Oder sie bekannte, daß das inkriminierte Stück ihr aus der Seele gesprochen habe. Das kam schon gar nicht in Frage. Der einzige Ausweg bestand darin, auswärtige Artikel der geschärften Wachsamkeit des Zensors anheimzugeben und damit diplomatische Konflikte überhaupt zu vermeiden.

Das Dilemma war keineswegs neu, es lag in der Natur der Sache. Napoleon war vielleicht der erste, der es erkannte. 1810 berichtete sein Polizeiminister nach Reisen in die wichtigsten europäischen Hauptstädte, man sei dort davon überzeugt, daß die französischen Zeitungen keine andere Aufgabe hätten, als „die Gedanken der Regierung" zu dolmetschen. Alle Indiskretionen, die den Journalisten entschlüpften, gingen daher restlos zu Lasten der Regierung. Da hülfen auch keine Dementis, meinte der Minister.[41] Mit seiner Empfehlung, nämlich die Presseüberwachung zu verschärfen, gab sich der Kaiser allerdings nicht zufrieden. Die Konsequenzen mißfielen ihm. „Ich will nicht für alle Dummheiten verantwortlich sein, die gedruckt werden", erklärte er.[42] Bis zuletzt konnte Napoleon dem Instrument der Vorzensur wenig abgewinnen, und obwohl es natürlich doch eingesetzt wurde, zog er andere Methoden vor. Konfiskation und Verbot waren aus seiner Sicht wirksamer und bereiteten weniger Ärger. Als 1814 die Verbündeten in Paris einrückten, existierten in der Stadt, die um 1800 noch 57 Zeitungen aufgewiesen hatte, noch ganze vier.

Was Napoleon hatte vermeiden wollen, nahmen die deutschen Souveräne der Restaurationszeit in Kauf. Sie etablierten ein bürokratisches Überwachungssystem der Presse, das doch nicht lückenlos sein konnte, und erwarben damit eine Patenschaft, die Ärger schaffen mußte. Immer wieder sollten sie sich für irgendeine „Dummheit" rechtfertigen, die eines „ihrer" Blätter gedruckt hatte. Keine Regierung traf dieses Los härter als die bayerische, die qua Zensur die Verantwortung für die *Allgemeine Zeitung* trug, ein Blatt, das allein aufgrund seiner Verbreitung ein Störpotential für die zwischenstaatlichen Beziehungen darstellte. Die diplomatischen Akten verzeichnen denn auch eine schier endlose Kette von Beschwerden auswärtiger Mächte über die Cotta'sche Zeitung. Auf alle mußte man in München eine Antwort finden. Zwei Episoden sollen hier herausgegriffen werden. Sie zeigen bei aller Unterschiedlichkeit, wie die Zensur, statt ihrem Zweck entsprechend die Herrschaft des autoritären Staates nach innen wirksam abzusichern, außenpolitische Zwistigkeiten erzeugte. Und nicht von ungefähr spielen in beiden Episoden Zensoren die Hauptrolle.

Baron Perglas oder der Zensor als Einflußagent

Mitte März 1836 suchte der französische Gesandte in München, Baron de Bourgoing, den bayerischen Außenminister Gise auf. Die Herren führten ein frostiges Gespräch.[43] Bourgoing klagte über die *Allgemeine Zeitung,* die gerade einen unfreundlichen Artikel über den französischen Ministerpräsidenten veröffentlicht hatte. Dieser Ministerpräsident war Adolphe Thiers. Gise reagierte lustlos. Die AZ erhielt über Innenminister Oettingen-Wallerstein die übliche Verwarnung, die die Zeitung mit einer ganz und gar unüblichen Attacke quittierte. Darin hieß es: „Daß die französischen Blätter, so oft es ihnen beliebt, von der Rheingrenze und Belgien als von ihrem Eigentum sprechen, wird ganz in Ordnung gefunden; darin dürfen die Deutschen keine Beleidigung sehen. Wenn aber in Augsburg oder in Hamburg oder in Frankfurt ein deutscher Zensor den schrecklichen Satz stehen läßt, die französische Deputiertenkammer verstehe sich besser auf Deklamationen als auf Staatsweisheit, da ist die 'große Nation' beleidigt, da muß die französische Regierung Genugtuung fordern, da muß den deutschen Journalisten ihr bißchen kümmerliche Freiheit noch mehr beschränkt werden ..."

Diese Replik fiel in mehrfacher Hinsicht aus dem Rahmen. Erstens war es unüblich, daß eine Zeitung sich nach einem Verweis öffentlich rechtfertigte. Geradezu sensationell war der ungeschminkte Hinweis auf die bedrängte Lage der Presse in Deutschland („ihr bißchen kümmerliche Freiheit"). Das Thema Pressefreiheit zählte sonst unter die Tabus, an die man besser nicht rührte. Vielleicht glaubte sich die Redaktion durch Fürst Oettingen-Wallerstein gedeckt, der ein leidlich liberales Regiment führte und die AZ schätzte. Er wurde später übrigens zu einem ihrer Mitarbeiter. Möglicherweise hielt man es in München auch für nützlich, wenn ein wenig auf die nationale Pauke gehauen wurde. Die Stimmung diesseits und jenseits des Rheins war in dieser Zeit gereizt. Eine andere Erklärung für den frappierenden Wagemut der Redaktion ist darin zu sehen, daß der Artikel mit Frankreich einen Staat aufs Korn nahm, in dem Zensur nicht geübt wurde. In Bayern sahen die gültigen Zensurrichtlinien nämlich ausdrücklich vor, daß Artikel über zensurfreie Staaten weniger genau unter die Lupe zu nehmen seien. Offenbar gedachte man mit dieser Maßregel einen erzieherischen Effekt bei den liberaleren Mächten zu erzielen.

Die Rechtfertigung der *Allgemeinen Zeitung* veranlaßte Bourgoing zu einer weiteren Beschwerde beim Außenminister. Die Unterredung protokollierte er in einem Bericht an Thiers.[44] Danach entgegnete Gise auf seine Vorstellungen, die französischen Zeitungen zögen ja auch heftig über Deutschland her, was zwangsläufig zu Reaktionen der deutschen Presse führe. Bourgoing antwortete, daß im Unterschied zu Frankreich die Presse in Bayern unter staatlicher Aufsicht stehe. Das sei der springende Punkt. Bourgoing: „Ich … wies darauf hin, daß die Sprache eines zensurierten Blattes fast der der betreffenden Regierung gleich zu achten sei."

Mit dieser Bemerkung hatte der Gesandte ins Schwarze getroffen. Die bayerische Regierung saß in der Klemme. Als Lösung bot sich an, den Zensor in die Wüste zu schicken, was auch geschah. Der Regierungsrat Fischer war sowieso in Ungnade gefallen. Sein Abzug von Augsburg konnte der französischen Seite als Akt der Satisfaktion verkauft werden. Bourgoing ließ die Sache dennoch keine Ruhe. Der Gesandte war ein kluger Beobachter der Entwicklungen in Deutschland. Der aufkeimende Nationalismus beunruhigte ihn. Um so wichtiger schien ihm eine positive Beeinflussung der öffentlichen Meinung. In den kommenden Monaten bombardierte er seine Regierung mit weitschweifigen Darlegungen über die deutsche Presse im allgemeinen, die AZ im besonderen. Deren außergewöhnlicher, ganz Europa umspannender Einfluß wurde in den kräftigsten Farben geschildert. Thiers, Ex-Korrespondent eben dieses Blattes, dürfte insgeheim gelächelt haben.

Der Diplomat erbat von seiner Regierung *carte blanche*, um die Augsburger Redaktion im französischen Sinne günstig zu stimmen. Diese sei durchaus zugänglich, versicherte er. Ein subalterner Redakteur habe sich sogar bereit erklärt, für tausend Francs im Jahr Artikel von offizieller französischer Seite in die Zeitung zu heben. Ein anderer Weg, das Wohlwollen der für die öffentliche Meinung in Deutschland maßgeblichen *Allgemeinen Zeitung* zu gewinnen, war nach Ansichts Bourgoings, ein paar Dutzend Abonnements zu kaufen. Der Gedanke klingt heute reichlich verwegen, bei Balzac kann man jedoch nachlesen, daß diese Methode der sanften Bestechung in Frankreich nicht unüblich war.[45] An die Spitze seines Konzepts zur Eroberung der AZ aber stellte Bourgoing die „Sicherung" des neuen Zensors. Einzelheiten unterbreitete der Gesandte in einem Bericht vom 5. Dezember 1836.

Der neue Zensor war Karl August Freiherr Pergler von Perglas. Über einen Mittelsmann war Bourgoing mit Perglas in Kontakt gekommen. Dem Gesandtenbericht zufolge bot ihm der Zensor sogleich seine guten Dienste an. Er sicherte zu, das Erscheinen aller frankreichfeindlichen Artikel in der Zeitung zu verhindern. Vollkommen ungeniert schickte Perglas dem Diplomaten eine Serie von Bürstenabzügen mit Artikeln der *Allgemeine Zeitung,* die er verändert oder ganz unterdrückt hatte. Diese Beweisstücke des Perglasschen Eifers sandte Bourgoing gleich weiter nach Paris. So kam es zu dem wahrhaft außergewöhnlichen Umstand, daß die Pariser Regierung in den Besitz von Bürstenabzügen aus der Augsburger Druckerei Cottas gelangte!

Natürlich hatte der Zensor neben reiner Gesinnung auch einen bescheidenen Wunsch. Monieur de Perglas unternehme seine „Anstrengungen nicht gänzlich desinteressiert“, ließ der Gesandte durchblicken. „Er wünscht nämlich das Kreuz der Ehrenlegion. Für seine Würdigkeit kann ich einstehen. Er ist Kämmerer, Regierungsrat, allgemein geachtet und steht in naher Verwandtschaft mit den ersten Familien des Hofes.“ Wohl gebe es Einwände taktischer Art, die er, Bourgoing, Perglas auch vor Augen geführt habe. „König Ludwig wird nach den Gründen einer solchen Auszeichnung fragen und, wenn er einen Akt offiziöser Parteilichkeit dabei vermutet, wird er ihn von der Stelle entfernen und wir verlieren die Vorteile einer uns günstigen Zensur.“ Wie konnte man dieser Kalamität begegnen? Bourgoing wußte einen Ausweg: „Ich verlangte von ihm ein anderes plausibles Motiv für eine Auszeichnung, worauf Perglas auf den Gedanken kam, mir beiliegendes, von ihm verfaßtes Buch zur Überreichung an unseren König (gemeint ist der bayerische) zu geben. Es ist zwar ein schwacher Rechtstitel, diese Übersetzung der ‘Andromache’ von Racine in deutschen Alexandrinern.“ Indessen, so fügte Bourgoing hinzu, gehe es darum, Frankreich einen wichtigen Dienst zu erweisen, indem man die *Allgemeine Zeitung* und mit ihr „die einflußreichste der deutschen Zeitungen“ auf seine Seite bringe.

Das Kreuz der Ehrenlegion

Das trübe Geschäft kam tatsächlich zustande. Der Zensor wurde zum französischen Einflußagenten. Regelmäßig traf Perglas mit dem Gesandten zusammen, lieferte Einschätzungen des redaktionellen Kurses der AZ, der „im höchsten Grade demokratisch“ sei, und zeichnete Persönlichkeitsprofile der Redakteure.[46] Immer hatte er Artikel bei der Hand, die von ihm kassiert worden waren. Er zögerte auch nicht, Bourgoing davon in Kenntnis zu setzen, aus welcher Richtung die schlimmsten Artikel wahrscheinlich stammten. Der Gesandte wiederum wurde nicht müde, seinem Ministerpräsidenten die Verdienste des Zensors zu schildern und erinnerte immer wieder an die Auszeichnung, an der Perglas so sehr liege. In Paris aber ließ man den korrupten Zensor eine ganze Weile zappeln. Erst 1839 wurde Perglas zum Offizier der Ehrenlegion ernannt und damit für seine Dienste entschädigt.

Welcher Art diese Dienste waren, ahnte Kolb übrigens, wie aus einem Brief des Chefredakteurs an Heine hervorgeht: „Zum Überfluß haben wir auch gerade einen Zensor, den Ludwig Philipp kürzlich zum Offizier der Ehrenlegion gemacht hat (wenn nicht wegen der *Allgemeinen Zeitung,* weiß kein Mensch recht warum) und der sich doch etwas dankbar dafür bezeigen muß“, kombinierte Kolb.[47]

Der Zufall wollte es, daß Perglas in jenem Jahre, als sich seine Anstrengungen für die Sache Frankreichs mit der Ehrenlegion endlich bezahlt machten und sein Traum wahr wurde, einen schwerwiegenden Fehler beging. Unter dem Datum vom 19. März 1838 teilte ihm der Regierungspräsident mit, daß er „auf höhere Anordnung" von seinem Posten entfernt und die Zensur der AZ seinem Kollegen Joseph von Kolb (mit dem Chefredakteur nicht verschwägert) übertragen werde.[48] Was war Perglas zum Verhängnis geworden? Keine Unachtsamkeit auf außenpolitischem Felde und schon gar keine Vernachlässigung der französischen Interessen. Gestolpert war Perglas über eine bayerische Hofkabale. 1837 hatte das Ministerium Oettingen-Wallerstein dem des klerikalen Karl von Abel weichen müssen, das hinfort als „System Abel" zum Synonym rückwärtsgewandter Politik werden sollte. Die Feindschaft Wallerstein–Abel gehörte zu den beliebtesten Gegenständen des Münchner Hofklatsches, was nicht bedeutete, daß die Zeitungen darüber berichten durften. Nun hatte die AZ am 16. März 1838 folgende Notiz über das Unwohlsein Wallersteins eingerückt: „Der einstige Minister Fürst Wallerstein liegt auf sehr schmerzliche Weise danieder – ein Pferd hat ihn geschlagen." Diese Notiz besaß einen Doppelsinn, der sich heute nicht mehr erschließt, die kundigen Zeitgenossen aber gewiß ergötzte. Perglas war er entgangen. Dafür sollte er nun büßen.

Pergler von Perglas ließ die Sache nicht auf sich sitzen. Er wollte Zensor bleiben. In langen Schriftsätzen an das Regierungspräsidium versuchte er, seine Rehabilitierung zu erreichen. Interessant sind die rechtfertigenden Argumente, die der Zensor vorbrachte. Zunächst stellte er fest, daß eine Doppeldeutigkeit der besagten Mitteilung für ihn nicht erkennbar gewesen sei. Solch ein Streich sei der AZ-Redaktion auch gar nicht zuzutrauen, die viel zu sehr von der Wichtigkeit ihres Berufes durchdrungen sei (man erinnert sich an ganz andere Apostrophierungen der AZ durch Perglas gegenüber Bourgoing!). Im übrigen sei die Notiz längst von angesehenen ausländischen Blättern nachgedruckt worden. Überzeugender als diese Entschuldigung war der Hinweis des Zensors auf die Zensurinstruktionen von 1836, die inländische Angelegenheiten der Kompetenz der Zensur „gänzlich entrückt" habe, wie Perglas sich ausdrückte. Dann wurde der Zensor pathetisch. Niemals sei er nachlässig gewesen. Statt dessen liege vor seinem geistigen Auge „eine Masse gestrichener Artikel ... deren Dasein zwar meine mühsam erworbenen Verdienste dartun könnten, deren stummes Zeugnis aber, ewig nutzlos, für mich verloren geht."

Ganz verloren und nutzlos waren die Mühen der Streicharbeit nicht gewesen, wie wir wissen, und tatsächlich kehrte Perglas nach einem Jahr auf seinen Posten zurück. Die Nachricht von seiner Wiedereinsetzung überbrachte er sofort Bourgoing.[49] Die Zensur sei eigentlich ein mühsames und freudloses Geschäft, erklärte er dem Gesandten. Überhaupt habe er sich nur aus einem einzigen Grund um die Wiedereinsetzung bemüht, nämlich „in der Hoffnung, Frankreich neuerlich gute Dienste“ zu leisten, sowie in der Erwartung einer angemessenen Entschädigung. Dafür verspreche er, alle Artikel auszumerzen, „die Paris mißfallen könnten“. Perglas strebte also zusätzliche Orden und Ehrenzeichen an. Bourgoing reichte den Wunsch weiter, der amtierende Ministerpräsident Molé sagte zu, das Anliegen dem König vorzutragen. Was immer daraus wurde: Kolb hatte tausend gute Gründe, über die Entstellungen des „Französischen Artikels“ durch Perglas zu klagen und einen anderen Zensor herbeizuwünschen, „der nicht nach den Orden, die er erhalten hat, oder erhalten möchte, seine Zensurstriche einrichtet“.[50] Pergler von Perglas hielt sich nicht mehr lange im Amt. 1842 wurde er endgültig in die Wüste geschickt. Ein Artikel, der sich kritisch mit der katholischen Kirche befaßte, veranlaßte seine Absetzung. Ein Jahr später wurde er, obwohl erst 58 Jahre, in den Ruhestand versetzt. Frankreich hatte seinen Einflußagenten, der die Politik der *Allgemeinen Zeitung* mit dem Zensurstift insgeheim mitgestaltet hatte, verloren.

„Wäre Dante Korrespondent der AZ gewesen …“

Perglas’ Nachfolger Lufft war aus ganz anderem Holz geschnitzt. Adolf August Lufft wollte Karriere machen und dazu schien ihm die Stelle eines Zensors der berühmten *Allgemeinen Zeitung* gerade recht. Als politischem Konvertiten (S. 129) war ihm Oppositionsgeist nicht fremd und so verfügte er ganz zwangsläufig über einen sicheren Instinkt im Aufspüren „gefährlicher“ Artikel. Zudem wußte er, nicht zuletzt durch das Scheitern seines Vorgängers, um das „Los der Zensoren, daß die Tüchtigkeit ihrer Leistungen nie, jedes Versehen aber sofort bemerkbar wird“[51]. Um jedes Versehen auszuschließen, durchkämmte er die Seitenabzüge, wie man es in der Augsburger Redaktion noch nie erlebte hatte.

Die Veränderung auf dem Posten des Zensors wurde in diplomatischen Kreisen sorgsam registriert. Preußen, das mit Perglas unzufrieden gewesen war, spendete der Tätigkeit Luffts ein Lob. Hingegen mußte Bourgoing, der sich noch immer wegen des Abgangs von Perglas grämte, seinem Ministerpräsidenten Guizot bald mitteilen, daß in Luffts Prioritätenskala andere Schutzinteressen vor dem Frankreichs rangierten. „Lufft streicht unbarmherzig alles, was die deutschen Mächte verletzten könnte.“[52]

So war der Augsburger Zensor eine Figur, mit der sich die Höfe Europas befaßten. Welch ein Paradox! Es stellt die ganze Widersprüchlichkeit bloß, der die Zeitungen im Vormärz begegneten. Einerseits waren sie Emporkömmlinge, für die es keinen Platz gab. Sie mußten unterdrückt oder doch wenigstens dressiert werden, und zwar durch die Zensur, die am besten in der Dunkelkammer auszuüben war. Andererseits beschäftigten sie die internationale Diplomatie, wurden die Zensoren mit der Ehrenlegion ausgezeichnet, und ein simpler Regierungsrat brachte es zur Persönlichkeit der Zeitgeschichte, weil er mit dem Zensurstift auf eine wichtige Zeitung Einfluß nehmen konnte!

August Adolf Lufft genoß diese Rolle. Er begnügte sich nicht damit, den an ihn gestellten Erwartungen durch unnachsichtiges Streichen gerecht zu werden. Er gab der Redaktion Ratschläge und schrieb für die Zeitung Artikel. Er korrespondierte sogar mit dem großen Cotta in Stuttgart. Er bildete sich nicht nur ein, Macht zu besitzen – er besaß sie wirklich. Heine war einer von denen, die sie zu spüren bekamen. Luffts Gnadenlosigkeit antizipierend, übte die Augsburger Redaktion eine derart scharfe Selbstzensur, daß der Pariser Korrespondent selbst an Kolb, dem Freund, zu zweifeln begann. Levin Schücking besuchte Heine 1846 in Paris. Dabei entspann sich ein Gespräch, das Schücking in seinen „Lebenserinnerungen" so wiedergibt:

Schücking: „... und was Kolb angeht, so werden Sie ihn noch tot ärgern, wenn Sie just Ihre schönsten Gedanken und Ihre hinreißendsten Witze in diejenigen Stellen Ihrer Briefe für die *Allgemeine Zeitung* bringen, die er zu seiner Verzweiflung streichen muß." Darauf Heine: „Weshalb streichen muß ... er ist ein Vandale." Schücking: „Ach, er ist ein guter treuer Schwabe und freut sich wie ein Kind an Ihren Briefen – aber sein Joch ist nicht gelüftet, seit er Herrn Lüfft (!) zum Zensor hat – Sie kennen ja unsere unglaublichen Zustände ..." Heine: „Er treibt es doch zu arg – wie wird es ihm gehen, wenn am jüngsten Tage alle von ihm erstickten Gedanken auf ihn einstürmen und alle durchstrichenen Witze sich als Ankläger wider ihn erheben und Ersatz von ihm verlangen für ein gehindertes Leben – Dante hätte eine Höllenstrafe für die Redakteure erfunden, wenn er Florentiner Korrespondent der *Allgemeinen Zeitung* gewesen wäre."[53]

Trotzdem entkam der Zensor seinem Schicksal nicht. Er stolperte über eine russische Affäre, was insofern ironisch war, als Lufft einst mit dem Stanislaus-Orden für Dienste dekoriert worden war, die er als Sicherheitsbeamter der Zarenfamilie bei deren Besuch im bayerischen Wildbad Kreuth erworben hatte. Anlaß für Luffts Mißgeschick war ein Artikel in der AZ vom 9. Februar 1846. Der Artikel, der augenscheinlich aus Berlin kam, hatte Rußlands Niedergang prophezeit. Das Zarenreich sei nicht einmal mehr in der Lage, ein schlechtes Vorbild abzugeben. Zar Nikolaus fühlte sich dadurch herabgesetzt. Das behauptete jedenfalls der russische Geschäftsträger in München, Demeter von Sévérine, der sofort bei Außenminister Gise nachdrückliche Maßnahmen gegen den Zensor verlangte.

Es folgte ein lebhafter Notenaustausch.[54] In einer ersten Note teilte Gise dem russischen Gesandten mit, dem Innenminister seien Schritte gegen

Lufft empfohlen worden. Die zweite Note kündete von der Einleitung einer Untersuchung, die dritte akzeptierte, daß der Artikel der *Allgemeinen Zeitung* Rußland beleidigt habe. In der vierten Note wurde Sévérine das Ergebnis der Untersuchung bekanntgegeben. Die Leitung der Redaktion habe sich entschuldigt, der Zensor zu seiner Rechtfertigung Überlastung angegeben. Der König habe es, früherer Verdienste Luffts wegen, mit einer strengen Rüge bewenden lassen. Graf Bernstorff, preußischer Gesandter am bayerischen Hof, kommentierte das Verhalten Ludwigs gegenüber seinem König, Friedrich Wilhelm IV., wie folgt: „Das besagt mit anderen Worten, daß Herr Lufft der bayerischen Regierung hinsichtlich der innenpolitischen Artikel (der AZ) zu gute Dienste erweist, um ihn dem russischen Kaiser zu opfern."

In der Zensur-Falle

Der preußische Gesandte war wie der Österreichs von Sévérine in den Gang der Dinge eingeweiht worden; ein Indiz dafür, welche Bedeutung der Angelegenheit beigemessen wurde. Die drei konservativen Kontinentalmächte fühlten sich gerade durch Unruhen in Polen, das sie bekanntlich unter sich aufgeteilt hatten, gemeinsam herausgefordert. In Bayern wie im übrigen katholischen Deutschland herrschte jedoch große Sympathie für die Aufständler, während Rußland außerordentlich unpopulär war. Vermutlich erklärt dieser Umstand die zunächst schwache Reaktion auf die russischen Beschwerden. Aber der Druck auf die Münchner Regierung wurde stärker. Rußland verlangte Genugtuung, die Krise spitzte sich zu. Aus Petersburg erging Weisung an Sévérine, Bayern klarzumachen, daß die Absetzung des Augsburger Zensors Vorbedingung für die Aufrechterhaltung diplomatischer Beziehungen sei.

In dieser Situation entschlossen sich der österreichische Gesandte, Graf Senfft, und sein preußischer Amtskollege zu einer gemeinsamen Demarche bei Gise. Senfft schrieb Metternich, man habe diesen ungewöhnlichen Schritt – beide Diplomaten handelten, ohne vorher die Billigung ihrer Höfe eingeholt zu haben – „in dem Gefühl des Nachteils" unternommen, „welcher der konservativen Sache in Deutschland durch einen diplomatischen Bruch zwischen Bayern und Rußland zur großen Freude der radikalen Parteien erwachsen würde". Bernstorff rechtfertigte sich gegenüber Berlin mit Hinweis auf die Lage in Polen. „Ich habe in dieser Sache interveniert, weil ein Bruch nur zum Vorteil der gemeinsamen Feinde gewesen wäre ... Die Ereignisse in Polen zeigen deutlich, wo unsere ewigen Feinde sind und wer unser Verbündeter sein muß. Die Sprache der französischen Blätter und die Demonstrationen in Paris lassen keinen Zweifel über das Verhalten Frankreichs uns gegenüber." Daß Bourgoing, immer noch französischer Gesandter in München, die Sache etwas anders darstellte, verleiht dem Geschehen eine pikante Fußnote. Er sei der einzige Diplomat in München gewesen, der Sévérine wirklich die Stange gehalten habe, berichtete er Guizot. Die anderen, Senfft eingeschlossen, hätten eher Schadenfreude gezeigt.

Ergebnis der diplomatischen Wirrungen war, daß die bayerische Regierung nachgab. Die russische Forderung wurde erfüllt, Lufft seines Postens enthoben. Damit war der Konflikt beigelegt, die bayerische Regierung mit knapper Not der Zensur-Falle entkommen. Ob ihr bewußt war, daß es ohne staatliche Presseüberwachung gar nicht zu diesem Zusammenstoß gekommen wäre? Es war die Rache der Zensur, daß sie ihre Opfer in unberechenbarer Weise aussuchte. Diesmal hatte es den Zensor und die Regierung selbst getroffen.

Am Webstuhl der Aufklärung

Johann Wolfgang von Goethe war kein passionierter Zeitungsleser. Jahrelang fiel es ihm leicht, ganz auf Zeitungen zu verzichten. Einmal überkam ihn allerdings doch die Lust, und er stopfte in sein Gepäck für einen Kuraufenthalt in Karlsbad zwei gebundene Jahrgänge der *Allgemeinen Zeitung*. „Und sie gab nicht allein mir", gestand er später, „unerwarteten Unterricht und Unterhaltung, sondern auch Freunde, welche diese Bände bei mir gewahr wurden, ersuchten mich abwechselnd darum, so daß ich sie am Ende gar nicht wieder zur Hand bringen konnte."[1]

Heute würde niemandem einfallen, alte Zeitungen mit in den Urlaub zu schleppen. In der Goethe-Zeit war das anders. Die Zeitung als Produkt mit äußerst frühem Verfallsdatum und das Buch als Gegenstand für die Ewigkeit waren noch eng verwandte Gattungen. Was Cotta und Posselt angeht, so legten die Gründer der AZ es geradezu darauf an, die Verbindung zwischen beiden zu betonen. Natürlich sollte das Blatt hauptsächlich seiner Neuigkeiten wegen gelesen werden. Aber die Abonnenten sollten sich seiner auch als historisches Repertorium bedienen können, als Nachschlagwerk. Diesen Doppelnutzen hatte Posselt schon in der Ankündigung propagiert, als er versprach, das neue Journal werde eine Lücke in der „laufenden historisch-politischen Literatur" schließen. Dementsprechend war die Zeitung als „laufende Literatur" auch im Buchhandel erhältlich und zwar im Vierzehn-Tage-Paket. Und wie bei einem Jahrbuch waren die Seiten von Januar bis Dezember durchnumeriert.

Auch das kleine Format von 26 Zentimetern in der Höhe und 21 Zentimetern in der Breite sowie das ruhige Schriftbild im zweispaltigen Umbruch erinnern heutige Leser eher an ein Buch. Es fehlen Bilder, Farbe, fette Überschriften und andere belebende Elemente. Das Blatt ist entschieden eine Bleiwüste, die Beiträge sind oft überlang. Börnes Rat[2] an die journalistischen Kollegen: „Das Kurze mißfällt nie; man kann in zwei Minuten nicht langweilig sein", scheint in Augsburg niemals angekommen zu sein. Text folgt auf Text, gewissermaßen ohne Punkt und Komma. Nichts, was den Leser unterstützt. In einem Wort: Die Lektüre macht zu schaffen.

Man wird nicht sagen können, daß Cotta 1798 mit seinem „Institut" in jeder Hinsicht Neuland betreten hätte. Es gab bereits Qualitätszeitungen, die sich keineswegs auf die Lokalberichterstattung beschränkten. Neu war der programmatisch verankerte Grundsatz, eine Plattform für alle relevanten Stimmen zu bieten. Ihn hat die AZ in die Tat umgesetzt und gegen vielerlei Anfechtungen stolz verteidigt. Man hat das Blatt deshalb einen „Sprechsaal“ genannt, eine recht altertümliche Bezeichnung, die man genausogut durch „Forum“ ersetzen kann. Sein Adressat ist der urteilsfähige Bürger. Die Informationen, die er braucht, um sich ein Bild von der Welt zu machen, liefert ihm die Redaktion, die gleichsam am Webstuhl der Aufklärung sitzt.

Die Sprechsaal-Konzeption war gewagt. In ihren Anfängen hatte es die AZ entweder mit den Napoleons und Metternichs zu tun oder mit missionarischen Publizisten. Die ersteren waren weit davon entfernt, die Zeitung als eine Revue politischer Möglichkeiten gelten zu lassen; wenn überhaupt, sahen sie in ihr ein Arsenal für Propagandazwecke. Die letzteren wollten *eine* Idee verbreiten, und zwar die ihre; sie dachten gar nicht daran, konkurrierende Ansichten zu präsentieren. In ihren späten Jahren karambolierte die AZ dann mit dem vordringenden Typus der Parteizeitung. Es ist überliefert, daß in der streng freihändlerisch orientierten *Kölnischen Zeitung* die Anhänger der Schutzzollrichtung auf den Inseratenteil ausweichen mußten, wollten sie ihren Standpunkt geltend machen.[3] Für ein Blatt, das „treuer Spiegel“ zu sein versprach, wäre das einer Todsünde gleichgekommen.

Freilich wurde dem Leser die Orientierung im „Sprechsaal“ nicht leicht. Die Ansichten, die die Zeitung offerierte, traten ihm in Gestalt oft widersprüchlicher Korrespondentenberichte und Analysen gegenüber, die, kaum bearbeitet, vollkommen unverbunden nebeneinander standen, wie Pfeiler, die nichts halten. Die Querverbindungen herzustellen, hätte es der ordnenden Hand des Redakteurs bedurft. Aber die journalistischen Mittel waren begrenzt. Es gab keine Nachrichtenagenturen, auf die sich der Redakteur hätte stützen können, keine Pressestellen, bei denen er nachfragen, kaum statistisches Material, das er zum Vergleich heranziehen konnte. Die wichtigste Quelle der Zeitung – waren die Zeitungen.

Fremde Zeitungen bildeten den Steinbruch, aus dem die Kolumnen des eigenen Blattes gehauen werden mußten. Versiegte das Reservoir einmal, weil die Post ausblieb, stand es schlecht um das Produkt. Dann half nur noch der Griff in den Stehsatz. Daher präferierten die Blätter breite Erscheinungsperioden. Die Tageszeitung war um 1800 herum ganz die große Ausnahme. Selbst der renommierte und auflagenstarke *Hamburgische Correspondent* begnügte sich mit vier Ausgaben in der Woche. Die *Neue Zürcher Zeitung* kam erst ab 1834 täglich heraus; die *Hartung'sche Zeitung,* um ein anderes Beispiel zu nennen, begnügte sich bis 1830 mit drei Ausgaben wöchentlich. Archenholtz, der Herausgeber der *Minerva,* riet

AUGSBURG. Abonnement bei der Verlagsexpedition und bei der hiesigen K. Oberpostamts-Zeitungs-Expedition, sodann für Deutschland bei allen Postämtern ganzjährig, halbjährig und bei Beginn der zten Hälfte jeden Semesters auch vierteljährig; für Frankreich bei d. Postamte in Kehl und bei Herrn Alexander zu Strasburg, Brandgasse Nro. 28. Inserate aller Art werden aufgenommen und die Zeile mit 9 kr. berechnet.

Allgemeine Zeitung.

Mit allerhöchsten Privilegien.

Mittwoch №. 8. 8 Januar 1834.

Spanisches Amerika. (Nachrichten aus Buenos-ayres.) — Portugal. — Spanien. — Großbritannien. — Frankreich. (Neujahrsaudienz. Briefe aus Paris. Französisch-russische Noten.) — Beilage Nro. 8. Niederlande. — Deutschland. (Briefe aus München und Darmstadt.) — Preußen. (Brief.) — Rußland. — Oestreich. (Brief.) — Türkei. (Brief.) — Außerordentliche Beilage Nro. 11. Europa's Bevölkerung am Ende 1833. — Das Prinzip der Nichtintervention. — Preußen. — Ankündigungen.

Spanisches Amerika. Altenhöfer

Wir haben gestern schon die neuen Unruhen in Buenos-ayres erwähnt. Folgende nähere Details bringen die Londoner Blätter vom 30 Dec.: „Wir haben bis zum 26 Oktober Nachrichten sehr ungünstigen Inhalts aus Buenos-ayres, wo ein furchtbarer Aufstand ausgebrochen war. Wie aus einem Briefe, den das nord- und südamerikanische Kaffeehaus von seinem dortigen Agenten erhalten hat, hervorgeht, war die ursprüngliche Veranlassung das Durchgehen eines Gesezes in der Repräsentantenkammer, welches den Journalisten die Aufnahme politischer Raisonnements in ihren Blättern untersagte, und in dessen Folge vier Journale zu erscheinen aufgehört hatten. „Der gegenwärtige Aufstand, heißt es im Briefe, begann folgendermaaßen: Die Regierung hatte die gerichtliche Verfolgung eines der Oppositionsblätter, des Restaurador, angeordnet, und am 11 Okt., als sich das Schwurgericht zur Untersuchung der Sache bilden sollte, versammelte sich eine Anzahl Menschen, besonders Fleischer, auf dem großen Plaze, und man hörte hin und wieder den Ruf: „Viva Don Juan Manoel Rosas!“ Die Polizei nahm dis übel, und endlich galoppirten die Fleischer, lauter berittene Milizen, einige ihrer Offiziere an der Spize, Rache schwörend aus der Stadt. Draußen stießen ihre Kameraden und noch Andere zu ihnen. Die Fleischerkavallerie allein ist, an Zahl, Ausrüstung und Mannszucht, ein sehr ansehnliches Korps, mit Lanze, Degen, Pistolen und Karabiner bewafnet. Als die Regierung von der Empörung hörte, ließ sie der Repräsentantenkammer zur Unterhandlung rathen, und fertigte aus ihrer eigenen Mitte einen Ausschuß an die Mißvergnügten ab. Leztere verlangten eine gänzliche Regierungsveränderung. Der Ausschuß kehrte in die Stadt zurük, wobei er aber die Unterhandlung offen ließ, so daß bis jezt die Feindseligkeiten auf wenige Scharmüzel beschränkt blieben, worin jedoch mehrere Menschen das Leben verloren. An der Spize der Rebellen steht jezt General Pinedo; sie haben beträchtliche Streitmacht, und halten alle der Stadt benachbarten Punkte besezt. Auch haben sie einige Fahrzeuge in der Boca bemannt, und wie ich eben höre, sich des Pulvermagazins bemächtigt. Offiziere und Mannschaft gehen fortwährend zu ihnen über, darunter General Rolon mit der größern Hälfte seines Regiments. Die Einwohner sind langesinnt für beide Parteien, aber sehr unzufrieden über die Entbehrungen, die sie wegen Mangels an Rindfleisch, Hemmung des Handels rc., erleiden. Die Regierung rechnet mit großer Zuversicht auf den Beistand zweier Generale in den innern Landesbezirken, Espinosa's und Izquierdo's, und soll Lopez, den Statthalter von Santa Fé, um Unterstüzung angegangen haben. Auch geht das Gerücht, Regierungstruppen mit reitender Artillerie werden in einem oder zwei Tagen gegen die Rebellen ausrüken. General Rosas bekämpft mit seinem Heere die Indianer. Man frägt sich mit großer Aengstlichkeit, was für eine Bahn er in Folge des gegenwärtigen wichtigen Ereignisses einschlagen werde. Mehrere Personen wurden verhaftet, weil sie die Wachen an den Amtsgebäuden der Marine zu verführen versucht hatten, unter andern Pinedo, der Bruder des Generals, früher Kapitain des Kriegsschoners Sarandi. Vor einigen Tagen wurden zwei Obristlieutenants in dem Augenblik ergriffen, als sie zu der vor der Stadt stehenden Partei überzugehen suchten; man schikte sie an Bord des Wachschiffes, aber auf dem Wege dahin entwischten sie durch die Nachsicht des sie eskortirenden Offiziers, eines Nordamerikaners, Namens Sinclair. Hiebei melde ich Ihnen, daß ein nordamerikanischer Commodore mit zwei Kriegsschaluppen seiner Nation, dem Lexington und Natchez, dagegen kein brittisches Kriegsschif, im Laplata-Strome liegt.“ — Die Zeitungen aus Buenos-ayres bis zum 26 Okt. einschlüssig sind mit amtlichen Mittheilungen zwischen der Regierung und der Repräsentantenkammer angefüllt, welche sich auf den unglüklichen Zustand dieses Landes beziehen. Mehrere Blätter sollen hiernach gerichtlich verfolgt werden, und die Presse war vierzehn Tage lang völlig aufgehoben. Die Truppen der Republik bestanden mit den Insurgenten mehrere Scharmüzel, deren aber keines entscheidend war; General Pinedo hatte in Folge einer mit ihm eingeleiteten Unterhandlung eingewilligt, den Handel nach der Stadt nicht zu hemmen, verlangt aber eine vollständige Verbürgung des Petitionsrechtes. Er bleibt in Waffen, hält sich aber auf der Defensive, und richtet seinen Blik auf die Repräsentantenkammer, welche bereits Versöhnungsmaaßregeln vorgeschlagen hat. Altenhöfer.

Portugal.

(Aus dem Hampshire Telegraph.) Lissabon, 22 Dec. Da das Dampfboot James Watt morgen früh nach England absegelt, so ergreife ich die Gelegenheit, Ihnen zu berichten, was ich einigermaaßen Interessantes seit meinem Lezten hier in Erfahrung gebracht habe. Gestern lief ein Munitionsschif von zwanzig Kanonen unter Miguelistischer Flagge in den Tajo ein; da es aber die Farben der Königin auf den Forts aufgepflanzt sah, versuchte es tapfer wieder hinaus zu kommen, bis es einige Kugeln vom Kastelle vermochten, ganz nahe an Admiral Napiers Flaggenschif Anker zu werfen. Dieses

Abb. 7: Dezentes Erscheinungsbild. Aufschlagseite der AZ vom 8. Januar 1834. Die handschriftliche Eintragung weist den Redakteur Altenhöfer als Autor des Beitrags aus. Quelle: Schiller-Nationalmuseum/Deutsches Literaturarchiv, Marbach a. N., Cotta-Archiv (Stiftung der Stuttgarter Zeitung).

Lith. Anst. v. Pobuda. Roes et Cie

Abb. 8: Der ängstliche und bequeme Redakteur. Kolorierte Lithographie, um 1835. Auf die staatlichen Repressionen in der Restaurationszeit reagierten die Journalisten sehr unterschiedlich. Ängstliche und bequeme Naturen verzichteten gegenüber der Staatsmacht – hier symbolhaft durch die Statuette des Zensors dargestellt – auf eine eigene kritische Berichterstattung und begnügten sich mit der Zusammenstellung bereits gedruckter und vorab zensierter Nachrichten. Der Spott der Karikaturisten war ihnen dafür sicher. Quelle: Deutsches Zeitungsmuseum, Meersburg.

Cotta 1797 von der täglichen Erscheinungsweise mit der Begründung ab, daß die Mehrzahl der großen Städte in Deutschland nur zweimal pro Woche Post erhielte, es werde also der Stoff nicht reichen.[4]

Kampf mit dem Stoff

Cotta hat sich von solchen Bedenken nicht entmutigen lassen. Er wollte ein Tagblatt. Tatsächlich war es bald die Fülle des Stoffs, die die Redaktion beschwerte, nicht der Mangel an geeignetem Material. Durch den energisch betriebenen Aufbau eines eigenen Korrespondentennetzes hatte Cotta seiner Zeitung ein hohes Maß an Unabhängigkeit und zugleich einen Wettbewerbsvorteil verschafft. Hinsichtlich der Zahl der Eigenbeiträge schlug sie die Konkurrenz um Längen. Dennoch konnte die Redaktion auf ein gehöriges Sortiment fremder Blätter als Grundstock nicht verzichten. Anfang des 19. Jahrhunderts bezog sie mehr als dreißig Zeitungen. Für das Jahr 1833 weisen die Unterlagen sogar 62 Zeitungstitel aus.[5] Die Kosten dafür waren so hoch, daß Cotta die Redaktion des *Ausland* von München nach Augsburg verlegte, um Mehrfachabonnements zu vermeiden.

Man kann sich denken, daß die Sichtung all dieser Zeitungen die Redaktion über weite Strecken des Arbeitstages beschäftigte. Solch ein Arbeitstag lief 1822 nach folgendem Muster ab: Um 8 Uhr kamen die Zeitungen der Hauptkurse in Augsburg an, d.h. die Zeitungen aus Paris, London, Frankfurt, Berlin und, zweimal in der Woche, aus Wien. Stegmann sah sie durch und nahm das Wichtigste für die aktuelle Ausgabe heraus. Um 9 Uhr trafen die Briefe ein. „Ich kann Ihnen versichern", schilderte Stegmann seinem Verleger die Situation, „daß mich das bloße Durchlesen dieser Zeitungen (20–40 Stück jeden Morgen) und Briefe (8–12 im Durchschnitt jeden Morgen) und die Zuteilung des nötigsten zum Übersetzen an Herrn Widmann (ein Co-Redakteur) bei aller Anstrengung bis um 10 Uhr beschäftigt."[6] Dann ging es ans Redigieren. Redaktionsschluß war 13 Uhr. Bis 14 Uhr mußten die ersten Exemplare für die Zensur vorliegen. Nach dem Eintreffen der Abendpost war die Redaktion wieder mit der „Ausbeutung" der Zeitungen befaßt, gelegentlich bis Mitternacht. Was Stegmann für würdig befand, wurde am nächsten Morgen zwischen 8 und 9 Uhr gesetzt. „Schon jetzt", meldete Stegmann stolz, „ist die halbe Zeitung mit Neuigkeiten, Briefen etc. des vorigen Tages angefüllt."

Dieser Tagesablauf blieb die ersten Jahrzehnte hindurch nahezu unverändert. Kolb notierte 1827: „Ich tue alles, um ihm (Stegmann) die Arbeit zu erleichtern. Abends liest er die französischen Blätter und legt sie dann auf mein Pult. Den anderen Morgen um fünf, halbsechs Uhr stelle ich mich ein, so daß, wenn er ins Redaktionszimmer kommt, das hauptsächliche ausgezogen und übersetzt ist."[7] Die Notwendigkeit, fremdsprachige Texte zu übersetzen, stellte eine besondere Belastung dar. Die Redakteure verfügten zwar über die erforderlichen Kenntnisse, doch es reichte die Zeit nicht, weshalb Cotta immer wieder um Hilfskräfte angegangen wurde. In anderer Weise einer Übersetzung bedürftig waren Manuskripte von Korrespondenten mit mangelhafter Handschrift. Man darf ja nicht vergessen, daß es keine Schreibmaschinen gab. Kolb selbst war ein ausgesprochener Härtefall. Seine Handschrift war so unleserlich, daß sie nur von seinem „Leibsetzer" dechiffriert werden konnte.

Schon an diesen wenigen Hinweisen läßt sich erkennen, daß eine Redaktion Anfang des 19. Jahrhunderts keine leichte Aufgabe hatte, zumal das Blatt ja siebenmal in der Woche fertiggestellt werden mußte!

> „Ein Zeitungsschreiber, glaubt es mir,
> Ist wahrlich ein geplagtes Tier,
> wie keines unterm Mond!
> Der Esel selbst ist besser dran,
> Er bleibt doch, kömmt der Sonntag an,
> Mit seinem Sack verschont ...",

reimte sich der Redakteur der Erlanger *Real-Zeitung* den Frust über die Sieben-Tage-Woche von der Seele.[8]

Andererseits verlief der Alltag in der AZ-Redaktion sicher weit weniger nervenzerfetzend als der in einer heutigen Zeitung. Der Verleger fernab in Stuttgart glaubte immer, daß seine Angestellten noch Reserven frei hätten. Vollständig unbegründet war diese Vermutung nicht. Huber fand immerhin genügend Muße zu eigener literarischer Beschäftigung.[9] Schücking, der für den Kulturteil zuständig war, schaffte im Winter 44/45 einen Gedichtband sowie einen dreiteiligen Roman eigener Produktion.[10] Man sieht, die Arbeitsbeziehungen damals glichen denen von heute aufs Haar. Die Redakteure klagten, der Verleger pflegte seinen Argwohn; die Wahrheit lag vermutlich in der Mitte.

Das Wunder der Schnellpresse

Was die technische Herstellung angeht, arbeiteten in den ersten Jahren vier Setzer an zwei Handpressen, die jeweils 200 Zeitungsexemplare pro Stunde bewältigten. Einen qualitativen Sprung bedeutete die Anschaffung einer Druckmaschine, die Cotta Anfang der zwanziger Jahre bei König & Bauer in Oberzell bei Würzburg erwarb. Von dieser von Friedrich Koenig erfundenen Maschine, die die Drucktechnik revolutionierte, gab es bis dahin erst eine in Deutschland. Sie wurde über eine Dampfmaschine betrieben, ersetzte bis zu acht Handpressen der herkömmlichen Art und beschleunigte die Herstellung erheblich. Außerdem halbierte sie die Betriebskosten. Ihre Leistung war so groß, daß man Fremdaufträge annehmen mußte, um sie auszulasten. Cotta, der von jeder nutzbringenden technischen Innovation fasziniert war, ließ sich die Schnellpresse samt Antrieb immerhin gut 50000 Gulden kosten. Sie war sein ganzer Stolz. Prominente Gäste wurden durch die Druckerei geführt, um, wie der französische Gesandte Bourgoing nach Paris berichtete,[11] dieses „Wunder von Augsburg“ anzuschauen. Die erste Ausgabe der *Allgemeinen Zeitung,* die am 23. September 1824 mechanisch entbunden wurde, sandte Cotta König Max. Mit Hilfe der „Geschwindpresse“ werde die AZ „zur ersten Zeitung der Welt“, verkündete er dem Monarchen.[12]

Freilich stieß die technische Innovation im Zeitungshaus an der Karmelitengasse zunächst auf tiefe Skepsis. Es war vor allem die Dampfmaschine, die, ähnlich den ersten Lokomotiven, Ur-Ängste weckte. „Wir haben wenig Unterhaltung hier gehabt, ausgenommen etwa den Schrecken, den die arme zweipferdige Maschine hineingetragen hat nach Augsburg“, meldete Koenig seinem Kompagnon Bauer.[13] „Das Redaktionszimmer wird sich künftighin gerade über der Maschine befinden: Herr Stegmann, ein vorsichtiger Mann, weiß seine wahren Gefühle zu verbergen, aber Herr Wiedemann (Widmann), der zweite Redakteur, hat feierlich erklärt, daß er fortan lieber unter freiem Himmel schreiben will als in diesem Zimmer. Der Hausknecht, obwohl schon seit 10 Jahren dem Geschäft angehörend, hat am vorigen Sonnabend gekündigt und ließ sich nicht beruhigen oder davon abbringen. ‘Sein Leben sei ihm lieber und er habe für Frau und Kinder zu sorgen.’ Ein alter Kaufmann hat beteuert, daß er nie mehr durch diese Straße gehen werde, und seitens der Nonnen, die sich in einem Kloster hinter dem neuen Druckereigebäude befinden, gehört ein Sturm gegen uns nicht zu den Unmöglichkeiten“, amüsierte sich der Maschinenbauer.

Zum Sturm der Klosterfrauen kam es nicht, und auch Widmann gewöhnte sich mit der Zeit an das Stampfen und Zischen der Dampfmaschine. Nach und nach wurde die Augsburger Druckerei zum Großbetrieb. An ihrer Spitze stand der sogenannte Faktor. Ihm gehorchten 1826 nach einer Schilderung Therese Hubers „42 Setzer, 9 bis 10 Druckerbübchen, exquisite Galgenschwengelchen von 9 bis 14 Jahren ... nun 4–6 Weiber, die waschen die Geräte, Buchstaben und dergleichen, dann einige Holzhauer, 1 Einheizer, 4 Laufpersonen, die Zeitungen austragen, Postgänger.“[14] Alles in allem waren zu dieser Zeit also rund siebzig Personen in der Druckerei beschäftigt.

Mochte die *Allgemeine Zeitung* das beste Blatt sein und aus der modernsten Druckerei kommen – Auflagenrekorde blieben ihr versagt. 1400 Exemplare betrug die Startauflage 1798. Sie kletterte bis 1848 auf 11000. Man hat bei diesen Zahlen zu berücksichtigen, daß sich die Lesegesellschaft erst auszubilden begann. Die Literaturauflagen waren, gemessen an heute, ähnlich niedrig. Heines „Wintermärchen" erzielte 1844 einen Absatz von 4500 Exemplaren, ein Verkaufserfolg, den der Dichter ganz *fou* fand. Und dennoch hinkte die AZ hinsichtlich der Auflage wichtigen Wettbewerbern hinterher. Der *Hamburgische Correspondent* brachte es 1811 auf 18000 Bezieher. Die *Vossische Zeitung* war 1848 mit 24000 abgesetzten Exemplaren das auflagenstärkste Blatt Deutschlands und mehr als doppelt so stark wie die AZ. Allerdings besaß das Cotta'sche Blatt niemals einen nennenswerten lokalen Absatz – in Augsburg pendelte die Auflage um 100 Exemplare –, während Großstadtzeitungen wie die Berliner *Vossische* einen beträchtlichen Teil der Auflage, gestützt auf intensive Lokalberichterstattung, im Umfeld absetzten. Das galt selbst für die *Kölnische Zeitung,* die in den fünfziger Jahren einen starken überregionalen Ehrgeiz entwickelte und zur gefährlichsten Nebenbuhlerin der AZ wurde. Sie verzeichnete für 1852 eine Auflage von 13000 Exemplaren.

Aber diese Zahlen besagen wenig. Die Zeitgenossen, denen sie unbekannt waren, hatten eine andere Wahrnehmung. Für sie rangierte die *Allgemeine Zeitung* nicht bloß hinsichtlich ihrer Qualität turmhoch über allen anderen, sie hielten sie auch für die am meisten gelesene. Der elsässische Schriftsteller Alexander Weill[15], der 1840 für die Leser der *Revue du Progès politique, social et litéraire* die deutsche Presse unter die Lupe nahm, notierte: „Die *Gazette d'Augsbourg* hat mehr als 10000 Abonnenten; sie ist, ohne Widerspruch, die verbreitetste, die in Europa gedruckt wird. Man findet sie in Rußland und der Türkei, in Ägypten und Amerika, bis hin nach Australien ..." Diese Auffassung war die gängige, vor allem im Ausland.

Zwei Faktoren waren es, die die Verbreitung der *Allgemeinen Zeitung* begrenzten. Zum einen wurde die AZ nicht für ein breites Publikum geschrieben, sie wollte elitär sein und war es. „Wir schreiben ... für Staatsmänner, Diplomaten, Fürsten", trumpfte der Redakteur Orges 1859 auf,[16] als sich das Blatt in einem Beleidigungsprozeß verteidigen mußte. Das war bewußt dick aufgetragen, um die Richter zu beeindrucken, entsprach aber im wesentlichen der Vorstellung, die die Redaktion von den Lesern hatte. „Unser Publikum ist", rechnete Stegmann 1835 Georg von Cotta vor, „nächst den Kabinetten und Diplomaten, der gebildete Teil des Adels, die Staatsdienerschaft, Militärs, Bankiers, größere Kaufleute und Gelehrte."[17]

Leider existiert keine Abonnentenkartei und damit keine Gelegenheit mehr, genaue Aufschlüsse über die Leserschaft der *Allgemeinen Zeitung* zu gewinnen. Aber es gibt Annäherungen. Zunächst muß man Leser und Abonnenten voneinander unterscheiden. Die AZ war bevorzugter Titel in Lesekabinetten und Kaffeehäusern, wurde somit von weiteren Leserkreisen genutzt. Der hohen Kosten wegen schlossen sich auch ganze Personengruppen zusammen, die sich ein Abonnement teilten. Regelrechte Vereine konnten das sein, wie ein Nutzungsvertrag[18] zeigt, der 1817 in Brünn geschlossen wurde. Die 13 Unterzeichner legten schriftlich fest, zu welchen Tageszeiten wer Einblick in das kostbare Exemplar der *Allgemeinen Zeitung* nehmen durfte. Zugleich wurden die unaktuellen Zeitungen halbmonatsweise gebunden, mit der Maßgabe, das jedes Bündel den Vereinsmitgliedern für je drei Tage zur Verfügung stehen sollte. Man erkennt daran, daß die AZ nicht nur als Tageszeitung, sondern tatsächlich auch als eine Art Buch genutzt wurde. Aufschlußreich ist das Brünner Dokument auch deshalb, weil es die Berufsbezeichnungen der Leservereins-Mitglieder enthält. Neben einem Landesadvokaten namens Ritter von Feistmantl, einem Kaufmann und einem Provinzial des Minoritenordens tauchen in der Liste ausschließlich Beamte der Kommunal- und der Steuerverwaltung auf, mithin Staatsdiener des eher bescheidenen Zuschnitts. Die Behauptung, man schreibe für eine erwählte Schar aus Souveränen, Ministern und sonstigen Würdenträgern, entpuppt sich somit bei näherem Hinsehen als prestigefördernde Selbstdarstellung.

Kosten und Preise

Wem allerdings die Vergesellschaftung des Blattes gegen den Strich ging und der exklusive Bezug der AZ wichtig war, der mußte tief in die Tasche greifen. Die Augsburgerin war immer ein teures Blatt, vielleicht das teuerste in Deutschland, und das war der zweite Grund, der die Auflage begrenzte. 1798 kostete das Abonnement 18 Gulden im Jahr. Das entsprach etwa dem zehnten Teil des Monatsgehalts eines Ministerialbeamten. Ein Setzer des Cotta-Verlags hätte für ein Jahresabonnement 18 Tage arbeiten müssen. Daß die Zeitungen so teuer waren, lag nicht zuletzt an den hohen Speditionskosten. Die Spedition war Sache der Post, d.h des Staates; in Bayern wurde die Post 1810 verstaatlicht. Bei ihr und nicht beim Verlag bestellte und bezahlte man, und zwar für ein Vierteljahr. Abbestellung war nur halbjährig möglich. Die Post garantierte die pünktliche Lieferung, jedoch nur bis zum Postamt. Dort mußten die Bezieher ihr Blatt abholen. Wem das zu unbequem war, konnte sich die Zeitung nach Hause liefern lassen, was sich die Post aber über einen Aufschlag, das „Couvertgeld“, teuer bezahlen ließ. Für diesen Luxus mußte der Leser noch einmal rund 15 Prozent auf die Abonnementsgebühr drauflegen.[19]

Man wird fragen, an welcher Stelle dieser Handelskette der Verlag ins Spiel kam. Bei ihm erwarben die Postämter die Zeitung. Dazu war ein bestimmter Ankaufspreis vereinbart. 1810 betrug er 12 Gulden 45 Kreuzer bei einem Weiterverkaufspreis an den Kunden von 14 Gulden 15 Kreuzer. Teurer wurde es für entfernt wohnende Bezieher, denn die Post berechnete für ihre Beförderungsleistung eine Art Kilometerpauschale. Dafür war das Königreich Bayern in eine Anzahl Rayons unterteilt, eine Systematik, die sich natürlich jenseits der Grenzen fortsetzte.

Die hohen Vertriebskosten mußten eine Zeitung, die wie die AZ ihre Leser überwiegend außerhalb des lokalen Umkreises, ja in ganz Europa hatte, besonders hart treffen. Cotta nutzte denn auch die Übersiedlung von Württemberg nach Bayern, um Extrakonditionen für sein „Institut" herauszuholen. So wurde ihm in einem Sondervertrag von 1810 Briefportofreiheit zugestanden; außerdem durfte er eine beschränkte Anzahl von Zeitungsexemplaren gratis nach München expedieren. Beim Bezug auswärtiger Zeitungen durch die Redaktion verlangte die bayerische Post keine Beförderungsgebühr. Als Ende 1831 der Vertrag gekündigt wurde, setzte Cotta alle Hebel in Bewegung, um die Vorzugsbedingungen zu retten. Es begannen langwierige und schwierige Verhandlungen mit dem Außenministerium. Die Abneigung, die König Ludwig inzwischen gegen Cotta und seine Zeitungen gefaßt hatte, erschwerte die Verhandlungen. Als Außenminister Gise den Monarchen für eine Kompromißlinie mit dem Stuttgarter Verlag gewinnen wollte und argumentierte, die AZ sei für Bayern politisch nützlich, gab Ludwig ablehnend zurück, „das sogenannte Liberale" sei in der *Allgemeinen Zeitung* zu dominant.[20] Schließlich kam im Januar 1834 doch ein neuer Speditionsvertrag zustande, der zwar die Portofreiheit aufhob, aber dennoch Cottas AZ gegenüber anderen Blättern begünstigte. Im Revolutionsjahr 1848 wurde die Zeitungsspedition für Bayern und zwei Jahre später mit Gründung des Postvereins innerhalb des Deutschen Bundes vereinheitlicht. Wie die meisten Reformen war auch diese mit saftigen Preiserhöhungen verbunden. Die AZ kostete nun in Bayern 17 Gulden jährlich und damit gut zwei Gulden mehr als vorher. Für die Bezieher im übrigen Deutschland addierten sich weitere zwei Gulden und siebeneinhalb Kreuzer Entfernungspauschale hinzu.

Selbst wenn man gewisse Kaufkraftveränderungen in Rechnung stellt, fällt auf, daß die Abonnementsgebühr trotzdem über die Jahre relativ stabil blieb. Dabei weitete das Blatt sein Angebot kontinuierlich aus. 1848 betrug der Umfang 16 Seiten gegenüber vier Seiten im Gründungsjahr. Das ist um so bemerkenswerter, als das Gewicht des Blattes für den Speditionspreis nicht unerheblich war. Um das Gewicht zu drücken, spielte Cotta während der Vertragsverhandlungen 1832 mit dem Gedanken, kleinere Schrifttypen zu verwenden und dadurch den Umfang zu verringern. Stegmann legte sich quer mit dem Einwand, ohnedies beklagten die Leser häufig, daß die AZ „so viel engen Druck liefere".[21]

Im Vergleich mit modernen Zeitungen fällt neben dem ruhigen, gleichförmigen Druckbild auf, daß eine Trennung des Stoffs nach Sparten fehlte. Gegliedert wurde nach Herkunft der Artikel. Solche aus Westeuropa standen vorn; das war Programm. In Frankreich und Großbritannien wohnte der Fortschritt. Von dort kamen die meisten und interessantesten Nachrichten. Erst ab 1848 wurde der Grundsatz *ex occidente lux* zugunsten einer vorrangigen Plazierung bayerischer und deutscher Inhalte aufgegeben.

Anzeigen waren am Anfang rar. Hier und da tauchen Familienanzeigen auf; relativ häufig findet man Ankündigungen von Buchneuheiten. Sie trugen mitunter dem Blatt Ärger ein, so im Jahre 1800, als in der Beilage folgendes Werk angepriesen wurde: „Europens Götter im Fleisch. Vom Verfasser Sauls des Dicken etc."[22]. Der Beitext spekulierte auf das Sensationsbedürfnis der Leser. Der Autor, hieß es da, müsse ungenannt bleiben, weil er „wegen allzu deutlicher Enthüllungen der Geheimnisse zweier großen Höfe" verfolgt werde. Kein Wunder, daß die Behörden hellhörig wurden und kritische Fragen an Cotta richteten. In den Folgejahren stieg das Anzeigenaufkommen dadurch, daß alle geeigneten amtlichen Bekanntmachungen in Bayern zugleich in der AZ inseriert werden mußten. Das war ein Zugeständnis, das Cotta der bayerischen Regierung bei Übersiedlung der AZ abgehandelt hatte. In den vierziger Jahren schoß das Anzeigenaufkommen in die Höhe. Der Anzeigenteil, der stets am Ende der Beilage plaziert war, machte selten weniger als ein Zehntel des Gesamtumfangs aus. Geworben wurde für alles: für Rankes „Preußische Geschichte" ebenso wie für Deidesheimer Wein und Amulette, die eine schmerzlose Schwangerschaft garantierten (Ausgabe vom 14. Februar 1848).

Ein eigenständiger Wirtschaftsteil existierte nicht. Allerdings wurden ab 1836 auf Drängen Georg von Cottas regelmäßig die Kurse der wichtigsten Finanzplätze gemeldet. Das waren London, Paris und Wien. Die Cotta'schen Wirtschaftsinteressen, die z.B. in der Binnenschiffahrt lagen, wurden dezent berücksichtigt. „Von den bayerischen Kanalaktien wollen wir vorerst nur dann sprechen, wenn Gutes dazu zu sagen ist", versprach die Redaktion dem Verleger.[23] Die Berichterstattung über Fragen des Handels, des Zolls oder des Verkehrs nahm breiten Raum ein. Auf diesem Feld gab ab 1834 Friedrich List den Ton an. Der große Nationalökonom, Wegbereiter des Zollvereins und Förderer der Eisenbahnen gehörte bis zu seinem Tode zur Crème der regelmäßigen Mitarbeiter der *Allgemeinen Zeitung*. List war Kolb, dessen wissenschaftlicher Lehrer er gewesen war, freundschaftlich verbunden. An ihn richtete er seinen Abschiedsbrief, ehe er den Freitod wählte. Im Vorwort zu seinem bekanntesten Werk („Das nationale System der politischen Ökonomie", 1841) hatte er sich bei Kolb ausdrücklich dafür bedankt, „daß er es über sich genommen hat, meinen anfänglich oft so gewagt scheinenden Behauptungen und Argumenten in seinem berühmten Blatte Raum zu gönnen".[24] Später beeinflußten Lorenz von Stein und Wilhelm Heinrich Riehl die wirtschaftliche und soziale Linie der Zeitung, die damit ihrem Grundsatz treu blieb, auf allen Fachgebieten

Mitarbeiter unterschiedlicher Couleur zu beschäftigen. Denn während Stein ein Mann des Fortschritts war, hielt es Riehl mit dem Ständestaat. Riehl trat der Redaktion 1851 bei. Seine Vorstellungen entsprachen denen Georg von Cottas mehr als denen seiner Mitredakteure. 1854 nahm er einen Ruf als Professor für Staatswissenschaft nach München an.

So wie auf dem Felde der Wirtschaft hielt es die AZ bei allen Sparten: Es waltete das Prinzip der Universalität, ohne daß die Zeitung es für nötig befunden hätte, durch Überschriften oder Unterteilungen darauf hinzuweisen. Wichtig war allein, die besten Autoren zu gewinnen. Weiten Raum nahm die Parlamentsberichterstattung ein. Da in dieser Hinsicht die deutschen Lande zunächst nicht viel zu bieten hatten, wurden stellvertretend die Debatten in der französischen Kammer und dem britischen Unterhaus spaltenlang wiedergegeben – eine wortlose Anklage der deutschen Verhältnisse, gegen die die Zensur machtlos war. Als die frühkonstitutionellen Landtage in den süddeutschen Staaten ihre Arbeit aufnahmen und Metternichs *rollback* widerstanden, wurden sie zum bevorzugten Thema der Zeitung. Während der Session von 1822, die bereits im Schatten der Reaktion stand, lieferte die AZ ihren Lesern eine besondere Dienstleistung, als sie einen ganzseitigen Plan der Ständekammer mit numerierten Sitzen und den Namen der Abgeordneten brachte. Illustrationen dieser Art waren teuer und daher selten, weshalb zu vermuten ist, daß die Redaktion mit diesem Sonderservice ihr Einstehen für die konstitutionelle Sache demonstrieren wollte.

Niemals Leitartikel!

Ein Ausweis der Prinzipientreue, aber auch der Unbeweglichkeit war die Haltung der *Allgemeinen Zeitung* zum Institut des Leitartikels. In den vierziger Jahren, als die Blätter generell etwas meinungsfreudiger wurden, bürgerte sich die Form des *leading articel* mehr und mehr ein. Die AZ sperrte sich gegen diesen Trend. Zwar verfaßte nicht zuletzt Kolb gelegentlich Beiträge, die die Sicht des Redakteurs durchscheinen ließen. Doch blieb der Kommentar als ausgewiesene Form verpönt. Man scheute einen Verstoß gegen Grundsatz numero eins der Posseltschen Charta. Der „treue Spiegel" der Zeit wollte die AZ sein, nicht der Spiegel individueller Neigungen eines Redakteurs.

Leitartikel aufzunehmen, das hätte in den Augen Georg von Cottas den Charakter der *Allgemeinen Zeitung* dem Grunde nach verändert. Der Rubikon wäre überschritten und das Erbe des Vaters verraten. Dem österreichischen Korrespondenten Johann Christian von Zedlitz, einem Vertrauten Metternichs, der ihm 1847 nahegelegt hatte, seine Auffassung zu korrigieren, widersprach Cotta heftig. Die AZ habe solche Artikel „von jeher geradezu ausgeschlossen, und zwar aus dem einfachen Grunde, daß sie sich nie über die Geschichte stellen zu dürfen glaubte, wenn sie denkende Leser in die Länge befriedigen sollte, um so eifriger aber sich bemühte, die Geschichte übersichtlich so treu als möglich wiederzugeben ... Sollte sie ... von dieser Linie sich entfernen und versuchen, selbst Geschichte zu machen, die Geister in diese oder jene Richtung hineinzuziehen durch irgendwelche Redaktionsweisheit?“[25]

In einem Konzept zu diesem Brief, das sich erhalten hat, holte Cotta noch weiter aus: „Mein seliger Vater hatte die Ansicht, daß die A.Z. nie leitende Artikel, die von ihrer Redaktion ausgehen, geben dürfe, er bezeichnete im Gegenteil ihre Linie als eine solche, die jede ausgesprochene Farbe seitens der Redaktion ausschließen müsse, um keiner Partei die Lust zu nehmen, sich in ihrem Namen auszusprechen. Ich glaube, diese Ansicht ist auch heute noch die allein richtige, weil es sich von (sic!) einer deutschen und nicht von einer französischen oder englischen Zeitung handelt und zumal von einer, die den Titel ‘Allgemeine’ an der Stirn trägt.“ Weiter unten meinte Cotta, wenn man erlaube, die AZ mit leitenden Artikeln „einherstolzieren zu lassen“, degradiere man sie, denn sie sei dann „wie jede andere Parteizeitung“. In dieser Sache stand Georg von Cotta wie ein *rocher de bronze*. Eines Tages würde der Fels trotzdem weichen, Ende der fünfziger Jahre. Aber dann würde überhaupt alles anders sein und die *Allgemeinen Zeitung*, vom festen Anker der Überlieferung gerissen, auf dem offenen Meer der Meinungen umhertreiben.

Es war eine grandiose Haltung, diese stocksteife Verweigerung jedweder Anpassung an den Gang der Zeit! Als in den vierziger Jahren die Zeitungslandschaft in Bewegung geriet, blieb die AZ in Form und Inhalt, wie sie immer gewesen war. Mit einer Ausnahme: Die Beilage, die anfänglich nur dann und wann eingeklinkt worden war und eigentlich nur eine Umfangserweiterung dargestellt hatte, wurde nun unter Kolbs Anleitung zu einem täglichen Supplement. Sauber getrennt vom Hauptteil, versammelte die Beilage räsonnierende Artikel unterschiedlichster Sujets. Das Spektrum reichte vom Theater bis zur Technik, vom Militärwesen bis zu Musik, von Buchrezensionen bis zu Nekrologen. Was die Beilage von der aus Frankreich herübergekommenen Form des Feuilletons unterschied, war die Abwesenheit von Originalliteratur. Kolb mochte die in Mode gekommenen Fortsetzungromane nicht.

Schwarze Zahlen

Dennoch kam die Beilage dem Feuilleton sehr nahe. Und was für eine Feuilleton sie war! Kolb setzte seinen ganzen Ehrgeiz daran, die glänzendsten Federn dafür zu gewinnen. Das ganze „Junge Deutschland“, ob Gutzkow, Laube oder Margraff, konnte man in der Beilage finden. Bald riß man sich darum, in dieser „einzigen literarisch-politischen Großmacht", wie Laube[26] die Beilage nannte, zu veröffentlichen, und sei es auch nur, um nicht beiseite zu stehen. Kaum einer, der versäumte, „sich sein Attest in Augsburg zu holen"[27]. Der Literaturkritiker Levin Schücking, der nach zweijährigem Wirken in der AZ-Redaktion das Feuilleton der *Kölnischen Zeitung* übernahm, mußte am Ende einräumen, das Niveau der Beilage nicht erreicht zu haben.[28] In Köln fehlte es am Platz, aber auch am Geld. Cotta stattete die Beilage mit dem wahrhaft opulenten Jahresbudget von 80000 Gulden aus. Die Großzügigkeit machte sich bezahlt. Als die *Allgemeine Zeitung* als politisches Tagblatt für viele verzichtbar geworden war, war es das Feuilleton, dessentwegen man dem alternden Blatt die Treue hielt.

Spätestens an dieser Stelle ist die Frage nach der Wirtschaftlichkeit des Blattes zu stellen. Auch in der zweiten Generation blieb die Cotta'sche Buchhandlung ein Mischkonzern. Es wäre leicht möglich gewesen, Verluste, die das Prestigeobjekt erlitt, anderweitig auszugleichen. Aber war die *Allgemeine Zeitung* ein Verlustgeschäft? Die Cottas gaben sich Mühe, diesen Eindruck zu erwecken, modernen Verlegern auch hierin nicht unähnlich. In Wirklichkeit ließ sich mit der AZ Geld verdienen, auch wenn das Blatt sicher keine Goldgrube war. Nach einer neueren Untersuchung[29], die die Rentabilität der Zeitung in den Jahren von 1839 bis 1845 unter die Lupe nimmt, schrieb die AZ in dieser Zeitspanne ausnahmslos schwarze Zahlen. Die Erträge schwankten allerdings erheblich, nämlich zwischen 2,3 und 17,9 Prozent. Das gewinnreichste Jahr war 1842. Bei Gesamtkosten von rund 166000 Gulden wurde ein Gewinn von 25300 Gulden erwirtschaftet.

Bleiben wir bei diesem Jahr. Der Anteil der Anzeigenerlöse belief sich 1842 auf 26,7 Prozent, d.h., etwa Dreiviertel der Einnahmen kamen über den Verkauf der Zeitung herein. Heute hat sich dieses Verhältnis umgekehrt. Bei den Entstehungskosten überwogen die Aufwendungen für Satz, Druck und Papier mit einem Anteil von 52,8 Prozent. Auf Honorare entfielen 31,3 Prozent. Der Rest, knapp 20 Prozent, ging in die Redaktionskasse, aus der allerdings nicht nur die Gehälter der Redakteure und die Kosten der abonnierten Zeitungen, sondern auch der Lohn etwa des Faktors oder der Putzfrauen bezahlt wurde.

Georg von Cotta

Die Geschichte erfolgreicher Unternehmen ist häufig identisch mit der ihrer Gründer. Deren Abgang markiert dann oft den Anfang vom Ende der Erfolgsstory. Die Cotta'sche Buchhandlung hatte das Glück, daß nach dem plötzlichen Tod Johann Friedrichs mit Georg von Cotta eine Persönlichkeit an die Spitze des Verlags trat, die stark genug war, das einzigartige Imperium des gedruckten Wortes, das so schnell aufgetürmt worden war, zu erhalten. Hätte der junge Cotta das Erbe ausgeschlagen, woran er zunächst wegen der Unübersichtlichkeit der vom Vater hinterlassenen Verhältnisse dachte, wäre der *Allgemeinen Zeitung* zwar noch immer ein Ehrenplatz im Pantheon der großen Zeitungen beschieden gewesen, doch hätte sie nicht die erstaunliche Lebensdauer erreicht, die ihre Ausnahmestellung begründet. Dazu bedurfte es des Bewahrers Georg von Cotta.

Die alles in allem glückliche Generationenfolge an der Verlagsspitze wurde ergänzt durch eine ebensolche in der Leitung der Augsburger Redaktion. So wie Stegmann der Statthalter des alten Cotta in Augsburg gewesen war, wurde Kolb der redaktionelle Weggefährte des jungen. Stegmann diente der AZ 34 Jahre lang, Kolb derer 39. Beide widmeten der Zeitung ihre uneingeschränkte Schaffenskraft; beide blieben im Amt des Chefredakteurs bis zu ihrem Tode. Diese außergewöhnliche Kontinuität kam der Zeitung, bei allen Nachteilen, insgesamt zugute.

Freilich waren die Rollen innerhalb der Führungstandems unterschiedlich akzentuiert. In der Gründergeneration besetzte die Rolle des Bewegers eindeutig Johann Friedrich Cotta. Stegmann hatte zwar seinen Willen. Der Impulsivität des Verlegers setzte er, wenn es darauf ankam, zähe Beharrlichkeit entgegen, die sich zu nörgelndem Trotz steigern konnte. Dennoch blieb er der Vollstrecker, der seinen Herrn selten mit eigenen Vorstellungen belästigte. In der zweiten Führungsgeneration war Kolb die aktivere Persönlichkeit. Das kommt schon darin zum Ausdruck, daß er am liebsten selbst zur Feder griff, was sein Vorgänger praktisch nie tat. Stegmanns journalistischer Ehrgeiz fand in der Komposition des Blattes sein Genügen. Kolb wollte darüber hinaus seine Stimme erheben. Er hatte viele Ideen für das Blatt, und die Unbeweglichkeit Georg von Cottas machte ihm gelegentlich zu schaffen.

Georg von Cotta (1796–1863) war 36 Jahre alt, als er von einem Tag auf den anderen die Verantwortung für ein Großunternehmen übernehmen mußte. Er war dafür nicht sonderlich gut gerüstet. Die letzten Jahre hatte ihn der Vater zwar an seiner Seite haben wollen; Georg mußte den diplomatischen Dienst seines Heimatlandes Württemberg deswegen verlassen. Aber der alte Cotta gab das Ruder nicht aus der Hand. Nebenbei scheint die Neigung des Sohnes für die väterliche Profession anfänglich nicht ausgeprägt gewesen zu sein. Als er gebraucht wurde, war er indessen auf dem Posten. Pflichtgefühl und Fleiß ersetzten, was ihm an Neigung und Genie fehlte.

Den leichten, schönen Seiten des Lebens konnte Georg von Cotta nicht viel abgewinnen. Er war ein schwerblütiger Mensch. Die Korrespondenz durchzieht ein erhabener Ton, der im Übermaß ebenso störend wirkt wie die ständige Herbeirufung hoher Prinzipien. Er führte den Verlag, unterstützt von seinem Schwager und Teilhaber Hermann von Reischach, mit unermüdlicher Energie, ohne doch die Machtstellung, die damit verbunden war, genießen zu können. In einem Brief an Friedrich Wilhelm IV. von Preußen[30] tritt dieser Zug deutlich hervor: „Der Schreiber dieser Zeilen findet sich nicht durch freie Wahl seines Lebensweges, sondern durch den Willen seines verstorbenen Vaters, also ganz unfreiwillig zur Leitung der bedeutendsten Preßmittel berufen, welche in Deutschland nächst der Königl. Preußischen und der Kaiserl. Österreichischen Staatsdruckerei in einer Hand sich vereinigt finden", beginnt dieser Brief, den er 1856 schrieb, um vom König die Aufhebung eines Einfuhrverbots der AZ in Preußen zu erwirken.

Als Georg zur Welt kam, hatte der Vater frohlockend Friedrich Schiller mitgeteilt, ihm sei „ein gesunder Republikaner"[31] geboren worden. Die Verheißung erfüllte sich nicht. Georg von Cotta war und blieb Monarchist durch und durch. Den Freiherrntitel trug er mit einer Würde, die er nicht verbarg. Seine Einstellung war betont national; damit stand er dem Zeitgeist näher als Johann Friedrich in seinen letzten Jahren. Im ganzen gesehen war Georg von Cotta ein sehr geradliniger, von pietistischer Frömmigkeit geprägter Charakter, der nur mit großen Skrupeln von dem abwich, was er einmal als seine Pflicht erkannt hatte. Und oberste Pflicht war die Wahrung des väterlichen Erbes.

Daß Georg von Cotta trotz seiner konservativen Grundhaltung kein Reaktionär und überdies kein Schilfblatt im Winde war, bewies er in der Affäre Gutzkow. Der talentierte, aber schwierige Schriftsteller Karl Gutzkow hatte mit seinem Roman „Wally die Zweiflerin" Ärgernis erregt. Der Vorwurf lautete: Verächtlichmachung der Religion. Ein Prozeß wurde angestrengt. Die tonangebenden Mächte im Deutschen Bund, immer in Angst vor Revolution und Konspiration, nahmen die Vorlage auf, um eine Anzahl mißliebiger Literaten mundtot zu machen. So kam es Ende 1835 zum Verbot des „Jungen Deutschland" durch die Bundesversammlung. Es unterstreicht nur den Willkürcharakter des Schlages, daß eine literarische Schule dieses Namens gar nicht existierte. Erst das Verbot konstituierte Heine, Gutzkow, Laube, Wienbarg und Mundt als Gruppe. Sie wurden praktisch mit Berufsverbot belegt, d. h., sie durften nicht gedruckt und ihre Werke nicht vertrieben werden. Gutzkow wurde zu einem Monat Gefängnis verurteilt.

Nun war Gutzkow Mitarbeiter der *Allgemeinen Zeitung*. Cotta hatte ihn noch ein Jahr zuvor als Redakteur gewinnen wollen, obwohl Gutzkow ihm gestanden hatte: „Ich denke frei, ich bin kein Freund der Monarchie."[32] Cotta mochte die „Wally" nicht; sie verletzte seine religiösen Gefühle.

Trotzdem nahm er den Autor gegen die Maßlosigkeit der Angriffe in Schutz. Ein Dreiteiler, den Gutzkow über den napoleonischen Marschall und späteren König von Schweden, Bernadotte, verfaßt hatte, wurde in der *Allgemeinen Zeitung* abgedruckt, während Gutzkow in Untersuchungshaft saß; der letzte Teil ausgerechnet am 10. Dezember 1835, dem Tag des Bundesbeschlusses gegen das „Junge Deutschland". Auch anschließend konnte Gutzkow in der AZ publizieren, wenngleich anonym. Cotta mußte sich an die Spielregeln halten. Ein Vorschlag Kolbs, den verfemten Schriftsteller als fest bestallten Korrespondenten nach London zu schicken, wurde vom Verleger, weil zu riskant, abgelehnt. Aber Cotta ließ den Bedrängten nicht fallen, wie ein Brief Gutzkows an Kolb vom 7. Februar 1836 bezeugt: „... Aufrichtig gesteh' ich Ihnen: meine Lage ist kummervoll genug und nur die anonyme Tätigkeit an der A.Z. erhält mich so weit, daß ich durch die neuesten Ereignisse wenigstens die Notdurft des Leibes befriedige."[33]

Kolbs Jugendsünden

Standfestigkeit bewies Georg von Cotta auch, als es nach dem Tode Stegmanns 1837 um die Wiederbesetzung des Chefredakteursstuhls ging. Kolb war stigmatisiert; er galt im Lager der Restaurationskräfte als politisch bedenklich. Es war nicht vergessen, daß der Mann, der nun auf den wichtigsten Posten befördert werden sollte, den es im deutschen Pressewesen gab, einmal wegen Geheimbündelei zwei Jahre auf dem Hohenasperg verbracht hatte. In diese peinliche Lage war der jungen Kolb (1798–1865) dadurch gekommen, daß er als Student in Tübingen einen „Jünglingsbund" gegründet hatte. Dieser Zusammenschluß, der sich äußerst geheimnisvoll gab, dessen Radikalität sich aber hauptsächlich in wilden Satzungspostulaten austobte, hatte sich verschworen, die Einigung Deutschlands herzustellen, wenn nötig mit umstürzlerischen Mitteln. Derartige Bünde, die vornehmlich den italienischen Carbonari nachempfunden waren, schossen anfangs der zwanziger Jahre allerorten aus dem Boden. Sie beunruhigten die Obrigkeit über die Maßen. 1824 wurde Kolb festgenommen und als Hauptangeklagter in einem achtmonatigen Prozeß zu viereinhalb Jahren Festungshaft verurteilt.

Im leidlich liberalen Württemberg, das zur Verfolgung der „Jünglinge" erst von Wien und Berlin hatte aufgefordert werden müssen, ging es Hochverrätern allerdings gar nicht so schlecht.[34] Auf dem grimmigen Hohenasperg landete so manches Weinfaß mitleidvoller Bürger. Die „Politischen" feierten im Kerker Feste, und die Mädchen aus der Umgebung nahmen so lebhaften Anteil an ihrem Schicksal, daß Kolbs Mithäftling und späterer Mitredakteur Karl August Mebold eines von ihnen sogar zum Traualtar führte. Gnadengesuche stießen auf Widerhall; Kolb wurde mehr als die Hälfte der Strafe gestrichen. Wie sehr das politische Diluvium des Vormärz immer wieder von milden Temperaturschüben durchbrochen wurde, illustriert die bemerkenswerte Tatsache, daß es der Justizminister war, der den Ex-Häftling Cottas Fürsorge empfahl. Gerade drei Tage waren seit der Haftentlassung vergangen, da trat Kolb in das berühmte Verlagshaus des mächtigen schwäbischen Landsmannes ein!

Allerdings stand Kolb von nun an unter Beobachtung. Er war nun einmal aktenkundig geworden. Als Johann Friedrich Cotta ihm 1832 die Verantwortung für den „Deutschen Artikel" übertrug und ihn damit sozusagen zum Chef der Innenpolitik der *Allgemeinen Zeitung* machte, war die Regierung alarmiert. Bereits acht Tage nach der innerredaktionellen Umstellung erreichte die Augsburger Zensurbehörde folgendes Schreiben des Münchner Innenministeriums: „Es verlautet, daß in der Besorgung der Redaktionsgeschäfte der *Allgemeinen Zeitung* eine Veränderung statt gehabt, und Dr. Kolb die Redaktion an der Stelle des Dr. Stegmann übernommen habe. Das Präsidium … erhält den Auftrag, schleunigst zu berichten, ob die obige Nachricht Grund habe oder nicht, und in ersterem Falle zu bemerken, ob und was über die Veranlassung der Veränderung dem Präsidium bekannt ist."[35]

Am 9. April unterrichtete Innenminister Fürst Oettingen-Wallerstein Außenminister Gise über die irritierenden Vorgänge in der Fuggerstadt. „Stegmann hat seit dem 1. April die Redaktion der deutschen Artikel in der *Allgemeinen Zeitung* abgegeben. Sie wird nunmehr unter ostensibler Verantwortlichkeit Stegmanns von Dr. Kolb geführt, von einem Manne, der wegen demagogischer Umtriebe schon auf dem Hohenasperg detiniert gewesen ist. Seitdem wird die deutsche Korrespondenz nicht mehr in dem ruhigen besonnenen Geist geführt, vielmehr werden gehässige Artikel gegen verschiedene deutsche Regierungen aufgenommen."[36] Damit nahm der Schreibtischtausch in der Augsburger Karmelitengasse endgültig den Charakter einer Haupt- und Staatsaktion an. Gise unterrichtete Metternich; der Staatskanzler, der wegen der Auseinandersetzungen um das *Inland* und die Berichterstattung Heines ohnedies gegen Cotta aufgebracht war, wies seinen Geschäftsträger in Stuttgart an, den Verleger mit allem Nachdruck zu verwarnen.[37] Als sich dann noch Preußen den Verdächtigungen gegen Kolb anschloß, bot dieser Cotta seine Demission an.[38]

Standhafter Verleger

Cotta hielt trotzdem an Kolb fest, und so hielt es auch sein Sohn, als 1837 die österreichische Regierung Kolb abermals aufs Korn nahm. Metternich beschwerte sich über die Wiedergabe des Hannoverschen Verfassungskonflikts in der AZ; Gerüchte wurden in Umlauf gebracht, Kolb stehe in Kontakt mit europäischen Geheimbünden. Trotzdem wurde Kolb in diesem Jahr Chefredakteur. Fünf Jahre später wiederholte sich das Spiel. Nach einer Denunziation wurde Kolb sogar polizeilich observiert.[39] Noch 1843 operierte König Ludwig mit Kolbs Vergangenheit. Man kenne schließlich die „Antecedentien" des Augsburger Redaktionsleiters.[40] Gewiß ließen alle diese Einmischungen und Verunglimpfungen Georg von Cotta nicht kalt, zumal wenn sie von der österreichischen Front kamen, an der er unbedingt Ruhe haben wollte. Aber er stand zu Kolb, folgte der Linie des Vaters und saß die Angriffe aus.

Daran tat er gut. Denn Kolb erwies sich als herausragender Journalist und dem Unternehmen treu ergeben. Seine riskanten Aktivitäten als Student waren Jugendsünden. Von einem Radikalen trennte Kolb nicht nur die Rücksichtnahme auf den Ruf der *Allgemeinen Zeitung*. Die politischen Überzeugungen des gereiften Mannes waren maßvoll. Kolbs Herzenswunsch war die nationale Einheit Deutschlands. Im Zweifel ging ihm sogar Einheit über Freiheit, wie es bei der Mehrheit der Liberalen der Fall war. Seine Verfassungsvorstellungen orientierten sich am Vorbild des englischen Parlamentarismus, den er bei einer Reise studiert hatte. Frankreich begegnete er eher mit Abneigung, auch hier in Gesellschaft mit vielen Liberalen Deutschlands.

Das Redakteurshandwerk lernte Kolb in Augsburg von der Pike auf. Er fing an als Korrektor; dann wurde er bei der Übersetzungsarbeit eingesetzt, von der es immer mehr als genug gab und die in der Redaktion zu den weniger geliebten Beschäftigungen gehörte. „Soll ein fixer Kerl sein, hatte 'umgetrieben' und saß zwei Jahre auf dem Asperg", skizzierte die Beobachterin Therese Huber[41] den Volontär, der bald mit Stegmann über Kreuz geriet. Stegmann war, als Kolb 1826 nach Augsburg kam, bereits ein Denkmal. Der Novize hatte vor ihm den gebührenden Respekt, ohne die Augen vor den Schwächen des altgedienten Redakteurs zu verschließen. Er hielt Stegmann für versteinert und das Blatt für reformbedürftig. Sein Briefwechsel mit Cotta offenbart ein erstaunliches Selbstbewußtsein: Kolb analysierte die Konkurrenz, benannte ihre Vorzüge, unterbreitete Vorschläge zur Verbesserung der AZ, empfahl eine Stärkung der Beilage und riet, ja bedrängte Cotta, die *Allgemeine Zeitung* von Augsburg nach München zu verlagern – eine Aufforderung, die er in den kommenden Jahrzehnten wie ein *ceterum censeo* wiederholte, immer vergeblich, bis es zu spät war.

Erstaunlich ist, daß sich der mächtige Cotta auf diese Korrespondenz mit seinem Jungredakteur einließ. Er widersprach nicht, wenn Kolb die AZ als „leblos" charakterisierte und von Stimmen aus dem Leserkreis berichtete, die der AZ den selbstbewußteren Ton vorhielten, den andere, neue Zeitungsschöpfungen sich erlaubten. Solche Stimmen hatte er wohl selbst gehört. Die Auflage stagnierte Ende der zwanziger Jahre. Cotta war unzufrieden mit seinem Blatt. Der ideenreiche, ehrgeizige Kolb, so mochte er denken, werde den etwas müde gewordenen Stegmann wieder auf Touren bringen. Jedenfalls, Kolb war sein „junger Mann", ihn protegierte er. Kolb wurde als Springer eingesetzt; mal ließ ihn Cotta Erfahrungen bei den Münchner Objekten der Buchhandlung sammeln, dann wurde er wieder nach Augsburg abkommandiert, wenn Stegmann krank daniederlag. Dabei zeitigte die wachsende Rivalität mit dem leitenden Redakteur erstaunliche Resultate. Jahrzehnte später erinnerte sich Heine schmunzelnd, daß der alte Stegmann regelmäßig urplötzlich gesundete, wenn Kolb auf Cottas Geheiß in Augsburg anlangte.[42]

Konflikt der Generationen

Stegmann blieb der lebhafte Briefverkehr zwischen Stuttgart und Augsburg nicht verborgen. Vermutlich fand er die Vertrautheit des Verlegers von Goethe und Schiller mit dem kleinen Volontär unerklärlich und stillos. Sein Verdruß nahm noch zu, als Kolb von Cotta Reisen nach Paris und London zugestanden bekam. In Paris ebnete Kolb die Zusammenarbeit mit Heine; auch das ging an Stegmann vorbei. Mehr und mehr kränkelnd, vergrub sich Stegmann in die geliebte Mineraliensammlung und striegelte seine beiden Pferde. Sie stellten den einzigen Luxus dar, den er sich leisten könne, schrieb er Cotta in anklagendem Unterton. Er leistete sie sich übrigens aufgrund einer lukrativen Nebentätigkeit, die er seit Jahren für das konservative *Journal des Débats* verrichtete. Diese Nebentätigkeit, die vom alten Cotta gebilligt wurde, hielt er vor anderen verborgen. Als sie Jahre später durch eine Indiskretion in Paris ruchbar wurde, war ihm das peinlich, fast so peinlich wie die Aufdeckung seiner heimlichen Korrespondenz mit Fouché damals, im Jahre 1813.

Stegmann war ein Einsiedler, auch als Journalist. Er mied den Kontakt mit den Großen, zog es vor, am Schreibtisch zu wirken. Dabei trat er als Autor in der *Allgemeinen Zeitung* kaum in Erscheinung – was der regen Korrespondenz für das Pariser *Journal* eine besondere Note gibt. Da war Kolbs publizistisches Temperament ein ganz anderes. „Ich könnte es mit diesen bloß kompilatorischen Arbeiten nicht dreißig oder vierzig Jahre aushalten wie Stegmann", vertraute er Georg von Cotta an. „Eher stürzte ich mich zehnmal ins Wasser vor Spleen u(nd) Hypochondrie."[43] Also floh er die Augsburger Spießigkeit und den Ärger mit Stegmann und hielt sich so oft wie möglich in München auf. Beim *Ausland* und bei den *Annalen* war immer Arbeit für ihn. Vor allem aber reizte ihn an München, daß er dort Menschen begegnete, die die Fäden der Politik in der Hand hielten. Hingegen brachte Stegmann es fertig, die Hauptstadt sechs Jahre am Stück nicht zu sehen.

Es handelte sich also nicht nur um einen Generationenkonflikt, der zwischen dem alten Vormann und dem Gehilfen ausgetragen wurde. Kolb hatte eine andere Auffassung von den Aufgaben des Journalisten: Er wollte „dabei" sein und Informationen aus erster Hand haben, statt fremde Manuskripte glattzustreichen. Die Meinungsverschiedenheiten erstreckten sich auch auf die Konzeption des Blattes. Kolb hielt es für notwendig, Berichten aus Deutschland Priorität zu geben, was Stegmann als Anschlag auf den europäischen Charakter der AZ mißbilligte. Den Ortswechsel nach München, für den Kolb warb, lehnte er ab. Die Zeitung, der er sich verpflichtet fühlte, brauchte Ruhe, die sie nur dann fand, wenn sie sich vom Bannkreis der Politik fernhielt. Der Ältere war fest davon überzeugt, wenigstens in diesem Punkt in Cotta einen Verbündeten zu besitzen. Um so größer sein Erschrecken, als auch der Verleger über eine Verlegung nachzudenken begann. Zwar rückte Cotta von dem Gedanken wieder ab, doch Stegmann wußte nun, daß eine Zeit herangerückt war, die er nicht mehr verstand.

Die Redaktion umfaßte in den zwanziger Jahren drei feste Mitarbeiter, neben Stegmann und Widmann, dessen Platz von Gustav Kolb eingenommen wurde, Lebret. Albrecht Lebret (1778–1846) war Professor für Naturgeschichte gewesen, ehe er in den Journalistenberuf überwechselte. Er stammte aus dem großen Reservoir württembergischer Liberaler. Seine Verehrung für Napoleon war sprichwörtlich. Das Stuttgarter Haus, das er zusammen mit Lindner bewohnte, war nach des Kaisers Exil-Bleibe auf St. Helena „Hotel Longwood" benannt. Noch 1851, fünf Jahre nach Lebrets Tod, erinnerte sich Heine[44] in der Pariser Matratzengruft an die Schwärmerei der beiden. „Ich denke oft mit Kummer daran", schrieb er Kolb, „daß Lindner und Lebret das Wiederaufstrahlen des Imperialismus durch Ludwig Napoleon nicht mehr erlebt haben! Welche Dithyramben hätten ihre alten Herzen gesungen!" 1824 ging Lebret als zweiter Mann nach Augsburg. Er war ein unprätentiöser, stiller Mann, der selbst mit Stegmann auskam und in der Redaktion für Harmonie zuständig war. Lebret blieb 21 Jahre auf Posten und schied 1846 altersbedingt aus der Redaktion aus.

Altenhöfer, Mebold, Orges

Als Stegmann in der ersten Hälfte der dreißiger Jahre gesundheitlich immer mehr abbaute, entschloß sich Georg von Cotta, die Redaktion zu verstärken. August Josef Altenhöfer (1804–1876) war der vierte Redakteur und mit Abstand der Jüngste im Quartett. Wie Stegmann und Lebret war er Junggeselle; wie sie (und Kolb) gehörte er bald zum Inventar des Redaktionshauses an der Augsburger Karmelitengasse. Nach Kolbs Tod fungierte er bis 1869 als interimistischer Chefredakteur. Auch in seinem Fall hatte das „System Metternich" bewirkt, daß er den Weg in den Journalismus fand. Lieber wäre Altenhöfer Lehrer geworden, doch wegen burschenschaftlicher Umtriebe hatte man ihm den Eintritt in den Staatsdienst verwehrt. Damit ist die Parallelität zu Kolb allerdings erschöpft. In vielerlei Hinsicht bildete er, der überwiegend den „Englischen Artikel" redigierte, den Gegenpol zu Kolb. Altenhöfer gefiel die großdeutsche Richtung, die die AZ *peu à peu* einschlug, ganz und gar nicht. Auch menschlich verstanden sich die beiden nicht. Altenhöfer neigte zum Sarkasmus; gefürchtet waren seine bitterbösen Stegreifverse. Zeitweilig verkehrten die Männer nur brieflich miteinander, obwohl sie im selben Haus wohnten und arbeiteten. Altenhöfer muß ein kauziger Kerl gewesen sein, ein Eigenbrötler, der vier Möpse sein eigen nannte. Ungewöhnlich war seine Annäherung an die AZ gewesen. Denn bevor er auf Drängen Lebrets 1834 ungeteilt in die Dienste des Blattes trat, hatte er in einem sonderbaren Spagat nachmittags für die *Allgemeine Zeitung*, des morgens aber für die *Augsburger Postzeitung* gearbeitet.

Man kann nicht behaupten, die Redaktion wäre jemals überbesetzt gewesen. Die Personalstärke schwankte auch in späteren Jahren immer zwischen drei und vier Redakteuren, wobei oft ausgeholfen wurde, sei es von Mitarbeitern anderer Cotta'scher Periodika oder solchen, für die die AZ, aus welchen Gründen auch immer, nur ein Transitorium war. So wurde der harte Kern der Redaktion stets umschwärmt von kurzlebigen Existenzen. Bedeutung erlangten hingegen Karl August Mebold und Hermann Orges.

In seiner Studentenzeit hatte sich Mebold (1798–1854) für Turnerei und Burschenschaft begeistert. Das vaterländische Lied „Herbei, herbei, die deutsche Turnerschaft" entstammte seiner Feder und wurde in einschlägigen Kreisen noch lange und oft gesungen. Er war mit Kolb führend im „Jünglingsbund" und teilte seine Kerkerhaft auf dem Hohenasperg. Anschließend verdingte er sich hier und da mit einer Schriftstellerei. Als Redakteur der *Deutschen Allgemeinen Zeitung* wurde Mebold abermals Opfer der staatlichen Repression. Das Stuttgarter Blatt wurde am 6. September 1832 von der Bundesversammlung verboten, Mebold mit einem fünfjährigen Berufsverbot belegt. 1841 unterschrieb er auf Vermittlung des Jugendfreundes Kolb bei der *Allgemeinen Zeitung.* Kolb war indessen bald von Mebolds redaktioneller Arbeit enttäuscht, und was die politische Linie anging, verwandelte sich mit der Spaltung des nationalen Lagers die frühere Gemeinsamkeit in erbitterte Gegnerschaft. Mebold war „der Preuße" in der AZ-Redaktion und befehdete den großdeutschen Chefredakteur, wo es ging. 1854 erlag er der Cholera.

Der Nachfolger, den Cotta bestellte, hätte nicht gegensätzlicher sein können. Hermann Orges war der Großdeutsche *par excellence* in der Spätzeit der AZ. Dabei ließ die Herkunft eigentlich anderes erwarten. Der gebürtige Braunschweiger war preußischer Offizier gewesen. Über sein Ausscheiden aus dem Militärdienst fehlt die letzte Klarheit. Möglicherweise hing es damit zusammen, daß sich der Leutnant bei den Barrikadenkämpfen 1848 in Berlin weigerte, seinen Soldaten den Befehl zu geben, auf das Volk zu schießen. Später bereiste Orges als Matrose die Welt. Berichte, die daraus entstanden, brachten ihn in Verbindung mit der AZ, bei der er nach Mebolds Tod anheuerte. Cotta war sich bald nicht mehr sicher, ob er mit ihm einen guten Griff getan hatte. Denn Orges entwickelte Programmvorstellungen, die sich mit den hergebrachten Glaubenssätzen der *Allgemeinen Zeitung* nicht vertrugen. Das Sprechsaal-Konzept lehnte er als antiquiert und als schädlich ab, weil es die Zeitung daran hinderte, Partei zu ergreifen. Daß die AZ in der dramatischen Zuspitzung von 1859 leidenschaftlich das Panier Österreichs schwenkte, war mehr noch Orges' Werk als das Kolbs. Im Schlußkapitel wird davon ausführlich die Rede sein.

Da Namensartikel in der AZ die Ausnahme waren, hatten die Leser von der Zusammensetzung der Redaktion nur durch das Impressum Kenntnis. Die Impressumspflicht war 1819 durch die Karlsbader Beschlüsse eingeführt worden. Bis 1835 war am Schluß des Blattes allein Stegmann als verantwortlicher Redakteur genannt, dann wurden auf Veranlassung Georg von Cottas Kolb und Altenhöfer in das Impressum aufgenommen. Stegmann hatte sich zunächst gegen die Einführung der „Dreiköpfigkeit" gestemmt. Zutreffend erkannte er darin einen weiteren Schritt seiner Entmachtung. Um das Gesicht zu wahren, durfte Stegmann die Veränderung in einem langen Artikel der Leserschaft erläutern („Bei meinem vorgerückten Alter ..."). Nominell behielt er zwar die Oberleitung[45], doch spätestens von diesem Zeitpunkt an war klar, daß sich in den Verhältnissen der AZ eine Änderung anbahnte.

„Die Nase kommt aus Stuttgart“

Schon 1834 wurde in den Bädern von Teplitz, einem der Treffpunkte der noblen Gesellschaft, angeregt über die Stegmann-Nachfolge spekuliert. Gedanken machte man sich besonders in Wien, wo die Augsburger Spitzenposition als Politikum ersten Ranges behandelt wurde. Kein Wunder: Die *Allgemeine Zeitung* war zwar kein österreichisches Blatt; dafür war sie *die* Zeitung, die in Österreich gelesen wurde. Gezielt wurden von Wien aus Namen ins Spiel gebracht. Man spreche über Jarcke und Pfeilschifter, beides konservative Publizisten, berichtete Böttiger[46], der überall das Gras wachsen hörte, nach Stuttgart. Warnend fügte er an die Adresse des jungen Verlegers hinzu: „Die Allg. Ztg. ist verloren, sobald man ahndet, daß sie mit der Legitimität buhle. Man munkelt so immer von russischem (sic!) Einfluß. Gewiß lächerlich. Aber welche innere Aufregung in allen deutschen Ländern!“ Wie massiv die Interventionen der Hofburg wirklich waren, läßt sich nicht mit Sicherheit sagen. Die übliche Façon unterstellt, hat man sich mit Einflüsterungen gewiß nicht begnügt. Doch am Ende konnte man Kolb, dem Cotta bereits durch die Erweiterung des Impressums die Kronprinzenrolle sichtbar zuerkannt hatte, nicht verhindern.

Georg von Cotta war ein stolzer Mann. So sehr er die Führung des ererbten Konzerns gelegentlich als Last empfand, so wenig akzeptierte er Eingriffe in seine Entscheidungsgewalt. Das bekam auch die Redaktion zu spüren. Heines kluges Wort: „Das Maul der *Allgemeinen Zeitung* ist in Augsburg, aber die Nase kommt immer aus Stuttgart“,[47] traf für die zweite Generation nicht weniger zu als für die erste. In der Form wurde das Verhältnis zwischen Verleger und Redaktion distanzierter. Die über tausend Briefe Kolbs an Georg von Cotta, die sich erhalten haben, beginnen mit „Euer Hochwohlgeboren“. Die Vertraulichkeit, die die von Stegmann gegenüber dem älteren Cotta verwandte Anredeformel „Mein verehrtester Freund“ ausdrücken wollte, hätte der formstrenge Jungverleger nicht geduldet, der seinerseits allerdings den Angestellten Kolb „mein verehrter Freund“ titulierte. Andererseits war es für Georg von Cottas ausgeprägtes Verständnis von den Pflichten seines Amtes eine Selbstverständlichkeit, daß er sich vor seine Redakteure stellte, wenn es not tat. Als Kolb einmal wegen eines bissigen Artikels zum Duell gefordert wurde, gab Cotta dem Fordernden zu verstehen, er müsse sich schon mit ihm, dem Besitzer, duellieren, wenn er unbedingt wolle.[48]

Der alte Cotta hatte mit der Trennung von verlegerischer und redaktioneller Funktion der modernen Zeitungsentwicklung einen Schub gegeben. Dessenungeachtet behielt er sich alle wichtigen Entscheidungen vor. Das betraf nicht bloß die große Linie des Blattes und die finanzrelevanten Dinge. Johann Friedrich Cotta wählte auch die Korrespondenten aus und legte ihre Honorare fest. An dieser Prärogative hielt Georg von Cotta gleichermaßen fest, so daß man von beiden Verlegern genausogut als den Herausgebern der AZ sprechen könnte. Die jeweiligen Chefredakteure nahmen diese Einschränkung ihrer Gestaltungsfreiheit hin, und wenn sie, wie es bei Kolb vorkam, einmal gegen die Regel verstießen, mußten sie sich auf eine scharfe Replik gefaßtmachen.

Zu den ungeschriebenen Gesetzen gehörte ferner, daß sich die AZ-Redakteure aus den Geschäften der übrigen Periodika des Konzerns herauszuhalten hatten. Für den Buchverlag galt das ohnedies, obwohl es hier zu Interessenkollisionen kommen konnte, wie folgendes Beispiel illustriert: Wilhelm Ritter von Dönniges war in den fünfziger Jahren einer der wichtigsten Münchner Korrespondenten der AZ (Kolb: „unsere sicherste Quelle"). Der namhafte Historiker und Berater Max' II. versorgte die Redaktion mit erstklassigen Informationen; so spielte er ihr den Text der Olmützer Punktation zu, die 1850 den drohenden preußisch-österreichischen Zusammenstoß gerade noch entschärfte. Eines Tages aber drohte er mit der Aufgabe seiner Korrespondenz, weil die Buchhandlung den Druck seiner Sammlung schottischer und englischer Balladen abgelehnt hatte. Kolb mußte alle Register der Überredungskunst ziehen, um Cotta, der sich von der Balladensammlung nichts versprach, zum Einlenken zu bewegen.[49]

Gute Gehälter

Die Gehälter, die die Cotta'sche Buchhandlung ihren Redakteuren zahlte, waren Spitzengehälter. 1000 Gulden im Jahr erhielt zu Anfang des Jahrhunderts der Redakteur des Auflagenriesen *Hamburgischer Correspondent,* der dazu noch „Alleinunterhalter" war.[50] Etwa zur gleichen Zeit erhielt Huber die doppelte Summe. Kolb verdiente in den vierziger Jahren 3000 Gulden; Altenhöfer und Mebold, die neben ihm im Impressum standen, je 2000 Gulden. 2000 Gulden hatte auch Stegmanns Jahressalär betragen, der allerdings durch die Beiträge für das *Journal des Débats* um rund 900 Gulden jährlich aufgebessert worden war. Solche Nebentätigkeiten waren an sich nicht ungewöhnlich, doch sah sie Georg von Cotta bei seinen leitenden Redakteuren ungern. Sie sollten ihre ganze Arbeitskraft dem eigenen Blatt widmen. Auf sein Drängen hin stellte Kolb eine Korrespondenz für die Londoner *Times* ein. Eine zusätzliche Einnahmequelle stand den Redakteuren offen, wenn sie für die AZ selbst zur Feder griffen. Eigenbeiträge waren durch das Jahresgehalt nicht abgegolten, sie wurden zusätzlich nach Umfang honoriert. Schließlich gewährte Cotta den Redakteuren, sofern sie im Verlagshaus in der Karmelitengasse wohnten, freies Logis. Dadurch kamen die Redakteure zu einem Gesamteinkommen, mit dem sie zweifellos zu den „Besserverdienenden" zählten. Dazu zwei Vergleichzahlen: 2000 Gulden betrug die Alimentation eines Ministerialbeamten im Jahr; einem Korrektor der AZ zahlte die Cotta'sche Buchhandlung 1812 in der Woche 9 Gulden, dazu bekam er Brennholz und freies Logis.

Kollegen anderer Blätter schauten voller Neid nach Augsburg. So wie Cotta ein sagenhafter Reichtum angedichtet wurde, galten Redaktionsbudgets und Gehälter der AZ als legendär. Mitunter dienten Hinweise auf angebliche Cotta'sche Usancen dazu, den eigenen Verleger weichzuklopfen. So wurde einmal Joseph DuMont, Verleger der *Kölnischen Zeitung,* von einem Redakteur bedrängt, wie Cotta Bildungsurlaub zu gewähren.[51] Der Vergleich war geschickt gewählt, eiferte das Kölner Blatt doch dem Renommee der Augsburgerin nach. Allerdings übertrieb der Redakteur ein wenig. Zwar hatte der alte Cotta Kolb bei dessen Reisen nach Paris und London wirklich unter die Arme gegriffen, so wie er eine Griechenlandreise Thierschs mitfinanzierte. Allein, es wäre weder ihm noch seinem Sohn jemals eingefallen, daraus eine Regel zu machen.

Dennoch stand die Cotta'sche Buchhandlung gerade in materieller Hinsicht bei denen, die sich zum Journalismus berufen fühlten, hoch im Kurs. Großzügig wurden auch die Korrespondenten entlohnt. Johann Friedrich Cotta war nun einmal der Ansicht, daß es sich auszahle, wenn man bei talentierten Autoren nicht auf den Kreuzer sehe, und handelte danach. Herausragende Autoren wie Schiller erfreuten sich besonderer Pflege. Cotta versorgte Schiller mit Wein und ließ es sich sogar nicht nehmen, dem neben Goethe vorzüglichsten Mitarbeiter der Buchhandlung einen Blitzableiter auf sein hochgelegenes Haus zu setzen. Eine der „teuersten Puppen Cottas" war Heine, wie der junge Dichter mit Genugtuung feststellte. 10 Carolin waren ihm pro Bogen zugesagt, was rund 100 Gulden entsprach. Damit gehörte er tatsächlich zu den Spitzenverdienern unter den Korrespondenten. Als Georg von Cotta die Verlagsleitung übernahm, versuchte er die Honorare zu drücken. Sehr erfolgreich scheint der Versuch nicht gewesen zu sein, denn Laube und Mundt gestand er in den vierziger Jahren gleichfalls 100 Gulden für den Bogen zu, Gutzkow gar 110 Gulden.

In der Regel wurden die freien Mitarbeiter der Zeitung per Einzelhonorar bezahlt. In anderen Fällen ließ sich der Verlag auf eine Pauschale ein. Sie wurde im voraus bezahlt und mußte dann „abgeschrieben" werden. Mit dem jungen Orientalisten Julius von Mohl schloß Johann Friedrich Cotta folgende Übereinkunft[52]: von Mohl erhielt 2400 Francs im Jahr (etwa 900 Gulden), „von mir zu ersetzen durch Arbeiten, sei es für Journale, sei es an andern Schriften à 75 fr. p. Bogen". Die finanziellen Arrangements waren der Redaktion nicht immer recht. Denn die vereinbarten Modalitäten wirkten sich auf die Arbeitsweise der Korrespondenten aus. Die nachteiligste Bezahlungsart sei die Honorierung pro Zeile oder Bogen für das

Manuskript, monierte Stegmann in einem Brief von 1831. Sie verleite nämlich die Einsender zu „unausstehlicher Breite und Redseligkeit".[53] Das kann man nachvollziehen. Umgekehrt war es ausgeschlossen, den *gedruckten* Text als Maßstab zu nehmen. Damit wäre der Zensor zum Honorar-Schiedsrichter geworden oder sogar die Polizei. Bezeichnenderweise beklagte Stegmann in demselben Brief das Ausbleiben von Manuskripten eines liberal beleumundeten österreichischen Korrespondenten und äußerte die Vermutung, die Briefe könnten von der Polizei abgefangen worden sein. Inzwischen werde nämlich das „Brieföffnen und Unterschlagen … unter dem Vorwande der Cholera in Wien ganz öffentlich betrieben".

Die Pauschalhonorierung hatte noch andere Nachteile. Es konnte vorkommen, daß der Empfänger kassierte, ohne eine entsprechende Gegenleistung zu erbringen. Als „fauler Kunde" erwies sich z.B. Börne, der Cotta über 4000 Gulden schuldig blieb und sich über Rückforderungen ohne Gewissensbisse hinwegsetzte,[54] was seinen späteren Attacken gegen Cotta und die *Allgemeine Zeitung* einen recht unangenehmen Beigeschmack verleiht. Auch förderte die Pauschale nicht unbedingt den Fleiß der Korrespondenten. Immer wieder klagte die Redaktion über Mitarbeiter, die sich über längere Zeit „totstellten", während andere wie etwa der in Augsburg sehr geschätzte Pariser Korrespondent Donndorf für ihren Eifer nicht belohnt würden. Freilich waren die Bewertungsmaßstäbe in Augsburg mit denen in Stuttgart nicht unbedingt identisch. Daß ein Mann wie K.C. Jarcke, der aus Wien schrieb, die Redaktion mit Manuskripten weitgehend unbehelligt ließ, ärgerte Cotta nur mäßig, weil Jarcke wegen seiner guten Beziehungen zum Hof für ihn unbezahlbar war.

Langschreiber und Märchenerzähler

Gefürchtet waren diejenigen Autoren, die die Redaktion mit schlechten Manuskripten peinigten, aber gedruckt werden mußten, weil Cotta darauf Wert legte. Einer dieser Sorte war der berühmte Friedrich Schlegel, der zwischen 1816 und 1821 für die AZ schrieb, unter anderem über die Verhandlungen des Bundestags. Seine Beiträge fielen oft so kryptisch aus, daß sich die Redaktion aus Selbstachtung nur mit einer distanzierenden Anmerkung zu helfen wußte, die so lautete: „Aus besonderer Rücksicht für den Einsender, trotz der Unverständlichkeit und Ideenverwirrung des Inhalts, aufgenommen."[55]

Umgekehrt hatten die Korrespondenten oft mit der Redaktion ihre liebe Not. Kolb konnte sehr rücksichtslos verfahren, wenn er Briefe einfach unbeantwortet ließ oder Manuskripte unterdrückte, die ihm nicht paßten.

Einmal schickte er Heine einen Bericht zurück, weil die von ihm verehrten Engländer darin schlecht wegkamen.[56] Aber was hatte die Redaktion unter den Korrespondenten zu leiden! Da waren die Langschreiber, die schlicht Honorar schinden wollten; die Märchenerzähler, deren Berichte einer Überprüfung nicht standhielten. Andere traktierten mit ihren ewigen Geldsorgen die Redaktion, die dafür doch gar nicht zuständig war. Er brauche „Geld-Geld-Geld!!!", schrieb Friedrich List Kolb fordernd bei Gelegenheit eines Frankreich-Aufenthalts und belehrte den Redakteur, Geld sei „ein Wort, dessen Bedeutung man erst in Paris" kennenlerne.[57]

Natürlich war die Zensur Ausgangspunkt ewigen Streites. Oft stand die Redaktion fassungslos der Unbedachtheit der Korrespondenten gegenüber, die formulierten, als gäbe es die Zensur nicht. Über diese Spezies Mitarbeiter konnte Stegmann mitleiderregende Klagelieder singen: „Das schlimmste ist (dann), daß diese Herren Briefsteller ihre Köpfe aus der Schlinge ziehen und die Zeitungsschreiber allein stehen lassen, sobald Lärm aufzieht."[58] Thiers war jemand, der der Redaktion viel Arbeit bescherte. 1825 wurden seine Einsendungen zu vierzig Prozent gekürzt oder verändert, hat man berechnet, wobei unklar ist, wer dafür verantwortlich war, die Redaktion oder der Zensor. Jedenfalls kamen die Manuskripte ohne redaktionelle Vorzensur nicht aus, und Thiers respektierte die Eingriffe, da in den seltensten Fällen der Sinn verändert wurde. Ausnahmen kamen vor: Als Thiers einmal eine Maßnahme Karls X. mit den Worten aufspießte, Karl sei „immer schon als der am wenigsten mutige Fürst seiner Zeit" angesehen worden, machte die Redaktion daraus, der Monarch habe die kritisierte Maßnahme „wahrscheinlich aus einem dem Prinzen des bourbonischen Hauses eingeborenen Gefühls ritterlichen Mutes" ergriffen.[59]

Heinrich Heine hat alle Höhen und Tiefen der Zusammenarbeit mit der Augsburger Redaktion erlebt. In dem der „Lutetia" vorangestellten Zueignungsbrief an den Fürsten Pückler-Muskau[60] beschrieb er bildhaft das „Augsburgische Prokrustesbett", in dem man seinen Pariser „Geisteskindern" manchmal „die allzu langen Beine und nicht selten sogar den Kopf" abgeschnitten habe. Heine war jedoch souverän genug, die Schwierigkeiten der Redaktion anzuerkennen. Im Vorwort zur französischen Ausgabe der „Lutetia" ließ er Kolb Gerechtigkeit widerfahren[61]: „Da ich allezeit zutiefst von der Treue und Aufrichtigkeit des vielgeliebten Freundes überzeugt war, der, seit mehr als zwanzig Jahren mein Waffenbruder, die Redaktion der Augsburger Zeitung leitete, habe ich die Qualen jener Retuschen und Abänderungen, die meine Artikel erlitten, von ihm ganz gut überstehen können; sah ich nicht stets die ehrlichen Augen meines Freundes vor mir, der seinem verwundeten Kameraden zu sagen schien: 'Bin ich denn vielleicht auf Rosen gebettet?'"

Auf Rosen gebettet waren Kolb und seine Kollegen wahrlich nicht. Die Zensur, die das stille Augsburger Verlagshaus wie ein elektrisches Spannungsfeld umschloß und sich immer wieder unvermittelt in kleinen und größeren Schocks entlud, zwang die Redaktion in einen Zustand der Verkrampfung. Mitunter hätte man sich wohl gern von der eigenen Berühmtheit befreit, die schließlich an dem ganzen Elend schuld war. „Gott, welches Gefühl, sich von jedem Raben schimpfen, von den Regierungen als Revolutionär verdächtigen, von den radikalen Blättern als Serviler verschreien lassen zu müssen! Mir will oft der Mut sinken!“ bekannte Kolb 1842 Georg von Cotta.[62]

Halbtot in Augsburg

Dabei schirmte das beschauliche Augsburg die Redaktion einigermaßen gegen die lästigen Zudringlichkeiten ab. Die Fuggerstadt war der vierte Erscheinungsort in der Geschichte des Cotta'schen Blattes, nach Tübingen, Stuttgart und Ulm. 1882 sollte München als fünfte Station folgen, aber das zählte nicht mehr, denn zu diesem Zeitpunkt war die *Allgemeine* nur noch eine unter vielen. Keine Zeitung von Rang hat ihren Standort so oft gewechselt, für keine war die Sitzfrage schicksalhafter. 72 Jahre lang blieb die AZ „augsburgisch“, aber in diesen 72 Jahren wurde hundertmal und mehr über Umsiedlungspläne spekuliert.

Warum Augsburg? Als Cotta sein „Institut“ 1803 von Stuttgart nach Ulm verlegte, war die Flucht vor dem Landesherrn das Hauptmotiv. Bayern bot sich an, offerierte Privilegien, und Ulm war der Stuttgarter Zentrale nahe, an der Cotta festhalten wollte. Als Ulm 1810 Württemberg zugeschlagen wurde, sprach nichts gegen den Verbleib in Bayern. Daß jetzt die Wahl auf Augsburg fiel, war nur logisch. Augsburg hätte schon sieben Jahre vorher viele Vorteile geboten. Die Stadt bildete den Knotenpunkt wichtiger Nachrichtenwege. Über sie liefen insbesondere Meldungen aus Süddeutschland, Italien, der Schweiz und dem Orient. Augsburg konnte daher nicht zufällig auf eine stolze Zeitungstradition zurückblicken. Die *Augsburger Postzeitung* (katholisch) und die *Augsburger Abendzeitung* (evangelisch) erschienen schon lange vor der Ankunft des Cotta'schen Blatts in der bikonfessionellen Stadt. Die strategischen Vorteile verloren sich jedoch mit der Revolutionierung des Nachrichtenwesens. Die Eisenbahn brach das Beförderungsmonopol der Post. 1840 wurde die Linie München–Augsburg fertiggestellt. Der elektromagnetische Telegraph, der in Bayern 1850 für die öffentliche Nutzung freigegeben wurde, ermöglichte eine weitere enorme Beschleunigung der Nachrichtenübermittlung.

Die Umsiedlungspläne Cottas Ende der zwanziger Jahre belegen, daß auch der Verleger die Gunst des Standorts Augsburg inzwischen relativierte.

Die Redakteure, mit Ausnahme Stegmanns, wären allzu gern in die Landeshauptstadt gewechselt, weil dort politisch „die Musik spielte" und unter dem Einfluß Ludwigs I. das kulturelle Leben in München zu blühen begann. „Ich war in Augsburg geistig halbtot, in der langweiligen Philisterstadt war mir die Phantasie gelähmt", erinnerte sich Lindner rückblickend an die Jahre 1825 und 1826.[63] Kolb empfand ähnlich, wobei es ihm nicht nur um das persönliche Wohlergehen, sondern um die Zeitung ging, deren Rang er in Augsburg auf Dauer als gefährdet ansah.

Aus Ulm kommend, wurde die Zeitung zunächst in einem Gebäude am Martin-Luther-Platz 3 gedruckt, das Cotta gepachtet hatte. 1823 kaufte die Buchhandlung ein großes Haus in der Karmelitengasse, das nach hinten heraus in einem separaten Gebäude genügend Platz für die erwartete Schnellpresse bot. Die repräsentative Vorderfront war geeignet, Macht und Ansehen des Blattes und seines Besitzers zur Schau zu stellen. Heute gehört das unter Denkmalschutz gestellte Anwesen dem Maria-Ward-Institut und dient als Internat. Eine Plakette erinnert daran, daß „hier am 3. Mai 1782 Alexander Pius Wolf, der Dichter der 'preciosa', geboren" wurde. Die berühmteste Zeitung Deutschlands, die an diesem Ort 59 Jahre lang erschien, ist dagegen wohl vergessen.

In der Mitte des letzten Jahrhunderts, als die AZ in der Blüte stand, war das Haus Karmelitengasse 9 beinahe ein Wallfahrtsort. Menschen kamen von weither „um der geistigen Großmacht willen, die hier thronte"[64], oder auch nur, um die illustre Geschwindpresse zu bestaunen. Einflußreiche Persönlichkeiten suchten – wie Gentz – den Austausch mit den Verantwortlichen der einflußreichen Publikation. Der Historiker Heinrich von Sybel, einer der Bannerträger der kleindeutschen Partei, führte in der Redaktion ein legendäres Streitgespräch mit den großdeutschen Redakteuren. Selbst der Staatskanzler Metternich stattete dem Zeitungshaus am 4. Oktober 1841 einen Besuch ab. Er dauerte eine Viertelstunde und war sehr huldvoll. Gustav Kolb, dem Ex-Demagogen, sagte Metternich lauter Nettigkeiten und ermunterte ihn, den er als Chefredakteur vier Jahre zuvor hatte verhindern wollen, das Blatt im gewohnten Geiste fortzusetzen.[65]

Kolb war ein guter Gastgeber. An einem bestimmten Tag in der Woche lud er zu Abendgesellschaften ein. Es kamen Großindustrielle und Vertreter der Hochfinanz. Zu den Gästen gehörten aber auch Musiker wie Franz Liszt oder Schriftsteller wie Gutzkow, Lenau, Kerner und Binzer. Der neue Redakteur Schücking war beeindruckt.[66] Er sah an Kolbs Tisch „Männer, denen seitdem wie Friedrich List eherne Ruhmessäulen gesetzt sind, Frauen deren Bilder in der Schönheitsgalerie König Ludwigs aufgenommen waren; und das alles sich bewegend um eine 'cinquième puissance', eine Macht im Reiche der Intelligenz, das alles mit einer gewissen idyllischen

Freiheit der Lebensformen gelagert um den alle ernährenden Quell der politischen Hippokrene: *Allgemeine Zeitung*".

Nach Möglichkeit wohnten die Redakteure im Vorderhaus; Cotta hielt viel von Werkswohnungen, die praktisch waren und die Mitarbeiter an das Unternehmen banden, ohne allerdings zwingend die kollegiale Harmonie zu fördern. Der Journalist Julius Fröbel, einst linker Abgeordneter in der Paulskirche und wegen seiner Haltung zum Tode verurteilt, jetzt großdeutscher Vordenker, besuchte im Jahre 1861 die Redaktion. Was für ein Bild bot sich ihm! Kolb befand sich gerade in heftigem Zwist mit Orges, der, aus Wien zurückkommend, die Meinung vertrat, nur ein absolutistisches Regiment könne Österreich retten (für Fröbel ein Schock). Altenhöfer, mit Kolb dauerhaft verfeindet, war unpäßlich, seine berüchtigten vier Möpse schlugen den Besucher gleich in die Flucht.[67]

Dem Vorderhaus gegenüber lag das finstere Augsburger Stadtgefängnis, auf das die Redakteure blickten, wenn sie vom Schreibtisch aus dem Fenster schauten – ein *memento mori*, das an die Vergänglichkeit des journalistischen Tuns zu gemahnen schien. Alles in allem war diese Augsburger Welt eine kleine Welt, und jeder Besucher, der von der Geltung der *Allgemeinen Zeitung* einen Begriff hatte, mußte den Kontrast mit der Idylle, in der sie entstand, stark empfinden. Der Schriftsteller Friedrich Bodenstedt notierte verwundert: „Da ging's auch auf den Sammelpunkten der Weltneuigkeiten so geräuschlos zu, daß die Geschäftsräume der Arbeiter am Webstuhl der Politik und Geschichte neben der Familienwohnung lagen, ohne die Ruhe derselben zu stören."[68]

Der Wendepunkt – das Jahr 1848

Mit Beginn der vierziger Jahre mehrten sich die Anzeichen, die auf ein Ende der Ära Metternich hindeuteten. Diese war zunächst eine naheliegende Antwort auf das beispiellose Durcheinander gewesen, das mit der Revolution begonnen und mit dem Zusammenbruch des napoleonischen Großreiches aufgehört hatte. Eine Generation lang war der europäische Kontinent in einer Weise durchgeschüttelt worden, daß ein Regiment, das Ruhe und Ordnung garantierte, den geschundenen Völkern nur willkommen sein konnte. Aber Metternichs Ordnungspolitik hatte sich überlebt. Nur auf die Sicherung des Bestehenden bedacht, hatte sie längst den Gleichschritt mit der gesellschaftlichen Entwicklung verloren. Während in der Politik der *status quo* zementiert wurde, veränderten sich Wirtschaft und Wissenschaften so rapide wie nie zuvor. Fabriken schossen aus dem Boden; in ihrem Gefolge betrat ein neuer Stand die Bildfläche, das Industrieproletariat. Dampfschiffe befuhren Flüsse und Kanäle, Eisenbahnen revolutionierten das Transportwesen. Den Zeitgenossen kam das „System Metternich" immer antiquierter vor, „antediluvianisch", nach einem Wort Franz Grillparzers.

Noch bewahrte dieses System den Frieden in Europa. Doch sowenig eine Politik, die sich in der Erhaltung des „monarchischen Prinzips" erschöpfte, auf Dauer die Kräfte der Bewegung im Innern in Schach halten konnte, so wenig war die hergebrachte Kabinettsdiplomatie dem neuen Phänomen des Nationalismus gewachsen, der ein unberechenbares Moment in die Staatenbeziehungen brachte. Mit der „Rheinkrise" von 1840 deutete er erstmals sein explosives Potential an. Aus Enttäuschung über Mißerfolge im Orient erscholl in Frankreich plötzlich der Ruf nach einer Revision der Verträge von 1815, nach einer Westverschiebung der Grenze bis zum Rhein. Der Regierungschef Adolphe Thiers hielt martialische Reden, es wurde gerüstet, die Presse heizte die Atmosphäre an. Kriegsgefahr lag in der Luft.

In Deutschland wallte das Nationalgefühl auf. Es wollte sich auch dann nicht beruhigen, als in Paris wieder Besonnenheit eingekehrt war. Selbst Radikalliberale wie der Journalist Wirth, der nach Hambach in die französische Emigration gegangen war, wandten sich vom Gastland ab. Jahrzehntelang war das westliche Nachbarland Vorbild und Hoffnung für die deutschen Liberalen gewesen. Das änderte sich nun. Immer noch nahm man an Frankreich Maß, aber nicht mehr, um ihm nachzueifern, sondern um in der Abgrenzung zu eigener Identität zu finden. In den Spalten der *Allgemeinen Zeitung* dieser Zeit stößt man, obzwar vereinzelt, auf Vergleiche zwischen germanischer und romanischer Rasse, die zu dem immer gleichen Schluß führen: daß die Unterlegenheit der Romanen sich spätestens dann zeigen werde, wenn Deutschland vereinigt sei. So wurde Frankreichfeindlichkeit allmählich zu einem Teile des liberalen Lagers prägenden Grundzug. Heine[1] hatte sich gründlich getäuscht, als er Cotta 1828 als Motto für die *Neuen Annalen* vorschlug: „Es gibt jetzt in Europa keine Nationen mehr, sondern nur Parteien." Die „törigten Nationalvorurteile", die er damals für obsolet erklärte, machten sich erst jetzt richtig geltend. Das Zeitalter des Kosmopolitismus, in dem Ideen wichtiger gewesen waren als Grenzen, war endgültig vorüber.

An den deutschen Höfen betrachtete man die nationale Aufrüstung teils irritiert, teils mit Sympathie. In Bayern, wo König Ludwig eine nationaldeutsche Rhetorik pflegte, gewährte man den Zeitungen, die kräftig auf die Franzosen eindroschen, einen ganz ungewöhnlichen Freilauf. Sollte sich die öffentliche Meinung doch auf die Welschen einschießen, das war immer noch besser als die lästigen Forderungen nach Pressefreiheit und Konstitution! Diese Einstellung war reichlich kurzsichtig, unterschätzte sie doch die Sprengkraft nationaler Losungen für das wacklige Gebäude des Deutschen Bundes, in dem gerade die Mächte mittlerer Größe, die neuen Königreiche, der Stabilität bedurften. Wie leicht konnte die Woge nationaler Leidenschaften über sie hinwegrollen!

Auf Seitenpfaden

Der Paradigmenwechsel auf seiten der Liberalen, der die Freiheitsforderung wenigstens vorübergehend zu einer *cura posterior* herabstufte, wurde auch in der *Allgemeinen Zeitung* spürbar. Schon 1838 hatte Gustav Kolb das „Bedürfnis Deutschlands, in dem Wettkampf der Nationen sich geltend zu machen", ausdrücklich deshalb begrüßt, weil dadurch Monarchisten und Konstitutionalisten von ihrem „ausgangslosen" Kampf abgelenkt würden.[2] In Bayern sah es in dieser Partie noch nicht einmal nach einem Remis aus. Das 1837 installierte Ministerium Abel garantierte den absoluten Stillstand in der Verfassungsentwicklung und hatte darüber hinaus den Ehrgeiz, Bayern zu einer Art vatikanischem Vorposten zu machen. Der traditionell auf religiöse Toleranz eingeschworenen AZ mußten daraus neue Schwierigkeiten erwachsen. Die Zensur zog nochmals an. Nirgendwo in Deutschland ging es der Presse gut, in Bayern noch schlechter.

Kolb, der so hochgemut an seine Aufgabe herangegangen war, war zeitweilig niedergedrückt. Weil die „große" Politik so wenig Perspektiven eröffnete, mußte sich die Blattpolitik des Chefredakteurs auf Seitenpfade konzentrieren. Mit Verve stürzte sich Kolb auf den Ausbau der Beilage. In Beiträgen über das Fortschreiten der Wissenschaften, Reiseberichten oder Analysen über Handel und Wandel ließen sich Dinge ansprechen, die die politische Berichterstattung aussparen mußte. Aber das genügte Kolb nicht. 1845 führte er die „Monatsblätter" ein. Sie erschienen zusätzlich zur Beilage und waren aufgrund ihrer Erscheinungsweise zensurfrei. Georg von Cotta zweifelte an ihrer Wirtschaftlichkeit und gestand Kolb für das Supplement keine einzige Hilfskraft zu, so daß sich der Chefredakteur an den „Monatsblättern" fast aufarbeitete. Für Kolb war der springende Punkt, daß die „Monatsblätter" die Möglichkeit erschlossen, Ideen durch den Sperrgürtel der Zensur zu schmuggeln und zugleich das Ansehen der AZ zu heben. In einem Brief aus dem Jahre 1846 rechtfertigte er seine Erfindung gegenüber dem Verleger mit folgenden Worten: „Die Monatsblätter waren notwendig zur Erhaltung unserer politischen Diskussionsfreiheit, zur Herstellung unseres moralischen Namens. Wir mußten gegen den damaligen Zwang ein Refugium haben und müssen dieses offen halten, weil nichts uns vor der Wiederkehr jenes Zwanges schützt."[3]

Das „System Metternich" schien in den Jahren zwischen 1835 und 1845 unangefochten. Nirgendwo waren nennenswerte revolutionäre Bestrebungen feststellbar. Regionale Konflikte wie der von Hannover 1837 fanden zwar Beachtung, weil sich unerwarteterweise sieben Professoren der Göttinger Universität („Göttinger Sieben") gegen die Aufhebung der Verfassung zur Wehr setzten; sie blieben jedoch unter Kontrolle. Aber in der Geschichte gibt es keinen wirklichen Stillstand. Unter der Oberfläche biedermeierlicher Ruhe setzte die Gärung der Unzufriedenheit sich fort.

Auch auf dem Gebiet der Publizistik blieb nicht alles beim alten. Tendenzzeitungen traten auf den Plan und unterliefen indirekt das Verbot politischer Vereinigungen. Bei den Zeitschriften wurden die katholischen *Historisch-Politischen Blätter* von Guido Görres und die radikalen *Hallischen Jahrbücher* Arnold Ruges zu weltanschaulichen Sammelpunkten. 1847 wurde in Heidelberg die *Deutsche Zeitung* gegründet, mit Georg Gottfried Gervinus als Herausgeber und Gustav Höfken, ehemals AZ, als einem der Redakteure. Die *Deutsche Zeitung* wechselte ein Jahr später nach Frankfurt und wurde dort zum „Zentralorgan" der gemäßigt-liberalen Paulskirchenabgeordneten, später zum Sprachrohr der kleindeutschen „Gothaer" und damit zu einer Gegenspielerin der *Allgemeinen Zeitung.* Bereits 1842 war in Köln mit der *Rheinischen Zeitung* ein anderes Blatt recht spektakulär in Erscheinung getreten. Unter der Leitung von Karl Marx fuhr die *Rheinische Zeitung,* so lange es ging, einen radikalen Kurs.

Der AZ hatte sie nach Marx' Worten einen „Krieg auf Leben und Tod" geschworen.[4] Zeitungen wie diese waren für das altehrwürdige Cotta'sche Blatt deshalb gefährlich, weil sie einen freimütigeren Ton riskierten und das Bedürfnis nach Eindeutigkeit, ja Parteinahme besser befriedigten, als es die AZ ihrem Programm entsprechend konnte und wollte. Insofern waren sie mehr als normale Wettbewerber, wie man sie immer gehabt hatte. Sie konstituierten gleichsam einen Gegentypus zur *Allgemeinen Zeitung,* der zwar nur geringe Chancen besaß, solange Zensur herrschte, aber unter den Auspizien von Pressefreiheit und Parteibildung, nach einer Revolution also, zu einer bitterernsten Herausforderung werden konnte.

Die Lola-Montez-Affäre

Die Revolution von 1848 ist nicht zwangsläufig gekommen. Als sie ausbrach, waren die Revolutionäre davon ebenso überrascht wie die Regierungen, die mehr vor Schreck umfielen als von physischer Gewalt hingestreckt. Es gab keine Verschwörung, kein planvolles Hinarbeiten auf den großen Kladderadatsch. Der Anstoß kam von außen. Ohne die französischen Februar-Ereignisse hätte es den deutschen März nicht gegeben. Erst der Umsturz in Paris brachte die politischen und sozialen Spannungen in Deutschland wie in anderen europäischen Staaten zur Entladung. Vielleicht wäre sogar dem bayerischen König Ludwig die Krone erhalten geblieben, hätte nicht der französische Bürgerkönig die seine vorher verloren. Ludwig war am Ende der einzige deutsche Monarch, der das Revolutionsjahr nicht überstand, und das auch nur deshalb, weil er sich selbst durch sein Verhältnis mit einer Tänzerin schachmatt gesetzt hatte.

Metternich hat Ludwigs Affäre mit Lola Montez „eine der leidigsten und folgenschwersten Aberrationen unserer an Abnormitäten so reichen Zeit" genannt.[5] Folgenschwer war sie allemal. Zunächst führte die Affäre dazu, daß das gesamte Kabinett Abel im Februar 1847 demissionierte. Das geschah in der Absicht, den König zu einer Umkehr zu bewegen. Doch Ludwig dachte nicht daran, sich von der Tänzerin zu trennen. Statt dessen trennte er sich von der hochkonservativen Politik, die sein Regiment im letzten Jahrzehnt geprägt hatte. Den Systemwechsel annoncierte er ausgerechnet in einem Gedicht[6], das er in der *Allgemeinen Zeitung* veröffentlichen ließ und das an allen Höfen Europas mit Erstaunen zur Kenntnis genommen wurde. Er bezeichnete darin seinen Kursschwenk als „ein entscheidendes Ereignis, das die Macht der Ultrakirchlichen auf ewig zernichtet" habe.

Für die AZ markierte Abels Rücktritt eine willkommene Änderung. Das vom König berufene Ministerium des Freiherrn von Zu-Rhein – es folgte eine Ministerpräsidentschaft des Fürsten Oettingen-Wallerstein, des alten Förderers der AZ – wurde weithin als „Ministerium der Morgenröte" begrüßt. Tatsächlich verbesserte sich das politische Klima, wovon in erster Linie die Zeitungen profitierten. Die AZ quittierte das dankbar, indem sie überzeugt der Regierungslinie folgte. Die Erklärung, die Abel seiner Demission folgen ließ, wurde von ihr sehr ungnädig kommentiert, dagegen erhielt die neue Regierung großzügig Raum, ihren Standpunkt darzulegen, wann immer sie wollte. In der Affäre Montez, die das Land weiterhin mehr beschäftigte als alles andere, beachtete die Redaktion mit Rücksicht auf den Monarchen äußerste Zurückhaltung. Hingegen durfte die ungebärdige Tänzerin in der AZ mit einer persönlichen Erklärung[7] gegen „ehrlose Verleumder" und „üble Nachrede" vom Leder ziehen, was in diplomatischen Kreisen größtes Mißfallen erregte.

In Berlin und vor allem in Wien fand man die ganze Affäre degoutant. Voller Besorgnis registrierte man, wie der König zur Zielscheibe des Spottes wurde. Daß Ludwig sein Ansehen ruinierte, war keine Privatsache, weil das „monarchische Prinzip" dadurch in Mitleidenschaft gezogen wurde. Sorge bereitete Metternich darüber hinaus das *laissez faire*, das er in der Haltung Bayerns gegenüber der Presse festzustellen glaubte. Wie üblich interessierte ihn vornehmlich die *Allgemeine Zeitung,* der er vorwarf, daß sie der österreichischen Politik in die Parade fahre, wo sie nur könne. Übrigens war diese Einschätzung, die von der preußischen Regierung in vollem Umfang geteilt wurde, nicht vollkommen grundlos. Denn die AZ nahm an den freiheitlichen Regungen in Italien in verständnisvoller Weise Anteil, so wie sie im eidgenössischen Sonderbundkrieg, der nicht zuletzt aufgrund seines konfessionellen Charakters äußerst beunruhigend war, deutliche Sympathie für die Sache der liberalen Kantone an den Tag legte.

Regierungsfromm

Im Unterschied zu früheren Interventionen reagierte die neue bayerische Regierung diesmal sehr kühl. Oettingen-Wallerstein nahm die AZ uneingeschränkt in Schutz, worauf Metternich die Vorgehensweise änderte und den Hebel in Stuttgart ansetzte. Über den dortigen Gesandten Österreichs ließ er Cotta mit dem Entzug des Postdebits drohen. Der Staatskanzler wörtlich: „Liegt Cotta daran, den Absatz dieses Blattes in den k.k. Staaten für die Zukunft zu sichern, so weise er die Redaktion desselben an, eine andere als die bisher befolgte Tendenz einzuschlagen und der österreichischen Regierung keinen Grund zu weiteren Beschwerden zu geben."[8] Cotta leitete die Beschwerde nach Augsburg weiter. Sie kam ihm sehr ungelegen, da zur selben Zeit Brockhaus in Wien um die Zulassung seiner *Leipziger Allgemeinen Zeitung* im Kaiserstaat buhlte, was Cotta wußte. Das Leipziger Blatt machte der AZ seit längerem Konkurrenz. Nichtsdestotrotz ließ der Verleger seine Redaktion gewähren.

Der Briefwechsel Cottas mit Kolb ist in der Zeit um die Jahreswende 1847/48 sehr intensiv und reflektiert die spannungsgeladene Atmosphäre. Kolb war außerordentlich gut informiert. Er besaß erstklassige Kontakte bis in die Spitze des Ministeriums. Wenn er sich in München aufhielt, wurden seine Schritte aufmerksam registriert. War der alte Cotta als Haupt seines Presseimperiums einst wie ein regierender Fürst behandelt worden, begegnete man Kolb in München wie einem Orakel. Es war bekannt, daß kein Journalist besser über die Interna der Regierung unterrichtet war als er. Wie vielfältig seine Kanäle waren, demonstriert folgender Vorgang: Im Februar 1847 übermittelte König Ludwig dem Fürstbischof von Breslau ein Schreiben, in dem er in peinlich anmutender Weise intime Dinge preisgab. Dieses Schreiben, das der Rechtfertigung Ludwigs in der Angelegenheit Montez galt, wurde Kolb unverzüglich lanciert, von ihm aber nicht in die Zeitung gebracht.[9]

Kolbs Verhältnis zu Oettingen-Wallerstein war eng und vertrauensvoll. Der Minister hielt den Redakteur nicht bloß über wichtige Staatsangelegenheiten auf dem laufenden, sondern auch über alle die AZ betreffenden Dinge, die von den ersteren ja ohnedies nicht scharf zu trennen waren. Als der Regierungschef Metternichs Ersuchen um Sanktionen gegen das Augsburger Blatt zurückwies, ließ er Kolb umgehend eine Kopie seines Briefes aushändigen.[10] Diese Vorzugsbehandlung hatte natürlich ihren Preis. Die AZ gerierte sich, was die Politik in Bayern anlangte, so regierungsfromm, daß es auffiel. Ihre Servilität sei sprichwörtlich geworden, zeigte sich Graf Bernstorff, preußischer Gesandter in München, verwundert.[11]

Der Chefredakteur war sich der Zwiespältigkeit seiner Position durchaus bewußt. Vorsichtig bemühte er sich, der Abhängigkeit von der Regierung zu entrinnen. In einem Grundsatzartikel vom 1. Januar 1848 äußerte er sich enttäuscht über eine kurz zuvor ergangene Zensurverordnung, die nach offizieller Lesart die Pressefreiheit einführte, in Wahrheit aber nur die innenpolitischen Vorgänge von der Zensur freistellte, und zwar mit allerlei Einschränkungen. Kolb verglich die Neuerung mit der preußischen Praxis, der er deutlich bessere Noten gab. Der Artikel gipfelt in dem Satz, daß „eine Presse, die sich gut nennen will, auch eine freie sein muß". (Am Rande vermerkt: Auf Kolbs Artikel folgte eine in ironischem Ton abgefaßte Antwort des Ministeriums, die den Chefredakteur nicht gut aussehen ließ. Gemäß ihrem Grundsatz, das Für und Wider jedweder Sache zum Ausdruck kommen zu lassen, druckte sie die AZ ab.)

Solche dosierten Emanzipationsversuche genügten allerdings nicht, die AZ vom Ruch der Regierungshörigkeit zu befreien. Das Publikum verlangte nach starken Gesten. Die Unzufriedenheit war groß und steigerte sich in dem Maße, in dem der König Fehler auf Fehler häufte. Die Montez-Affäre zog immer weitere Kreise. In München kam es zu Aufzügen und Prügeleien zwischen rivalisierenden Studentengruppen, von denen eine, die Alemannia, sich als Prätorianergarde der Lola gebärdete. Die staatliche Autorität schmolz dahin wie Schnee unter der Sonne. Fast zwangsläufig wurde die AZ in den Strudel der verheerenden Posse gezogen. Als am 10. Februar die Universität per Verfügung für ein Semester geschlossen wurde, kannte die Empörung keine Grenzen. Das Ministerium ließ in der AZ einen Artikel veröffentlichen, der den polizeilichen Akt rechtfertigte. Kolb, Böses ahnend, verfaßte für dieselbe Ausgabe einen zweiten Artikel, in dem er die Schließung der Universität zwar im Kern verteidigte, sie aber als überzogen wertete. Aber dieses Lavieren trug nichts ein. Als das Blatt zu den Lesern kam, hatte der König bereits auf den Druck der Straße reagiert und die Rücknahme der Schließungs-Order angekündigt. Um so niederschmetternder mußten die verharmlosenden Berichte der AZ wirken. In München kam es zu Protesten gegen das Cotta'sche Blatt.

„Aus übergroßer Vorsicht"

Für Kolb waren das die bittersten Tage seines Lebens. Er rang mit Selbstmordgedanken. Deprimiert schrieb er Cotta einen Brief voller Selbstanklage: „Der Vorwurf allzu großer Wohlgefälligkeit der Allg. Ztg. gegen die Gewalt ist gegründet. Ich hätte dem Ministerium die Einrückung jenes Artikels versagen, ich hätte entschieden gegen die Aufhebung der Vorlesungen auftreten sollen. Ich tat es nicht – aus gewohnter übergroßer Vorsicht. Nun muß ich es mit meinem unbescholtenen Namen bezahlen. Ich gestehe, es drückt mir das Herz ab, und ich fühle mich so an Kopf und Gliedern gelähmt, daß ich nicht weiß, wie ich das nur noch acht Tage aushalten soll, ohne der schwersten Krankheit zu verfallen ... Ich muß eine Reise machen ... Ich bin müde und matt, und hätte ich nicht die Sorge für Frau und Kind, so wäre ich in diesem Augenblick nicht mehr am Leben. Ich will fern von hier die Ruhe wieder suchen – ob finden, steht in Gottes Hand ..."[12]

Die Redaktion hatte die Übersicht verloren; das ist die Quintessenz dieses erschütternden Briefes. „Ich tat es nicht – aus gewohnter übergroßer Vorsicht." Mit diesem Satz diagnostizierte Kolb den Krankheitszustand, den, überall in der Presse, die jahrelange Zensur herbeigeführt hatte. Deren schleichendes Gift hatte die Verantwortlichen der *Allgemeinen Zeitung* in besonderer Weise gelähmt, weil keine andere Zeitung so unter Kuratel stand wie sie. Deshalb tat sich die AZ in der vorrevolutionären

Abb. 9: Die Postreiter. Farbige Aquatinta von Carle Vernet nach einer Vorlage von Louis-Philibert Debucourt, um 1800. Zu Beginn der Neuzeit wurde der Briefverkehr nicht mehr von Boten, sondern von Reitern besorgt, die per Stafette die Sendungen schneller weitertransportierten. Diese Leistungssteigerung der Post war eine entscheidende Voraussetzung für die Entfaltung des europäischen Zeitungswesens. Quelle: Deutsches Zeitungsmuseum, Meersburg.

Der journalistische Eiertanz
oder
Wie Redacteure, die keine Caution erlegen wollen, der Politik ausweichen müßen.

Abb. 10: Der journalistische Eiertanz. Kolorierter Kupferstich von Andreas Geiger, 1849. Nach der Niederlage der Revolution 1848 begrenzten die Regierungen Preußens und Österreichs die Macht der Presse mit fiskalischen Maßnahmen und führten die Kautionspflicht für die politische Presse ein. Für etwaige „Preßvergehen" mußten prophylaktisch bis zu 5000 Taler hinterlegt werden. Kapitalschwache Herausgeber waren gezwungen, auf die wenig lukrative nichtpolitische Publizistik auszuweichen. Wichtige politische Themen, in dieser Karikatur als Eier dargestellt, mußte der Redakteur sorgsam umtanzen und die Feder nach dem Wind richten. Quelle: Deutsches Zeitungsmuseum, Meersburg.

Situation, in der sich Bayern befand, jetzt auch besonders schwer. In diesen Tagen des Februar existierte die Zensur praktisch nur noch auf dem Papier. Andere Blätter nutzten den unverhofften Freiraum beherzt. Die AZ dagegen, ein halbes Jahrhundert alt, verhielt sich wie eine Schildkröte, die plötzlich den Panzer verloren, aber noch nicht bemerkt hat, daß sie von der Last befreit ist. Und wirklich war der Druck von ihr noch nicht genommen. Ende Februar kamen Gerüchte auf, Lola Montez werde nach Bayern zurückkehren. Genährt wurden die Gerüchte durch einen Beitrag in der AZ vom 23. Februar, der die Ausweisung der Tänzerin als eigentlich ungesetzlich und nur freiwilligen Akt des um Lolas Wohl besorgten Königs darstellte. Acht Tage lang hatte sich Kolb gegen die Aufnahme des Artikels gewehrt, ehe er dem direkten Druck Ludwigs nachgab.[13] „Wir wurden aus höherer amtlicher Quelle um Aufnahme folgender Mitteilung ersucht", leitete die Redaktion den fatalen Artikel ein. Die schwache Distanzierung verhinderte nicht, daß die AZ abermals in ein schiefes Licht geriet; abermals entstand der Eindruck, als habe sie die Zeichen der Zeit nicht erkannt.

Kolb, der nur langsam wieder Tritt fand, wäre gern mit dem Verleger und seinen Redakteuren in Klausur gegangen, um über den Kurs der Zeitung zu beratschlagen. Er hielt eine gründliche Selbstprüfung im Interesse der Zeitung für nötig. Doch zum Nachdenken fehlte die Gelegenheit. Die Welt schien aus den Fugen geraten zu sein. In Paris wehten die Februarstürme Louis Philippe von dannen. Sein Thronsessel wurde auf dem Bastille-Platz verbrannt. 18 Jahre war er König der Franzosen gewesen. In Bayern legte Ludwig I. am 20. März nach 23 Regierungsjahren die Krone nieder, Opfer einer Burleske, bei der er und eine Tänzerin die Hauptrollen gespielt hatten. Bereits eine Woche zuvor war Clemens Fürst Metternich sang- und klanglos von der Bühne abgetreten. Als Außenminister, dann als Haus-, Hof- und Staatskanzler hatte er 39 Jahre lang die Geschicke des Habsburgerreiches bestimmt und einer ganzen Epoche seinen Stempel aufgeprägt. In Preußen war Friedrich Wilhelm IV. vor den Barrikadenkämpfern in die Knie gegangen. Vier Wochen hatten genügt, um die gesamte alte Ordnung dem Zusammenbruch nahezubringen.

Telegraphisch aus Paris

Zur alten Ordnung gehörte in gewisser Weise auch die AZ, und es war durchaus offen, ob sie in den Katarakten der Revolution bestehen würde. Am Anfang sah es nicht danach aus. Erst allmählich verstand sie, das Mehr an Freiheit zu nutzen, indem sie sich auf ihre Stärken besann. Eigentlich war es ja ihre Stunde! Niemals zuvor waren die Menschen so heißhungrig auf Informationen gewesen, auf zuverlässige und schnelle Nachrichten. Wer konnte sie besser bedienen als die AZ mit ihrem großen Korrespondentennetz? Die Redaktion legte sich ins Zeug. Sie war herausgefordert wie nie zuvor. Wie sollte die Information der Leser mit dem Karussell der Veränderungen Schritt halten, das sich in wilder Beschleunigung drehte? Von großem Nutzen war die Telegraphenverbindung Paris–Straßburg. Über sie liefen die Meldungen, die über die grundstürzenden Ereignisse in der französischen Hauptstadt Auskunft gaben. 1814 hatte die Nachricht von der Kapitulation des Kaiserreiches zehn Tage gebraucht, um zu den Lesern der AZ zu kommen. Den Sturz Louis Philippes am 24.Februar meldete die AZ in ihrer Ausgabe vom 27. Februar. So las sich die Sensationsnachricht: „Telegraphische Meldung. Paris, 24. Febr., 11 Uhr nachts. Ludwig Philipp I. hat abgedankt. Sein Enkel Ludwig Philipp II. ist König." In einer nachgestellten Notiz teilte die Redaktion mit, daß die Nachricht schon am Abend des 26. Februar mit „besonderer Estaffette" in Augsburg angekommen sei, leider zu spät für die aktuelle Ausgabe. Sie hatte also „netto" nur knapp zwei Tage gebraucht, was eine so ungeheure Beschleunigung des gewohnten Ganges darstellte, daß die Redaktion voller Stolz ihren Lesern davon Kenntnis gab.

Die Zeitung war in Paris mit mehreren Korrespondenten vertreten, die nun zur Höchstform aufliefen. Die Ausgabe vom 27. Februar enthält auf drei Seiten nicht weniger als acht Berichte aus der Hauptstadt. Sie müssen den Lesern in der Zusammenschau wie das Stundenprotokoll eines Vulkanausbruchs vorgekommen sein. Zu spüren ist die Anspannung der Korrespondenten, aber auch ihr Ehrgeiz, so aktuell wie nur möglich zu sein. Daß in der Hektik der Rücktritt des Ministerpräsidenten Guizot vier Tage früher annonciert wurde als tatsächlich vollzogen, war verzeihlich. Wie unübersichtlich das Terrain war, veranschaulicht eine Reportage, die in der AZ vom 26. Februar erschien. „Ich schreibe Ihnen noch ein letztes Wort um 5 Uhr", beginnt der Artikel. „Ich bin von der Kammer zurück. Auf dem Eintrachtsplatz, in den elyseischen Feldern wie vor der Kammer stehen noch Truppen. Eine Anzahl von Pompiers begegnet mir mit den Geräten zum Löschen in der Rue Rivoli, wo ich noch die Spuren des aufgerissenen Pflasters traf. Durch die unteren Boulevards und die Rue St. Honoré ist ohne Gefahr nicht durchzukommen ..."

In der Beilage vom 9. März meldete sich nach längerer Pause auch Heine wieder zu Wort: „Ich habe Ihnen über die Ereignisse der großen Februartage noch nicht schreiben können, denn der Kopf war mir ganz betäubt. Beständig Getrommel, Schießen und Marseillaise. Letztere, das unaufhörliche Lied, sprengte mir fast das Gehirn und ach, das staatsgefährlichste Gedankengesindel, das ich dort seit Jahren eingekerkert hielt, brach wieder hervor. Um den Aufruhr, der in meinem Gemüte entstand, einigermaßen zu dämpfen, summte ich zuweilen vor mich hin irgendeine heimatliche Melodie, z.B. „Heil dir im Siegeskranz“ oder „Ueb’ du nur Treu und Redlichkeit“ – vergebens. Der welsche Teufelsgesang übertönte in mir alle bessern Laute. Ich fürchte, die dämonischen Freveltöne werden in Bälde auch Euch zu Ohren kommen und Ihr werdet ebenfalls ihre verlockende Macht erfahren. So ungefähr muß das Lied geklungen haben, das der Rattenfänger von Hameln pfiff. Wiederholt sich der große Autor? Geht ihm die Schöpfungskraft aus? Hat er das Drama, das er uns vorigen Februar zum Besten gab, nicht schon vor achtzehn Jahren ebenfalls zu Paris aufführen lassen unter dem Titel ‘die Juliusrevolution’? Aber ein gutes Stück kann man zweimal sehen …“

Frühlingserwachen

Ironisch und seherisch: Das war der alte Heine, wie ihn die Leser der AZ kannten. Jetzt konnten sie ihn unzensiert lesen. Aus Berlin schickte Varnhagen treffsichere Analysen. Neue Korrespondenten tauchen auf. Ihre Berichte sind farbiger und kommen ohne die Doppeldeutigkeiten aus, die das Schreiben unter Zensur charakterisierten. Nirgendwo aber ist das Frühlingserwachen spürbarer als in der Berichterstattung aus Österreich. Den ganzen Vormärz über hatte für sie der Leitsatz gegolten: *nihil nisi bene*. So wenig hatte man über Österreich erfahren, daß man sich fragt, wie es die *Allgemeine Zeitung* jemals zu ihrer dominierenden Stellung im Habsburgerreiche bringen konnte. Jetzt erfuhren die Leser der AZ, daß die Ruhe im k.k. Staat nur eine verordnete gewesen war. Am 17. März brachte die AZ die mit dem Attribut „welthistorisch“ versehene Nachricht vom Sturz Metternichs. Am folgenden Tag konnte man nachlesen, wie sich der Volkszorn über allem ausschüttete, was an die einstmals so bestimmende Gestalt der österreichischen Politik erinnerte. „Es heißt“, ließ sich der Wiener Korrespondent vernehmen, „Fürst Metternich habe die Stadt verlassen. Bereits gestern, als die erste Nachricht von seiner Abdankung die Menschen mit Freude erfüllte, stürzten mehrere in die Kärntner Straße und zertrümmerten an zwei Kaufmannsläden, die das Schild ‘Zum Fürsten Metternich’ führten, die Schilder … auch gegen die Villa des Fürsten Metternich am Rennweg ließ das Volk gestern durch Zertrümmerung der Fenster und Möbel seine Wut aus, und der Haß gegen den Fürsten spricht sich laut und unverhohlen aus.“

Ganz gegen ihre Natur ließ sich die AZ von der allgemeinen Begeisterung mitreißen. Das kommentierende Bekenntnis, das man sonst um jeden Preis zu vermeiden trachtete, wurde am 19. März bereits in der Inhaltsübersicht abgelegt. Da hieß es „Wien (freudigste Entwicklungen. Jubel auf

Jubel. Verleihung einer Reichskonstitution)", letzteres im ungewohnten Fettsatz. In derselben Ausgabe machte sich ein Korrespondent Gedanken über die Mächtigen, die sang- und klanglos von der Bühne verschwunden waren, über den Polizeichef Sedlnitzki beispielsweise: „... auch Sedlnitzki existiert nicht mehr. Wie könnte der Mann ohne Zensur auch noch weiter fortleben!" Selbst der Respekt vor dem kaiserlichen Hause wird gelegentlich vermißt wie in einem Artikel vom 24. Juli: „Nachdem das Ministerium mit Schmerzen geboren, nachdem es die Weihen eines parlamentarischen Sieges empfangen, war zunächst nötig, dem Halse unserer demokratischen Monarchie auch einen Kopf wieder aufzusetzen. Johann hat sein Amt in Frankfurt und ist gewissermaßen nur auf Urlaub hier, Stephan spekuliert zu selbstherrlich auf Ungarn, außer den beiden Namen hat die kaiserliche Familie keinen, der sich mit der Zeit verträgt."

Als häufiger Einsender aus Wien trat jetzt Moritz Wagner, der bekannte Reiseschriftsteller, in Erscheinung, daneben der Dramatiker Friedrich Hebbel. Mit beherrschtem Gefühl schilderte Hebbel den Anbruch einer neuen Ära: „Ich schreibe Ihnen aus einem Zimmer, das die Aussicht auf ein Lager darbietet, und vor mit liegt das Extrablatt der *Wiener Zeitung*, welches die Aufhebung der Zensur ... und die Errichtung einer Nationalgarde für die Residenz proklamiert" (Außerordentliche Beilage vom 19. März).

Wie für Hebbel war die Gewährung der Pressefreiheit für die meisten Liberalen *die* Errungenschaft der ersten Phase der Revolution. Überall fielen die Fesseln des Pressezwangs, der seit den Karlsbader Beschlüssen die öffentliche Erörterung der großen Zeitfragen behindert hatte. Selbst der Bundestag sprach sich jetzt für die Abschaffung der Zensur aus. Die Vertreter der alten Ordnung, eingeschüchtert und desorientiert, versuchten ihre Haut zu retten, indem sie in neue Kleider schlüpften. Die sogenannten Märzforderungen nach Pressefreiheit, Schwurgerichten, Bürgerwehren, Ministerverantwortung und Nationalrepräsentation, die nun allenthalben erhoben wurden, begegneten zunächst keinem nennenswerten Widerstand. Die Regierungen knickten ein, neue Regierungen wurden ernannt. Monarchen demütigten sich. In Preußen mußte Friedrich Wilhelm IV. den Toten der Barrikadenkämpfe entblößten Hauptes seine Reverenz erweisen. Das Pendel schlug erst dann zurück, als die Verwerfungen im Lager der Bewegungskräfte offenbar wurden und der Prozeß der Umwälzung ins Stocken geriet. Aber so weit war es noch nicht. Auf den Schwingen eines ungebrochenen Enthusiasmus schien die Sache der Revolution dem endgültigen Sieg entgegenzusegeln.

Stimme Deutschlands

Die Begeisterung entlud sich in einer Flutwelle der Diskussionsfreude, die das Land überzog. Sie mochte dem Erfordernis entschiedenen Handelns entgegenstehen, war aber nach der geistigen Käfighaltung der Restaurationsepoche nur allzu verständlich. Zu den eigentlichen Foren der Diskussion wurden die Zeitungen, allen voran die *Allgemeine Zeitung*. Sie war jetzt in ihrem Element und wurde ihrer Bestimmung als „Sprechsaal“ in idealer Weise gerecht. Die großen Kontroversen um Monarchie oder Republik, das Wahlrecht, Österreichs Stellung zum neuen Deutschland, erbliche Kaiserwürde etc. wurden unter Teilnahme der gesamten geistigen Elite und der ersten Politiker (das war noch weitgehend identisch) in der AZ geführt. Sie war, noch ehe sich die Nationalversammlung in Frankfurt konstituierte, *das* Parlament des Landes. Niemals trug sie den Ehrentitel „Stimme Deutschlands“ mit größerer Berechtigung.

In den Märztagen erfuhr das äußere Erscheinungsbild der AZ eine wesentliche Veränderung. Am 12. März trat der „Deutsche Artikel“ erstmals an die Spitze der Zeitung. Das fünfzig Jahre alte Gliederungsprinzip, das die Leser von West nach Ost geführt hatte, wurde aufgegeben, ohne daß die Redaktion davon ein Aufhebens machte. Die Stammleser aber wußten, was die Umstellung bedeutete. Die AZ war in eine neue Umlaufbahn eingetreten. Auch sie, das europäische Blatt schlechthin, hatte anerkannt, daß von nun an in Deutschland „die Musik spielte“; ja, daß der Westen aufgehört hatte, das Traumreich der Reformgesinnten zu sein. Deutschland selbst war jetzt zur Bühne des politischen Fortschritts geworden.

Mit diesem sichtbaren „Märzereignis“ der AZ korrespondierten atmosphärische Veränderungen. Sie vermitteln sich auch dem heutigen Leser. Ein Ruck geht jetzt durch die Zeitung. Jede Ausgabe atmet den Elan des Aufbruchs. Die Sprache wird direkter. Der Stil nüchterner Beschreibung wird nicht mehr streng durchgehalten, sondern häufig von Appellation und Konfession durchbrochen. Das gereicht dem Blatt nicht nur zum Vorteil, aber die von der Revolution entfachten Leidenschaften wollen sich ausleben. Die Journalisten kommen angesichts des rasenden Tempos der Ereignisse nur noch mit Mühe ihrer Chronistenpflicht nach. „Wo nimmt man die Zeit her, nur das Bedeutendste zu berichten, das sich jetzt an allen Orten ereignet, wo die Zeitblätter Raum, es mitzuteilen!“ seufzt am 2. April der Frankfurter Korrespondent.

An Raum fehlt es der *Allgemeinen Zeitung* nicht. Die Schnellpresse wirft aus, was die Maschine hergibt. Der Kosten nicht achtend, wird der Umfang erweitert. Fast jede Ausgabe verfügt neben dem Hauptblatt mit seinen acht Seiten über eine Beilage gleicher Seitenzahl sowie über eine außerordentlichen Beilage, die ihrerseits vier Seiten umfaßt. Berichte aus Deutschland beanspruchen etwa die Hälfte des Hauptteils; zwei Seiten entfallen im Schnitt auf die Ereignisse in Frankreich. Während die Beilage den überschießenden Stoff aufnimmt, ist die außerordentliche Beilage der Platz der großen Abhandlungen. Nehmen wir als Beispiel die Ausgabe vom 1. April: Sie enthält Teil sechs einer Serie mit dem Titel „Die neue Zeit in Deutschland“; außerdem finden sich großrahmige Beschäftigungen mit dem verfassungspolitischen Streitthema „Ein Bundesoberhaupt“ und mit den Konflikten im Habsburgerreich.

Selbst der Anzeigenteil spiegelt die revolutionäre Stimmung. Es wimmelt von Petitionen and Aufrufen. Das Aufschießen neuer Journale, das Ausfluß der allgemeinen Politisierung ist, wird angezeigt. Bei den Buchanzeigen dominieren „vaterländische“ Titel, die den nationalen Sturm und Drang reflektieren. Beispiele vom 2. April: „Teutschlands Verteidigung gegen den äußeren Feind und das sie befördernde System der Eisenbahnen“, lautet ein Titel, der auf das plötzlich erwachte Sicherheitsbedürfnis reagiert. In Deutschland geht die Angst um, das revolutionäre Frankreich könne, wie 1792, gewaltsam über seine Grenzen hinausgreifen. Auch ein gewaltsames Eingreifen Rußlands zugunsten der bedrängten deutschen Souveräne wird nicht ausgeschlossen. Uhlands „Volkslieder“ in fünf Bänden werden angepriesen, dazu ein weiteres Volksliederbuch mit den „beliebtesten Freiheitsliedern und Gedichten“. Angeboten werden ferner die „Geschichte Ludwig Philipps I.“ von Bourdin und Mouttet sowie die Schrift des einflußreichen Heidelberger Rechtsprofessors Heinrich Zöpfl „Bundes-Reform, deutsches Parlament und Bundesgericht“.

Die Anarchie vor Augen

Im März erscheint die sonst allem Aufgeregten so abholde Augsburgerin zweimal in Form eines Extrablatts. Am 7. März besteht die Aufschlagseite aus der faksimilierten königlich-bayerischen Proklamation zur Einberufung der Stände, der Abschaffung der Zensur und der Revision der Bundesverfassung. Für diese Tat spendet die Redaktion auf Seite drei dem Monarchen ein überschwengliches Lob: „Ein hochherziger König, Ludwig von Bayern, hat sich an die Spitze der deutschen Bewegung gestellt. Er hat ein Programm unterzeichnet, das Programm der Nation. Wofür die Männer gerungen, die Jünglinge geschwärmt, es ist nicht bloß ein schöner Traum mehr, sondern Tat und Wirklichkeit.“ In Tat und Wirklichkeit mußte Ludwig zwei Wochen später der Krone entsagen, so schnell vergeht der Ruhm der Welt. Dem Thronwechsel zu Max II. widmete die AZ am 23. März wiederum die ganze erste Seite.

Die Frage, wo die *Allgemeine Zeitung* im wildbewegten Strom der Revolution den Anker warf, läßt sich wie immer nur schwer beantworten. Man wollte ja aus Prinzip nicht Partei ergreifen! Dennoch weist die Berichterstattung der Jahre 1848/49 Orientierungen auf, die bei aller Offenheit im Grundsatz den Duktus des Blattes bestimmten. So stellte sich die AZ im Konflikt zwischen gemäßigten Reformern und Radikalen, Monarchisten und Republikanern unzweideutig auf die Seite der ersteren. Gustav Kolb, der alte Burschenschaftler, begrüßte die Revolution, soweit sie die Forderungen der Liberalen nach verfassungsmäßig gesicherten Freiheitsrechten und nationalem Zusammenschluß vollstreckte. Was er fürchtete, war die Anarchie.

Am 1. März schrieb er an Cotta: „... Mir scheint, daß in Frankreich die krassesten, anarchistischsten Elemente obenauf sind, die ohne Schreckensherrschaft nicht 14 Tage sich halten können. Aber die Aufregung in Deutschland ist so groß, daß man alles gewärtigen darf. Man muß also auf Konzessionen der Fürsten dringen, wenn nicht bei uns dieselbe Anarchie den Sieg erringen soll."[14] Die Märzereignisse schienen ihm Recht zu geben. Die Fürsten zogen sich auf breiter Front zurück; es sah so aus, als werde Deutschland sowohl der revolutionäre Terror wie ein blutiges *rollback* erspart bleiben. „König Ludwig hat abgedankt, der König von Preußen hat sein Heer von den Bürgern bezwungen gesehen", notierte Kolb drei Wochen später. „Ich denke, das sind jetzt Grenzsteine für die Bewegung, die von jetzt an in ruhigerer Strömung gehen wird."[15]

Jedem Schritt auf dem scheinbar unaufhaltsamen Weg zu Freiheit und Einheit applaudierte die *Allgemeine Zeitung*. Die Eröffnung des Paulskirchenparlaments am 18. Mai wurde vom Frankfurter Korrespondenten gefeiert: „Die erste deutsche Nationalversammlung hat sich denn also diesen Nachmittag um 4 Uhr als konstituiert erklärt (gesperrt) ... Ich darf Ihnen nicht schildern, wie erhebend und ergreifend dieser Augenblick war, als der begeisterte Zuruf der Anwesenden die eintretenden Parlamentsmitglieder empfing."[16] Von diesem Tag an eröffneten Berichte aus Frankfurt fast jede Ausgabe. Mehrere Korrespondenten schrieben über die Verhandlungen, die die Zeitung außerordentlich ernst nahm. Sorgsam wurden die Äußerungen der Abgeordneten wiedergegeben. Oft gleichen die sehr umfangreichen Beiträge stenographischen Protokollen. Die reflektierenden Artikel sprechen sich mehrheitlich für eine konstitutionelle Monarchie aus. Das Muster ist Großbritannien oder auch die belgische Verfassung. Dem Monarchen wird nur noch eine bescheidene Rolle zugebilligt. „Die Minister müssen voran-, die Regenten zurücktreten", formuliert ein Beitrag aus Berlin bündig.[17] Laube votiert für eine Verfassung, in der der Monarch „nur als formell wünschenswert zur Krönung des Pyramidenbaues" vorkommt.[18]

Zwischen den Feuern

Das war die Sichtweise der liberalen Mehrheit. Die Republikaner präferierten demgegenüber ein präsidiales Regierungssystem nach dem Vorbild der Vereinigten Staaten. Auch dieser Standpunkt wird in der AZ geschildert, so in einem Manifest des Dichters Georg Herwegh, aber er bleibt in der Minderheit. Als sich die Unversöhnlichkeit der beiden Lager im Parlament verschärfte und es in Frankfurt zum Aufstand radikaler Kräfte vom 18. September kam, der von herbeigerufenem Militär niedergeschlagen wurde, tadelte Julius Mohl, der von Paris angereist war, die politische Linke: „Haben sie denn so wenig politischen Sinn, daß sie nicht fühlen, daß das Wohl von Deutschland von der Nationalversammlung abhängt, und daß, wenn diese fällt, der große Zweck, den sich Deutschland vorgesetzt hat, verloren ist? Sehen sie denn nicht ein, daß eine solche Ausrufung der brutalen Gewalt dieser die Herrschaft verschafft, aber nicht in Form von Volksversammlungen, sondern in der von Bajonetten?“[20]

Das fatale Wechselspiel von Radikalität und Reaktion, welches dieser Kommentar hellsichtig erkannte, mußte die AZ in eine ebenso schwierige Lage bringen wie die politische Mitte, der sie zuneigte. Mit Grauen verfolgte Kolb den Wiener Oktoberaufstand. „Die Wiener Ereignisse haben mich ein paar Tage so trostlos gemacht, daß ich weit von Augsburg und jeder Redaktion hätte fortlaufen mögen“, schrieb er Cotta am 16. Oktober.[21] Kolb sah den Gegenschlag voraus, den das österreichische Militär unter Windischgrätz alsbald führte. Das aufständische Wien wurde bezwungen, Robert Blum füsiliert. Kolb an Cotta: „Der alte Despotismus tritt so unverhüllt wieder hervor, daß wir dagegen mit aller Schärfe opponieren müssen.“[22] Die Berichterstattung der Zeitung hielt eine abwägende Linie. Sie kritisierte Windischgrätz, tadelte aber auch Blum. Die Folge war, daß die AZ wie schon bei den Februarunruhen in München in das Fadenkreuz der streitenden Parteien geriet: Auf dem Marktplatz der Landeshauptstadt wurden Exemplare der *Allgemeinen Zeitung* von einem aufgebrachten Volk verbrannt.

In der heillosen Position zwischen den Feuern blieb die AZ, je näher die Revolution dem Scheitern kam. Die Serie von Todesurteilen, die den badischen Aufstand vom Frühsommer 1849 blutig beendete, erlebte Kolb als Tortur. Die Zeitung hatte den Aufstand keineswegs mit Wohlwollen begleitet, aber die Hinrichtungen erweckten Kolbs Mitgefühl. Er sorgte dafür, daß die Berichte der Standgerichtsverhandlungen knapp gefaßt waren. „Jede direkt verletzende Äußerung streiche ich aus“, gestand er dem Verleger. „Würden wir die Urteile bringen, Tag für Tag ein Todesurteil, ohne nur einen Schimmer des Gefühls durchblicken zu lassen, so würden wir sie stillschweigend billigen. Das aber geht über mein Vermögen. Mögen es andere – ich kann es nicht. Ich finde die Urteile in Ungarn zehnmal natürlicher als die in Baden. Und wie sprechen selbst die österreichischen Blätter von diesen Urteilen; während wir die badischen im Grunde einfach erzählen, nur in halb zitternder Sprache, wie ein bewegtes Herz sie eingibt. Wäre das nicht in der Allg. Zeitung gestattet – es wäre doch schrecklich.“[23]

An der Abgrenzung gegen den linken, immer ungestümer werdenden Flügel der Paulskirche ließ die Zeitung aber niemals Zweifel aufkommen. Man war gemäßigt, das entsprach der Tradition des Hauses. Es bedeutete, daß man sich die „Märzforderungen“ uneingeschränkt zu eigen machte. Das Eintreten für die Freiheit der Presse war den eigenen Interessen geschuldet. Als Journalisten, die oft genug die Willkür politischer Justiz verspürt hatten, trat man natürlich auch für Geschworenengerichte ein. Hingegen legte sich die Zeitung in der Wahlrechtsfrage nicht fest. Das Paulskirchenparlament war nach den Grundsätzen des allgemeinen und gleichen Wahlrechts zustande gekommen. Auf die Dauer schien jedoch ein von jedem Zensus gelöstes Wahlrecht vielen Autoren, die sich in der AZ zu Wort meldeten, etwas gewagt. Aber es gab auch gewichtige Stimmen wie die des Heidelberger Professors Ludwig Häusser, der die Auffassung vertrat, daß die Nationalversammlung einen großen Fehler begehe, wenn sie „durch eine allzu enge Begrenzung des Wahlrechts den eigenen Ursprung verleugnete“.[24]

Zwist in der Redaktion

In der entscheidenden politischen Frage, die die Paulskirchenversammlung spaltete und der Revolution jeden Schwung nahm, war die AZ hin- und hergerissen. Staatenbund oder Bundesstaat, großdeutsch oder kleindeutsch: Vergeblich sucht man in den Spalten der Zeitung nach einer Mehrheitsmeinung. Das Für und Wider zerteilte die Redaktion in Augsburg wie die Korrespondentenmannschaft am Sitz der Nationalversammlung. Die österreichische Position vertrat in Frankfurt ein Mitarbeiter namens Wuttke, die preußische Ludwig von Rochau. Nach Welckers Antrag vom 12. März 1849, dem preußischen König die erbliche Kaiserwürde zu übertragen, schrieb Rochau am 15. März: „Jedermann begreift oder fühlt wenigstens, daß die Stunde der Entscheidung vor der Tür ist, daß in den nächsten Tagen das Los fallen wird über das Schicksal Österreichs. Österreich hat die Partie verloren, unwiderruflich verloren. Hat es dieselbe aber auch aufgegeben?“[25]

Es ist nicht ohne Ironie festzustellen, daß die Korrespondenten, welcher Seite auch immer, keineswegs sicher sein konnten, ihre Beiträge unverändert abgedruckt zu sehen, obwohl doch die Zensur abgeschafft war. Jetzt war es die Redaktion, die bisweilen zensierte, so als Rochau kühn die Auffassung äußerte, daß das Festhalten des Habsburgerreiches an seinen Provinzen den Eintritt Deutsch-Österreichs in den künftigen deutschen Bundesstaat „zu einer Unmöglichkeit mache“. Da klemmte die Redaktion hinter den apodiktischen Satz ein milderndes Fragezeichen.[26] Umgekehrt fuhren die Augsburger dem Wiener Mitarbeiter Czörnig in die Parade. Dieser großdeutsche Parteigänger stellte kategorisch in Abrede, daß die Paulskirche für Deutschland spreche. Ganz Süddeutschland, vermutete er, werde einen Bundesstaat, aus dem Österreich ausgeschlossen sei, ablehnen. Das ging jemandem in der Redaktion zu weit: „Kein deutscher Staat, nicht Bayern, nicht Sachsen, nicht Hannover“ werde sich dem auf der Legitimität des Parlaments beruhenden Bundesstaat „entziehen dürfen, entziehen können“, hieß es in einer korrigierenden Fußnote.[27]

So wenig wie die Korrespondenten in Frankfurt waren sich die Redakteure in Augsburg über die staatliche Organisation des neuen Deutschland einig. Mebold setzte von Anfang an auf die preußische Karte. Für ihn stand fest, daß nur ein preußisch geführtes Deutschland ein starkes Deutschland sein konnte, wie er es sehnlichst wünschte. Kompromisse, die, wie der Gedanke eines Wahlkaisertums, Österreich einbinden sollten, lehnte er genauso ab wie den aus Bayern stammenden Vorschlag eines Dreierkollegiums an der Spitze des Staates. In einen inneren Konflikt stürzte der preußisch-österreichische Dualismus Kolb. Als Burschenschaftler hatte sich Kolb genauso wie sein damaliger Kommilitone Mebold für die Einheit des Vaterlandes engagiert und war dafür ins Gefängnis gegangen. Als Freund Österreichs wurde ihm nun schmerzhaft bewußt, daß beides, die Schaffung eines Bundesstaates unter Einschluß des Habsburgerreichs, nur schwer zu erreichen war. Die nationale Idee und das Lebensgesetz des Vielvölkerstaates Österreich standen dem Anschein nach einander unversöhnlich gegenüber. Oder hatte Laube Unrecht, wenn er schrieb: „Deutschland soll ein Staat werden, das ist alles, und das will Österreich nicht, das kann es nicht wollen“?[28] Wie es um Österreich stand, illustrierten die Erhebung Ungarns und die Aufstände in Wien, die das Reich zu zersprengen drohten. Er fühle sich mit seiner Anhänglichkeit an Österreich in der Redaktion isoliert, gestand Kolb dem Verleger am 16. Oktober 1848: „Ich bin der einzige unter meinen Kollegen, der Zerfall und Zerrüttung Österreichs nicht für ein Glück, sondern für ein schweres Unglück hält.“[29]

Kolb und Mebold trugen ihre Uneinigkeit in der Zeitung aus. Man gewinnt den Eindruck, als hätten beide um die Wette geschrieben. Laut Honorarbuch verfaßte der Chefredakteur im Jahre 1848 nicht weniger als 54 Spalten und sechs Zeilen, also mehr als 27 ganze Zeitungsseiten, so viel wie nie zuvor. Auf Mebolds Konto sah es ähnlich aus. Der „Preuße“ der Redaktion zeichnete für umfangreiche Serien verantwortlich, die in den Beilagen abgedruckt wurden. Trotzdem fand sich die kleindeutsche Partei in der *Allgemeinen Zeitung* nur ungenügend gewürdigt. Liberale Freunde wie der Badener Friedrich Daniel Bassermann beschwerten sich. Laube klagte, Kolb behandele Preußen wie ein „Aschenbrödel".[30] Die Zeitung werde dafür eines Tages schwer büßen müssen. Man wird die Vorwürfe nicht gänzlich falsch nennen können, und doch waren sie ungerecht. Unter Kolbs Einfluß wich die AZ insofern vom *mainstream* der Presse in Deutschland ab, als sie die Tür für Österreich offenhielt. Aber das kleindeutsche Lager blieb in der AZ durchaus nicht ohne Stimme. Bassermann, Laube, auch Gervinus von der *Deutschen Zeitung* und andere konnten ihren Standpunkt zur Geltung bringen. Sie bildeten gleichsam den Beweis dafür, daß das Cotta'sche Blatt das Attribut „allgemein" selbst dann noch rechtmäßig trug, als der Konflikt zur Entscheidung drängte.

Die verschmähte Kaiserkrone

Im März 1849 schürzte sich der Knoten. Am 7. März wurde in Kremsier der Reichstag des k.k. Reiches gesprengt, den Österreichern eine Verfassung oktroyiert. Am selben Tag fanden in Bayern vielerorts Gedenkfeiern statt. Sie erinnerten an König Ludwigs Proklamation, die ein Jahr zuvor das Ende des Absolutismus und die Aufhebung der Zensur eingeläutet hatte. Von der Hochstimmung jener Zeit war nicht mehr viel geblieben. Zum Jahreswechsel hatte Mebold in der AZ eine ernüchternde Bilanz aufgemacht: „Wo sind die Verwirklichungen, die gesicherten Errungenschaften, und wo nicht bittere Enttäuschung aller Art, keine so bitter wie die selbstverschuldeten?"[31] Aber jetzt, zur Wiederkehr des Tages der Hoffnung, machten die Liberalen noch einmal mobil. In Augsburg veranstalteten der Deutsche Verein, der Arbeiter- und Bildungsverein und die Liedertafeln einen Fackelzug. Altenhöfer berichtete darüber. Fahnenbewehrt durchzog die Demonstration des *malgré tout* durch die Straßen, die Gesangsvereine schmetterten das Lied: „Das war ein März! Mit Veilchenkränzen – hat's ihm noch keiner gleichgetan." Der sechsstrophige Cantus endete mit den Zeilen: „Ein Bürgertum im deutschen Lande – ein Kaiserhaupt, ein Völkerhirt."[32]

In Frankfurt bereitete man sich auf die Schlußabstimmung über die Reichsverfassung vor. Die Gerüchteküche brodelte. Am 22. März brachte die AZ einen Stimmungsbericht aus der Feder des proösterreichischen Korrespondenten Wuttke: „Die siegestrunkenen Mienen vieler Haupttreiber der preußischen Partei deuten darauf hin, daß es ihnen gelungen ist, noch einige schwankende Charaktere zu sich herüberzuziehen", berichtete Wuttke indigniert. Er hatte eine gute Nase. Am 27. März stimmte die Nationalversammlung mit der denkbar knappen Mehrheit von vier Stimmen für die erbliche Kaiserwürde. Am 28. März wurde der König von Preußen zum Kaiser gewählt und die Reichsverfassung angenommen. Österreich, das unter Schwarzenbergs Führung die Aufnahme der gesamten Monarchie in den neuen Staatsverband gefordert hatte, schien für immer ausgesperrt.

Bittere Worte der Freunde Österreichs las man nun in der *Allgemeinen Zeitung*. Der bayerische Minister von Lerchenfeld fand es einen Witz anzunehmen, Preußen werde in Deutschland aufgehen, wie Friedrich Wilhelm IV. unter dem Eindruck der Barrikadenkämpfe ein Jahr zuvor theatralisch versprochen hatte. Statt dessen werde es den Beschluß der Frankfurter Versammlung als Vorlage benutzen und die Mehrheit der deutschen Staaten „auf dem Wege der Mediatisierung" sich einverleiben.[33] Dingelstedt meinte sarkastisch, selbst wenn die Kaiserwahl keinerlei Auswirkungen haben sollte, könne sie doch das Verdienst für sich reklamieren, „daß sie Österreich in Rußlands Arme wirft", was bedeutete, in die Arme der Reaktion.[34] Bekanntlich kam es anders. Friedrich Wilhelm IV. fühlte sich von dem Angebot, das ihm die Deputierten der Nationalversammlung überbrachten, keineswegs geschmeichelt. Er wollte nicht die Krone von Volkes Gnaden, den „imaginären Reif, aus Dreck und Letten gebacken", wie er sich ausdrückte. Kolb, der nach Frankfurt gereist war, sah die Ablehnung voraus. Noch ehe man Genaueres aus Berlin wußte, meldete er nach Augsburg, es wachse die Vermutung, „daß der König auf die bloße Wahl der Frankfurter Versammlung, d.h. ohne Zustimmung der Fürsten, die Würde nicht annehmen werde" (AZ, 2. April).

Unerfüllte Träume

Mit der Ablehnung der Kaiserkrone war die Revolution gescheitert. Die Frankfurter Versammlung erholte sich nicht mehr von dieser Niederlage. Sie spaltete sich; das Rumpfparlament, das sich nach Stuttgart zurückgezogen hatte, wurde auseinandergejagt. Regionale Erhebungen wie in Baden wurden leichterhand niedergeworfen. Die alten Mächte triumphierten auf der ganzen Linie, mit ihr der konservative Teil des Bürgertums, der am Ende die Reaktion der „roten Gefahr" vorzog. Von ihr war auch in der AZ häufig zu lesen, je mehr sich die politische Linke radikalisierte und die außerparlamentarische Aktion suchte. Ausgeträumt war der Traum von der nationalen Einheit, der auch in der Augsburger Redaktion geträumt worden war, wenn auch in unterschiedlicher Façon. Deutschland kehrte in seine vorrevolutionäre Form zurück, beherrscht von zwei Großmächten, die einander zutiefst mißtrauten, und zergliedert in eine Vielzahl mehrheitlich marginaler Territorien. Am Neujahrstag 1850 eröffnete die *Allge-*

meine Zeitung in der Beilage eine Serie von W. H. Riehl. Der Titel liest sich wie das Schlußwort zu einem gescheiterten Experiment: „Genrebilder aus einem deutschen Kleinstaat."

Und doch, für die Presse war die Revolution nicht völlig vergebens gewesen. Zwar mißlang es, die arkadische Freiheit, die man in den Monaten des Kampfes genossen hatte, zu perpetuieren. Das in der Paulskirchenverfassung angekündigte Pressegesetz kam nicht zustande. Die Rahmenbestimmungen des Bundes von 1854 ließen der einzelstaatlichen Gesetzgebung genügend Mittel, die Zeitungen zu dressieren, wovon in unterschiedlicher Weise Gebrauch gemacht wurde. Die stärkste Waffe hatte die Obrigkeit in Gestalt des wiedereingeführten Konzessionszwangs in der Hand, da die Drohung mit dem Entzug der Konzession bestens geeignet war, Wohlverhalten zu erzeugen. Allein, zu den vormärzlichen Verhältnissen mit der Zensur als Dauerübel führte doch kein Weg zurück. Durch die aktive Rolle, die die Zeitungen 1848 gespielt hatten, wuchs der Presse ein spezifisches Gewicht zu, dem mit kleinlichen Nötigungen und Behinderungen nicht beizukommen war.

Die Revolution war ein Zeitungsfrühling gewesen. Wo immer sie ausbrach, und sie war ja ein europäisches Phänomen, boomten sogleich die Druckereien. In Paris, um nur ein Beispiel zu nennen, erblühten zwischen Februar und Mai 200 neue Blätter. Fast jeder Politiker, der auf sich hielt, hatte ein Journal im Rücken, das seine Vorstellungen propagierte. In Wien, wo vor der Revolution drei Zeitungen eine Schattenexistenz gefristet hatten, traten mit einem Schlag 86 neue Blätter ins Leben. In Berlin schnellte die Zahl der Zeitungen von 60 auf 150 hoch. Blieben die meisten von ihnen auch Eintagsfliegen, so molestierten sie doch die Platzhalter. In Österreich war das die AZ, die als einziges Qualitätsblatt in der Ära Metternich geduldet worden war. Dieser Sachverhalt war der *Allgemeinen Zeitung* jetzt nicht unbedingt von Nutzen. Im fünfzigsten Jahr ihres Bestehens konnte sie die Insignien des Neuen, Unbelasteten nur schwerlich für sich reklamieren. Dabei mühte sie sich nach Kräften. Die Beiträge des vormaligen Hauptkorrespondenten, von Zedlitz, blieben immer häufiger in Augsburg liegen. Kolb gewann neue Federn, die der AZ viel Anerkennung eintrugen. Literarische Autoritäten wie Adalbert Stifter boten ihre Mitarbeit an. „Wenn die Zeit kommen wird (und sie wird kommen), wo ich mit den wenigen Kenntnissen, die ich mir in Staatsdingen erworben habe, meinem deutschen Vaterlande und meinem Geburtslande Österreich nützlich sein kann, bitte ich, mir Ihr Blatt offenzuhalten", meldete sich der bescheidene Dichter beim Augsburger Chefredakteur.[35]

Trotzdem erreichte die AZ die revolutionären Kräfte nicht, weil sie, wie Zedlitz wohl zutreffend vermutete, für diese nicht radikal genug auftrat.[36] Umgekehrt lief sie Gefahr, ihren konservativen und moderat-liberalen

Anhang aus der Vormärzzeit zu verprellen. Die Auflagenverluste speziell in Österreich waren beträchtlich. Sie bereiteten dem Stuttgarter Verleger Kopfzerbrechen und waren die Ursache sich häufender Blitze, die in der Karmelitengasse zu Augsburg einschlugen. Vor allem Mebold zog sich den Zorn Cottas zu. Der Verleger hatte seine propreußische Linie lange verteidigt. Als die „Erbkaiserlichen" durch die Absage Friedrich Wilhelms den Boden unter den Füßen verloren, Mebold aber fortfuhr, Österreich in ein schlechtes Licht zu stellen, drohte er mit Konsequenzen.[37]

Hin- und hergerissen zwischen gemäßigt und radikal, zwischen Preußen und Österreich, teilte die AZ das Schicksal aller zentristischen Kräfte in Phasen hoher Politisierung: Sie konnte es niemandem recht machen und riskierte, zwischen den Extremen zerrieben zu werden. Die üppig aufschießende Konkurrenz und der im Zeichen des preußisch-österreichischen Dualismus beginnende Aufstieg von Berlin und Wien als führende Zeitungsstandorte taten ein übriges, um die Situation der AZ zu erschweren. Im April 1848 hatte das Blatt mit 11800 Exemplaren seine höchste Auflage erreicht. Im Herbst 1849 wurden nur noch 8000 Exemplare verkauft. So war das Revolutionsjahr für die *Allgemeine Zeitung* die Peripetie. Nach einem halben Jahrhundert des ungebremsten Aufstiegs begann für das Cotta'sche Blatt, noch kaum wahrnehmbar, der Abstieg.

Im Banne des Nationalismus

Im Mai 1859 fand in der Augsburger Karmelitengasse eine denkwürdige Begegnung statt.[1] Von München war Heinrich von Sybel angereist, einer aus dem Kreise der „Nordlichter", die König Max geholt hatte, um seine Landeshauptstadt in eine Residenz des Geistes umzuwandeln. Der Historiker Sybel, ein Ranke-Schüler, diente in München freilich nicht nur der Wissenschaft, sondern auch der preußischen Sache. Noch im selben Jahr gründete er mit anderen den Deutschen Nationalverein, der sich der Förderung der kleindeutschen Idee verschrieb, und war kühn genug, inmitten des weiß-blauen Königreichs eine Zelle der kleindeutschen Agitation aufzubauen. An der von der preußischen Regierung gesponserten *Süddeutschen Zeitung,* deren erste Ausgabe am 1. Oktober 1859 erschien, war Sybel maßgeblich beteiligt. Sein Besuch in Augsburg galt der *Allgemeinen Zeitung* als Stimmführerin der großdeutschen Partei. Er führte ihn also in die Höhle des Löwen.

In den zehn Jahren, die auf die gescheiterte Revolution folgten, war die Sehnsucht der Deutschen nach staatlicher Zusammenfassung nur scheinbar erloschen. 1859 meldete sich das Thema machtvoll zurück. Den sich abzeichnenden Krieg in Norditalien vor Augen, wurde ganz Deutschland von einer nationalen Fieberwelle erfaßt, die von den Zeitungen angeheizt wurde. Eine besondere Rolle spielte die *Allgemeine Zeitung.* Sie dirigierte eine Kampagne mit dem Ziel, alle deutschen Staaten hinter der österreichischen Fahne zu versammeln und vor allem das zaudernde Preußen für einen Volkskrieg gegen Frankreich zu gewinnen. Österreich helfen, das bedeutete aber zugleich, die Vorrangstellung des Kaiserreichs im Sinne großdeutscher Bestrebungen zu stärken. So war die AZ zur Bannerträgerin der großdeutschen Partei geworden.

An dieser Entwicklung war maßgeblich ein Mann beteiligt, Hermann Orges, der auch jetzt, beim Disput mit Sybel, das Wort führte. Sybel war gekommen, um für Preußens Standpunkt zu werben. Der Historiker war ein beherzter Polemiker, Orges war das auch. Das Streitgespräch fand seinen Höhepunkt, als Sybel, alle beschönigenden Phrasen beiseite lassend, Preußens Hegemonie in Deutschland forderte. Es muß laut hergegangen sein im sonst stillen Garten hinter der Redaktion. Die Kommandeure der kleindeutschen und der großdeutschen Hilfstruppen schlossen die Visiere, und das Gipfeltreffen endete im offenen Streit.

Orges war Anfang 1854 in die Redaktion eingetreten, vier Jahre später kam er ins Impressum. Die Seereisen, die der exzentrische Ex-Offizier der preußischen Armee als Matrose gemacht und die ihn rund um die Welt geführt hatten, brachten ihn ursprünglich mit der Cotta'schen Buchhandlung in Verbindung. Seine Reiseberichte, in Briefform in der AZ abgedruckt, fanden Anklang, so daß ihn Cotta nach Napoleons Staatsstreich vom 2. Dezember 1852 erst nach Paris, dann in den Orient schickte.

Die Öffentlichkeit agitieren

Weshalb Cotta sich auf das Engagement dieses begabten, aber leidenschaftlichen und hochfahrenden Mannes einließ, bleibt ein Rätsel. Orges trug die Revolution in das Augsburger Zeitungshaus, und das war absehbar. Vom ersten Tag an hielt er mit seiner Auffassung, daß die AZ in der überkommenen Form des Zeitspiegels hoffnungslos überholt sei, nicht hinter dem Berge. Er schrieb diese Auffassung sogar in einem Programmentwurf für Cotta nieder. Der legte das Papier zur Seite. Offenbar glaubte er, sein neuer Angestellter werde sich schon die Hörner abstoßen, wenn er erst in den Bannkreis des altehrwürdigen Blattes getreten sei. In Wirklichkeit geriet Cotta in den Bann Orges'. Der konservative, so sehr der Tradition des Hauses verhaftete Verleger nahm unter dem magischen Einfluß des eben erst eingestellten Redakteurs beinahe widerstandslos hin, daß vom alten Sprechsaal der AZ kaum mehr als eine Plattform für die großdeutsche Partei ubrigblieb. Diese fundamentale Veränderung ergab sich nicht von einem Tag auf den anderen. Erst als sich über Norditalien ein Gewitter zusammenbraute, das sich schließlich im ersten Nationalkrieg, den Europa erlitt, entlud, waren die Voraussetzungen für die Orgessche Wende gegeben.

Im Februar 1859 schrieb Orges seinem Verleger einen Brief[2], in dem er mit knappen Strichen skizzierte, wie die *Allgemeine Zeitung* als Organ der großdeutschen Sache (Orges bevorzugte das Adjektiv „hochdeutsch“) ihre Ausnahmestellung zurückgewinnen könne. „Jetzt ist (jedenfalls aber) keine Zeit zu Betrachtungen, die wie dünner Tee nur den Mut verwässern, jetzt gilt es, soweit das die Presse vermag, zu agitieren, nicht bloß den Verstand, sondern das Herz, Gemüt der Leser zu gewinnen, ihre Leidenschaft zu erregen. Ich bin ganz selig, daß wir einmal unseren Lesern zeigen können, daß man in der A.Z. mehr wahre und innige Liebe für das große Vaterland empfindet als in allen übrigen Blättern zusammengenommen. Die A.Z. hat für die gegenwärtige Aufgabe eine so günstige Stellung, daß sie die erste sein muß: alle großdeutschen oder besser hochdeutschen Fragen kann nur sie allein behandeln.“

Agitation – das Wort war damals noch nicht so diskreditiert wie heute. Dennoch zielte das, was damit zum Ausdruck gebracht werden sollte, auf den völligen Bruch der *Allgemeinen Zeitung* mit ihrer Tradition. Dessen war sich Orges sehr wohl bewußt. Das Festhalten des Blattes am Für und Wider, das vom Redakteur eine fast mönchische Demut verlangte, erschien dem jungen Wilden (Orges war Jahrgang 1821) so nobel wie nutzlos. Das Gebot der Stunde war, Partei zu ergreifen und die öffentliche Meinung zu beherrschen. Dabei war er kein kritikloser Bewunderer der österreichischen Politik, und einer platten Indienststellung der AZ für die Zwecke der Wiener Hofburg hätte Orges, der ein unabhängiger Geist war, niemals die Hand gereicht. Nicht einer Macht sollte die AZ dienen, sondern einer Idee. Mochte beides in dieser historischen Situation auch übereinstimmen – für Orges war das ein großer Unterschied.

Orges' Idee war die eines mitteleuropäischen Großreiches deutscher Nation. Dafür, meinte er, sei die Zeit angebrochen, nachdem die Franzosen wie die ganze „romanische Rasse" abgedankt hätten. Ein platter Rassist war Orges keineswegs. Er glaubte nur fest an geschichtliche Zyklen; jetzt hatten eben die Deutschen Konjunktur. Die Führungsrolle in dem künftigen kontinentaleuropäischen Imperium mußte aufgrund ihrer südosteuropäischen Machtstellung der habsburgischen Monarchie zufallen. Kleindeutschland biete allenfalls „genügend Zinsen für ehrlichen Fleiß", äußerte Orges einmal gegenüber dem Vorsitzenden des Nationalvereins, Rudolf von Bennigsen, „aber zu höheren Zielen verlockt es nicht. Erobert uns Preußen, so werden wir preußisch statt deutsch, erobern wir das Donaureich, so muß es deutsch werden."[3]

In der Redaktion hatte Orges mit seiner Anschauung nicht unbedingt leichtes Spiel, er konnte sich aber weitgehend durchsetzen. Altenhöfer lehnte die Wendung zur Agitation ab; er wollte beim „Sprechsaal" bleiben und war zudem kein „Österreicher". Aber er war auch keine Kämpfernatur und gewohnt, in der zweiten Reihe zu stehen. Sein Unmut äußerte sich höchstens in Sticheleien oder Spottversen, für die er gefürchtet war. So reimte er anläßlich einer Redaktionsfeier:

> Großdeutsch ist,
> die Allgemeine, wie ihr wißt,
> Durch dick und dünn, durch hart und weich,
> Geh'n wir mit dir, Haus Österreich.[4]

Im Unterschied zu Altenhöfer hatte Kolb, der Chefredakteur, keine Mühe, den großdeutschen Kurs Orges' mitzugehen. Einig war er sich mit seinem jüngeren Kollegen auch darin, daß Österreich es seinen Freunden nicht gerade leichtmachte. Wahrhaft großdeutsch zu sein, bedeutete für ihn, auf eine Verjüngung Österreichs durch liberale Reformen hinzuwirken. Bisweilen dürfte ihm Orges' Radikalität unbehaglich gewesen sein, und für eine allzu krasse Einseitigkeit des Blattes war er nicht zu haben. Aber er ging dem Konflikt aus dem Wege. Seit einem Schlaganfall, den er 1855 erlitten hatte, war Kolb gesundheitlich stark beeinträchtigt, und er mußte Orges, der ein Arbeitstier war, dankbar sein, daß er ihm das Tagesgeschäft abnahm. In Wahrheit hieß der Chefredakteur der AZ 1859 Orges.

Hoffen auf den großen Schub

Aber die Nase der AZ kam immer noch aus Stuttgart, wie Heine gesagt hätte. Ohne Cottas Billigung war die Orgessche Wende nicht zu erreichen. Der Verleger war durchaus der Auffassung, daß der Zeitung etwas frischer Wind guttun würde. Der Auflageneinbruch von 1849 hatte in den Folgejahren zwar teilweise wettgemacht werden können, aber es war doch nicht zu übersehen, daß die *Allgemeine Zeitung* stagnierte. Im Grunde ähnelte die Situation derjenigen der ausgehenden zwanziger Jahre, als das Blatt in der Routine zu erstarren drohte. Damals hatte der alte Cotta Kolb in die Redaktion geholt. Jetzt erhoffte sich Georg von Cotta Impulse von Orges. Vielleicht war ja das großdeutsch-nationalistische Programm der Schub, den die AZ brauchte, um wieder an die Spitze zu gelangen?

Wo es um die Unterstützung Österreichs ging, rannte Orges beim Verleger offene Türen ein. Anders verhielt es sich in Fragen der Dogmatik. Formell setzte Cotta das von seinem Vater geheiligte „Sprechsaal"-Prinzip nie außer Kraft. Er bemühte sich auch, Autoren in das Redaktionsprogramm einzuschleusen, die die preußische Fahne hochhielten. Doch sein Widerstand gegen die wachsende Einseitigkeit des Blattes war ein nur hinhaltender. Im Ringen zwischen Augsburg und Ulm gab Orges den Ton an. Mürbe gemacht durch sein beharrliches Drängen und animiert durch die Verheißung eines publizistischen Durchbruchs stellte Cotta seine Bedenken zurück. Selbst in der Frage leitender Artikel gab er schließlich nach. Ab 1859 wurde fast jede Ausgabe der AZ durch einen Leitartikel eingeleitet. Orges verfügte über eine ungewöhnliche, beinahe unheimliche Überzeugungskraft, und sie traf in Cotta und Kolb auf alte, müde gewordene Männer.

Es war freilich eine Zeit, in der das abgeklärte Urteil es schwer hatte. Europa steuerte auf einen großen Konflikt hin, und in Deutschland mit seinen ungelösten Problemen und angehäuften Frustrationen war man nur zu geneigt, den Krieg als eine Art Katharsis herbeizusehnen. Der Schauplatz war Norditalien. Die italienische Einigungsbewegung hatte unter Führung des Königreichs Piemont-Sardinien und seinem klugen Minister Cavour an

Schwungkraft gewonnen und gefährdete die österreichische Stellung in Norditalien. Entscheidend war, daß Napoleon III. die Einigungsbestrebungen unterstützte. 1858 schloß Frankreich ein Bündnis mit Piemont. Dadurch erhielt der Konflikt eine neue Dimension. Wenn die Fesseln der Verträge von 1815 erst einmal gelockert waren, dann war der Friede in Kerneuropa ernsthaft bedroht. Wo würde Napoleons Begehrlichkeit enden? Es konnte durchaus so erscheinen, als ziele die französische Hazardpolitik auf mehr als nur auf die Veränderung der Landkarte Italiens, sondern letztlich über eine Schwächung Österreichs auf die Rheingrenze.

Damit war die Büchse der Pandora geöffnet. In Deutschland fand der alte Groll gegen Frankreich neue Nahrung. Plötzlich ging es nicht mehr nur darum, Habsburg den lombardo-venezischen Besitz sichern zu helfen, um den man sich nördlich der Mainlinie herzlich wenig scherte. Jetzt ging es gegen den Erbfeind. Das veränderte die Substanz des Konflikts. Aus einer Bedrohung wurde eine Möglichkeit. War nicht Frankreich, ein Sieg über Frankreich, der einzige, der lange gesuchte Hebel, mit dem sich die nationale Einigung Deutschlands herbeizwingen ließ? In diese Richtung gingen die Gedanken, die Orges in der AZ propagierte. Der Rhein mußte am Po verteidigt werden. Orges reklamierte das Copyright auf diese griffige Formel, die Engels benutzte, für sich. Unbezweifelbar ist, daß er von Anfang an das politische Potential, das die aggressive Politik des französischen Kaisers bot, erkannte. Bismarck schöpfte es gut zehn Jahre später aus, freilich mit einem Ergebnis, von dem Orges nicht geträumt hatte.

Trommeln gegen Frankreich

Mit einem doppelten Paukenschlag eröffneten die Verbündeten Frankreich und Piemont das Jahr 1859. Beim Neujahrsempfang des diplomatischen Korps in Paris brüskierte Louis Napoleon den österreichischen Gesandten mit der Anrede, leider seien die Beziehungen Frankreichs zur Wiener Regierung „nicht mehr so gut wie früher". Am 10. Januar hielt Viktor Emanuel in Turin eine flammende Thronrede, die der Korrespondent der AZ mit folgenden Worten kommentierte: „Sie kündigt den Krieg nicht an, sie tut wirklich, als ob er schon ausgebrochen wäre."[5]

Nun wußte die Welt, daß es ernst wurde. Kriegsrüstungen der Piemontesen, die ganz offen vorgenommen wurden, um Österreich zu provozieren, verschärften die Spannungen. Wie würde sich der Deutsche Bund, wie würde sich vor allem Preußen verhalten? Das war die Frage, die jetzt in Deutschland alles überlagerte. Die Rechtslage war nicht ganz eindeutig. Nach Art. 46 der Wiener Schlußakte handelte es sich, da der Zankapfel

Lombardo-Venezien außerhalb des Bundesterritoriums lag, um einen „die Verhältnisse des Bundes nicht berührenden" Spannungsfall. Deshalb argumentierte die AZ politisch: „So dürfen wir denn hoffen, daß die natürliche Allianz der beiden deutschen Großstaaten die Feuerprobe französischer Angriffe oder Überhebungen bestehen ... Jedermann aber, welcher jetzt Zwist zwischen den beiden Staaten auch nur im geringsten auslösen möchte, bedenke, welche Verantwortung er auf sich ladet."[6]

Natürlich wußte der Leitartikler, daß von einer „natürlichen Allianz" zwischen Österreich und Preußen nicht die Rede sein konnte. Aber im Angesicht von „Frankreichs Überhebungen" mußte es einfach zu einem Bündnis kommen, war doch Deutschland als Ganzes herausgefordert. So gesehen „zog" auch die Wiener Schlußakte. Sie ließ in Art. 47 nämlich eine Beistandspflicht dann eintreten, wenn „Gefahr für das Bundesgebiet" bestand. Dieser Tatbestand mußte allerdings von der Mehrheit des Bundestags als gegeben festgestellt werden, und einen solchen Beschluß wußte Preußen in Frankfurt zu verhindern.

Die AZ war jetzt gefüllt mit meist stark emotionalisierenden Berichten. Jede Ausgabe war ein Kaleidoskop der Krise. Orges blies kräftig in die Glut. Er war vollkommen davon überzeugt, daß die öffentliche Meinung Berge versetzen könne, vorausgesetzt, sie werde richtig dirigiert. Die Bedrohung durch Frankreich wurde zu seinem *ceterum censeo*. Sein Feindbild war Napoleon III. Ob ihm bekannt war, daß Louis Napoleon in den späten dreißiger Jahren, vom schweizerischen Exil Arenenberg aus, Beiträge für die *Allgemeine Zeitung* verfaßt hatte, zehn an der Zahl? Vermutlich hätte die Kenntnis dieses delikaten Sachverhalts dem Kaiser bei Orges keine mildernden Umstände eingetragen. Mitleidlos wie Savonarola rechnete der Redakteur Frankreich seine Sünden vor. Er gab Aufsätze in Auftrag, die sich beispielsweise mit dem Verlust des Elsaß befaßten und nachweisen sollten, daß Aggressivität zu Lasten Deutschlands eine Konstante der französischen Politik war. Wie suggestiv dabei verfahren wurde, dokumentiert die Inhaltsübersicht der Ausgabe vom 21. Februar unter der Rubrik „Frankreich": „Die Rüstungen. Die Agitation der Presse. Verkennen des deutschen Nationalgefühls. Die Ursache der Verwicklung in Italien" usw.

Am selben Tag brachte die Beilage Teil eins einer von Orges verfaßten Artikelserie über „Die innere und äußere Politik des französischen Kaiserreiches". Darin führte Orges den Ursprung der Krise auf das Bestreben Napoleons zurück, durch außenpolitische Erfolge von internen Verwerfungen seiner Herrschaft abzulenken; eine These, die ihre Berechtigung hatte. Das zweite Kaiserreich folge hier denselben Gesetzen wie das erste, meinte Orges. „Wir glauben, daß wenig Zweifel darüber bestehen können, daß das gegenwärtige Regime im Innern eine Spannung erzeugt hat, die durchaus der Ausgleichung, der Öffnung des Ventils bedarf ... Der französische Kaiser scheint dieses Mittel wählen zu wollen und hat, wie im Jahre 1853 Rußland, diesmal Österreich zum Zielpunkt des Angriffs erkoren."

In einem weiteren Artikel der Serie[7] führte Orges aus, welche Ziele die französische Außenpolitik nach seiner Ansicht verfolgte: „Wiedergewinnung der Grenzen des ersten Kaiserreiches, der Sturz der Verträge von 1815." Die italienische Frage sei nur vorgeschoben; Frankreich streue den anderen Mächten Sand in die Augen, indem es den Anschein erwecke, es handele sich bloß um einen regionalen Konflikt, meinte Orges und schoß sogleich eine Spitze auf Preußen ab: „In Berlin hat diese Anschauung schon Anklang gewonnen, man gefällt sich in dem Gedanken, die Hände freibehalten zu können."

Das Dilemma des Liberalismus

Die Stimmungsmache gegen Frankreich fiel in der deutschen Öffentlichkeit auf fruchtbaren Boden. Noch war die Erinnerung an die Ouvertüre des Jahrhunderts lebendig, als der erste Napoleon Frankreichs Ruhm durch die Unterwerfung Deutschlands gemehrt hatte. Die Auffassung war verbreitet, Frankreichs Verlangen nach dem Rhein als „natürlicher" Grenze sei niemals erloschen, und tatsächlich gab es im westlichen Nachbarland Stimmen genug, die nach einer Revision des Pariser Friedens riefen. Beschwor der jetzige Kaiser nicht selbst bei jeder Gelegenheit die Tradition des großen Eroberers? Kein Zweifel, es gab viele Gründe, sich von Frankreich bedroht zu fühlen. Andererseits war der taktische Hintergrund der publizistischen Agitation nicht zu verkennen. Mit ihr ließ sich die Tatsache verschleiern, daß der Wunsch des italienischen Volkes, der österreichischen Fremdherrschaft im Norden ein Ende zu bereiten, die eigentliche Konfliktursache war. Anders ausgedrückt: Indem der Rhein zur wahren Frontlinie stilisiert wurde, konnte man davon ablenken, daß der deutsche Liberalismus am Po in der Falle saß.

Die Peinlichkeit war kaum zu überbieten. Das Recht der Völker, fremdes Joch abzuschütteln, gehörte nun einmal zu den großen Glaubensgütern der Liberalen. Oft genug hatte man sich dafür deklamatorisch in die Schanze geschlagen. 1832, beim unvergessenen Freiheitsfest in der Pfalz, war auf der Hambacher Schloßruine neben der deutschen Flagge die polnische gehißt worden, als Zeichen der Verbrüderung mit den aufständischen Polen. Mit welcher Inbrunst war der Freiheitskampf der Griechen begleitet worden! Und hatten nicht etliche deutsche Studenten radikal-liberaler Provenienz in den zwanziger und dreißiger Jahren von ihren italienischen Kommilitonen gelernt, wie man Geheimbünde schmiedet? Noch jetzt,

1859, als die kleindeutsch gesinnten Liberalen den Deutschen Nationalverein schufen, nahmen sie sich die italienische *Società nazionale* als Vorbild.

Der italienisch-österreichische Gegensatz enthüllte das Dilemma, in das die liberale Idee unweigerlich geriet, sobald sie im Kleid des Nationalismus auftrat. Die preußischen Liberalen verschlossen die Augen vor der Tatsache, daß die Machtstellung Preußens im Osten nur dann gesichert werden konnte, wenn die Polen auf ihre nationalen Belange verzichteten. Genauso unglaubwürdig wurde das großdeutsche Einigungsprogramm, wenn es sich mit Österreich gegen das italienische Unabhängigkeitsstreben verbündete. In der Augsburger Redaktion führte diese Widersprüchlichkeit zum Streit. Es war zumeist Altenhöfer, der den Finger auf die Wunde legte, indem er auf die Beeinträchtigungen des italienischen Volkes durch österreichische und päpstliche Bevormundung hinwies. Aber damit richtete er bei seinen Kollegen nichts aus. Diese hatten einmal den Kurs justiert und wichen von ihm keinen Zentimeter ab: In Norditalien forderte Frankreich Deutschland zum Duell, und was immer Piemont-Sardinien wollte – mit einem Freiheitskampf, der auf den Sukkurs von aufrechten Liberalen rechnen durfte, hatte das nichts zu tun! Das war die Devise. Sogar Kolb, der als junger Mann Italien gesehen und dort wichtige Impulse erhalten hatte, vertrat in der AZ die Ansicht, „das stolze Mailand" habe schon vor den Hohenstauffen die Knie gebeugt, gehöre also zum deutschen Herrschaftsbezirk.[8] Orges schrieb herablassend von einem „Nationalitätenschwindel", der niemanden täuschen dürfe.[9] Albert Schäffle, einer der führenden Autoren der Zeitung in dieser Phase und Vertrauter Cottas, sprach den Italienern rundweg die Fähigkeit ab, sich gesamtstaatlich zu organisieren.[10]

In solchen Herrenvolks-Theorien zeigte sich der Nationalismus von seiner häßlichsten Seite. Man stößt auf sie beileibe nicht nur in den Spalten der *Allgemeinen Zeitung*, und sie waren auch keine deutsche Spezialität. In Deutschland mußten sie aber noch unangemessener klingen. Hier träumte man schließlich seit mehr als einer Generation von der nationalstaatlichen Einigung. Man verlangte von den europäischen Großmächten, den Weg dafür freizumachen, und weigerte sich im selben Augenblick, Verständnis für den Einheitstraum der Italiener aufzubringen. Das war eine Inkonsequenz, die das Eintreten der Bewegungskräfte für die Sache Österreichs psychologisch von vornherein belasten mußte.

Eine weitere Hypothek bestand darin, daß Österreich ja keineswegs ein Hort des Fortschritts war. Es war im Gegenteil als reaktionär verschrien, in dieser Hinsicht nur noch von Rußland übertroffen. So gesehen bedurfte es beachtlicher akrobatischer Fertigkeiten, wenn man sich als Liberaler Österreich rückhaltlos verschrieb. Julius Fröbel, der einmal als linker Abgeordneter in der Paulskirche gesessen hatte und dann zu einem führender Vertreter der großdeutschen Partei wurde, trug an diesem Zwiespalt wie kaum ein anderer. In seinen Memoiren resümierte er: „Österreich mochte ja tun, was es wollte, es galt als reaktionär, und was damit in Verbindung stand, also die ganze großdeutsche Partei, zog sich die nämliche Beurteilung zu.“[11]

Cotta in der Defensive

Es ist wohl nur mit der aufgeheizten Atmosphäre zu erklären, daß die Verantwortlichen der AZ sich dieser Gefahr so wenig bewußt waren. Am unwohlsten fühlte sich noch Georg von Cotta. Seine Ergebenheit Österreich gegenüber stand zwar nie in Zweifel. Aber ihm behagte die Unbedingtheit des Orgesschen Kurses nicht. Die zwischen Augsburg und Stuttgart wechselnde Korrespondenz in den kritischen Monaten läßt Cotta als denjenigen erkennen, der für Mäßigung warb. Doch seine Versuche, die Blattpolitik wieder stärker selbst zu bestimmen, waren halbherzig; sie hielten der Wucht der Argumente, die Orges mit missionarischer Strenge dagegen auffuhr, nicht stand. Freilich konnte Orges die Wünsche des Blatteigners nicht völlig ignorieren. Anfang Januar 1859 „ersuchte“ Cotta seinen Augsburger Angestellten, „jede persönliche Verletzung Napoleons (selbst in seinem Kaisertitel), ebenso jede Geringschätzung der französischen Nation und ihrer Armee von jetzt ab streng zu vermeiden“.[12] Bezeichnend war der werbende, jeden Imperativ vermeidende Ton, den Cotta wählte, so als fürchtete er heftige Ausbrüche seines Redakteurs. Andererseits war es dem Verleger zweifellos sehr ernst mit seinen Mahnungen, extreme Einseitigkeiten zu unterlassen. Orges mußte das erkennen. Er mußte auch Beiträge des Erlangener Rechtsprofessors Ludwig Karl Ägidi schlucken, obwohl sie die Linie der proösterreichischen Berichterstattung merklich störten.

Ägidi, Mitbegründer des kleindeutschen Nationalvereins und später Berater Bismarcks, war als Autor mehr als bloß ein preußisches Feigenblatt. Seine Beiträge bezeugten, daß das alte Forums-Prinzip nicht vollständig abgedankt hatte. Auch in anderer Hinsicht war Ägidi für Cotta eminent wichtig. Der Verleger spannte ihn ähnlich wie Alexander von Humboldt immer dann ein, wenn Cotta'sche Verlagsbelange in Berlin verteidigt werden mußten. Der Rechtslehrer verfügte über gute Drähte zum Prinzregenten Wilhelm, dem er eine viel beachtete Denkschrift *(„Suum ciuque“)* gewidmet hatte. Nicht zuletzt über Ägidi liefen Ende der fünfziger Jahre Sondierungen Cottas mit dem Ziel, das Verhältnis des Konzerns zum preußischen Staat zu verbessern. Dieses Verhältnis war niemals wirklich gut gewesen, abgesehen vielleicht von der Phase nach dem Wiener Kongreß, als der alte Cotta in Hardenberg einen Förderer besessen hatte. Seinen absoluten Tiefpunkt erlebte es 1856. In diesem Jahr wurde die AZ in Preußen verboten.[13] Humboldts Assistenz und ein Kotau Cottas vor dem König sorgten dafür, daß das Verbot nach drei Monaten wiederaufgehoben wurde, doch schwebte die AZ auch weiterhin in Gefahr.

Der genaue Anlaß für die zeitweilige Unterdrückung der AZ ist unbekannt. Die ganze deutsche Presse kritisierte diese drakonische Maßnahme, die bewies, wie engherzig und rücksichtslos Preußen in dieser Phase mit unbotmäßigen Zeitungen umsprang. Typisch war, daß die Berliner Regierung von Cotta erwartete, einen regierungsamtlichen Korrespondenten zu beschäftigten, den er auch noch bezahlen mußte. Es handelte sich um einen Dr. Thomas Langbehn, der als Referent bei der Berliner „Preßzentralstelle“ arbeitete, einer Behörde zum Zwecke der Presselenkung. Etwas Derartiges verlange selbst Österreich nicht, äußerte sich Cotta verbittert gegenüber Alexander von Humboldt.[14]

Trotz alledem hielt Cotta an seinen entspannungspolitischen Bemühungen gegenüber der zweiten deutschen Großmacht fest. Am 4. Juni 1858 schrieb er Ägidi: „Ich würde den Tag segnen, an welchem unser deutsches Vaterland durch ein Vereintgehen von Österreich und Preußen so mächtig wie möglich sei.“[15] In diesem Sinne predigte die AZ in den ersten Monaten des Jahres 1859. Sie erinnerte die Berliner Regierung an ihre patriotischen Pflichten und versuchte, Preußen nach einem Wort Bismarcks „besoffen zu machen“.[16] Als sich herausstellte, daß die Werbung ins Leere lief, änderte sich die Sprache abrupt. „Preußen ist prinzipiell niederträchtig“, schäumte Orges in einem Brief an Cotta. „Der Prinzregent will 4–5 Monate zusehen; unter der Zeit sollen sich Frankreich und Österreich verbluten, und dann will er als Sieger einschreiten.“[17] Falsch war diese Einschätzung nicht. Preußen blieb in Deckung. In Berlin dachte man „realpolitisch“, jedenfalls nicht sentimental. Lombardo-Venetien war keinen Schuß Pulver wert, es sei denn, man konnte aus der Streitsache Nutzen im innerdeutschen Vormachtduell mit Österreich ziehen. Die Forderung, daß Preußen im Falle eines bewaffneten Konfliktes den Oberbefehl über die Bundestruppen erhalten müsse, hatte den Charakter einer Nötigung.

So nüchtern Orges die Interessenlage Preußens deutete, so blind war er für die Schwächen der österreichischen Politik. Am 23. April richtete Wien ein Ultimatum an das Königreich Piemont-Sardinien, ohne die Rückversicherung eines preußischen Bündnisversprechens. Die Erinnerung an den glänzenden Sieg Radetzkys zehn Jahre zuvor über Piemont, das damals allerdings der französischen Hilfe entbehrt hatte, genügte der leichtfertigen Führung in Wien. Man fühlte sich stark genug, das Wagnis eines Krieges einzugehen. Die *Allgemeine Zeitung* kommentierte das Ultimatum mit Erleichterung. Endlich sei die Entscheidung gefallen. Gegen die Kriegstreiberei an Seine und Tessin sei Österreich schließlich kein anderer Ausweg geblieben „als das Schwert“ (AZ, 25. April).

Während sich die Heere zum ersten Schlagabtausch rüsteten, kreuzte die AZ die Klingen mit preußischen Blättern. Denen warf die Augsburgerin mangelhaften Patriotismus vor. Hiebe bekam die *Kölnische Zeitung* ab. Nun endlich habe sie auch im österreichischen Lager einen Berichterstatter, höhnte die AZ in der Ausgabe vom 5. Juni, einen Tag nach der Schlacht von Magenta, von der man zu diesem Zeitpunkt allerdings noch nichts wußte. Mit dieser Hakelei wurde suggeriert, die Konkurrentin habe ihre besten Drähte zur französischen Seite, also zum Feind. Das war eine arge Gemeinheit; aber im Konkurrenzkampf der großen Blätter ging es nie besonders gesittet zu. Zugleich stellte die Redaktion mit diesem Seitenhieb ihre überlegene Qualität zur Schau. Tatsächlich verfügte die AZ im Unterschied zu den meisten deutschen Zeitungen über einen eigenen Kriegsberichterstatter an der Front, was zur Folge hatte, daß ihre Berichte auf dem Wege der Übernahme in ihrer Wirkung multipliziert wurden.[18]

Der Mann an der Front war Friedrich Wilhelm Hackländer, ein Reiseschriftsteller. Er hatte schon über Radetzkys Kampagne für die *Allgemeine Zeitung* geschrieben. Seine Beiträge waren in Wien in so guter Erinnerung geblieben, daß Hackländer diesmal von Kaiser Franz Joseph persönlich ins Hauptquartier eingeladen wurde. Die Schilderungen, die er lieferte, waren fraglos gut-österreichisch (nicht gut genug allerdings für Orges, der sich über ihn beklagte), aber auch informativ. Überhaupt machte das Blatt in dieser Zeit seiner Reputation als Quelle vielfältigster Information alle Ehre. Selbst die Parteinahme für Österreich änderte daran nichts. Diese ging nie so weit, daß unliebsame Fakten einfach unterdrückt wurden, was bedeutete: Sogar im dröhnendsten Schlachtenlärm wurde den Lesern die Stimme des *Moniteur* als sozusagen pluralistisches Minimum zugänglich gemacht. Ein anschauliches Beispiel dafür, daß die alten Kanäle immer noch funktionierten, liefert ein Bericht aus Bern – die Hauptstadt der Eidgenossenschaft war ein wichtiges Nachrichtenzentrum – vom 5. Juni. In schweizerischen Regierungskreisen, hieß es, werde offen darüber gesprochen, daß Piemont im Allianzvertrag Frankreich die Abtretung Savoyens für den Fall zugesagt habe, daß es die Lombardei von Österreich gewönne. Die Nachricht, die sich als zutreffend erweisen sollte, machte den AZ-Lesern klar, weshalb Louis Napoleon sich so stark für die piemontesische Sache ins Zeug legte.

Beschönigung einer Niederlage

Freilich verbreitete die AZ nicht nur harte Fakten. Kriegszeiten sind schlechte Zeiten für Tatsachen. So blühten vor allem die Spekulationen und Mutmaßungen, die Erwartungen wecken und für die Partei *en faveur* einnehmen sollten. Auch dazu ein Beispiel: In einem Leitartikel unter dem animierenden Titel „Die wohltätigen Folgen des Krieges“ stellte der Wiener Hauptkorrespondent Georg Seuffert die These auf, der Krieg werde die in Österreich zweifellos vorhandenen „Mißbräuche“ lindern. Der Kaiser wolle ein „regeneriertes Land“. Seuffert erinnerte an Rußland. Es habe „aus seinem Krimkrieg die Bauernemanzipation geerntet. Österreich wird eine noch größere Emanzipation aus dem gegenwärtigen Kampfe hervorgehen sehen.“[19] Verjüngung des Habsburgerreiches durch das Purgatorium einer existentiellen Prüfung – das war eine gängige Verheißung der großdeutschen Propaganda, vielleicht auch eine ehrliche Hoffnung. Bloß war der Vergleich fatal: Rußland hatte den Krimkrieg ja verloren!

Auch Österreich würde seinen Krieg, der politisch miserabel vorbereitet und militärisch schlecht geführt war, verlieren. Die Nachricht von der Schlacht bei Magenta (4. Juni) erreichte die Abonnenten der *Allgemeinen Zeitung* am 6. Juni. Die Spitzenmeldung des Tages war dem *Moniteur* entnommen. Sie teilte in wenigen Sätzen mit, daß Mac Mahon Magenta genommen habe; Österreich sei geschlagen. Es folgten kunstvolle Relativierungen des Faktums durch die Redaktion. Zwar zögen sich die Österreicher über den Tessin zurück, schrieb Orges, doch das müsse nicht gleichbedeutend mit einer Niederlage sein. Dann kam ein Satz von bewunderungswürdiger Doppelbödigkeit: „Wir sind vollständig mit dem Erfolg zufrieden, wenn derselbe ein unentschiedener ist.“ Eine Fußnote setzte sich beckmesserisch mit offenbar geschönten Zahlenangaben über Tote und Verwundete in der französischen Siegesmeldung auseinander. Kommentar: „Das ist wieder das alte Lügensystem.“ Noch einen Tag später wurde die Lage verharmlost. Die k.k. Truppen hätten, hieß es jetzt, „ihrer Defensive einen entschieden offensiven Charakter gegeben“. Die Lächerlichkeit, die der interessengeleiteten Kriegsberichterstattung im Zeichen der Niederlage immer anhaftet, traf in diesem Fall die AZ.

Dabei war man sich in Deutschland wohl bewußt, daß der Tag von Magenta für Österreichs Sache einen herben Rückschlag bedeutete. Bereits am 6. Juni adressierte Georg von Cotta einen Brandbrief[20] an die „Verehrliche Redaktion“ in Augsburg. Angesichts der Sachlage, daß eine Einigung Österreichs mit Preußen nicht zustande komme und die französischen Waffen siegreich seien, ersuche er seine Redakteure, „von nun an alle persönlich verhöhnenden Bezugnahmen auf L(ouis) N(apoleon) und seine Familie streng zu vermeiden und den Kampf beider Armeen möglichst objektiv zu behandeln“. Das war offene Kritik. Empört reagierte Orges[21], an den sich das Schreiben wohl eigentlich richtete. Die Redaktion sei tief verletzt, wenn Cotta glaube, ihr zumuten zu können, „in dem Augenblick, wo die A.Z. fester, entschiedener, konsequenter denn je auftreten muß, das Panier zu senken, das wir bis jetzt vorangetragen ...“. Für seine Person fügte Orges an, daß er – weder als Soldat noch als Schriftsteller – seine Hand für eine Kursänderung des Blattes während des Kampfes leihen werde. Cottas Antwort war ein Rückzug auf der ganzen Linie. Der Verleger bestritt, je einen Schwenk der AZ verlangt zu haben. Beleidigt äußerte er sein Unverständnis darüber, daß Orges seinen Brief so falsch habe interpretieren können: „Das mag Ihnen Gott verzeihen."[22]

Für diesen eigenartigen Briefwechsel mit seinen beidseitigen Eruptionen gibt es nur eine Erklärung: Es existierte kein wirkliches Einverständnis über die Richtung des Blattes. Nur halbherzig hatte der Verleger den agitatorischen Duktus, für den Orges zuständig war, mitgetragen. Jetzt, da nicht mehr ausgeschlossen werden konnte, daß man sich verrechnet hatte, drohte die Folie der Übereinstimmung zu zerreißen. Der Verleger war tief besorgt. Schon sah er französische Truppen mitten in Deutschland stehen, wie zu Zeiten des ersten Napoleon, und wie ein Napoleon mit den Urhebern ärgerlicher Druckwerke umgehen konnte, hatte das Schicksal des Nürnberger Buchhändlers Palm ein halbes Jahrhundert zuvor gezeigt. Orges nahm auf diese Obsession seines Arbeitgebers, die ihm aus früheren Schreiben bekannt war, keine Rücksicht. Auch er war durch Magenta angeschlagen; auch für ihn stand viel auf dem Spiel. Er hatte das Blatt auf den jetzigen Kurs gebracht; eine Kursänderung war nur mit einem anderen Steuermann zu machen.

Zur Entspannung innerhalb der Firma trug bei, daß sich rasch eine etwas günstigere Einschätzung der militärischen Lage durchsetzte. Österreich hatte eine Schlacht verloren; den Krieg konnte es noch immer gewinnen. Das entsprach den Tatsachen. Die AZ baute die Moral an der Heimatfront auf. „Der wahre Kampf fängt erst an", hieß es in der Ausgabe vom 8. Juni. Orges war wieder obenauf. Cotta schien von seiner Depression geheilt; nun mußte ihm noch eine Dosis Zuversicht injiziert werden. Schweiß, Blut und Tränen sagte Orges voraus, dann aber werde sich das Tor zum Siege öffnen: „Es wird ein heißer Kampf; wir werden furchtbare Schläge bekommen, ganz furchtbare Prüfungen durchmachen, aber es muß sein, sonst würden wir auch nicht schlackenfrei ...", schrieb er am 15. Juni. Inzwischen hatte es den Anschein, als werde sich Preußen auf seine „patriotischen Pflichten" besinnen, die die AZ nicht müde wurde zu predigen. Von einem Professor Wagner aus Göttingen stammte ein Leitartikel unter dem beziehungsreichen Titel „Worte der Königin Luise von Preußen im Jahre 1806". Zitiert wurde eine Äußerung der eisernen Königin gegenüber Gentz, wonach sie 1805, als Frankreich über Österreich hergefallen war, Preußens Eintritt in den Krieg befürwortet hätte. „Das sind Worte einer deutschen Mutter und einer deutschen Fürstin, die zu Taten auffordern", schloß der Artikel aufmunternd.

Ganz im Sinne Luisens machte Preußen am 14. Juni sechs Armeekorps mobil. „Wir schlagen dieses Opfer (Preußens) ungeheuer hoch an", kommentierte Orges[23] zwei Tage später und empfahl, der Prinzregent solle den Oberbefehl am Rhein, der Kaiser den am Po übernehmen. Das war ein beachtliches Zugehen auf die politische Position Preußens, das Orges noch unlängst als „prinzipiell niederträchtig" hingestellt hatte. Aber es gab keine andere Wahl. „Wir müssen durchschlüpfen zwischen Österreich und Preußen, um das Deutschtum zu retten", legte er Cotta auseinander. Doch ehe sich die neue Linie entwickeln konnte, war es schon zu spät. Am 24. Juni schlugen die verbündeten Franzosen und Piemontesen Österreich abermals aufs Haupt. Erste Andeutungen des Ereignisses von Solferino konnten die Leser telegraphischen Berichten aus Wien und Paris entnehmen, die die AZ am 26. Juni abdruckte. Diesmal nannte die Redaktion die Dinge beim Namen: Solferino war eine Schlappe, eine unnötige allerdings, die auf das Konto der Militärführung ging. Es sei ein Fehler gewesen, selbst anzugreifen, tadelte der Leitartikler, der wie üblich Orges war. Eine politische Entscheidung sei aber keineswegs gefallen, im Gegenteil: „Stündlich wächst die Überzeugung, daß Deutschland in den Kampf eintreten muß. Der Stein ist im Rollen!" (AZ, 27. Juni). Einen Tag später rief er zu einer *levée en masse* im Habsburgerreich auf. „Österreichs Kräfte sind noch lange nicht erschöpft ... Der Kaiser rufe sie nur, er lasse die Nation selbsttätig am Kampfe teilnehmen, und die Welt wird erstaunen ob der Fülle von Macht, die lebendig werden wird. Diese Reformen im Innern werden zudem Österreich die Sympathien in Deutschland zuführen, die im Begriff waren zu erkalten ..."

„Ein unbequemer Freund"

Zu einer solchen revolutionären Tat war die Wiener Hofburg nicht bereit, und in der k.k. Gesellschaft war niemand, der ein „österreichisches 1813" hätte bewerkstelligen können. So verhallte die Beschwörung ungehört. Orges hätte es wissen müssen; aber er war jetzt endgültig blind geworden für die Wirklichkeit. Für das, was sich hinter den politischen Kulissen tat, hatte er sich ohnehin nie sonderlich interessiert, statt dessen an die alles bewegende Macht der öffentlichen Meinung geglaubt. Auf sie setzte er noch immer. „Mein Vertrauen auf den endlichen Sieg ist unerschütterlich", schrieb er Cotta, „ich besorge gar nichts, alle Besorgnisse sind ohne Grund, wenn wir unsere Schuldigkeit tun, das ist das einzige."[24] Der überraschende Vorfriede von Villafranca, der am 11. Juli geschlossen wurde, riß ihn jäh aus allen Träumen. Einen Tag lang versuchte die AZ, sich und die Leserschaft über den wahren Charakter des Zwei-Kaiser-Treffens hinwegzutäuschen. Der Leitartikel vom 12. Juli war „Der Waffenstillstand" überschrieben. Tatsächlich aber hatte das k.k. Reich die Waffen gestreckt, und Louis Napoleon, der das Eingreifen Preußens oder auch Rußlands fürchtete, gab sich mit dem Erreichten zufrieden.

Am 15. Juli zog Orges in der AZ ein Fazit, das sich im wesentlichen der Argumentation des kaiserlichen Armeebefehls vom 12. Juli anschloß. Österreich habe sich ungünstigen politischen Konstellationen beugen müssen, weil es von seinen natürlichen Bundesgenossen im Stich gelassen worden sei. Vorwürfe richtete Orges an Preußen und an die kleindeutsche Partei. Dann rechtfertigte er die Linie der Zeitung: „Die Sorge der Allgem. Ztg. gilt dem 'neuen Österreich' ... Was eine ehrliche, aufrichtige, patriotische, eine deutsche Presse für die deutsche Zukunft zu tun vermag, das wollen wir leisten, soweit es unsere Kräfte vermögen.“ Indessen, fuhr Orges fort, sei die *Allgemeine Zeitung* „kein österreichisches Organ und will es nicht sein, sondern nur ein deutsches. Sie kämpft seit ihrer Gründung für die Zukunft unseres großen Vaterlandes, für eine Zukunft, wie sie leider in diesem Augenblick ferner als je liegt. Die Allg.Ztg. ist ein unbequemer Freund. Konfiskationen in Österreich, zahlreicher als die öffentliche Meinung glaubt, beweisen das ...“ Das agitatorische Abenteuer der AZ endete ziemlich kleinlaut.

Der Vogt-Prozeß

Im Unterschied zum Krimkrieg war der 59er Konflikt ein Nationalkrieg.[25] Ein Einigungskrieg hätte er werden sollen; dafür war in der *Allgemeinen Zeitung* geworben worden. Auch andere hatten das getan. In der öffentlichen Meinung besaßen die Kriegsbefürworter eindeutig die Mehrheit. Selbst Marx und Engels hatten zum Sturm geblasen, weniger aus Sorge um den Bestand des Habsburgerreiches, sondern weil ihnen das Regime Napoleons als Verkörperung der Gegenrevolution erschien. Während aber im überwiegend kleindeutschen Norden der Gewinn, der Österreich bei einem Sieg über die „Welschen“ zugefallen wäre, die Begeisterung etwas gedämpft hatte, konnte die großdeutsche AZ ohne jeden Vorbehalt in die Fanfare stoßen. Die Folge: „Wie in ihren besten Zeiten erschien sie als Führerin der deutschen Presse.“[26]

Sogar ihre Gegner mußten das anerkennen. Sie bekämpften daher die Augsburgerin mit Feuer und Schwert. Engels' Schrift „Po und Rhein“ richtete sich speziell gegen die AZ.[27] Marx schlug in Leitartikeln der *New York Tribune* auf sie ein – nicht weil ihn ihre Kriegstreiberei störte, sondern um „ihre Behauptung, daß die Fortdauer der österreichischen Herrschaft in Italien ein deutsches Interesse sei“, zu widerlegen.[28] Sybel schleuderte nach seinem erfolglosen Versuch, das große Cotta'sche Blatt auf die preußische Seite zu ziehen, eine Streitschrift[29] gegen sie: „Die Fälschung der guten Sache durch die Augsburger *Allgemeine Zeitung*". Orges, so hieß es in dem Pamphlet, sei für Österreich mehr wert als eine gewonnene Schlacht. In einer Schlacht zerschmettere man vielleicht einige tausend feindliche Leiber. Orges hingegen pulverisiere für die Sache Österreichs Logik und Menschenverstand. Weniger bildhaft, aber genauso deftig äußerten sich die *Preußischen Jahrbücher*. „Wie diese Zeitung mehr als irgend etwas der Verständigung zwischen dem deutschen Süden und Norden in den Weg getreten, dem Vorurteil und Haß gegen Preußen jeden Vorschub geleistet, das ist im allgemeinen uns allen in frischem Gedächtnis",[30] empörte sich der Autor, in dem Kolb übrigens wiederum Sybel vermutete.

Internationales Echo fand die großdeutsche Kampagne der AZ im Zusammenhang mit einem Beleidigungsprozeß, den der Naturforscher und ehemalige Abgeordnete der Paulskirche Karl Vogt noch 1859 gegen das Cotta'sche Blatt anstrengte.[31] Dieser überaus merkwürdige Prozeß, der im Nebenergebnis den Druck zweier Bücher bewirkte, drehte sich eigentlich um ein übles Ränkespiel im radikal linken Lager. Die Kabale war von Wilhelm Liebknecht, dem damaligen AZ-Korrespondenten in London, angezettelt worden. Liebknecht hatte denunziatorische Äußerungen Londoner Emigrantenkreise über Vogt nach Augsburg weitergeleitet. Die AZ druckte sie. Vogt, der ein geschworener Feind Österreichs war, glaubte sich von der AZ verfolgt und verklagte die Zeitung, die wiederum Marx zu verteidigen genötigt war, um Vogt zu schaden. Dadurch geriet die AZ ohne ihr Zutun ins Zentrum dieses linken Lokalzwistes.

Man kann die Prozeßunterlagen heute nur noch mit Verwunderung und nicht ohne Schmunzeln lesen: Mit Verwunderung, weil die inneren Angelegenheiten einer Zeitung plötzlich zum öffentlichen Gegenstand wurden; schmunzelnd, weil sich die Beteiligten hoffnungslos in den eigenen Fallstricken verhedderten. So zog der anarchistisch gewirkte Vogt als Ankläger in der heftigsten Weise über die AZ her, verschweigend, daß er selbst jahrelang für sie geschrieben hatte. Marx, der die Augsburger Redaktion heimlich mit Material über den Prozeßgegner versorgte, hatte wiederum das Problem zu erklären, weshalb seine treuesten Knappen ausgerechnet für eine Zeitung korrespondierten, die er, Marx, als reaktionär beschimpfte und mit der er nach eigenen Worten einen „Kampf auf Leben und Tod" führte: Liebknecht aktuell aus London, Friedrich Engels Anfang der vierziger Jahre aus Bremen. Übrigens gewann die AZ den Prozeß, bei dem Orges im Stil eines Antonius plädierte und immerhin etwas Wahres über das Verhältnis zwischen der AZ und Österreich sagte: Österreich sei, erklärte er den Richtern, „immer das Lieblingskind der *Allgemeinen Zeitung* gewesen, vielleicht weil es ihr die meisten Schmerzen gemacht".

Zweifellos spielte die Prozeßgeschichte weit an der Peripherie der großen Politik. Aufschlußreich ist sie trotzdem, weil sie die fiebrige Erregung des Kriegsjahres nachempfinden läßt und darüber hinaus die extrem herausgehobene Stellung der AZ in diesem Konflikt schlaglichtartig beleuchtet. Selbst Bismarck kam nicht umhin, der *Allgemeinen Zeitung* Respekt zu zollen, wenn auch *ex negativo*. Der damalige preußische Gesandte beim Frankfurter Bundestag bot sein ganzes Geschick auf, Preußens Eintritt in den Krieg zu verhindern und klagte über die „Augsburger u. Cie“, die ihm dabei in die Quere kamen.[32]

Ausklang

In Villafranca hatte Österreich die Notbremse gezogen. Der überraschende Friedensschluß begrenzte das Ausmaß des Schadens, den der verlorene Krieg angerichtet hatte. Österreich mußte die Lombardei abtreten, aber es hielt Venetien. Außerdem blieb es, was Deutschland anging, im Spiel. Im Falle eines völligen militärischen Zusammenbruchs wäre das anders gewesen. So aber konnte der Machtpoker mit der anderen deutschen Großmacht fortgesetzt werden. Preußen hatte seine Armee geschont, durch seine unverhüllt eigennützige Politik aber Ansehen eingebüßt. Indessen war im norditalienischen Konflikt die strukturelle Schwäche des Habsburgerreiches, die seinen Bestand langfristig bedrohte, offen zutage getreten. Österreich war ein Vielvölkerstaat. Diese politische Formation war lebensfähig, ja, sie konnte sich sogar als segensreich erweisen, solange Monarchen unumschränkt herrschten und mit ihren Kabinetten über Krieg und Frieden entschieden. Sobald jedoch das Bürgertum mitzubestimmen begann und die öffentliche Meinung zu einem eigenständigen politischen Faktor wurde – im Zeitalter des Nationalismus also –, stand der Vielvölkerstaat den entfesselten Leidenschaften so hilflos gegenüber wie ein einsamer Baum, den die Herbststürme unrettbar entwurzeln.

Diese Schwäche Österreichs war zugleich die Schwäche der großdeutschen Idee und aller, die unter ihrem Banner antraten. Das hatte sich erstmals 1848 gezeigt; 1859 konnte eigentlich niemand mehr die Zeichen an der Wand übersehen. Insofern war es ein schwerer strategischer Fehler, daß sich die *Allgemeine Zeitung* so rückhaltlos in den Dienst der großdeutschen Sache stellte. Man muß allerdings berücksichtigen, daß sie nicht frei war, als der Konflikt heraufzog. Als Blatt, das seinen geistigen Nährboden im Süddeutschen hatte, war die AZ immer stärker auf Österreich als auf den Norden hin ausgerichtet. Als Zeitung mit europäischem Anspruch kam ihr die universale Veranlagung des Habsburgerreichs entgegen. Außerdem nötigte die Massierung der Auflage in Österreich zu besonderer Rücksichtnahme auf den k.k. Staat.

Mit der grundsätzlichen Unterstützung der österreichischen Politik blieb die AZ also durchaus in den Bahnen ihrer Entwicklung. Den Bruch der Tradition bewirkte erst, was hier als Orgessche Wende bezeichnet worden ist: Orges wollte mit der AZ agitieren. In seiner Hand wurde die Zeitung zu einem politischen Instrument, das die öffentliche Meinung aufputschen und Regierungen unter Druck setzen sollte. Das unterschied sich himmelweit von dem, wofür die *Allgemeine Zeitung* mehr als ein halbes Jahrhundert lang ein Markenzeichen gewesen war. Sie hatte das Zeitgeschehen spiegeln wollen. Dabei war sie nicht standpunktlos gewesen. Selbst in den finstersten Zensurphasen hatte sie konstitutionelle Bestrebungen unterstützt, wo immer sie auftraten. Aber sie hatte auch entgegengesetzten Standpunkten ein Podium gegeben, und selbst dort, wo sie dazu genötigt wurde oder wo Beflissenheit die Aufnahme eines „Eingesandt" diktierte, geschah dies stets in Übereinstimmung mit dem Prinzip der Pluralität.

Davon rückte das Blatt 1859 ab. Orges wußte, weshalb er gegen den „Sprechsaal" ankämpfte. Mit diesem Schlüsselbegriff war ausgedrückt, was der alte Cotta und Posselt zum obersten Daseinszweck der AZ bestimmt hatten: Eine unbestechliche Geschichtsquelle sollte sie sein. An einer Geschichtsquelle aber mochte Orges nicht mitarbeiten. Die *Allgemeine Zeitung* mit ihrem Prestige und der Wirtschaftskraft des Hauses Cotta im Rücken mußte bewegen. Sie mußte sich an die Spitze der großdeutschen Bewegung setzen. Das war ihre Bestimmung. Wozu das ständige Abwägen, die buchhalterische Registratur anderer, der Zeitungslinie zuwiderlaufender Auffassungen? Das bremste nur den Angriffsschwung. Georg von Cotta bemerkte zu spät, daß der Rubikon überschritten war. Als er zum wiederholten Mal Mäßigung gegenüber Napoleon III. anmahnte, den Orges dämonisierte, antwortete der Redakteur selbstsicher: „Ich glaube, Herr Baron, ich darf Ihnen mit positiver Gewißheit sagen, Sie können nicht mehr zurück, trotz aller Pietät für Ihren seligen Herrn Vater, dessen hohen Wert sicher niemand verkennt, aber die Dinge haben sich geändert ... Der Sprechsaal ist zu, und nur Altenhöfer trauert darüber. Er ist zu und für immer ..."[1]

Diese Zeilen schrieb Orges Ende März 1859. Den selbstsicheren Tonfall konnte er sich ein paar Monate später nicht mehr erlauben. Denn die Niederlage Österreichs war auch eine Schlappe der *Allgemeinen Zeitung,* und die Verantwortung dafür traf in hohem Maße Orges. In seinem bilanzierenden Artikel vom 15. Juli hatte er zwar versucht, die AZ aus dem Windschatten Österreichs herauszuholen, indem er ihren „deutschen Beruf" hervorhob. Doch so zutreffend die Erwähnung der vielfältigen Nadelstiche, welche Österreich in der Vergangenheit der AZ versetzt hatte, auch war, so wenig ließ sich die Tatsache aus der Welt schaffen, daß das Augsburger Blatt 1859 alles auf die Karte Österreichs gesetzt hatte, die keine Trumpfkarte gewesen war.

„Qualen, Verdruß und Mühen"

Es mag verwundern, daß nach dem Fiasko keine personellen Konsequenzen gezogen wurden. Aber es war nicht Stil des Hauses Cotta, Köpfe rollen zu lassen. Außerdem ließ sich eine Mitverantwortung des Verlegers und auch Kolbs, der nominell immer noch Chefredakteur war, nicht leugnen. Erstaunlicher ist schon, daß eine gründliche Manöverkritik unterblieb, die mit Rücksicht auf die rückläufige Abonnentenzahl dringend erforderlich gewesen wäre. Leider läßt sich für die späten Jahre die Auflagenentwicklung der *Allgemeinen Zeitung* nicht lückenlos nachweisen. Nach den scharfen Einbrüchen im Gefolge der Revolution hatte sich die Auflage Mitte der fünfziger Jahre wieder bei etwa 10000 Abonnenten stabilisiert. Die Ereignisse von 1859 warfen die Zeitung abermals zurück. Anfang 1861 klagte Cotta[2], die AZ sei „überall der Anfeindung ausgesetzt". Sie schaffe ihm „nur Qualen, Verdruß und Mühen." Drei Jahre später war die Auflage unter siebentausend und damit auf das Niveau der dreißiger Jahre gesunken. „Der augenblickliche Stand des Abonnements ist mir selbst ein Rätsel, wenn ich ihn nicht der Politik von Orges und der Art der Führung des deutschen Artikels zuschreiben soll", notierte Kolb.[3]

Den Äußerungen Cottas und Kolbs läßt sich entnehmen, wie niedergedrückt die Stimmung in Stuttgart und in Augsburg war, ohne daß ein Befreiungsschlag ernsthaft versucht worden wäre. Freunde des Hauses legten Cotta eine Umsiedlung des Instituts nach Wien nahe. Mit Rücksicht auf die hohen Kosten wurde der Gedanke verworfen. Orges blieb der Redaktion bis 1865 erhalten, sein Einfluß wurde allerdings etwas eingedämmt. Wichtigster Stichwortgeber in allen innerdeutschen Fragen wurde jetzt Albert Schäffle, der, ohne formell der Redaktion anzugehören, einen starken Rückhalt beim Verleger besaß. Die Redaktionsleitung, die Schäffle von Cotta angetragen wurde, lehnte er ab, so wie wenig später auch Julius Fröbel und Wilhelm Lang eine Absage erteilten. Lang war der Schwiegersohn Kolbs und anders als er der kleindeutschen Konzeption gegenüber aufgeschlossen. Seine Anwesenheit in der Redaktion war zwar nur kurz bemessen, verlieh aber dem Bemühen Cottas um mehr Ausgewogenheit Ausdruck. Tatsächlich merkt man der Zeitung in der Phase nach dem schwarzen Jahr 1859 eine größere Spannweite der Standpunkte an. Der alte Sprechsaal kehrt zurück, wenigstens *in nuce*. Der agitatorische Zug verliert sich. Leitartikel finden sich nur noch sporadisch.

Trotzdem blieb die AZ auf großdeutschem Kurs. Als sich die Großdeutschen 1862 im „Deutschen Reformverein" endlich als Partei formierten, konnten sie auf den publizistischen Segen des altehrwürdigen Augsburger Blattes vertrauen. Männer wie Schäffle, Lerchenfeld und Fröbel waren Stützen sowohl des Reformvereins wie der *Allgemeinen Zeitung*. Keiner von ihnen war reaktionär. Der Demokrat Fröbel hatte nach der Revolution sogar emigrieren müssen. Wenn sie die Führungsrolle Österreichs in Deutschland verfochten, dann dachten sie an ein von grundauf erneuertes Habsburgerreich, in dem sich die angestammten Liberalen Süddeutschlands aufgehoben fühlen konnten. Die unter dem Minister Schmerling eingeleitete Wendung Österreichs zum Verfassungsstaat fand naturgemäß den Beifall der Großdeutschen wie der AZ. Geradezu enthusiastisch wurde die Bundesreforminitiative aufgenommen, die Wien Anfang 1863 lancierte. Dabei gelang der AZ noch einmal ein großer Nachrichtencoup. Die Einladung Kaiser Franz Josephs zum Fürstentag, die als erstrangige Geheimsache behandelt wurde, wurde von Fröbel der AZ zugespielt[4], die die Sensation an den Tag brachte. Indessen war der innovatorische Ehrgeiz Österreichs schon bald verraucht wie ein Feuerwerk. Die Bundesreform blieb im Sand stecken, weil Preußen blockierte. Damit war die große Zeit des großdeutschen Reformvereins vorüber. Die AZ verlegte sich jetzt auf die Förderung der Trias-Ideen, die von den deutschen Mittelstaaten ausgingen und ein „Drittes Deutschland" zwischen den Großmächten Österreich und Preußen propagierten. Der Krieg von 1866 und schließlich die von „Blut und Eisen" herbeigeführte Schaffung eines deutschen Nationalstaats kleindeutscher Prägung unter Bismarck sorgten dafür, daß von diesen recht artifiziellen Überlegungen nichts übrigblieb als eine Fußnote.

Erschöpfte Dynastie

Die *Allgemeine Zeitung* war an diesem Wendepunkt der deutschen Geschichte immer noch ein respektiertes Blatt, doch nur noch von begrenzter Bedeutung. 1863 war Georg von Cotta gestorben. Bezeichnend ist ein Schreiben, in dem der österreichische Gesandte in Stuttgart seinem Außenminister Rechberg die Nachricht übermittelte. Der Diplomat bescheinigte dem Verstorbenen wärmsten Patriotismus. „Seine glühende Vaterlandsliebe und seine Anhänglichkeit an Österreich sind im Jahre 1859 in glänzendstem Licht erschienen", schrieb Baron Handel. Als Miteigentümer der AZ sei Cotta „ein nicht unbedeutender Einfluß auf die Entwicklung der europäischen und insbesondere der deutschen politischen Angelegenheiten" möglich gewesen. Dann folgt ein Satz, der ungewollt zum Ausdruck brachte, wie mißtrauisch man in Wien bis zuletzt das Treiben der AZ verfolgte. Cotta habe intensiv auf die Redaktion eingewirkt. Wo ihm dies nicht gelungen sei, habe er doch „wenigstens weitere Ausschreitungen des Blattes verhindert".[5] Welch schöne Rechtfertigung für eine Zeitung, die bis auf eine kleine Schwächeperiode auch gegenüber dem mächtigsten Zwingherrn stets ihre Unabhängigkeit verteidigte!

Zwei Jahre nach Cotta, am 16. März 1865, starb auch Gustav Kolb. Dreißig Jahre lang war er leitender Redakteur der AZ und damit wichtigster Mitarbeiter Georg von Cottas gewesen. Sein Verdienst war die Ausbildung der Beilage zum führenden Feuilleton. Herausragende Autoren, darunter Heine und andere, die unter dem Opfernamen „Junges Deutschland" von der Obrigkeit drangsaliert wurden, band er an die Zeitung, die er mit Geschick durch die Untiefen der Zensur lotste. Welche Entwicklung hatte die Zeitung unter seiner Chefredaktion genommen! Ein europäisches Journal war die *Allgemeine Zeitung* gewesen, als Kolb in die Redaktion eintrat. Behutsam formte Kolb sie um zum einflußreichsten deutschen Tagblatt, dessen Geltung in Europa so groß war, daß die Ernennung eines neuen Zensors Diplomaten und Monarchen beschäftigte. Gewiß, daß sich die AZ 1859 Scheuklappen aufsetzte, daran war er ebenso wenig unschuldig wie Georg von Cotta. Die Verengung zum großdeutsch-österreichischen Parteiorgan war ein Bruch der Tradition und zudem ein schwerer Fehler. Und dennoch: Auch eine große Zeitung kann nicht aus ihrer Zeit heraustreten, und es war nun einmal der engstirnige Nationalismus, der Europa in der zweiten Hälfte des Jahrhunderts seine Signatur aufdrückte.

Beide zusammen, Georg von Cotta und Gustav Kolb, bewahrten das Erbe, das sie vom alten Cotta und von Stegmann übernommen hatten. Ihre Lebensleistung ist kaum geringer zu veranschlagen als die der ersten Generation. Freilich, als sie abtraten, hatte sich die Zeitung überlebt. Nachteilig war am Ende sicher die enge Bindung der AZ an die Geschicke des k.k. Reiches. Aber das allein erklärt nicht den Niedergang. In Rechnung zu stellen sind auch fundamentale Veränderungen des Zeitungswesens. So vielgestaltig und fragmentiert sich die Presselandschaft in den fünfziger und erst recht in den sechziger Jahren darstellte, bot sie keine Basis mehr für eine Ausnahmestellung, wie sie die *Allgemeine Zeitung* ein halbes Jahrhundert lang eingenommen hatte. Ein weiterer Grund war, daß im Ringen um die Vorherrschaft in Deutschland die Hauptstädte Wien und Berlin die Kraftquellen des Landes immer mehr absorbierten. Vor allem Berlin wurde zu einer Zeitungsmetropole. Es war eine Unterlassung von schicksalhafter Bedeutung, daß Georg von Cotta die Energie zu einer Umsiedlung der AZ nicht mehr aufbrachte. Noch bis Anfang der vierziger Jahre war Augsburg durch seine Lage im Schnittpunkt wichtiger Verkehrswege ein vorteilhafter Standort gewesen. Die Durchsetzung der Eisenbahn und des Telegraphen stuften die Fuggerstadt zu einem beliebigen Zeitungssitz herab, für den nur noch die Tradition sprach.

Eine weitere Ursache für den Bedeutungsverlust der Zeitung war der Umstand, daß Karl von Cotta, der nach dem Hinscheiden des Vaters zusammen mit Reischach die verlegerische Verantwortung für die AZ übernahm, nicht über die notwendige Statur verfügte. Nach zwei Generationen hatte sich die Kraft der großen Unternehmerfamilie erschöpft. War es ein Zufall, daß sich auch für Kolb kein geeigneter Nachfolger fand? Altenhöfer, der die Redaktionsleitung 1865 übernahm, empfand sich selbst als Notlösung.[6] Er besaß keine Führungsgaben und hatte zudem erhebliche Vorbehalte gegen den großdeutschen Kurs des Blattes, der gleichwohl beibehalten werden sollte. So war der weitere Abstieg unvermeidlich. Auch die Übersiedlung des Blattes nach München, 1882 vollzogen, vermochte ihn nicht aufzuhalten.

Was bleibt

Trotzdem nimmt die AZ in der Pressegeschichte und damit in der Kulturgeschichte Deutschlands einen Rang ein, den ihr keine andere Zeitung streitig macht. Sie stand am Anfang des modernen Pressewesens und nahm ihren Aufstieg mit der bürgerlichen Emanzipation. Erst als die demokratische Entwicklung das Aufkommen der Massenpresse begünstigte, konnte sie nicht mehr mithalten. Über weiteste Strecken ihrer Existenz rechtlich ungesichert, von der Zensur gepeinigt und den Einflüsterungen der jeweiligen Machthaber ausgesetzt, wurde sie von jedem Wellenschlag der europäischen und deutschen Politik geschüttelt. Sie begegnete der Willkür des ersten Napoleon und den Finessen Metternichs. Ihren Platz in Staat und Gesellschaft, den sie in Ermangelung eines Vorbildes nur tastend errang, behauptete sie dennoch, auch wenn dazu häßliche Kompromisse gelegentlich unumgänglich waren. Am Ende wurden ihre Regeln akzeptiert.

Was von ihr bleibt, ist neben dem Nachruhm die fortdauernde Gültigkeit des Prinzips, mit dem sie 1798 vor ihr Publikum trat. Ein treuer Spiegel der Wirklichkeit wollte sie sein, und sie hat dieses Versprechen weitgehend gehalten. Bis 1859: Da schien es plötzlich nicht mehr zeitgemäß, nur zu berichten. Da wurde belehrt und indoktriniert, da schwenkte man die Parteifahne und vertauschte die Rolle des Chronisten mit der des politischen Aktivisten. In dieser historischen Situation erlag die AZ einer Versuchung, die dem Journalistenberuf untrennbar beigegeben und deshalb immer aktuell ist. So aktuell wie das Leitbild des treuen Spiegels. Die Metapher mag heute antiquiert klingen. Es ist die ihr zugrunde liegende Vorstellung vom mündigen, aufgeklärten Bürger, der keiner Fernsteuerung bedarf, die auch in Zukunft so richtungweisend sein wird, wie sie es zu Zeiten des alten Cotta und seiner *Allgemeinen Zeitung* war.

Anmerkungen

Einleitung

[1] Zit. nach Theodor Stein, Südwestdeutsche Zeitungsgeschichte, in: Von der Preßfreiheit zur Pressefreiheit. Südwestdeutsche Zeitungsgeschichte von den Anfängen bis zur Gegenwart, hrsg. von der Württembergischen Landesbibliothek Stuttgart in Zusammenhang mit dem Verband Südwestdeutscher Zeitungsverleger und dem Verband der Druckindustrie in Baden-Württemberg, Stuttgart 1983, S.21.

[2] Kurt Koszyk, Deutsche Presse im 19. Jahrhundert, Berlin 1966, S.20f.

[3] Anton E. Schönbach, Der Untergang der *Allgemeinen Zeitung*, in: Hochland. Monatszeitschrift für alle Gebiete des Wissens, der Literatur und Kunst, 5. Jg., Bd. II, Kempten und München 1909, S.225–228.

[4] Zit. nach Werner Funk, Die Verfassungsfrage im Spiegel der Augsburger *Allgemeinen Zeitung* von 1818–1848, Berlin 1977, S.5.

[5] Zit. nach Manfred Windfuhr (Hrsg.), Heinrich Heine. Historisch-kritische Gesamtausgabe, Bd. 12/I, Hamburg 1980, S.65.

[6] Gesandtschaftsberichte aus München 1814–1848. Bearbeitet von Anton Chroust, Abt. I: Die Berichte der französischen Gesandten, Bd. IV, München 1935–37, S.215.

[7] Karl Marx, Herr Vogt. Erste Neuausgabe nach der Originalausgabe London 1860, Moskau 1941, S.92.

[8] Zit. nach Ursula Giese, Studie zur Geschichte der Pressegesetzgebung, der Zensur und des Zeitungswesens im frühen Vormärz, in: Börsenblatt für den Deutschen Buchhandel, Frankfurter Ausgabe, 20. Jg., 1964, S.310.

[9] Zit. nach Wilhelm Vollmer (Hrsg.), Briefwechsel zwischen Schiller und Cotta, Stuttgart 1876, S. XI.

[10] Eduard Heyck, Die Allgemeine Zeitung 1798–1898, München 1898.

Das Verbot

[1] Über das Verbot der AZ vgl. die Darstellung bei Vollmer, a.a.O., S.660ff.

[2] Vgl. Otto Elben, Geschichte des *Schwäbischen Merkurs* 1785–1885, Stuttgart 1885, S.42.

[3] Über die Brüder Cotta vgl. Monika Neugebauer-Wölk, Revolution und Constitution. Die Brüder Cotta. Eine bibliographische Studie zum Zeitalter der Französischen Revolution und des Vormärz, Berlin 1989.

[4] Vollmer, a. a. O., S. 653 f.

[5] Cotta am 11. 11. 1803 an Schiller, zit. nach Briefe an Cotta, Bd. 1: Das Zeitalter Goethes und Napoleons 1794–1815, hrsg. von Maria Fehling, Stuttgart und Berlin 1925, S. 29 ff.

[6] Über Cotta vor allem Herbert Schiller, Johann Friedrich Cotta, in: Schwäbische Lebensbilder, Bd. 3, Stuttgart 1942, S. 72–124, und Liselotte Lohrer, Cotta. Geschichte eines Verlags 1659–1959, Stuttgart 1959.

[7] Lohrer, a.a.O., S. 48.

[8] Margret Lindemann, Deutsche Presse bis 1815, Berlin 1969, S. 129.

[9] Über Cottas Zeitungsplan und die Anbahnung mit Schiller vgl. Lohrer, a. a. O., S. 54 f., und Heyck, a. a. O., S. 1 ff.

[10] Friedrich Burschell, Schiller, Reinbek 1968, S. 316.

[11] Ebd., S. 344.

[12] Brief Schillers an Körner vom 27. 4. 1798, in: Briefwechsel zwischen Schiller und Körner. Von 1774 bis zum Tode Schillers, Stuttgart o. J., Bd. 4, S. 70 f.

[13] Text des Kontraktes bei Vollmer, a. a. O., S. 9.

[14] Das geht aus einem Brief Posselts an Cotta vom 27. 5. 1794 hervor, Briefe an Cotta, a. a. O., Bd. I, S. 401.

[15] Vollständig abgedruckt bei Heyck, a. a. O., S. 15 ff.

[16] Arno Baruzzi, Immanuel Kant, in: Klassiker des politischen Denkens, Bd. II, München 1968, S. 163.

[17] Zit. nach Lindemann, a. a. O., S. 21.

[18] Diese Schätzung stammt von Martin Welke, Zeitung und Öffentlichkeit im 18. Jahrhundert, in: Presse und Geschichte. Beiträge zur historischen Kommunikationsforschung, München 1977, S. 82.

[19] Irene Jentsch, Die Geschichte des Zeitungslesens in Deutschland am Ende des 18. Jahrhunderts, Diss., Leipzig 1937, S. 12.

[20] Zit. nach Egmont Zechlin, Die deutsche Einheitsbewegung, Frankfurt a. M./ Berlin 1967, S. 21.

[21] Franz Herre, Nation ohne Staat, Bergisch Gladbach 1982, S. 11.

[22] Ebd.

[23] Norbert Conrads, Die *Schlesische Zeitung*, in: Heinz-Dietrich Fischer (Hrsg.), Deutsche Zeitungen des 19.–20. Jahrhunderts, Pullach 1972, S. 119.

[24] Koszyk, a. a. O., S. 22.

[25] Ebd., S. 14 f.

[26] Adolph Freiherr von Knigge, Über den Umgang mit Menschen, Frankfurt a. M. 1977, S. 345.

[27] Zit. nach Ludwig Salomon, Geschichte des deutschen Zeitungswesens von den ersten Anfängen bis zur Wiederaufrichtung des Deutschen Reiches, Bd. I, Oldenburg und Leipzig 1900, S. 114.

[28] Elben, a. a. O., S. 45.

[29] Leo Weisz, Die Redaktoren der *Neuen Zürcher Zeitung* bis zur Gründung des Bundesstaates 1780–1848, Zürich 1961, S. 36.

[30] Ernst von Nahmer, Beiträge zur Geschichte der *Kölnischen Zeitung*, ihrer Besitzer und Mitarbeiter, Köln, Bd. I, S. 43.

[31] Vgl. Welke, a. a. O.; für die besonders teure AZ gab es regelrechte Vereine,

deren Mitglieder sich Kosten und Nutzung des Blattes teilten. Ein Beispiel ist auf S.153 beschrieben.

32 Zit. nach Lindemann, a.a.O., S.143.

33 Nahmer, a.a.O., S.10.

34 Vollmer, a.a.O., S.646.

35 Ebd., 615f.; die folgende Darstellung der frühen Konflikte, die die AZ zu bestehen hatte, beruht überwiegend auf Vollmer, a.a.O.

36 Therese Huber, Ludwig Ferdinand Huber, in: Ludwig Ferdinand Hubers sämtliche Werke seit dem Jahre 1802 nebst seiner Biographie, Tübingen 1806, S.149f.

37 Zit. nach Emil Vierneisel, Ludwig Posselt, in: Zeitschrift für die Geschichte des Oberrheins, Teil II, Karlsruhe 1938, S.94ff.

38 Schiller an Cotta, 8.1. 1798, vgl. Vollmer, a.a.O.

39 Schiller an Cotta, 21. 9. 1798, ebd., S.311.

40 Goethe an Cotta, 14. 9. 1798, ebd., Anm. 2.

41 Schriften von Friedrich von Gentz, hrsg. von Gustav Schlesier, Bd.II, Mannheim 1838, S.9.

42 Gentz an Böttiger, 1. 2. 1798, Briefe von und an Friedrich von Gentz, hrsg. von Friedrich Carl Wittichen und Ernst Salzer, Bd.I, München 1909, S.267ff.

43 Briefe an Cotta, a.a.O., Bd.I, S.29ff.

44 Schiller an Körner, 29. 10. 1798, zit. nach Briefwechsel, a.a.O., Bd.4, S.80f.

45 Goethe an Cotta, 29. 9. 1798, zit. nach Vollmer, a.a.O.

46 Schiller an Cotta, 23.12. 1798, Briefe an Cotta, a.a.O., Bd.I, S.18.

47 Marcel Reich-Ranicki, Schlagt ihn tot, den Hund. Goethes lebenslanger Kampf gegen die Kritik, in: *Frankfurter Allgemeine Zeitung* vom 25. 8. 1984, Tiefdruckbeilage.

48 Zit. nach Carl Vogt, Mein Prozeß gegen die *Allgemeine Zeitung*, Genf 1859, S.47.

49 Huber, a.a.O., S.19.

50 Burschell, a.a.O., S.191.

51 Huber, a.a.O., S.192ff.

52 Ebd., S.156ff.

53 Briefe an Cotta, a.a.O., Bd.I, S. 140.

In der Franzosenzeit

1 Zit. nach Artikel Stegmann, Allgemeine Deutsche Biographie.

2 Ebd.

3 Heinrich von Treitschke, Deutsche Geschichte im neunzehnten Jahrhundert, Leipzig 1927, Bd.3, S.342.

4 Gesandtschaftsberichte, Abt.I, Bd.1, S.4.

5 Stegmann an Georg von Cotta, 18. 8. 1836, Cotta-Archiv Marbach (nachfolgend gekennzeichnet „Marbach“), Akt Stegmann.

6 Zit. nach Salomon, Bd.II, a.a.O., S.44.

7 Ebd., S.83ff.

8 Brief vom 10.10. 1815, zit. nach Karl Mendelssohn-Bartholdy (Hrsg.), Briefe

von Gentz an Pilat. Ein Beitrag zur Geschichte Deutschlands im 19. Jahrhundert, Bd. I, Leipzig 1868, S. 204.

[9] Zit. nach Theodor Bitterauf, Die Zensur der politischen Zeitungen in Bayern 1799–1825, in: Riezler-Festschrift, Beiträge zur Bayerischen Geschichte, Gotha 1913, S. 317.

[10] Stegmann an Cotta, 2. 7. 1805, Marbach.

[11] Zit. nach Christopher Herold, Madame de Staël, München 1960, S. 219f.

[12] Stegmann an Cotta, 2. 7. 1805, Marbach.

[13] Diese Vermutung äußert Daniel J. Moran, Cotta and Napoleon. The French Pursuit of the *Allgemeine Zeitung*, in: Central European History, Vol. 14, Nr. 2, 1981, S. 101, Anm. 42.

[14] Stegmann an Cotta, 15. 6. 1813, Marbach.

[15] Moran, Cotta and Napoleon, a. a. O., S. 121.

[16] Johann Hanousek, Die Stellung der Augsburger *Allgemeinen Zeitung* im vormärzlichen Österreich und die vermittelnde Tätigkeit des Freiherrn Joseph Christian von Zedlitz für dieses Blatt, Diss.., Wien 1949, S. 63ff.

[17] Zit. nach Ludwig Geiger, Therese Huber. 1764 bis 1829. Leben und Briefe einer deutschen Frau, Stuttgart 1901.

[18] Zit. nach Bitterauf, a. a. O., S. 314ff.; auch der Fortgang der Kontroverse folgt Bitterauf.

[19] Vgl. André Cabanis, La Presse sous le Consulat et l'Empire, Paris 1975, S. 38f.

[20] Die Affäre ist dokumentiert in den Archiven des Quay d'Orsay, Paris, Archives des Affaires Etrangères, Série Correspondance Politique, Sous-Série Bavière, Volume 274, sowie Bavière 181, M. de Narbonne, Ministère Plénipotentiaire; vgl. auch Bitterauf, a. a. O., S. 321.

[21] Stegmann an Cotta, undatiert, Marbach.

[22] Bitterauf, a. a. O., S. 321.

[23] Thomas Nipperdey, Deutsche Geschichte 1800–1866, München 1983, S. 26.

[24] Paul Czygan, Zur Geschichte der Tagesliteratur während der Befreiungskriege, Leipzig 1909, Bd. I, S. 145.

[25] Stegmann an Cotta, 1. 9. 1813, Marbach.

[26] Hoffmann von Fallersleben. Ausgewählte Werke in vier Bänden. Hrsg. von Hans Benzmann, Leipzig 1905, Bd. 3, S. 27.

[27] Zu den Briefäußerungen Böttigers, Briefe an Cotta, Bd. I, S. 496ff.

[28] Zit. nach Salomon, a. a. O., Bd. III, S. 3.

[29] Ebd., S. 152.

[30] Heyck, a. a. O., S. 179f.

[31] Vgl. Leo Krell und Leonhard Fiedler, Deutsche Literaturgeschichte, Bamberg 1967, S. 161.

Zerstörte Hoffnungen

[1] Varnhagen an Cotta, 30. 6. 1815, in: Karl August Varnhagen von Ense, Schriften und Briefe, Stuttgart 1991, S. 239f.

[2] Ebd., S. 38.

[3] Hardenberg an Cotta, 13. 1. 1815, zit. nach Heyck, a. a. O., S. 301f.

[4] Zit. nach Bitterauf, a. a. O., S. 323.

[5] Gentz an Metternich, Briefe von und an Friedrich von Gentz, a. a. O., Bd. III, Teil 1, S. 79 ff.

[6] Zu der Kontroverse vgl. Neugebauer-Wölk, a. a. O., S. 506 ff.

[7] Gentz an Cotta, 12. 1. 1816, in: Briefe an Cotta, a. a. O., Bd. II, S. 4.

[8] Gentz an Pilat, 28. 8. 1816, in: Briefe von Gentz an Pilat, a. a. O., Bd. I, S. 239.

[9] Gentz an Cotta, 16. 2. 1817, in: Briefe an Cotta, Bd. II, S. 44.

[10] Gentz in Pilat, 10. 10. 1830, in: Briefe von Gentz an Pilat, Bd. II, S. 313.

[11] AZ vom 17. 12. 1816.

[12] Stegmann an Cotta, 1. 1. 1817, Marbach.

[13] Varnhagen in der AZ, 13. 1. 1817.

[14] AZ, 28. 5. 1818.

[15] Otto-Heinrich Elias, Friedrich Georg Ludwig Lindner. Arzt, Geheimagent, Publizist 1772–1845, in: Lebensbilder aus Schwaben und Franken, Bd. XV, Stuttgart 1903, S. 155.

[16] Ludwig Börne. Briefe aus Paris, hrsg. von Alfred Estermann, Frankfurt a. M. 1986, S. 274.

[17] Zit. nach Giese, a. a. O., S. 250; das Zitat de Wettes ist einem Brief an Sands Mutter entnommen, zit. nach Nipperdey, a. a. O., S. 282.

[18] Friedrich Sieburg, Chateaubriand, Stuttgart 1959, S. 258.

[19] Gentz an Metternich, 14. 4. 1819, Briefe von und an Friedrich von Gentz, a. a. O., Bd. III, Teil 1, S. 392 f.

[20] Gentz an Metternich, 25. 4. 1819, ebd. S. 411 f.

[21] Darauf läßt eine Eintragung im Redaktionsexemplar der AZ in Marbach schließen.

[22] Stegmann an Cotta, 4. 1. 1819, Marbach.

[23] Zit. nach Elias, a. a. O., S. 163.

[24] AZ, 24. 7. 1819.

[25] Zit. nach Neugebauer-Wölk, S. 553.

[26] Ebd., S. 555 f.

[27] Ebd., S. 556.

[28] Gentz an Pilat, 15.8. 1819, zit. nach Briefe von Gentz an Pilat, a.a.O., Bd. I, S. 406.

Die Juli-Revolution

[1] Zit. nach Treitschke, a. a. O., Bd. II, S. 570.

[2] Golo Mann, Friedrich von Gentz, Zürich 1947, S. 337.

[3] Zit. nach Wolfgang Labuhn, Presse- und Öffentlichkeit 1819/1991. Eine Doppelbetrachtung. In: Zeitschrift für Deutsche Philologie, 115. Bd., 1996, Sonderheft, S. 180.

[4] Zit. nach Geiger, a. a. O., S. 233.

[5] Gravenreuth an Rechberg, 27. 4. 1820, Gesandtschaftsberichte, Abt. II, Bd. 1, S. 305 f.

[6] Ebd., S. 308 ff.

[7] Akten der Kreisregierung Augsburg, Bd. I, Nr. 7064, Staatsarchiv Neuburg.

[8] Ebd.; vgl. auch Bitterauf, a.a.O., S.346ff.

[9] Stegmann an Cotta, 8. 7. 1823.

[10] Briefe von und an Friedrich von Gentz, a.a.O., Bd.III, Teil 1, S.41ff.

[11] Gesandtschaftsberichte, Abt. II, Die Berichte der österreichischen Gesandten, Bd.1, a.a.O., S.501.

[12] Zit. nach Heyck, a.a.O., S.220.

[13] Lohrer, a.a.O., S.82.

[14] Robert Marquant, Thiers et le Baron Cotta. Etude sur la collaboration de Thiers à la *Gazette d'Augsbourg*. Travaux et Mémoires des Instituts français en Allemagne, Paris 1959, Einleitung S. I. Die folgenden Einzelheiten sind dieser Arbeit entnommen.

[15] Stegmann an Cotta, 17. 2. 1825, Marbach.

[16] In einem Brief vom 18. 11. 1831, Marquant, Thiers et le Baron Cotta, a.a.O., Einleitung S. II.

[17] Ebd., S.18ff.

[18] Ebd., S.56, Anm. 2.

[19] Neugebauer-Wölk, a.a.O., S.593.

[20] Heinz-Otto Sieburg, Geschichte Frankreichs, Stuttgart, Berlin, Köln 1989, S.270.

[21] Metternich besaß ein sehr entschiedenes Urteil über die Urheberschaft der Revolution. „Die Journale haben die Revolution gemacht", sagte er. Zit. nach Heinrich Ritter von Srbik, Metternich, München 1925, Bd.I, S.650.

[22] Stegmann an Cotta, 30./31. 10. und 2.11. 1829, Marbach.

[23] Vgl. Neugebauer-Wölk, a.a.O., S.575, und Lohrer, a.a.O., S.83.

[24] Neugebauer-Wölk, S.595f.

[25] Zit. nach Otto Steuer, Cotta in München (1827–1831). Reihe Zeitung und Leben, Bd.IV, München 1931, S.77.

[26] Heinrich W. J. Thiersch (Hrsg.), Friedrich Thiersch's Leben, Leipzig und Heidelberg 1866, Bd.II, S.47; über die Gerüchte informierte Thiersch Cotta in einem Brief vom 11. 8. 1831.

[27] Gesandtschaftsberichte, Abt.II, Bd.2, S.336f.

[28] Metternich an Graf Spiegel, 23. 10. 1831, ebd., S.366, Anm. 2.

[29] Lohrer, a.a.O., S.88.

[30] Ludwig Börne, Briefe aus Paris, a.a.O., S.386.

[31] Salomon, a.a.O., Bd.III, S.153.

[32] Zit. nach Brigitte Duczek, Redakteur zwischen den Revolutionen. Der Leiter der *Allgemeinen Zeitung*, Gustav Kolb, Sonderdruck aus dem Archiv für Geschichte des Buchwesens, Frankfurt 1988, S.295.

Korrespondent Heine

[1] Vgl. Windfuhr, a.a.O., Bd.12/II, S.629. Man kann davon ausgehen, daß der erste Anstoß von Varnhagen kam, obgleich Elias (a.a.O., S.180) und Steuer (a.a.O., S.28f.) in Lindner den „Entdecker" Heines für Cotta sehen.

[2] In einem Brief an einen Hamburger Freund, zit. nach Volkmar Hansen, Hein-

rich Heines politische Journalistik in der Augsburger „*Allgemeinen Zeitung*". Katalog zur Ausstellung Heines Artikel in der „*Allgemeinen Zeitung*", Augsburg 1994, S.21.

[3] In einem Brief an Böttiger, 17.12. 1827, zit. nach Geiger, a.a.O., S.321.

[4] Windfuhr, a.a.O., S.522.

[5] Heine-Briefe, hrsg. von Hans Daffis, Berlin 1907, Bd.II, S.7.

[6] Ebd., S.114.

[7] Stegmann an Cotta, 22. 9. 1831, Marbach.

[8] Cotta an Heine, zit. nach Windfuhr, S.638.

[9] Stegmann an Cotta, 25. 9. 1832, Marbach.

[10] Heinrich Heine, Lutetia. Berichte über Politik, Kunst und Volksleben, hrsg. von Tilly Bergner, Leipzig 1959, S.11.

[11] Carl Brinitzer, Heinrich Heine. Roman seines Lebens, Hamburg 1960, S.294.

[12] Brief vom 11. November 1828, zit. nach Hansen, a.a.O., S.54.

[13] Zit. nach Windfuhr, a.a.O., S.65.

[14] Gesandtschaftsberichte, Abt.I, Teil2, S.288ff.

[15] Zit. nach Windfuhr, a.a.O., S.642.

[16] Ebd., S.668.

[17] Ebd., S.643f.

[18] Akten der Kreisregierung Augsburg, *Allgemeine Zeitung*, Bd.II (1828–1835), Nr.7065, Staatsarchiv Neuburg.

[19] Brinitzer, a.a.O., S.305.

[20] Windfuhr, a.a.O., S.668.

[21] Ebd., S.669.

[22] Briefe von Gentz an Pilat, a.a.O., S.434.

[23] Ebd.

[24] Brinitzer, a.a.O., S.262f.

[25] Heine, Lutetia, a.a.O., S.376.

[26] Die mehrteiligen Artikel sind hier entsprechend der Anzahl der Ausgaben, in denen sie erschienen, gezählt.

[27] Zu Heines „Staatspension" vgl. u.a. Hansen, a.a.O., S.80, und Brinitzer, a.a.O., S.487.

[28] Heine, Lutetia, a.a.O., S.373.

Die vielen Opfer der Zensur

[1] Zit. nach Wolfgang Labuhn, Ludwig Börne als Publizist 1818–1837. Sonderdruck aus: Juden im Vormärz und in der Revolution von 1848, hrsg. von Walter Grab und Julius H. Schoeps, Sachsenheim 1983, S.114.

[2] Zit. nach Walter Hömberg, Verhinderte Liberalisierung zwischen Juli- und Märzrevolution (1830–1848), in: Publizistisch-historische Beiträge, hrsg. von Heinz-Dietrich Fischer, Bd.5, Deutsche Kommunikationskontrolle des 15. bis 20. Jahrhunderts, München, New York, London, Paris 1982, S.101.

[3] Vgl. Wolfgang Labuhn, Literatur und Öffentlichkeit im Vormärz. Das Beispiel Ludwig Börne, in: Hochschulschriften Literaturwissenschaft, Bd.47, Königstein 1980, S.142.

[4] Dolf Sternberger, zit. nach Hömberg, a. a. O., S. 109.

[5] Zit. nach Lindemann, a. a. O., S. 112.

[6] Friedrich Sieburg, Chateaubriand, a. a. O., S. 64 f.

[7] Salomon, a. a. O., Bd. III, S. 26

[8] Paul Czygan, Zur Geschichte der Tagesliteratur während der Freiheitskriege, Bd. I, Leipzig 1911, S. 291 f.

[9] Levin Schücking, Lebenserinnerungen, Bd. II, Breslau und Leipzig 1886, S. 114.

[10] Zit. nach Heinrich Hubert Houben, Der ewige Zensor. Längs- und Querschnitte durch die Geschichte der Buch- und Theaterzensur, Kronberg 1978, S. 59.

[11] Bitterauf, a. a. O., S. 318.

[12] Ebd., S. 341.

[13] Houben, a. a. O., S. 50.

[14] Vgl. Michaela Breil, Die Augsburger „*Allgemeine Zeitung*“ und die Pressepolitik Bayerns. Ein Verlagsunternehmen zwischen 1815 und 1848. Tübingen 1996, S. 160.

[15] Vgl. Albert Schäffle, Aus meinem Leben, Bd. I, Berlin 1905, S. 41.

[16] Zit. Nach Bitterauf, a. a. O., S. 323.

[17] Ebd., S. 325.

[18] Breil, a. a. O., S. 119.

[19] Ebd., S. 120.

[20] Theodor Wolff, zit. nach Andreas Platthaus, Der Tanz zwischen Dornenspitzen. Die journalistische Rhetorik Theodor Wolffs im Ersten Weltkrieg, in: Publizistik, Heft 4, Dez. 1996, S. 409 ff.

[21] Gesandtschaftsberichte, Abt. 2, Bd. III, S. 188.

[22] Zit. nach Breil, a. a. O., S. 198.

[23] Ebd., S. 193.

[24] Stegmann an Cotta, 8. 3. 1822, Marbach.

[25] Breil, a. a. O., S. 125.

[26] Ebd., S. 189.

[27] Ebd., S. 121.

[28] Zit. nach Salomon, a. a. O., Bd. III, S. 316.

[29] Briefe an Cotta, a. a. O., Bd. II, S. 37 f.

[30] Heine-Briefe, a. a. O., S. 8.

[31] Sebastian Kleinschmidt, Zwang und Selbstzwang. Über literarische Loyalität in sozialistischen Diktaturen, Radioessays aus Stuttgart, Süddeutscher Rundfunk 1996, S. 20.

[32] Vgl. Labuhn, Literatur, a. a. O., S. 282.

[33] Breil, a. a. O., S. 190.

[34] Georg von Cotta an Stegmann, 10. 2. 1835.

[35] Buchon an Cotta, 14. 11. 1822, Marbach.

[36] Briefe an Cotta, Bd. II, S. 361.

[37] Heyck, a. a. O., S. 231.

[38] Giese, a. a. O., S. 289 ff.

[39] Metternich an Legationssekretär Frank, 31. 12. 1836, zit. nach Breil, a. a. O., S. 185.

[40] Zit. nach Heyck, a. a. O., S. 255.

[41] Vgl. Cabanis, a. a. O., S. 166.

[42] Ebd.

[43] Gesandtschaftsberichte, Abt. I, Bd. 3, S. 251 ff.

[44] Ebd., S. 295 ff.; die wesentlichen Züge des Dreiecks-Geschäfts zwischen Perglas, Bourgoing und der Pariser Regierung lassen sich aus dem diplomatischen Schriftwechsel rekonstruieren.

[45] Honoré de Balzac, Verlorene Illusionen, Frankfurt und Leipzig 1996.

[46] Bourgoing an Ministerpräsident Molé, 28.7. 1837, Gesandtschaftsberichte, a. a. O., Abt. I, Bd. 3, S. 339.

[47] Kolb an Heine, 27. 2. 1840, zit. nach Breil, a. a. O., S. 109.

[48] Zur ersten Entlassung Perglas' vgl. Akten der Kreisregierung Augsburg, Nr. 7070.

[49] Bourgoing an Molé, 18. 12. 1839, Gesandtschaftsberichte, a. a. O., Abt. I, Bd. 4, S. 80 f.

[50] Brief Kolb an Georg von Cotta, 6. 3. 1840, Marbach.

[51] Regierungspräsident von Stengel, zit. nach Hansen, a. a. O., S. 49.

[52] Bourgoing an Ministerpräsident Guizot, 23. 9. 1843, Gesandtschaftsberichte, a. a. O., Abt. I, Bd. 5, S. 4 f.

[53] Schücking, Lebenserinnerungen, a. a. O., Bd. II, S. 17.

[54] Die Darstellung des Konflikts zwischen Rußland und Bayern basiert auf den Berichten, die die Münchner Gesandten Preußens, Österreichs und Frankreichs in dieser Angelegenheit an ihre Regierungen sandten.

Am Webstuhl der Aufklärung

[1] Zit. nach Martin Welke, Wir Zeitungsleser. Ein kultur- und sozialgeschichtlicher Streifzug durch vier Jahrhunderte, Offenburg 1993, S. 38.

[2] Zit. nach Labuhn, Literatur, a. a. O., S. 145.

[3] Buchheim, a. a. O., Bd. III, S. 111.

[4] Archenholtz an Cotta, 7. 11. 97, zit. nach Moran, Cotta and Napoleon, a. a. O., S. 92, Anm. 5.

[5] Breil, a. a. O., S. 33. Solche Sortimente waren nicht unüblich. Auch Kleist bezog für seine *Berliner Abendblätter* Zeitungen in vergleichbarer Anzahl.

[6] Stegmann an Cotta, 6. 5. 1822, Marbach.

[7] Kolb an Cotta, 12. 8. 1827, Marbach.

[8] Zit. nach Quintus Aemilius Publicola (d. i. Johann Hermann Stöver), Niedersachsen. Ein in der Lüneburger Heide aufgefundenes Reisejournal, Altona 1789, S. 218.

[9] Therese Huber, a. a. O., S. 156 ff.

[10] Briefe von Annette von Droste-Hülshoff und Levin Schücking, hrsg. von Theo Schücking, Leipzig 1893, S. 344.

[11] Bourgoing an Guizot, 15. 9. 1844, Gesandtschaftsberichte, Abt. I, Bd. 5, S. 132

[12] Zit. nach Breil, a. a. O., S. 165 ff.

[13] Zit. nach Michael Davidis, "... The greatest improvement connected with the printing since the discovery of the art itself." Zum 150. Todestag von Friedrich Koe-

nig, in: Kultur & Technik, Zeitschrift des Deutschen Museums München 1/1983, S.38f.

14 Geiger, a.a.O., S.366.

15 Zit. nach Hansen, S.44.

16 Vgl. Vogt, a.a.O., S.97.

17 Stegmann an Georg von Cotta, 6. 1. 1835, Marbach.

18 Das Dokument wurde dem Verfasser freundlicherweise von Dr. Martin Welke, dem Leiter des Meersburger Zeitungsmuseums, zur Verfügung gestellt.

19 Die Angaben über Speditionsgebühren und Postverhandlungen sind überwiegend dem Buch von Michaela Breil entnommen, a.a.O., S. 47ff.

20 Ebd., S.52.

21 Stegmann an Cotta, 17.11. 1832.

22 Anzeige vom 23. 3. 1800, zit. nach Vollmer, a.a.O., S.658.

23 Lebret an Georg von Cotta, 14. 1. 1836, Marbach.

24 Zit. nach Lohrer, a.a.O., S.104.

25 Zit. nach Heyck, a.a.O., S.271ff.

26 Laube, Lebenserinnerungen, a.a.O., Bd.I, S.149.

27 Heyck, a.a.O., S.121.

28 Schücking, Lebenserinnerungen, a.a.O., S.222f.

29 Die folgenden Zahlen über die Wirtschaftlichkeit sind Breil entnommen, a.a.O., S.62ff.

30 Briefe an Cotta, a.a.O., Bd. III, S.63ff.

31 Zit. nach Lohrer, a.a.O., S.96.

32 Gutzkow an Georg von Cotta, 31. 7. 1833, Briefe an Cotta, Bd.III, S.355ff.

33 Gutzkow an Kolb, ebd., S.38f.

34 Vgl. Duczek, a.a.O., S.282ff.

35 Akten der Kreisregierung Augsburg, Nr.7065, Staatsarchiv Neuburg.

36 Ebd.

37 Metternich an Fürst Alfred Schönburg in Stuttgart, vgl. Gesandtschaftsberichte, Abt.II, Bd.2, S.452.

38 Stegmann an Cotta, 11. 5. 1832, Marbach.

39 Vgl. Breil, a.a.O., S.193.

40 Zit. nach Hansen, a.a.O., S.49.

41 Therese Huber an Usteri, 14.12. 1826, zit. nach Geiger, a.a.O., S.365f.

42 Hansen, a.a.O., S.55.

43 Kolb an Georg von Cotta, 16. 2. 1837, zit. nach Duczek, a.a.O., S.309.

44 Elias, a.a.O., S.189.

45 AZ vom 11.5. 1835.

46 Böttiger an Georg von Cotta, 4. 8. 1834, Briefe an Cotta, a.a.O., Bd. II, S.287ff.

47 Zit. nach Lohrer, a.a.O., S.122.

48 Ebd.

49 Kolb an Georg von Cotta, 23. 12. 1850, in: Briefe an Cotta, a.a.O., Bd. III, S.179.

50 Publicola, a.a.O., S.218.

51 Vgl. Buchheim, a.a.O., Bd. III, S.101.

52 Julius von Mohl an Georg von Cotta, 16. 3. 1833, in: Briefe an Cotta, a.a.O., Bd.III, S.82f.

[53] Stegmann an Cotta, 13. 9. 1831, Marbach.
[54] Vgl. Rutger Booß, Ansichten der Revolution. Paris-Berichte deutscher Schriftsteller nach der Juli-Revolution 1830, Köln 1977, S. 41 ff.
[55] Vgl. Briefe an Cotta, a. a. O., Bd. II, S. 361, Anm. 4.
[56] Zit. nach Duczek, a. a. O., S. 322.
[57] Ebd., S. 351.
[58] Stegmann an Cotta, 23. 8. 1832, Marbach.
[59] Marquant, a. a. O., S. 114.
[60] Heine, Lutetia, a. a. O., S. 8.
[61] Ebd., S. 373.
[62] Kolb an Georg von Cotta, 16.12. 1842, zit. nach Duczek, a. a. O., S. 303.
[63] Lindner an Rahel Levin, zit. nach Elias, a. a. O., S. 197.
[64] Zit. nach Wilhelm Lang, Gustav Kolb, in: Von und aus Schwaben, Geschichte, Biographie, Literatur. 6. Heft, Stuttgart 1890, S. 114.
[65] Kolb an Georg von Cotta, zit. nach Hansen, a. a. O., S. 48.
[66] Schücking, Lebenserinnerungen, a. a. O., Bd. II, S. 1 f.
[67] Julius Fröbel, Ein Lebenslauf. Aufzeichnungen, Erinnerungen und Bekenntnisse, Bd. II, Stuttgart 1891, S. 126 f.
[68] Zit. nach Duczek, a. a. O., S. 291.

Der Wendepunkt – das Jahr 1848

[1] Zit. nach Hansen, a. a. O., S. 21.
[2] AZ, 9. 11. 1838.
[3] Kolb an Georg von Cotta, 25. 2. 1846, in: Briefe an Cotta, a. a. O., Bd. III, S. 148.
[4] Marx, Herr Vogt, a. a. O., S. 89.
[5] Vgl. Gesandtschaftsberichte, a. a. O., Abt. 2, Bd. III, S. 45, Anm. 1.
[6] Egon Cäsar Conte Corti, Ludwig I. von Bayern, München 1979, S. 254.
[7] Vgl. Gesandtschaftsberichte, a. a. O., Abt. II, Bd. 3, S. 452. Lola benutzte nicht nur die AZ als Sprachrohr; sie gab u. a. auch gegenüber der Londoner *Times* Erklärungen ab.
[8] Metternich an den österreichischen Gesandten in Stuttgart, Graf Buol, 12.2. 1847, in: Gesandtschaftsberichte, a. a. O., Abt. II, Bd. 3, S. 505 f.
[9] Kolb an Georg von Cotta, 6. 5. 1847, vgl. Briefe an Cotta, a. a. O., Bd. III, S. 155.
[10] Kolb an Georg von Cotta, 20. 12. 1847, ebd., S. 163.
[11] In einem Bericht vom 21.2. 1848 an König Friedrich Wilhelm IV. äußerte sich Graf Bernstorff, der preußische Gesandte in München, über die AZ, „dont la servilité est devenue proverbiale“, vgl. Gesandtschaftsberichte, Abt. III, Berichte der preußischen Gesandten, Bd. 4, S. 385.
[12] Kolb an Cotta, 1. 3. 1848, Briefe an Cotta, a. a. O., Bd. III, S. 166.
[13] Zu diesem Vorgang vgl. Gesandtschaftsberichte, a. a. O., Abt. II, Bd. 3, S. 538.
[14] Kolb an Georg von Cotta, 1. 3. 1848, Briefe an Cotta, a. a. O., Bd. III, S. 167.
[15] Kolb an Georg von Cotta, 23. 3. 1848, ebd., S. 168.
[16] AZ, 21. 5. 1848.
[17] AZ, 6. 4. 1848.

[18] Zit. nach Werner Funk, Die Verfassungsfrage im Spiegel der Augsburger *Allgemeinen Zeitung* von 1818–1848, Berlin 1977, S. 165.

[19] AZ, 7. 4. 1848.

[20] AZ, 21. 9. 1848.

[21] Briefe an Cotta, a. a. O., Bd. III, S. 170.

[22] Kolb an Georg von Cotta, 17. 11. 1848, ebd.

[23] Kolb an Georg von Cotta, 22. 10. 1848, ebd., S. 173.

[24] AZ, 12. 3. 1849.

[25] AZ, 15. 3. 1849.

[26] AZ, 18. 3. 1849.

[27] Beilage, 17. 3. 1849.

[28] Zit. nach Lang, a. a. O., S. 127.

[29] Briefe an Cotta, a. a. O., Bd. III, S. 170.

[30] Zit. nach Lang, a. a. O., S. 127.

[31] Beilage, 30. 12. 1848.

[32] AZ, 8. 3. 1849.

[33] Beilage, 7. 4. 1849.

[34] Beilage, 5. 4. 1849.

[35] Briefe an Cotta, a. a. O., Bd. III, S. 168 f., Anm. 78.

[36] Zedlitz an Cotta, 2. 3. 1849, ebd., S. 191 f.

[37] In einem Brief an Kolb, 10. 5. 1851, zit. nach Heyck, S. 283 f.

Im Banne des Nationalismus

[1] Über das Streitgespräch mit Sybel vgl. Walter Gebhardt, Die deutsche Politik der *Augsburger Allgemeinen* Zeitung 1859–1866, Diss., München 1935, S. 29.

[2] Orges an Georg von Cotta, 7. 2. 1859, Briefe an Cotta, a. a. O., Bd. III, S. 217.

[3] Orges an Bennigsen, 27. 3. 1860, zit. nach Gebhard, a. a. O., S. 14.

[4] Zit. nach Duczek, a. a. O., S. 329.

[5] AZ, 11. 1. 1859.

[6] Leitartikel vom 9. 1. 1859.

[7] Beilage, 26. 2. 1859.

[8] AZ, 2. 1. 1859.

[9] Zit. nach Gebhard, a. a. O., S. 24.

[10] Ebd.

[11] Fröbel, a. a. O., Bd. II, S. 192.

[12] Georg von Cotta an Orges, 9. 1. 1859, Marbach, Kopierbuch.

[13] Zu Cottas Bemühungen um die Aufhebung des Verbots in Preußen vgl. Briefe an Cotta, a. a. O., Bd. III, S. 60 ff.

[14] Georg von Cotta an Alexander von Humboldt, 4.6. 1858, Briefe an Cotta, a. a. O., Bd. III, S. 138, Anm. 13.

[15] Ebd., S. 134 f.

[16] Zit. nach Nipperdey, a. a. O., S. 695.

[17] Orges an Georg von Cotta, 10. 4. 1859, Briefe an Cotta, a. a. O., Bd. III, S. 222.

[18] Treitschke, a. a. O., Bd. 5, S. 719.

19 Beilage, 5. 6. 1859.

20 Briefe an Cotta, a.a.O., Bd. III, S.226f., Anm. 40.

21 Orges an Georg von Cotta, 15. 6. 1859, ebd.

22 Georg von Cotta an Orges, zwischen 10. und 14. 6. 1859, ebd., S.227f.

23 Orges an Georg von Cotta, 19. 6. 1859, ebd. S.229.

24 Orges an Georg von Cotta, 1. 7. 1859, ebd.

25 Nipperdey, a.a.O., S.693.

26 Gebhardt, a.a.O., S.17.

27 So Marx in: Herr Vogt, a.a.O., S.72.

28 Marx, ebd.

29 Heinrich von Sybel, Die Fälschung der guten Sache durch die Augsburger *Allgemeine Zeitung,* Frankfurt a. M. 1859, zit. nach Gebhardt, a.a.O., S.34f.

30 Preußische Jahrbücher, Bd.4, 1859, Berlin 1859, S.227f.

31 Dokumentation des Prozesses in: Carl Vogt, Mein Prozeß, a.a.O., und Karl Marx, Herr Vogt, a.a.O.

32 Zit. nach Heyck, a.a.O., S.250.

Ausklang

1 Orges an Georg von Cotta, 30. 3. 1859, Briefe an Cotta, a.a.O., Bd. III, S. 221.

2 Georg von Cotta an Kolb, 2. 1. 1861, Kopierbuch Marbach.

3 Kolb an Lang, 1. 4. 1864, zit. nach Gebhardt, a.a.O., S.70.

4 Fröbel, a.a.O., Bd.II, S.256.

5 Baron Handel an Rechberg, 2. 2. 1863, zit. nach Gebhardt, a.a.O., S.68.

6 Das bekannte Altenhöfer in einem Brief an Lerchenfeld vom 27.3. 1865, ebd., S.82.

Danksagung

Der Verfasser hat vielen, die ihm bei der Bewältigung des Stoffes und der kritischen Durchsicht des Manuskripts geholfen haben, zu danken. Stellvertretend seien die Mitarbeiter des Marbacher Cotta-Archivs und der Leiter des Meersburger Zeitungsmuseums, Dr. Martin Welke, erwähnt.